"博学而笃志,切问而近思。"
(《论语》)

博晓古今,可立一家之说;
学贯中西,或成经国之才。

复旦博学·复旦博学·复旦博学·复旦博学·复旦博学·复旦博学

作者简介

童兵，新闻学博士，复旦大学特聘资深教授，博士生导师。复旦大学新闻学院学术委员会主任，新闻传播与媒介化社会研究国家哲学社会科学创新基地主任，新闻传播学博士后流动站站长。全国博士后管理委员会第五届、第六届专家组成员，2003年起任国务院学会委员会第五届新闻传播学学科评议组成员、召集人。北京大学新闻与传播学院发展指导委员会委员，清华大学新闻与传播学院顾问委员会委员，中国人民大学新闻与社会发展研究中心学术委员会副主任。被南京大学、四川大学、厦门大学等20余所大学聘为兼职教授。

主讲马克思主义新闻经典选读、马克思主义新闻思想研究、新闻传播学原理、中西新闻传播比较研究、中国社会与中国大众传播等课程。独著与合著有《马克思主义新闻思想史稿》、《主体与喉舌——共和国新闻传播轨迹审视》、《理论新闻传播学导论》、《比较新闻传播学》、《新闻科学：观察与思考》、《新闻事业概论》、《新闻理论教程》、《20世纪中国新闻学与传播学·理论新闻学卷》等。主编《中国高校哲学社会科学发展报告（1978～2008）·新闻学与传播学卷》、《中国监督学大辞典·社会监督卷》等。发表学术论文400余篇。有一些著作、教材和论文分别获得国家优秀教材二、三等奖，北京市、上海市和教育部哲学社会科学论文二、三等奖。

主持并完成国家教委"七五"课题《马克思主义新闻学理论研究》、国家社会科学研究基金"八五"课题《中西新闻比较研究》、国家教委"九五"课题《中西新闻理论与方法的比较研究》和国家教育部"十五"基地重大课题《中国新闻传媒舆论监督历史使命与操作机制研究》，以及两个上海市社会科学规划项目和两个985基地研究项目。

1991年被国务院学位委员会、国家教委表彰为"中国有突出贡献的博士学位获得者"，次年起享受国务院特殊津贴。2003年获国务院学位委员会指导全国百篇优秀博士论文奖。

新闻与传播学系列教材／新世纪版

马克思主义
新闻经典教程

（第二版）

童 兵 著

JC

复旦大学出版社

内 容 提 要

《马克思主义新闻经典教程》（第二版）是一本系统梳理和全面分析马克思主义经典作家新闻经典论著及新闻观点的教材。也是十一五国家级重点规划教材。

与第一版相比，新版在内容上设置了新的章节，对人物、作品和观点的分析、评价更为全面和深刻，增加了对中国共产党一些领导人尤其是胡锦涛新闻经典论著和新闻思想的评介。

全书分为三编。上编为新闻传播活动和马克思主义新闻学的创立，就新闻传播活动对新闻传播学说形成的意义，马克思主义新闻学形成发展的时代背景，马克思主义新闻学的哲学基础等诸多问题作了全面、深刻的介绍与评述。中编对马克思主义新闻学形成发展的奠基、发展、创新三个阶段系统而有重点地依次展开介绍，梳理经典作家代表性的新闻经典论著和新闻观点。作为奠基人，马克思和恩格斯分别从民主报刊、工人报刊和党的报刊三个方面提出了渐次发展的新闻观点，形成了较为系统的马克思主义新闻学理论体系。作为理论来源之一，本书对空想社会主义的新闻观点进行了必要的整理。列宁和毛泽东在不同的时代环境、国家制度、新闻实践的条件下，分别在世界的西方和东方发展了马克思主义新闻学。对于毛泽东的战友、担任党的新闻工作实际领导人与指导者的刘少奇、周恩来、邓小平的新闻经典论著和新闻观点，本书作了简略的梳理，对毛泽东后期新闻理论的失误，也作了必要的分析。对于江泽民、胡锦涛的新闻经典论著和新闻观点，特别是他们对马克思主义新闻学的理论创新所作的贡献，本版作了较为全面与深刻的评介。同时，对党的十七大以来新闻观点和新闻政策的改革亮点，作了详尽的展示与分析。下编就马克思主义新闻观指导下建构的新闻传播规范的六个方面，如真实报道、党性原则、全党办报、舆论导向、新闻伦理、经营方针作了全面的阐述，就马克思主义新闻观对新闻传播实际工作的指导提出了明确、可操作的要求。本编还为使用本教材的读者遴选了十一篇经典作家的代表性新闻经典论著。

《马克思主义新闻经典教程》（第二版）资料翔实，论述精到，体例合理，既适用于新闻传播学本科生必修课程，也适用于硕士研究生专业研究使用。同时，本书也可供新闻宣传出版单位作为学习马克思主义新闻观的教材使用。对任课教师来说，建议使用时可参照各章节后提供的思考题和阅读文献，增加一些课堂讨论，效果会更好。

本书配有详细的教学课件，欢迎教师来电来信索取。

联系电话： （021）65104492　　**传真：** （021）65104516
Email：fudanjiaocai@163.com

目 录

前　言 …………………………………………………… 1

上编　新闻传播活动和马克思主义新闻学的创立

第一章　绪论 ……………………………………………… 3
　　第一节　新闻传播活动和新闻传播学说 …………… 4
　　第二节　学习马克思主义新闻学经典论著的目的 …… 11
　　第三节　学习马克思主义新闻学经典论著的方法 …… 15

第二章　马克思主义新闻学创立的背景和条件 ………… 21
　　第一节　马克思主义新闻学形成的时代背景 ………… 22
　　第二节　理论承传：空想社会主义学说中的新闻传播观 …… 33
　　第三节　新闻实践经验的理论总结 …………………… 43

第三章　马克思主义新闻学的哲学基础 ………………… 51
　　第一节　从事物联系的普遍性考察人类社会交往的必要性 …………………………………………… 52
　　第二节　从存在决定意识规律认识新闻传播的本质 …… 54

第三节　对立统一法则制约新闻传播机制 …………………… 57
第四节　经济基础与上层建筑互动规定新闻事业性质 ……… 59
第五节　人民的历史主人地位决定人民是新闻事业的
　　　　动力 ………………………………………………………… 62

中编　马克思主义新闻学的形成与发展

第四章　马克思恩格斯的新闻论著与马克思主义新闻学的
　　　　形成 ……………………………………………………… 69
第一节　《莱茵报》时期的新闻论著 ……………………………… 70
第二节　《新莱茵报》时期的新闻论著 …………………………… 88
第三节　《社会民主党人报》时期的新闻论著 ………………… 108
第四节　马克思恩格斯对新闻传播规律的探索 ………………… 122

第五章　列宁的新闻论著及其对马克思主义新闻学的发展 ……… 145
第一节　建党时期的新闻论著 …………………………………… 146
第二节　夺权时期的新闻论著 …………………………………… 157
第三节　建设时期的新闻论著 …………………………………… 173
第四节　列宁对马克思主义新闻学的发展 ……………………… 190

第六章　毛泽东新闻论著及其对马克思主义新闻学的发展 ……… 207
第一节　思想启蒙和早期新闻思想 ……………………………… 208
第二节　毛泽东新闻思想的形成 ………………………………… 211
第三节　新中国成立后毛泽东新闻思想的演变 ………………… 235
第四节　毛泽东对马克思主义新闻学的发展及评价 …………… 246

第七章　中国共产党其他领导人的新闻思想（上）
——刘少奇、周恩来、邓小平的新闻论著及对马克思主义新闻学的创新 ………………………………………… 255
第一节　刘少奇的新闻论著和新闻思想 ………………… 255
第二节　周恩来的新闻论著和新闻思想 ………………… 260
第三节　邓小平的新闻论著和新闻思想 ………………… 268

第八章　中国共产党其他领导人的新闻思想（下）
——江泽民、胡锦涛的新闻论著及对马克思主义新闻学的创新 ………………………………………… 291
第一节　江泽民的新闻论著和新闻思想 ………………… 292
第二节　胡锦涛的新闻论著和新闻思想 ………………… 310

下编　新闻传播规范和阅读文献

第九章　以马克思主义新闻观为指导建构新闻传播规范 ………… 337
第一节　真实报道：新闻传播的思想规范 ……………… 338
第二节　党性原则：新闻传播的政治规范 ……………… 342
第三节　全党办报：新闻传播的组织规范 ……………… 345
第四节　舆论导向：新闻传播的业务规范 ……………… 347
第五节　新闻伦理：新闻传播的道德规范 ……………… 351
第六节　以人为本：新闻传播的经营规范 ……………… 353

马克思主义新闻经典论著选读
马克思：《评普鲁士最近的书报检查令》（节录） ……… 359
恩格斯：《马克思和〈新莱茵报〉》……………………… 363

马克思、恩格斯：《给奥·倍倍尔、威·李卜克内西、
　威·白拉克等人的通告信》(节录) ………………………… 371
列宁：《〈火星报〉编辑部声明》……………………………………… 378
列宁：《党的组织和党的出版物》…………………………………… 383
列宁：《论我们报纸的性质》………………………………………… 388
毛泽东：《对〈晋绥日报〉编辑人员的谈话》………………………… 391
毛泽东：《同新闻出版界代表的谈话》(节录) ……………………… 395
邓小平：《在西南区新闻工作会议上的报告》……………………… 397
江泽民：《关于党的新闻工作的几个问题——在新闻工作
　研讨班上的讲话提纲》…………………………………… 402
胡锦涛：《在人民日报社考察工作时的讲话》……………………… 411

后　记 ………………………………………………………………… 415

第二版跋 ……………………………………………………………… 417

前　言

　　新闻学是研究和描述新闻传播活动、新闻传媒生产及流通规律的一门学科。马克思主义新闻学是马克思主义经典作家关于新闻传播活动、新闻传媒生产及流通规律的观点与学说的理论体系。马克思主义新闻学的研究主体是马克思主义创始人及其他经典作家，研究客体包括人类一切新闻传播现象和一切新闻传媒生产、流通、消费现象，其中工人报刊活动和无产阶级政党的传媒活动是它的主要研究对象。而对于新闻传播教学活动来说，这一切又都成为教师和学生研究、学习的内容。教育部颁布的新闻学与传播学课程目录规定，这两个一级学科的本科生均应开设"马克思主义新闻论著选读"课，硕士研究生则应开设"马克思主义新闻思想研究"课。

　　《马克思主义新闻经典教程》初版于2002年11月，当时撰写和出版这本教科书的目的，正是为了满足本科生和硕士研究生教学的急需。现在七年过去，复旦大学新闻学院以及全校其他专业选修这两门课的本科生与研究生估计已超过万人，初版的这本教材使用量也在万册以上。校外使用这本教材则在两万册以上。这七年中，国内外新闻界发生了很大的变化。互联网和手机短信对信息扩散和舆论传播所起的作用越来越大，社会影响也不断扩大。党和国家的新闻政策也有不少改变。经典作家当年论述新闻传播问题的相关背景及文献又有新的披露。这一切，要求作者对初版文稿进行必要的增补和修改。

　　由于国家对科教兴国的重视，"十一五"期间教育部设立了编写出版国家级教材的规划，本书有幸被遴选入列。这无疑给作者的修订工作加了一鞭子。作者这些年工作头绪太多，忙里偷闲，从2007年年中动手，直到2009年寒假，修订本的主体方告完成。

　　同初版本相比，修订本增加了第十六届和第十七届中央委员会关于新闻传播的文献，特别增加了胡锦涛关于舆论导向、网络传播、突发公共事件信息发布等方面的内容。根据新搜集到的史料,增加了列宁、周恩来等经典作家的论述。受到近年党史界、政治学界研究成果的启发,增加了对新中国成立后新闻政策失误的剖析,对一些历史人物新闻思想的评价也更趋公正和客观。

　　修订本的体例同初版本大致相同,以马克思主义新闻学理论观点的发展脉络为经,以经典作家的代表性新闻论著的分析梳理为纬,全面分析这些论著的内容,提炼出其中的主要新闻观点,垂直整理和评价主要新闻观点的演进。全书分上、中、下三编。上编主要介绍、分析马克思主义新闻学形成发展的时代背景和历史条件,以及经典作家对前人新闻文化的承传与发展。中编梳理马克思和恩格斯作为马克思主义新闻学奠基人的工作、论著及观点,分析马克思主义新闻学形成的学术框架和基本原理。回顾列宁和毛泽东分别从西方和东方发展马克思主义新闻学的历史性贡献,同时介绍毛泽东的战友刘少奇、周恩来、邓小平在中国发展马克思主义新闻学所作的有益工作和所提出的代表性新闻观点。用较大的篇幅陈述江泽民和胡锦涛在新时代新世纪对马克思主义新闻学的创新,在经济全球化和新科技革命的语境里提出的新闻传播新理念新思维。下编主要由两方面内容构成:其一是全面论述马克思主义新闻观指导下新闻传播规范的建构,即阐述根据马克思主义新闻观的要求,也就是从马克思到胡锦涛一个半世纪以来的各种新闻论述,如何落实和贯彻到当今现实的新闻传播实践中去;其二是提供经过认真筛选的马克思主义新闻学十一篇经典论著(有的是节录)文本,为本书读者提供最基本的新闻经典论著阅读量。当然,这些书目是远远不够的,但限于篇幅,无法再增加了。好在本书在各位经典作家新闻论著的介绍分析中已提供了大量的篇目和引文,可供学习者一起研读。

　　本书的编撰大致分为两个层面:马克思主义经典作家的新闻论著介绍分析和主要新闻观点的梳理评析。建议不同的教学对象在使用本书时有不同的内容侧重。本科生可侧重学习第一层面的内容,并阅读下编提供的经典论著。研究生在阅读经典论著后可侧重第二层面的学习,即重点研究和领会经典作家的新闻观点。新闻传播实务部门的读者可根据不同的学习和考核要求,灵活掌握。

　　作者在初版本前言中提到,马克思主义新闻学是个博大精深的科学理论体系。马克思主义经典作家的新闻论著和相关文献浩如烟海,有一些文献至今尚未公之于世。尽管作者在编写过程中尽心尽力,但限于学识、时间紧迫和无法更多地接触一手资料,还是难免会出现选择分析评价不当等问题。新闻学又是一门实践性很强的学科,新闻实践和新闻科技发展日新月异,一些新问题作者未能透彻掌握,因此在分析论述中也会有失妥当。欢迎使用本书的读者和专家们提出批评与修改意见,以求本书渐臻完备。这段话今天仍然适用,所以借过来作为修订本前言的结尾。还是这个意思,读者和专家的批评,是本书逐渐完善的补药和动力。

　　谢谢各位。

[上 编]
新闻传播活动和马克思主义新闻学的创立

第一章

绪　论

> 一个民族要想站在科学的最高峰，就一刻也不能没有理论思维。
>
> ——恩格斯

　　所谓理论和科学，是人们由实践概括出来的关于自然界和人类社会的知识的系统结论，即知识体系。新闻学的学术源泉来自新闻传播活动和新闻传播产业，新闻教育推动了这种学术的转化和普及，新闻研究则加速、加深了这种转化并使其不断趋于完善，并使之上升为一门独立的学科。

　　以新闻信息的传递与收受为主要目的和内容的新闻传播活动，是人类特有的经常性社会行为。人际间、团体内和社区中人们直接或借助大众传播媒介进行的对于新近变动事实信息的交流沟通，以及对于由这些信息而导致的观点、意见、感情的交互传达，是人类社会存在与发展不可或缺的前提。在当代，最重要的新闻传播活动是以新闻从业人员为主角所进行的采制与传播新闻信息的职务性活动，它是新闻传播产业的记者和编辑最主要的职业行为。

　　新闻学是研究并描述新闻传播活动、新闻传播产业及其规律的一门学科。

　　马克思主义新闻学是马克思主义经典作家关于新闻传播活动、新闻传播产业及其规律的观点与学说的理论体系。马克思主义新闻学的研究主体是马克思主义创始人及其他经典作家，研究客体包括人类的一切新闻传播现象和新闻传播产业，其中工人报刊活动和党的新闻传播活动是它的主要研究对象。

第一节 新闻传播活动和新闻传播学说

新闻传播学说是新闻传播活动、新闻传播产业发生、运行、发展规律的理论描述。新闻传播活动是新闻传播学说最主要的学术渊源。

一、新闻传播活动演进轨迹

新闻传播活动起源于人类的社会交往。早期人类在共同的劳作中，出于生存与发展的需要，激发出及时了解外界变动信息的动机与行为。

根据人类学、文化学、考古学研究成果和大量的地下发掘，我们可以对人类从事新闻传播活动的漫长轨迹作如下简略描述。

人类学家认为，大约在二百多万年前，人类的祖先之一猿人出现了。这种新生物与其他物种之间最重要的区别，在于他们开始学习制造与使用工具。在以后一百万年左右的时间里，他们又掌握了获取和使用火的技术。这种早期发明——粗糙的石器和火的驯服——成为并推动着人类文化的蹒跚起步。

在共同的劳作、活动与生活中，人类开始学习和掌握传播行为。最初，大概是用和现在的复杂动物相类似的方式进行传播，即通过发声和身体动作作为彼此理解的符号与信号。这就是说，人类最初的传播活动，遗传的或本能的功能起着重要作用，后天学会的传播行为极少。后来，随着脑容量的缓慢增多和实践经验的不断积累，本能的反应和后天的传播行为开始置换，以共识的手势、声音和其他形式的信号，用作从事共同劳作与一起生活所需要的基本交流手段。随着人类的不断进化，以符号和信号为基础的传播系统日益精细，不断趋于常规化和有效化。但是在人类学会说话和掌握语言之前，这种传播活动无疑极其简短，传播的速度相当缓慢，传播空间和受传人数也十分有限。

中外学者普遍认为，人类学会说话并掌握语言，大约始于三万五千年到四万年之前。这时，他们的传播活动比以往大有长进，他们已经能够用语言进行思维和沟通，以更协调的方式劳作和狩猎，保护自己的居地不受侵犯。这种情况下,人类的传播行为远比过去的仅仅使用简单符号、信号要方便和快捷多了,他们可以记忆、传送、接收和理解各种语言信息,使传播活动的空间、复杂性和精细度,达到新的水平。传播手段向语言的过渡,开始了人类由捕猎加采集的生活方式转变到古典文明的过程,是人类新闻传播活动不朽的里程碑。

　　大约在五千年前,人类过渡到文字时代。学者们指出,中国人和玛雅人是发明文字较早的两大人种。史实表明,文字演变的轨迹,是从象形再现发展到语音系统,是从图画或文体化的绘图表达复杂的概念,发展到用简单的字母示意具体声音。最早记录信息以便以后复读或让他人获知,是在石头上精细刻画与描绘动物和捕猎场面,石头画(岩画)成了这一时期最初的传播媒介。这种用图画描绘事件、传播信息的方法,比起仅用口述回顾或描述是一大进步,但这需要传者(画者)和受传者(观画者)都能理解图画所表达的意思,即双方有约定的编码、解码或相似的理解,否则,图画对双方或其中一方就不会具有传播手段的价值。在这种情况下,图画意义的标准化成了文字发展的关键。

　　据学者们研究,正是生产发展和社会生活的需求,推动着图画意义标准化的进程。人们需要记录土地边界、土地所有权、土地买卖活动、江河水位涨落、天体运动、播种和收割的季节……于是,开始出现被后人称之为锲刻图案的"准文字",它后来又演化为正式的楔形文字。准文字产生于距今六千年左右,大多是刻画在建筑物墙面及其他类似平面上的粗略图画。以简略几笔表达众人能够理解的意思,如一弓一箭表示狩猎,一条波纹线表示湖泊河流,日出表示白天。这类写意刻画成串,可以表达某个较为复杂的事件的始末。楔形文字则以特定的符号表达一个具体的声音,成为语音文字的前期成就。这种最初的文字,实现了人类传播活动发展的重大突破。又经过一千多年的改换完善,出现了字母文字,并且很快普及,若干世纪以后传到希腊,被称为著名的希腊文字。字母文字同工具、火和语言一样,是人类最重大的成就之一。

　　有必要为汉字的发展专门写上一段。考古发现,六千多年前的彩陶上已有符号出现,这是汉字的萌芽。经过三千多年演化,及商代,有人把文字刻在兽骨和龟甲上,史称"甲骨文",已发现这种文字有 4 500 个单字左右。也有人把文字铸在青铜器皿上,史称"金文",汉字至此已形成较完整的体系。至战国,各国文字不一,各成体系,秦以小篆加以统一，从此全国"书同文"，东汉时许慎以22年半时间编成我国第一部字典《说文解字》，收录小篆9 353个字。汉末出现隶书，魏晋又有行书，介于以后的楷、草之间。汉字是我国的主要文字，中国周边国家借用汉字也有一千多年历史。第二次世界大战后，汉字成为联合国工作语言之一。

在文字出现之后，信息传播大为方便，但人们也发现，以文字传播信息虽为众人所通，但携带仍不方便。试想，将文字刻于石、竹、木或泥盘之上，如何搬运、传播？于是，在有了共同的符号以后，信息传播的紧迫要求旋即转为书写工具和书写物体的改进，寻求便于传递文字信息的媒介。大约在公元前2500年，埃及人发明了用莎草制造结实纸张的办法。莎草纸远比石头轻便，书写起来也比刻石快捷轻松。这时，埃及人还用植物制成了笔刷，用颜料做成墨水。同莎草纸齐名的是中国的"丝絮纸"和墨西哥的"阿玛特纸"。丝絮纸由育蚕缫丝时留于竹席上的残丝絮晒干而成，人们改进以后制成絮纸，史称"薄小纸"，始于商代。阿玛特纸是由一种叫阿玛特的阔叶树的树皮纤维制成，由印第安人的玛雅人首先发明，故也称"玛雅纸"。

这种从使用沉重的石头、竹片、木板、泥盘向轻软便携的载体进化的文字媒介，极大地扩大了信息传播的广度和深度，信息可以传得更远，获知信息的人数大量增加，也即信息覆盖面扩大了，信息传播速度加快了。

然而，手书的速度毕竟有限，信息受传者的人数终究不会太多。于是，改进书写办法成为信息传播进一步发展的当务之急。这时，供大量书写的载体——廉价的普通纸张已经问世。

举世公认，中国是造纸术的故乡。史称大量生产而成本不高的纸为"蔡侯纸"。据记载，蔡伦曾任东汉的中常侍、尚方令等职。他见当时人们多用竹简和缣帛写字，前者笨重，后者昂贵，都不方便，于是他就利用皇室工场（时称"尚方"）的物质条件和能工巧匠，采用树皮、麻头、破布和鱼网等做原料，造出一批质量较好、成本不贵的纸张。元兴元年（105年），蔡伦将此纸献给朝廷，受到汉和帝称赞和嘉奖，通令向全国推广，并封蔡伦为龙亭侯。其实，从20世纪以来，中国在地下发掘中多次发现西汉纸（罗布淖尔纸、灞桥纸、金关纸和扶风纸等），把我国造纸历史从蔡伦时期又向前推进了两三百年。西汉纸才是我国最早发明造纸术的历史见证，也是人类文化史和传播史上首创的古纸实物。

纸和墨的应用为印刷术的发明准备了物质条件,而印章和石碑拓印则给印刷术提供了技术条件。印刷术的发明,使得信息传播发生了重大革命——"书写方法"有了质的飞跃。现在,讯息可以大量复制,也就极大地扩大了信息的传播范围(传播空间和受传人数)。马克思称其为"人类文明的杠杆"。

隋末唐初,中国发明了雕版印刷,这是人类印刷术的起步。至宋朝仁宗庆历年间(1041年至1048年),由天才的印刷工人毕昇发明活字印刷,可惜未能广泛推广。直至13世纪末元朝大德年间,农学家王祯发明了木活字和转轮排字机,活字印刷才进入实用阶段。我国发明活字印刷术,比德国人古登堡发明的铅合金活字印刷(1450年前后)早了400年。

印刷术最早被用于印制书籍。从17世纪开始,新闻传播才借助印刷术而迅速发展起来。只是从这时候起,现代新闻传播媒介才宣告问世,千百万人的新闻传播理念才发生质的飞跃。到19世纪30年代,快速印刷技术同现代报纸的基本概念相结合,第一种真正意义上的大众传播媒介——被称为"便士报"的大众化报纸——才粉墨登场。接着,随着电影、无线电广播和电视的相继发明与普及,一个广泛意义上的新闻传播新时代在20世纪开始了。也只是从这时起,新闻传播与一般信息传播才划清界限。

在20世纪和21世纪交替之际,在新技术革命和人类对新闻传播新要求的推动下,由于卫星传媒和网络传媒的加盟,极大地拓展了人们的新闻视野,便捷了人与人之间的交流与沟通。"第四媒介"互联网出现不久,"第五媒介"手机短信也迅速登场。新时代的传播媒介层出不穷,成为新世纪最引人注目的亮点。

随着人们驾驭新闻传媒的能力与手段日益加强,人们对新闻传播活动的本质、特点及基本规律的认识也不断深化。作为应用学科,新闻学形成发展也走过了由术入学的路径。走过了漫长的从师徒相传的技艺传授到以史立论的学术积累历程。直至20世纪20年代,新闻学作为一门新学科才从社会科学之林独立出来。不久,从更广泛的视角关注人类传播活动规律的又一门学科——传播学接踵问世。在中国,作为一级学科的新闻传播学在20世纪最后几年已得到国家学科建设最高指导部门的确认。

工人阶级为自身利益进行宣传鼓动的要求是在同资产阶级的舆论

交锋中产生的。19世纪20—30年代,最早一批工人报刊先后在欧美国家问世。至40—60年代,随着马克思主义形成和各国工人阶级政党的诞生,工人报刊发展起来。19世纪末到俄国十月社会主义革命胜利前后,布尔什维克报刊和中国共产党报刊等无产阶级新闻事业有了进一步发展。在工人阶级政党建设与工人报刊、党的报刊丰富实践的基础上,由马克思、恩格斯奠基,列宁在俄国、毛泽东等中国共产党人在中国发展的马克思主义新闻学逐渐形成和丰富起来。至1949年新中国成立,马克思主义新闻学以党报学说为核心内容,在中国形成了自己较为独立的理论体系。1978年党的十一届三中全会之后,改革开放东风劲吹,从西方引进的传播学也受到重视,并在中国高校陆续普及。从此,在数千年新闻传播活动基础上形成的新闻传播学术的研究,开始在中国有规模地逐步深入地展开。

二、新闻教育和新闻传播学的发展

新闻学形成的历史以及现时代新闻传播学在各国发展的进程表明,日益繁荣的新闻教育,是新闻学形成与发展强有力的推动力。

新闻教育是为传授新闻传播知识,展示新闻传播规律而进行的专业教育。它的使命有三个:向社会大众普及新闻传播知识;对有志于新闻传播的学子进行新闻就业训练;为在岗的新闻从业者提供职业终身教育。这三类教育都有赖于新闻传播学的知识积累和新闻传播规律的理论积累,但新闻教育自身又有助于这种知识的积累和深化对基本规律的认识,新闻教育促进了新闻学、新闻传播学的形成和发展。

美国是世界上最早实施新闻教育,并在教育中深化新闻学研究的国家之一。美国内战甫一结束,1869年华盛顿-李大学举办印刷工兼编辑训练班。1873年堪萨斯大学也开始传授印刷知识,宾夕法尼亚大学首次开设了单科的新闻学课程。这些都是由技艺传授深入到学理研究的努力。美国正规教育始于20世纪初。俄克拉荷马州的中央州立大学新闻系于1903年建立。四年制的新闻教育于1909年创立于伊利诺伊大学和威斯康星大学。1908年,密苏里大学开办美国第一所独立的新闻学院。1912年,哥伦比亚大学新闻学院成立。这些大学新闻学院或新闻系,是世界上建立最早的新闻学高等学府。

1912年哥伦比亚大学新闻学院开办之时,美国有30多所大学或学院开设新闻学课程。20世纪30年代中期,美国已有450多所大学院系设有新闻学课程。二次大战后开设新闻学课程的学校又有增加。1969年全美的2 313所高等院校中有1 148所院校开设不同形式的新闻学课程,其中有四年制学校719所(办新闻系或专业的212所),二年制的学校429所(办新闻系或专业的77所)。70年代全美国50个州和一个特区中的各所大学里,都有了新闻学院或新闻系。平均每州有5所新闻学院、系,最多的是加州,共有21所。目前美国约有300所高等院校设有四年制的新闻或传播学院(系)。

上述美国新闻教育的历史说明,美国新闻学的形成与发展几乎是同新闻教育的兴起与发展同步的。作为独立学科的新闻学的形成,正是以美国新闻院校的教授们撰写的各种经典教材与著作为标志的。美国的新闻学研究与新闻教育大致渐次分为三个历史阶段:报学阶段、新闻学阶段和大众传播学阶段。20世纪初至30年代,美国的新闻学教育基本上集中于报学,局限于报纸的史论和报纸实务。第一次世界大战后,出现无线电广播;第二次世界大战后,声画俱备的电视逐步得到普及。新闻教育的内容拓宽,越来越多的新闻院系开办了广播电视专业,或增设了广播电视课程。40年代,传播学首先在美国兴起。从50年代起,美国许多大学设置了传播学系或学院。

美国的新闻院系中设立了各种各样的专业,最普遍的,几乎一般新闻院系都有新闻-评论专业,其次较普遍的专业有广播电视、新闻摄影、广告、杂志、公共关系专业。设立较少而比较特殊的专业有新闻技术、图片宣传、口语传播、电影摄影、电视录像、印刷、城市采访、印刷管理与技术、录音工业管理、发行、农业新闻学、国内经济新闻、科学技术写作、新闻学教学等。这些专业设置和课程内容的变动,恰好是新闻学和传播学不断深化与融合的标志。

在英国、法国、德国、日本等西方国家,尽管新闻教育的发展历程与教学特点不同于美国,但同美国一样,新闻教育的内容都随着新闻传播实践的需要与发展而不断变化,不断深化,不断丰富。而随着这种变化、深入、丰富,新闻学研究和新闻传播学学科建设自身也日益繁荣和完善,科学性和适用性不断强化。

中国的新闻教育对新闻学形成发展的深刻影响,也十分明显。

中国的新闻教育始于20世纪初叶,1918年北京大学新闻学研究会的成立,既是中国新闻学研究的发端,也是中国新闻教育的滥觞。在这个研究会上授课的主要导师是徐宝璜和邵飘萍两位先生,他们的讲稿结集付梓,分别为徐宝璜的《新闻学》和邵飘萍的《实际应用新闻学》。1926年,戈公振在国民大学报学系讲授新闻史,其讲稿不久以《中国报学史》为名出版。这样,新闻学的三大分支——理论新闻学、应用新闻学和历史新闻学的三部代表性著作均已全部问世。它们的出版标志着本土化的新闻学在中国的诞生。新闻教育同新闻学之直接、紧密关系由斯可见一斑。

20世纪20—40年代是中国新闻教育勃兴时期,也是中国新闻学研究蜂起阶段。1920—1927年,中国成立的高校新闻系科先后达12所之多,其中重要者有1920年创办的圣约翰大学新闻系、1924年成立的燕京大学新闻系、1925年成立的国民大学报学系、1929年成立的复旦大学新闻系(早在1924年该校就办有新闻学讲座)。1935年中央政治大学新闻系宣告成立,后来成为中国新闻教育的重镇。这20多年是中国新闻学出现后学术思潮最活跃、各种新闻观点大交锋的时期。由于西学东渐的步伐加剧,美英新闻观点及研究方法在当时新闻学术界大行其道,占据主导地位。马克思主义的传入和马克思主义创始人报刊活动的介绍,使马克思主义新闻观点也渐有影响。随着日本入侵中国的加剧,法西斯新闻观点也有所滋长。国民党统治全国及其新闻统制体系的形成,国民党资产阶级新闻观的影响日益扩大。而这一切观点和方法的推介,无不对新闻教育的实施有着直接的影响。

新中国成立以后,特别是改革开放30年来,中国的新闻教育有了长足的进步。在它们推动下,中国的新闻传播学也有了迅猛的发展。今天,高校新闻院校师生承担着80%以上新闻传播学研究课题,全国发表的新闻传播学论文和新闻传播学著作,80%以上也是由新闻院校师生(研究生)完成的。

马克思主义新闻学的发展,同马克思主义新闻观的教育与传授也是紧紧联系在一起的。

马克思主义新闻学在它形成的初期,马克思和恩格斯同当时英国的新闻教育做法一样,采取言传身教指导点拨的方式,向他们的学生和拥护者传授关于工人报刊、党的报刊工作的知识与方法。在他们的教导下,李卜克内西、倍倍尔、伯恩施坦、考茨基等一批在当时颇为优秀的编辑成长起来,出版了一批十分成功的诸如《社会民主党人报》、《新时代》杂志等党的报刊。列宁以这些报刊为榜样,身体力行并指导他的学生与拥护者出版了同样优秀的报刊。他为指导布尔什维克党报工作者按马克思主义办报方针和新闻观办报,也发表了大量的言论。马克思、恩格斯、列宁等导师的这些言论、指示、著作,成为马克思主义新闻学最初的奠基性的思想资料。毛泽东有幸接受北京大学新闻学研究会诸位导师的新闻学启蒙教育,他本人又耳提面命对党的报刊工作者进行了长期的关于党报的性质、特点、任务、作风等新闻观念的传授。这些成为中国共产党党报理论的基础性原理。以后,毛泽东又和刘少奇、邓小平、江泽民、胡锦涛等党的其他领导人利用对《晋绥日报》编辑人员、华北记者团的讲话,以及听取新华社工作汇报、视察人民日报社和中央电视台等一系列机会,对新闻工作者进行了较为详尽的马克思主义新闻观的教育。这许许多多的讲话和指导,又把有中国特色的马克思主义新闻学不断推向前进。这无数事实再次表明了新闻教育与新闻传播学说发展的相辅相成、相互促进的紧密关系。

第二节 学习马克思主义新闻学经典论著的目的

江泽民同志在视察人民日报社的讲话中指出:"邓小平同志提出:'思想战线上的战士,都应当是人类灵魂工程师。'人类灵魂工程师是一种很高的评价,是一项很高的要求,要真正做得好,是很不容易的。教育者必须先受教育。为了更好地担负起以正确的舆论引导人的任务,新闻工作者,特别是共产党员和领导干部,必须努力提高自己的思想政治素质和业务素质。新闻战线的同志,特别是中青年同志,既要志存高远,又要脚踏实地,在打好思想政治和业务根底上,老老实实地下一番真功夫、苦功夫。"学习马克思主义新闻学经典论著,用马克思主义新闻观武装头脑,对于新闻传播工作者来说,具有重要的意义。

一、了解和掌握马克思主义新闻观

马克思主义是最具革命性和科学性、最有影响力和生命力的理论体系。"在这一个半世纪中,世界上没有哪一种理论体系,能像马克思主义这样,如此深刻地阐明人类历史发展的客观规律,如此强有力地影响着人类社会的发展;世界上也没有哪一种社会思潮,能像马克思主义这样,如此密切地贴近人类的经济、政治、社会、文化、思想、生活发展的实际。在这一百五十多年间,马克思主义有过凯歌行进的辉煌岁月,也经受过如磐风雨的摧折,但却不断地以崭新的姿态、发展的形式出现在世人的面前,显示出强盛的理论生命力。"①

马克思主义新闻学是马克思主义在新闻传播领域的观念与学说的理论体系,它以马克思主义基本原理为指针,深刻地揭示了新闻传播活动和新闻传播事业的根本规律,规定了党和人民新闻传播事业的原则和方针。了解和掌握马克思主义新闻学基本原理,就掌握和坚持了社会主义新闻工作的立业之本、成功之本、不败之本。这样,我们就能在纷繁复杂的传播环境中始终保持清醒的头脑和沉着稳定的心态,坚持正确的政治方向,增强新闻传播工作的自觉性,防止和克服盲目性,使党领导下的新闻传媒,真正成为党的宣传员、鼓动员和组织者,成为党、政府和人民群众的耳目喉舌,成为人类灵魂的工程师。

无论对于进入高等学校学习的青年学子来说,还是走上新闻传播工作岗位的青年新闻工作者来说,都应该首先把马克思主义新闻论著作为一门现代科学知识认真攻读。"知识就是力量",只有掌握人类所创造的丰富知识,才能成为一名对社会、对人类有用的人才。在今天的社会主义中国,不掌握马克思主义新闻观,要想顺利从事党和人民的新闻事业所交给的任何一项工作,是不可思议的。其次,要自觉地在了解和掌握马克思主义新闻观的过程中,逐步地端正立场,改造世界观。马克思主义新闻经典论著课不仅是一门专业理论课,还是新闻传播学专业的骨干基础课,在学习这门课的过程中,不仅要求学习者掌握知识,还要求学习者对于新闻传播工作树立正确的职业使命感,同时还要求学习者在此基础上为学习其他专业课程树立正确的指导思想和价值取向。

二、增强识别各种新闻思潮和理论是非的能力

通过学习马克思主义新闻学经典著作,要增强识别错误思潮和错

---

① 教育部社政司组编:《〈马克思主义经典著作选读〉导读》,人民出版社2001年第1版,第1页。

误观点的能力,在复杂的理论斗争中坚持马克思主义新闻观。

马克思主义不是教义,它把观察和认识世界的认识工具交给了我们,恩格斯指出:"我们的理论是发展着的理论,而不是必须背得烂熟并机械地加以重复的教条。"①他在另一处还指出:"马克思的整个世界观不是教义,而是方法。它提供的不是现成的教条,而是进一步研究的出发点和供这种研究使用的方法。"②学习马克思主义新闻学经典著作,有助于正确认识当代新闻传播事业和产业的地位和作用,认识新闻传播媒介的性质和特点,构建科学的新闻价值、宣传价值、审美价值指标体系,遵循新闻传播规律开展新闻传播实务和加强新闻产业的经营管理,提高新闻传播的有效性、可信性和可读性,在保障新闻传播的社会效益前提下,努力争取更好的经济效益。

新闻传播学是一门政治性和应用性都十分鲜明的学科。在操作层面上,新闻传媒的技术性业务性问题占相当重要的地位。因此,人们常常容易注重新闻传播学的应用性而忽略它的政治性,常常因为过多地关注业务技术问题而冲击内容选择和思想倾向等更为重要的问题。实行改革开放以来,国门洞开,各种新闻传播理论从海外涌来,一些人由于学识与分辨能力不能适应,视错误为圭臬、视糟粕为精华的现象时有出现。新科技革命的兴起和经济全球化的加剧,跨文化传播的推进,新媒体技术的突飞猛进,我国加入WTO以后部分西方新闻传媒的进入和国际新闻竞争新态势的出现,一些国家的"和平演变"和社会主义运动的低落,加上对20世纪50年代片面学习苏联塔斯社与真理报经验教训的反思,使得一些人迷惘、彷徨,对马克思主义新闻观感到失落、无趣。还有个别人错误总结"文化大革命"教训,结果找歪了病因,开错了药方,一些错误观点的影响误导了新闻实务和新闻队伍建设。凡此种种,说明分清理论是非,抑制和反对资产阶级新闻观影响,对于坚持新闻传播的社会主义方向,把新闻改革引向深入具有迫切的重要的意义。而要达到这一目的,就必须刻苦地学习马克思主义新闻学经典论著,掌握好马克思主义新闻观这一锐利的理论武器。

---

① 《马克思恩格斯选集》第4卷,人民出版社1995年第2版,第681页。
② 同上书,第742—743页。

三、推进有中国特色马克思主义新闻传播学建设

严格说来,国内外至今尚无一个比较完善的新闻学理论体系。这主要因为,一是新闻传播学这门学科过于年轻,发展过于超速,理论积累不够;二是新闻从业者以至新闻研究者过于重"术"而过于轻"学",对于传播技巧的改进和媒介功能的追求大于对基本规律的研讨和基本理念的完善;三是新闻传播学科缺乏自己的学科方法和学科语言,从而减损了本学科的独立性和自主性。但是,新闻传播学毕竟已有80多年研究的历史和一定的学识积累。其中,马克思主义新闻学经典论著中,已为今天新闻传播学理论体系的建设提供了其中最重要的范畴、观点和必要的研究方法。这是人类最为宝贵的精神文明宝库的一部分,也是我们构建马克思主义新闻传播学理论体系业已具备的奠基性学术材料。

比如,马克思主义新闻学经典论著为我们拟订了研究新闻传播学的方法和主要理论框架,论证这一学科重要范畴和观点的哲学基础,展开一些重要学术范畴的指导思想,以及关于党和人民报刊的性质、功能和特点,新闻传播的主要原则、方针和风格,党的新闻工作者的素质和修养,风格与文风,新闻传媒与社会经济、政治、文化的交互关系以及制定新闻出版自由政策的法理依据等论述。特别是由马克思恩格斯奠定基础、由列宁毛泽东大力发展完成的无产阶级党报理论,不仅为我们今天架构更为广泛的马克思主义新闻学理论体系,提供了较为完善的结构框架,而且为我们的新闻传播学理论工作,提供了可资借鉴的思维方式和研究方法。这一系列的理论积累,对于我们在21世纪新的历史条件下,建构有中国特色的马克思主义新闻学理论体系,是十分宝贵的、极为重要的学术基础。

由马克思主义的创始人和继承人留给我们的理论财富,并没有形成现成的、完整的专门性著作,而是散见于一个半世纪以来他们撰写的浩如烟海的著作、论文、书信、文件、手稿等历史文献中。这里,有极为艰苦细致的发掘、梳理、理解、考证、提炼工作等待我们去做。这项艰巨而伟大的工程要由几代人花费巨大的精力去做。我们现在学习的是已经发掘整理出来的,是其中较有代表性的经典论著,这是构建马克思主义新闻学最主要的文献,是我们走进马克思主义新闻学学术殿堂的入

口。对此,我们首先要下工夫读懂弄通,对于有志于马克思主义新闻学理论建设的我们来说,这既是自己学术追求的需要,又是崇高的社会责任。

第三节 学习马克思主义新闻学经典论著的方法

学习马克思主义新闻学经典论著要收到实效,方法问题十分重要。毛泽东说过,"我们不但要提出任务,而且要解决完成任务的方法问题。我们的任务是过河,但是没有桥或没有船就不能过。不解决桥或船的问题,过河就是一句空话。"①选择和衡量方法的标准主要是有效与便捷,各人因人而异,这里结合学习马克思主义新闻学经典论著的特点,提出几种比较普遍适用的方法。

一、认真研读论著,务求学懂弄通,掌握精神实质

研读原著,是学习和掌握马克思主义新闻学基本原理和观念的主要方法之一。

马克思主义经典作家的新闻思想是在历史发展进程中,在观察分析和解决具体的社会历史事件中展开和深化的。我们应该从马克思恩格斯开始,经过列宁,到中国共产党各个历史时期领导核心这样一个总的发展线索,围绕他们的政治斗争和学术活动,结合重要的历史事件,通过主要报刊的存亡发展,选读各个历史时期有代表性的新闻传播学论著。在此学习的基础上,再分为若干个专题,比如党的建设与报刊活动,报刊的性质和任务,报刊工作的原则和策略,党报工作者的素质与修养,新闻出版自由,对资产阶级报刊的批评等,把他们的许多相关论述分门别类地归纳到这些专题中去,寻究它们之间的内在联系和承继发展,从中体会提炼出这些论述的精神实质,认识马克思主义新闻学的

---

① 毛泽东:《关心群众生活,注意工作方法》,《毛泽东选集》第1卷,人民出版社1991年第2版,第139页。

基本原理和主要观点。

新闻学的初步形成是在20世纪初叶。同时我们知道,马克思主义经典作家无意成为新闻学者,他们把自己的主要精力放在革命斗争和哲学、政治经济学与科学社会主义的学术工作上。他们关于新闻学的论述,是针对某些特定的报刊事件和报刊人物撰写的。虽然有的论述涉及不少新闻传播的基本问题,包括一般规律,但所有的论述总是有其发表的特殊背景与历史条件。因此,我们在学习领会他们关于新闻工作的论述时,必须全面掌握这些背景和历史事件,将它们放到具体的社会事件中去,分清哪些涉及新闻传播基本规律和新闻学的重要原理,哪些只是解决特殊事件的一些个别意见。学习经典论著的重点和目的,在于重点领会和掌握前者,而不是后者。这里,必须提倡实事求是,具体问题具体分析的学风,克服教条主义和本本主义的干扰,摒弃过去"语录新闻学"的影响。进一步说,任何过去曾经是非常正确的理论,随着时光的推移,也会产生某些与当代发展的新现实不甚适应的成分。世界上没有适用一切时空的真理,一切都随时间、地点、条件的变化而变动。对于马克思主义经典作家关于新闻工作的论述,联系当前中国的实际去理解,去消化,是十分重要的,我们不能做食书不化的书生。

本着上述方法论的要求,本书在评介论述马克思主义经典论著时,力求精选最能反映经典作家该时期有代表性的,又是阐述马克思主义新闻学基本原理的作品。同时,根据笔者的学识和手头掌握的资料,力所能及地对这些作品作一些诠释、评点的工作。评介诠释如有不当,请读者批评指正。

二、实事求是地评价和借鉴资产阶级新闻学研究成果,在比较分析中全面掌握马克思主义新闻观

资产阶级新闻事业已有近四百年历史,资产阶级新闻学也积累了近百年研究成果。其中不乏不科学的成分,有的新闻观反映资产阶级的价值取向,应是毋庸置疑,不可否认的。作为一种产业,资产阶级新闻传媒总的说来大体是根据新闻传播规律运行的,资产阶级新闻学有不少体现新闻传播规律的经验与做法,也应是不争的事实。我们应该有这样的共识:几百年积累的资产阶级创办新闻传播产业的经验,百年来资产阶级新闻学者的学术成果,是人类精神文明的共同结晶。其

中既有持鲜明阶级倾向与功利动机的学者与报人的努力,也有广大学人和新闻从业人员以至亿万受众的贡献。一门学科,一种学说,除了研究者百折不挠的卓绝努力之外,总是广泛地汲取了同时代人的点点滴滴的见解、看法、做法、技巧及至学说。对于全人类花费数百年而于今又有实用价值的东西,我们没有理由拒之不用。当然这种汲取利用,不是全盘接收,而是有分析、有区别、批判地借鉴。

马克思主义经典作家没有拒绝资产阶级创造的、对人类有用的东西。列宁指出,"马克思主义这一革命无产阶级的意识形态赢得了世界历史性的意义,是因为它并没有抛弃资产阶级时代最宝贵的成就,相反却吸收和改造了两千年来人类思想和文化发展中一切有价值的东西。"① 在马克思主义经典作家的报刊活动和关于报刊工作的论述中,资产阶级报刊经验和资产阶级报人言论四处可见。马克思和恩格斯青年时期关于自由报刊的评述,同一个多世纪之后美国传播学者阐述的19世纪自由报刊思想时期的一些要点颇有相似之处。列宁提出无产阶级专政历史条件下报刊工作原则时,对资产阶级报刊很会通过经济报道"作战"有很高的评价。毛泽东在20世纪30年代接受西方记者采访时,还深情地回忆当年听徐宝璜和邵飘萍讲授新闻学的情景。刘少奇同新华社领导谈到西方通讯社时,对西方新闻界流行的真实、客观、全面、公正的报道方针给予基本肯定。我们在学习马克思主义新闻学经典著作时,应把经典作家的新闻观点同资产阶级新闻学相似观点对照比较,更细致更具体地领会、理解马克思主义新闻学经典论著的观点。这样,会有更好的效果。

三、坚持理论联系实际的学风,通过对新闻传播现象和新闻观点论争的考察分析,学习和掌握马克思主义新闻观

理论联系实际,是学习马克思主义最重要的学风。学习马克思主义新闻学经典论著,当然更应倡导和遵循这个好学风。这是因为,新闻学的所有研究课题,包括过去150多年间马克思主义经典作家遇到的新闻学课题,全部来自新闻传播实际和新闻传播机构。寻找这些课题的答案,也完全为了解决今天实际工作部门的问题,正确认识当今的种

---

① 《列宁选集》第4卷,人民出版社1995年第3版,第299页。

种新闻传播现象。

但是,这些年新闻学术界却未能很好地贯彻理论联系实际的学风,大致表现为以下三方面的现象:一是有的人习惯于从书本到书本照抄照搬,或者喜欢关起门热衷于发现所谓的"模式"、"程序",置实际生活中提出的大量亟待回答的问题于不顾;二是搞理论研究的一些人的成果往往不为一些以短期行为为特征的主管部门或刊物所接受,久而久之,他们就不再关注实际而从事孤芳自赏式的"自由研究";三是在新闻政策滞后或自由研讨风气尚未形成的地区与部门,压制一些结合实际、能够回答现实生活重大问题的研究成果面世,致使有的人不愿联系实际而搞一些资料整理或学究式的考证。

新闻传播学理论研究一般可分为描述性研究和先导性研究两种。描述性研究侧重于对当前政策扶持下的传播现象进行概括与提炼,或对相关资料进行挖掘与梳理,这种研究没有什么风险,自然也难以实现理论创新。先导性研究的舞台是社会大环境,从社会经济、政治、文化进程中考察传播现象。这种研究要求着眼于全球大传播和进行全方位的考察,并提出自己的看法和建言,有时难免同现行传播政策发生碰撞,同某些人的思维定势发生冲突。这种研究风险大,但其理论价值和对实际工作所产生的影响也大。

对于马克思主义新闻学经典论著的学习者和研究者来说,"理论联系实际"绝非一句轻松的或空洞的口号,它要求学者有很大的理论胆略,同时又安心于做艰苦的探索。他们应该在认真刻苦的学习中切实掌握马克思主义新闻观的真谛,同时又以高度的责任感和严谨的科学态度自律,以期以独立的有益的研究去推动有中国特色的马克思主义新闻学的建设。

对于年轻的学子来说,理论联系实际,则要求他们广泛联系一个半世纪以来的世界史、国际共产主义运动史,认真刻苦地研读较多的马克思主义新闻学经典著作,同时又自觉地研读当今报刊和阅听广播电视媒介,从这些新闻作品中去消化、领会并最终掌握马克思主义新闻观。在阅听当代新闻传媒的过程中,不讳言传播现实的功过是非,敢于讲出自己的学术见解,这既是一种学术勇气、理论良心的培养,也是善于理论联系实际的表现。

总之,在学习方法问题上,也应提倡"拿来主义",于我有用者,有助于理解和掌握马克思主义新闻学经典论著的各种方法,尽可能拿过来为我所用。

　　决定方法是否有效的最终因素是学习态度,表面看来,读理论类著作是一件相当枯燥乏味的事情。但是,如果我们能够克服急躁情绪,下工夫坐下来读,能够联系传播实际和新闻史实思考,敢于发表自己的见解和看法,同时又善于同周围的同学、朋友交流沟通讨论,就会享受到其中的快乐和趣味。这里,让我们记住马克思说过的一句话:

　　"在科学上没有平坦的大道,只有不畏劳苦沿着陡峭山路攀登的人,才有希望达到光辉的顶点。"

[思考题]
  1. 联系实际说明新闻传播活动与新闻传播学的关系。
  2. 新闻教育对新闻传播学形成发展的促进作用。
  3. 学习马克思主义新闻学经典论著的目的、意义。
  4. 学习马克思主义新闻学经典论著的主要方法。

[阅读书目]
  1. 列宁:《共青团的任务》,《列宁选集》第4卷,人民出版社1995年第3版,第281—297页。
  2. 顾海良:《导言》,载《〈马克思主义经典著作选读〉导读》,人民出版社2001年第1版,第1—34页。

第二章

马克思主义新闻学创立的背景和条件

> 德国的理论上的社会主义永远不会忘记，它是依靠圣西门、傅立叶和欧文这三位思想家而确立起来的。虽然这三位思想家的学说含有十分虚幻和空想的性质，但他们终究是属于一切时代最伟大的智士之列的，他们天才地预示了我们已经科学地证明了其正确性的无数真理。
>
> ——恩格斯

一定的社会现象，总是由相应的社会关系所引起的。新闻传播活动和新闻思想，作为一种社会文化现象，要研究它们的发生、形成和演变、发展，需要深入到社会关系中去，寻找其发生和形成的原因，探求其活动的规律，并由此作出科学的结论。马克思和恩格斯在《德意志意识形态》中指出，一切划时代体系的真正内容都是由于产生这些体系的那个时期的需要而形成的。所有这些体系都是以本国过去的整个发展为基础的，是以阶级关系的历史形成及其政治的、道德的、哲学的以及其他的后果为基础的。

了解和研究马克思主义新闻学形成发展的过程及动因，需要考察形成这一学说所具备的特定的经济政治条件，马克思主义经典作家的文化教育背景，以及他们从事新闻传播活动的资历与经验。

马克思主义新闻学创立之前，已有一定的理论积累。首先是空想社会主义学说中的关于新闻及其传播的论述。早期空想主义者对精神交往的必要性与重要性的看法，法国空想主义者的报刊活动及其所提出的关于舆论、宣传等观点,圣西门、傅立叶和欧文三大空想主义者的诸多新闻主张和丰富的报刊工作经验,为马克思和恩格斯创立马克思主义新闻学提供了极其宝贵的思想资料。

新闻学是一门党性和实践性极强的学科。没有长期新闻工作实践经验的积累,没有马克思主义经典作家同各种非马克思主义新闻思潮的较量与论战,没有广大无产阶级新闻工作者以及亿万人民群众对新闻传播规律的探索研究,就不会产生马克思主义新闻学。深刻总结和分析马克思主义经典作家丰富的新闻工作实践经验,总结和分析马克思主义新闻思想同各种非马克思主义新闻思潮论战的思想资料,有助于我们深刻认识和全面把握马克思主义新闻学创立与发展的过程及其理论成果。

第一节 马克思主义新闻学形成的时代背景

一、经济、政治和社会因素

马克思主义新闻学的奠基人是马克思和恩格斯。他们走上报刊工作岗位,提出新闻思想的时候,正是德国社会"新时期降生和过渡的时代"[①]。封建经济的解体和资本主义生产力的勃兴,专制制度的腐朽和资产阶级反抗活动的加剧,为马克思主义新闻思想的形成,提供了极为有利的经济、政治条件和社会文化基础。

从经济上看,当时德国传统的手工业、商业、工业和农业极端凋敝。农民、手工业者和企业主陷于重重苦难:王公贵族的盘剥,政府的搜刮,商业的不景气。多如牛毛的苛捐杂税,千奇百怪的币制,五花八门的度量衡,严重束缚新兴的资本主义生产力的发展。

德国的政治十分腐败。梅林在《德国史》中对这种欧洲最反动的政治有十分准确与深刻的揭露:"在整个世界史中,也许再找不出一个阶级像……德国诸侯那样长期地精神空虚、庸碌无能,但是对于人类的

---

① 黑格尔:《精神现象学》上卷,商务印书馆1979年第1版,第7页。

各种卑鄙行为却又那样地事事精通。他们丧尽廉耻,在形形色色的邪恶罪过中度日。他们滥用主权,与外国缔结盟约,把百姓的血肉之躯卖给外国专制君主充作炮灰,以换取任意挥霍之资,以便与法兰西国王比富斗奢,竞相角逐。"①

但是,世界历史潮流在前进。尽管德国是落后的封建农业国家,到了19世纪三四十年代,资本主义生产方式通过对行会制度和封建束缚的克服,借助关税同盟和近代科学技术的双翼,仍然缓慢地发展起来。随着新经济的起飞,资产阶级同封建统治者的矛盾与冲突日趋尖锐。德国资产阶级的反抗运动,起初是以知识分子的反抗和文学活动的形式出现的。开始,反抗运动的支柱是"大学生协会",其中的一些最坚决分子,还组成"不羁者协会",用恐怖手段对付迫害民主运动的反动派。后来,一批文学青年结成青年黑格尔派,以文学为武器,鼓吹民主和自由。青年德意志运动失败之后,代之而起的是青年黑格尔派的哲学-政治运动。这个运动的要旨是试图使黑格尔的学说适合于资产阶级民主运动的需要。这种思想和理论上的解放运动,成了德国政治解放的先声。

马克思和恩格斯积极地参加了青年黑格尔派的哲学-政治运动。面对日益剧烈的社会动荡和不断高涨的反抗运动,马克思和恩格斯曾以异常兴奋和激动的笔触写道:"德国在最近几年里经历了一次空前的变革。从施特劳斯开始的黑格尔体系的解体过程变成了一种席卷一切'过去的力量'的世界性骚动。在普遍的混乱中,一些强大的国家产生了,但是立刻又消逝了,瞬息之间出现了许多英雄,但是马上又因为出现了更勇敢更强悍的对手而销声匿迹。这是一次革命,法国革命同它比较起来只不过是儿戏;这是一次世界斗争,在它面前狄亚多希的斗争简直微不足道。在瞬息间一些原则为另一些原则所代替,一些思想勇士为另一些思想勇士所歼灭。在1842年至1845年这三年中间,在德国所进行的清洗比过去三个世纪要彻底得多。"②

剧烈动荡的经济与政治局势,对每个有志青年是严峻的考验,也为他们追随真理,造福人民造就了极好的条件。

---

① 梅林:《德国史》,三联书店1980年第1版,第59页。
② 《马克思恩格斯全集》第3卷,人民出版社1960年第1版,第19页。

马克思和恩格斯以极大的热情投身社会斗争和理论交锋的急流,他们争鸣、论战、探索、写作,社会运动和报刊实践成了他们寻求真理、锻炼思想、磨砺斗志和清算旧意识的学校。在多年的丰富的社会实践中,他们渐次深化地提出并最终形成了马克思主义新闻思想。这一新学说随着斗争的深入、世界观的转变而不断发展。《共产党宣言》的出版标志着马克思主义新闻学的形成,而第一国际的成立,又标志着他们的新闻思想由民主报刊思想、工人报刊思想而进入无产阶级党报思想新阶段。这其中,马克思和恩格斯又面对新的经济政治局势,进行了大量的革命实践、科学研究的工作,并不断开拓报纸工作新局面。

马克思和恩格斯是世界公民,他们出生于德国,但一生走过欧洲许多国家,长期在英国生活和工作。资本主义制度最早产生与发展的英国及其首都伦敦,不仅为马克思和恩格斯提供了较为开放的资本主义文明社会的生活环境,而且作为当时世界社会主义运动的中心,也为马克思和恩格斯提供了较为自由的从事科学研究的条件。他们的共同朋友和战友威廉·李卜克内西对此写道:"在伦敦,在这个首要的大都市,全世界的中心,世界商业的中心,在这个世界的瞭望塔上马克思可以找到完成他的著作正在搜集并需要的基本素材。从这里可以纵观整个世界的商业、世界的政治和经济动态,这在地球上任何别的地方是办不到的。"①

马克思和恩格斯为了使共产主义事业后继有人,生前曾以满腔的热情和严格的要求,培养、扶植自己学说的宣传者和实践家。马克思常常说,"我应该训练好在我死后继续共产主义宣传的人"②。列宁在无产阶级革命与社会主义建设的全面实践中,继承与发展了马克思主义新闻学。

列宁的一生经历了两个时代,生活在两个世纪的交错点上。他经历过沙皇专制制度下的黑暗生活,又领导俄国人民迎来了社会主义的新曙光。19世纪中期之后,废除了农奴制的沙皇俄国在原先落后的经济政治基础上,资本主义生产力有了较快的发展。俄国工人阶级在经济、政治双重压迫下,罢工斗争此起彼伏。在工人运动的推动下,一批

---

① 中共中央编译局:《我景仰的人》,人民出版社1982年第1版,第22—23页。
② 中共中央编译局:《摩尔和将军》,人民出版社1982年第1版,第89页。

民粹主义者,如普列汉诺夫等人,转变立场,成为马克思主义者。列宁通过参加马克思主义小组活动,阅读马克思和恩格斯的科学著作,参加农村考察和调查工人生活状况,从较高的起点上,以办工人报刊开始,走上党的报刊工作岗位。他在同各种机会主义、修正主义派别的斗争中,提出党、党的报刊和党报工作的党性原则的观点。在7年社会主义建设的实践中,他又提出党和苏维埃报刊是经济建设的工具等观点。在新的政治经济条件下,列宁继承和发展了马克思和恩格斯所创建的马克思主义新闻学。

列宁逝世后,作为苏联党和政府领导人的斯大林领导苏联人民展开了社会主义建设新高潮。随着社会主义工业化(1926—1929)和农业集体化(1930—1934)运动的深化,和三个五年计划(1928—1941)的实行,苏联的经济实力大为加强,政治体制也有新的发展。在这一新的历史条件下,斯大林就发挥新闻传媒推动经济建设、反对官僚主义、促进文化发展、加强通讯员队伍等方面发展了列宁的新闻思想,并逐步营建了完全不同于西方国家的新闻传播体制和经营管理机制。

中国共产党是继苏联共产党之后,对马克思主义新闻学的发展作出伟大贡献的工人阶级政党。中国共产党在自己八十余年的领导中国新闻传播实践中,在许多方面把这一学说推向新的发展阶段。

毛泽东新闻思想的形成与发展,同中国社会的经济政治条件是不可分的。

毛泽东对中国社会的经济政治特点有许多正确的全面的分析。他指出:

"中国虽然是一个伟大的民族国家,虽然是一个地广人众、历史悠久而又富于革命传统和优秀遗产的国家;可是,中国自从脱离奴隶制度进到封建制度以后,其经济、政治、文化的发展,就长期地陷于发展迟缓的状态中。这个封建制度,自周秦以来一直延续了三千年左右。"

"自从一八四〇年的鸦片战争以后,中国一步一步地变成了一个半殖民地半封建的社会。"

"帝国主义和中国封建主义相结合,把中国变为半殖民地和殖民地的过程,也就是中国人民反抗帝国主义及其走狗的过程。"

"完成中国资产阶级民主主义的革命（新民主主义的革命），并准备在一切必要条件具备的时候把它转变到社会主义革命的阶段上去，这就是中国共产党光荣的伟大的全部革命任务。"①

出于对当时中国经济和政治局势的全面分析，毛泽东正确地指出，包括新闻传播理论与实践在内的中国文化，在当时含有多种成分。他说："一定的文化是一定社会的政治和经济在观念形态上的反映。"在当时的中国，有帝国主义文化，这是反映帝国主义在政治上经济上统治或半统治中国的东西；还有半封建文化，这是反映半封建政治和半封建经济的东西；还有新文化，即在观念形态上反映新政治和新经济的东西。对于这种新文化，毛泽东分析说："在'五四'以前，中国的新文化，是旧民主主义性质的文化，属于世界资产阶级的资本主义的文化革命的一部分。在'五四'以后，中国的新文化，却是新民主主义性质的文化，属于世界无产阶级的社会主义的文化革命的一部分。"在此分析的基础上，毛泽东得出这样的结论："所谓新民主主义的文化，就是人民大众反帝反封建的文化；在今日，就是抗日统一战线的文化。这种文化，只能由无产阶级的文化思想即共产主义思想去领导，任何别的阶级的文化思想都是不能领导的。所谓新民主主义的文化，一句话，就是无产阶级领导的人民大众的反帝反封建的文化。"②

上面这些论述，十分清楚地说明了毛泽东新闻思想产生的当时中国的经济与政治条件。

1949年10月1日中华人民共和国成立后，中国大陆的经济、政治状况发生了翻天覆地的变化。毛泽东指出："从现在起，开始了由城市到乡村并由城市领导乡村的时期。党的工作重心由乡村移到了城市。""我们的同志必须用极大的努力去学习生产的技术和管理生产的方法，必须去学习同生产有密切联系的商业工作、银行工作和其他工作。……城市中其他的工作，例如党的组织工作，政权机关的工作，工会的工作，其他各种民众团体的工作，文化教育方面的工作，肃反工作，通讯社报纸广播电台的工作，都是围绕着生产建设这一个中心工作并

---

① 毛泽东：《中国革命和中国共产党》，《毛泽东选集》第2卷，人民出版社1991年第2版，第623、626、632、651页。

② 毛泽东：《新民主主义论》，《毛泽东选集》第2卷，人民出版社1991年第2版，第694、698页。

为这个中心工作服务的。"①根据中国变化了的经济和政治环境,毛泽东新闻思想又有了新的发展和新的内容。

同样,邓小平的新闻思想和江泽民的新闻思想,以及党的十六次代表大会以后的新闻思想,也分别有着不同的经济和政治因素,成为他们新闻思想形成与发展的条件和动因。

二、文化教育背景和家庭影响

马克思和恩格斯能够成为马克思主义新闻学的奠基人,除了时代为他们提供的经济与政治动因外,还依赖于他们刻苦地钻研人类创造的全部知识,具备全面的合理的知识结构。列宁讲到马克思之所以成为伟大的马克思主义者时写道:"凡是人类社会所创造的一切,他都有批判地重新加以探讨,任何一点也没有忽略过去。凡是人类思想所建树的一切,他都放在工人运动中检验过,重新加以探讨,加以批判,从而得出了那些被资产阶级的狭隘性所限制或被资产阶级偏见束缚住的人不能得出的结论。""共产主义是从人类知识的总和中产生出来的,马克思主义就是这方面的典范。"②

马克思和恩格斯的新闻思想,也是通过对人类创造的精神遗产的批判、继承和创新而形成的。就新闻思想而言,他们研究和吸收了空想社会主义、法国启蒙思想、德国古典哲学和他们同时代的思想家、政论家及报刊活动家的理论的合理成分,对它们进行改造和加工,得出了科学社会主义的结论,并以此为基础形成马克思主义新闻学。

德国的理论上的社会主义是依赖空想社会主义,特别是依靠圣西门、傅立叶、欧文三位思想家确立起来的。他们的学说以及巴贝夫、欧文、卡贝、魏特林等社会主义报刊活动家的新闻传播观点和新闻工作经验,对马克思和恩格斯新闻思想的形成,有许多有益的启发。

法国唯物主义学说对马克思恩格斯也有积极的影响。狄德罗关于人有精神交往的权利、霍尔巴赫关于言论出版自由、爱尔维修关于

---

① 毛泽东:《在中国共产党第七届中央委员会第二次全体会议上的报告》,《毛泽东选集》第4卷,人民出版社1991年第2版,第1427、1428页。

② 《列宁选集》第4卷,人民出版社1995年第3版,第284—285、284页。

法律面前人人平等等观点,是马克思和恩格斯论证早期新闻思想重要的理论依据。马克思和恩格斯的著作中不时出现伏尔泰、孟德斯鸠、卢梭的名字。卢梭的先占权思想,就被马克思的一篇政论作品作为立论的依据。法国革命民主派的一些杰出代表,如雅各宾派的马拉、罗伯斯庇尔等的许多改造社会的政治主张,也深为马克思和恩格斯赞赏。他们常常以"马拉之笔"作为革命报人的典范。恩格斯说,他和马克思主编的《新莱茵报》,就以马拉的《人民之友报》为榜样。

对马克思和恩格斯新闻思想影响最深刻、最直接的是德国古典哲学,古典哲学成了马克思恩格斯早期新闻观点的哲学基础。列宁谈到这种影响的深刻性时指出,马克思和恩格斯是离开黑格尔走向费尔巴哈,又进一步从费尔巴哈走向历史唯物主义和辩证唯物主义的。

马克思和恩格斯同其他青年黑格尔分子一样,往往把黑格尔的唯心主义体系抛在一边,而专门使用它的辩证法的合理内核。他们用辩证法作武器,批判宗教,批判政治。在他们早期的政论作品和报刊文章中,我们既能看到黑格尔学说的影响,又可以看到对它的突破,使早期的新闻思想包含唯物主义的合理成分。

马克思和恩格斯还大量吸收同时代的思想家、政论家和报刊活动家的思想成果,这些先进人物几乎全是青年黑格尔派的杰出代表,其中主要有布·鲍威尔、卢格和赫斯。鲍威尔对政府和对宗教的不妥协精神为马克思提供了早期思想模型,这种影响还被马克思长久地吸收到他的思想方法中去。卢格作为当时德国"思想领域里的批发商",在政治观点、出版活动方面给予马克思很大的影响。马克思和恩格斯通过与很早就成为社会主义者的赫斯的交往,研究赫斯的著作,加速自己世界观的改造。马克思早期的一些观点,也得益于赫斯。赫斯对恩格斯的报刊观点的形成,也有长期、深刻的影响。

最后,我们还应指出,良好的家庭和学校教育,对马克思和恩格斯思想的成长有着重要作用。马克思的父亲是个开明的自由派律师,学识渊博,深受启蒙思想影响。老马克思对伏尔泰和卢梭给予很高的评价,对牛顿、莱布尼茨和洛克怀有深深的敬意,十分熟悉康德和莱辛的思想。中学校长、大学教授,甚至岳父都对马克思有很大影响。传记作者写道:"当他的父亲给他念伏尔泰和拉辛的著作时,威斯特华伦(马克思的岳父)却给他念荷马和莎士比亚。"①

  恩格斯的母亲使儿子从小在为人、文学和音乐方面得到全面的培养。恩格斯的外祖父作为一位中学校长和语言学家,给自己的外孙传授了不少语言、文学和历史方面的知识。在中学里,恩格斯刻苦好学,潜心进取,不仅各门功课成绩优异,还利用业余时间阅读了大量的文学作品、历史读物和科学书籍,并掌握了拉丁文、希腊文和法文。他还从几位思想开明和有创新精神的老师那里,知道了不少启蒙思想家的主张和学说。这些知识和能力,为恩格斯以后通过自学探索更多的知识领域打下了基础。

  马克思和恩格斯就是这样为自己新闻思想的形成夯实了厚实的文化沃土。赫斯谈到青年马克思时这样说:"马克思博士——他可以说是我所崇拜的偶像——还是个十分年轻的人(至多不过24岁左右)。他将给中世纪的宗教和政治以致命的打击。他既有深思熟虑、冷静、严肃的态度,又有最敏感的机智。设想一下,如果把卢梭、伏尔泰、霍尔巴赫、莱辛、海涅和黑格尔结合为一人——我说的是结合,不是凑合——那么结果就是一个马克思博士。"②赫斯的这段话用于恩格斯,也是完全适合的。

  同马克思和恩格斯一样,列宁从青少年时代起,就如饥似渴地吸收各种各样的知识。他阅读一本又一本车尔尼雪夫斯基、别林斯基、赫尔岑、皮萨列夫、杜勃罗留波夫等民族主义者和伟大思想家的作品。他在流放地读这些人的书看得入了迷。后来他回忆说:"好像在我以后的生活中,甚至是在彼得堡和西伯利亚的监狱中,都没有像我被从喀山流放到一个农村一年中看的东西多。那真是从早晨到深夜发奋地看……我看得最多的是《同时代人》、《祖国纪事》、《欧洲通报》等杂志上的文章……我最喜欢的作者是车尔尼雪夫斯基。"③列宁还喜欢杜勃罗留波夫的生动与充满激情的文章,他说:"在说到车尔尼雪夫斯基对我产生了主要影响时,我不能不提到车尔尼雪夫斯基的朋友和同路人杜勃罗留波夫对我的影响也是很大的……他的两篇文章,即一篇论冈察洛夫的长篇小说《奥勃洛莫夫》,另一篇论屠格涅夫的长篇小说《前夜》,好

---

 ① 中共中央编译局:《摩尔和将军》,人民出版社1982年第1版,第146页。
 ② 格姆科夫等:《马克思传》,三联书店1978年第1版,第24—25页。
 ③ 布·瓦列茨基:《列宁怎样办报》,新华出版社1985年第1版,第225页。

似晴天霹雳……在分析《奥勃洛莫夫》的文章中,他发出呼吁,号召人们要有志气,要积极行动,进行革命斗争,分析《前夜》的那篇文章则是真正的革命宣言,写得如此之好,我至今不忘。"①

17岁的列宁刚进喀山大学法律系学习时,一下子选修了许多课程,其中有罗马法、法学原理、神学、法学通论和外语。但是,仅仅过了4个月,列宁就被流放了。后来,他获得了以校外生资格参加大学毕业考试的许可,仅用一年半时间便学完了大学四年的全部课程,并作为当年校外考生中唯一一个每门课程都获得最高分数的优秀生通过了考试,获得了彼得堡大学法律系颁发的毕业文凭。

作为马克思和恩格斯的学生和他们事业的继承人,列宁十分刻苦地学习马克思和恩格斯的著作。列宁从哥哥那里开始接触马克思和恩格斯的著作,一生都坚持"向马克思请教"。青年时代在萨马拉时列宁就研究过《共产党宣言》、《英国工人阶级状况》、《哲学的贫困》、《法兰西阶级斗争》、《资本论》第1卷和第2卷等著作。据统计,在《列宁全集》(俄文第4版)中,列宁引用的马克思和恩格斯的著作就有250多篇,还引用他们的172封书信,以及他们的21部著作汇编。在列宁的著作中,有100多次提到《共产党宣言》,约300次提到《资本论》。在1913年斯图加特出版的德文四卷本马克思和恩格斯书信集的书页上,列宁做了100多处记号。列宁指出,在目前的革命时代,特别需要细心地研究马克思对工人运动和世界政治的各种论述。

列宁对马克思和恩格斯编辑的报刊和他们为这些报刊撰写的文章,也潜心研究,汲取其中的宝贵思想,把它们运用到自己的政论作品和报刊实践中去。在列宁论述报刊工作的许多文章中,我们常常可以看到,列宁运用《新莱茵报》、《社会民主党人报》等报刊的经验,论证俄国党报的性质、任务和原则。

为了吃透马克思和恩格斯的著作,掌握马克思和恩格斯著作的精神实质,列宁还注意阅读马克思恩格斯与之论争的对象的著作和报刊,以便弄明白:为什么导师的观点是正确的,而他们论敌的看法是错误的,并从中学习导师战胜或说服论敌的方法。列宁广泛收集20世纪初几位重要的马克思主义理论家,如拉法格、梅林、普列汉诺夫以及机会主义者考茨基、伯恩施坦等人的大量著作,一一阅读鉴别,从中吸收有

---

① 布·瓦列茨基:《列宁怎样办报》,新华出版社1985年第1版,第126页。

益的东西,批判它们的错误。所以,列宁比所有这些人站得高,看得远,能担当得起继承发展马克思主义新闻思想的重任。

毛泽东新闻思想得以形成的一个重要动因就是:中国传统文化的经久影响。

毛泽东还在青少年时代,就广泛阅读各种书报。从孔孟儒学、朱明理学到王船山、颜习斋,从康有为、梁启超、谭嗣同、严复到孙中山,从赫胥黎、斯宾塞的进化论、康德的二元论和18、19世纪欧洲的民主主义、空想社会主义到托尔斯泰主义,他都如饥似渴地拿来阅读,作了深浅不同的研究。在这一广泛的阅读中,以儒学为代表的中国传统文化对毛泽东的影响最广泛、最持久。中国古书,从经史子集到稗官小说,他几乎无所不读。在毛泽东长期的藏书中,除马、恩、列、斯和鲁迅的全集以外,一些著名的类书和丛书,如《永乐大典》、《四库全书》、《四部备要》、《万有文库》、《古今图书集成》,占有重要地位。他晚年还专门找人为他念《水浒》一类古典小说。他还对《金刚经》、《六祖坛经》、《华严经》等一些宗教经典作过探讨。

湖南这一片洋溢着湘学士风的土地,给毛泽东以极大的影响。湖南学风远迹屈子,中经贾谊、柳宗元,后到周敦颐、王船山、魏源、谭嗣同,千百年淀积,世代人发扬。湖南又历来推崇士学,兴办书院。重内圣之道的理学同重外王之术的实学并举,在湖南交织扎根。到了晚清,形成以推崇性理哲学,强调经世致用,主张躬行实践为基本特征的湘学士风。毛泽东青少年时期到长沙求学,研读曾国藩等人的事功思想,又深受业师杨昌济影响,思想上有了突飞猛进的变化。

毛泽东从大量的古籍中汲取和继承中国文化的优秀传统。他说过,应该充分地利用遗产,要批判地利用遗产。所谓中国几千年的文化,是封建时代的文化,但并不全是封建主义的东西,其中有人民的东西,有反封建的东西。要把封建主义的东西与非封建主义的东西区别开来。封建主义的东西也不全是坏的,也有它发生、发展和灭亡的时期。我们要注意区别发生、发展和灭亡时期的东西。当封建主义还在发生和发展的时期,它有很多的东西还是不错的。

毛泽东的这一看法是正确的。他从中国古代文化遗产中汲取许多有生命力的遗产,作为从事报刊活动、形成新闻观点的营养。

十月革命的炮声给中国革命送来了马克思主义。1919年"五四"

运动爆发的时候,毛泽东正在北大图书馆工作。在这里,他同马克思主义先驱者李大钊接触,阅读后者发表在《新青年》上的《庶民的胜利》和《布尔什维克主义的胜利》,阅读《新青年》和《每周评论》上刊登的陈独秀等先进分子的文章。他还同学生运动领袖和工人群众交谈。这一切有力地推动着毛泽东思想的转化,他的信仰和追求开始发生根本改变。他说,我对于绝对的自由主义,无政府主义,以及德谟克拉西主义,以我现在的看法,却只认为于理论上说得好听,事实上是做不到的。

毛泽东从 1920 年读第一本马克思和恩格斯著作《共产党宣言》起,一生坚持不懈、孜孜不倦地阅读马、恩、列、斯的著作。在长征路上,他患病的时候,躺在担架上还阅读马列的书。毛泽东似乎更喜欢读列宁的书,在他看来,列宁的作品生动活泼,充分说理,把心交给人,讲真话,不吞吞吐吐,即使和敌人斗争,也是如此。所以,在学习研究马列著作的过程中,毛泽东受列宁思想的影响更深、更全面。列宁关于党报工作的观点和关于党性的论述,对毛泽东党报思想的形成具有决定性的作用。

毛泽东在阅读马列著作,学习借鉴俄国革命的经验时,逐渐明确并坚持这样的指导思想:这时的中国不是那时的俄国,我们有我们自己的另外的题目。毛泽东讲过这样一段富有教益的话:"马克思、恩格斯、列宁的书,必须读,这是第一。但是任何国家的共产党人,任何国家的无产阶级的思想界,都要创造新的理论,写出新的著作,产生自己的理论家,来为当前的政治服务。任何国家、任何时候,单靠老东西是不行的。"[①]

毛泽东正是在刻苦攻读马列著作,掌握了先人的伟大思想和祖国传统文化的基础上,又结合中国革命的实际和针对中国的新闻宣传实践,敢于和善于理论创新,产生和形成自己的新闻思想的。

邓小平和江泽民、胡锦涛也同毛泽东一样,具有浓厚的中国传统文化修养的底子,对自然科学和社会科学知识有广泛的了解,又有在国外接受教育的经历。这些对他们新闻思想的形成,也是十分重要的条件。

---

① 龚育之、逄先知、石仲泉:《毛泽东的读书生活》,三联书店 1986 年第 1 版,第 35 页。

第二节 理论承传：空想社会主义学说中的新闻传播观

空想社会主义者是马克思主义的三个来源之一。空想社会主义学说中的唯心主义历史观包含着唯物主义和辩证法的合理因素；它对资本主义的批判，提供了启发工人阶级觉悟的极为宝贵的材料；它关于未来社会的许多天才设想，为科学社会主义的形成准备了有价值的思想素材。

空想社会主义学说中的许多启人心智的新闻传播观，成为马克思和恩格斯构思与形成马克思主义新闻学的理论积累。

一、早期空想社会主义者关于精神交往的论述

恩格斯指出："空想主义者的见解曾经长期支配着19世纪的社会主义观点，而且现在还部分地支配着这种观点。"[①]同样，空想主义者的新闻传播观，也是19世纪社会主义新闻思想的一个派别，它在马克思主义新闻思想问世之前，是唯一的社会主义的新闻传播观，曾经长期支配着工人报刊实践。空想社会主义新闻传播观自身也经历了从一般的报刊理念向接近马克思主义新闻思想发展的历程。

空想社会主义思潮从16世纪初叶面世，到19世纪初叶发展到高峰，进而又产生了19世纪三四十年代以法、德两国为代表的空想共产主义，其间历经三个发展阶段，它们的新闻传播思想也有相应的内容和特点。

16世纪初叶到17世纪是空想社会主义发轫期。这一时期是空想社会主义的初级形态，其代表人物是英国的托马斯·莫尔（1478—1535）、德国的托马斯·闵采尔（1489—1525）、意大利的托马索·康帕内拉（1568—1639）、英国的杰腊德·温斯坦莱（1609—1652）、法国的德尼·维拉斯（约1630—约1700），其中以莫尔和康帕内拉最为知名。

---

① 《马克思恩格斯选集》第3卷，人民出版社1995年第2版，第732页。

莫尔于1516年出版《乌托邦》，为人们展示了第一幅空想社会主义的蓝图。康帕内拉的《太阳城》于1623年首次出版，最早向无产阶级预告了"黄金时代的来临"。

早期空想社会主义者还不可能掌握报刊，近代报刊在他们生活期间才刚刚出现，因此他们也就无法具体构思未来社会的报刊理想。同时，无产阶级作为刚刚从无财产群众中分离出来的新阶级，无觉悟也无实力从事独立的政治活动。他们只能争取从外面，从上面获得理解和帮助。因此，《乌托邦》、《太阳城》一类的宣传，他们能够并乐于接受。

同样，早期空想社会主义者的著作中没有专门论述报刊的篇章，但有一些段落论及精神交往与新闻传播的。大致内容有这样三个方面——

第一，指出进行信息传播、加强国际交往的必要性。

莫尔在《乌托邦》中提出，要搞好乌托邦建设，必须及时"掌握更多的关于外国的情况"，乌托邦的居民要"乐于倾听世界各地发生的事"[1]。这是空想社会主义者第一次从无产阶级的利益出发，论证人类精神交往的意义。《太阳城》一书也强调了增进人际交往的重要性。康帕内拉写道：在理想王国太阳城，"经常派出自己的观察员和使者到某些国家去了解它们的风俗习惯、实力、政治制度和历史，以及它们所有的一切好的和坏的东西"[2]。维拉斯在《塞瓦兰人的历史》这本空想社会主义著作中，提出了规模比乌托邦和太阳城还要庞大的赴外国旅行考察计划。在这个计划中，塞瓦兰人要普遍学习波斯语，以便随时指派精通波斯语的居民到波斯及其他亚欧国家去，了解那里发生的事情，学习这些国家的经验和知识，在本国传播它们，促使本国人民的幸福。

第二，主张在人际关系中实行民主和平等的制度。

在乌托邦、太阳城这些未来社会的理想王国中，虽然还有号称"哲学之王"、"太阳"的终身制最高执政者，但是，一邦之中，一城之内，人人平等，个个自由。居民们可以通过畅通无阻的人际关系交流情况，交流经验，监督"哲学之王"和"太阳"。假若执政者做了错事，人民可以

---

[1] 莫尔：《乌托邦》，商务印书馆1982年第2版，第86页。
[2] 康帕内拉：《太阳城》，商务印书馆1982年第2版，第70页。

罢免他;如发现有强过他们的贤人,人们有权让贤人取而代之,成为新的"哲学之王"和"太阳"。

第三,提倡采取行之有效的宣传策略。

早期空想主义者以人文主义和早期基督教的平等思想为武器,运用文学游记或传教布道的文告、书简等形式,揭露封建社会和资本主义社会的丑恶,向人们展示未来社会理想画卷。这种宣传方式和策略在当时是非常有效的。恩格斯说:"对于完全受宗教影响的群众的感情来说,要掀起巨大的风暴,就必须让群众的切身利益披上宗教的外衣出现。"①因为,"当时人民唯一能领会的语言是宗教的语言"②。

早期空想社会主义者的这些观点、主张和宣传策略,在我们今天看来,是极不成熟、很不系统的。这是由当时的历史条件决定的。这些"不成熟的理论,是同不成熟的资本主义生产状况、不成熟的阶级状况相适应的"③,是和无产阶级当时尚不掌握新闻传播工具这一总的状况相适应的。早期空想社会主义者对马克思主义新闻思想的贡献,在于他们从事政治宣传一开始就强调了人类精神交往的意义,指出了平等自由是人际关系和社会调节的条件,并且为后人树立了采用有针对性、切实可行的宣传策略的榜样。这些主张、观点和策略,对后来的空想社会主义者直接利用报刊进行理论宣传和政治斗争,对马克思和恩格斯提出科学的新闻思想,有着不小的启迪作用。

二、法国空想主义者的新闻传播观

18世纪是空想社会主义发展的第二阶段。此时的法国正处于资产阶级革命风暴的前夜,空想主义思潮从英国转移到了法国,其代表人物,几乎全是法国人,如让·梅叶(1664—1729)、摩莱里(1720—1780)、加布里埃尔·博诺·马布利(1709—1785)、格拉古·巴贝夫(1760—1797)。

这里还必须提及起始于18世纪20年代长达80年的法国启蒙运

---

① 《马克思恩格斯选集》第4卷,人民出版社1995年第2版,第255页。
② 《马克思恩格斯全集》第7卷,人民出版社1959年第1版,第418页。
③ 《马克思恩格斯选集》第3卷,人民出版社1995年第2版,第724页。

动,这一运动成为法国1789年大革命的先导。启蒙思想家伏尔泰、孟德斯鸠、卢梭、百科全书派等人士大力鼓吹"天赋人权"的观点和自由、平等、博爱的原则,高举民主和科学的旗帜。这些学说和原则是马克思主义新闻思想得以形成的一个渊源,同时也给予他们的同胞法国空想主义者在思考新闻传播理念时直接的影响。

法国空想主义者的主要新闻传播观点有——

第一,以"理性"学说论证平等和民主。

法国空想主义者旗帜鲜明地用"理性"学说和法律原则为武器,论证未来社会的平等和民主。他们很少像早期空想主义者那样,靠幻想和游记描绘心目中的理想王国,也不再披上宗教的外衣,而是直截了当地宣扬自己的政治主张。恩格斯指出:"伴随着一个还没有成熟的阶级的这些革命武装发动,产生了相应的理论表现;在16世纪和17世纪有理想社会制度的空想的描写,而在18世纪已经有直接共产主义的理论(摩莱里和马布里)。"①在这些"直接共产主义理论"中,同新闻传播相关的,主要是空想社会主义者强调在理想社会中,实行思想自由和信仰自由。他们认为,在未来的理想社会里,人人享有充分的自由和民主,可以对社会的领导人实行包括舆论批评在内的社会监督,鼓励和保护人民坚持自己的信仰。梅叶在自己的书里,希望通过大量的宣传和说理,"打开穷人的眼界,向他们说明全部真理"②。马布里用"社会契约论"论证人民行使共和国的最高权力,他把追求自由和反对不公正的政策视作人的本能之一。

第二,探索新闻传播的原则。

18世纪的法国空想主义者开始接触报刊工作,对新闻传播原则作了一些有益的探索。在被誉为空想社会主义"法制蓝本"的《自然法典》中,摩莱里倡导以法治国,主张法律面前人人平等。该书"研究法"第七条规定:"各普通参议会应委托专人著书,以表彰首长和公民的功勋,但要注意,在叙述当中切勿夸张奉承,尤其要严格避免任何虚构的报道。"③这一规定,可视作社会主义学说中最早运用法律武器保障真实报道的尝试。在"刑法"中,他提出要严惩诬告者。这一规定,对于

---

① 《马克思恩格斯选集》第3卷,人民出版社1995年第2版,第357页。
② 梅叶:《遗书》第1卷,商务印书馆1959年第1版,第15页。
③ 摩莱里:《自然法典》,商务印书馆1982年第1版,第130页。

维护报道真实性，进行负责的舆论监督，有可取之处。恩格斯认为，摩莱里的书是"能给德国人提供最多的材料和最接近我们的原则的著作"，它迄今对德国革命和德国人民依然起着"实际的、决定性的影响"，其"积极内容到今天仍很有意义"①。

第三，使报刊成为无产阶级的舆论工具。

巴贝夫等法国空想主义者还直接创办报刊，使报刊第一次成为革命无产阶级的舆论工具，开创了新闻传播史新纪元。巴贝夫出版《出版自由报》（后更名为《人民代言人报》或《人权保卫者》），宣传自己的理想。他在报刊实践中认识到，"权利一旦被无耻地滥用，就成为不受任何约束的匪徒的可恶的工具"②。巴贝夫关于出版自由的观点和人民主权思想，把空想社会主义的新闻传播观提高到新的水平。恩格斯称赞巴贝夫的自由平等思想是"法国无产阶级所特有的战斗口号"③，是"当时最进步的结论"④。

三、三大空想主义者的新闻传播观

19世纪初叶至19世纪三四十年代，是空想社会主义第三个发展阶段，这时资本主义已进入产业革命时期，近代空想社会主义思潮达到高级发展形态。19世纪初叶的主要代表人物是三大空想社会主义大师：法国的昂利·圣西门（1760—1825）、沙利·傅立叶（1772—1837）和英国的罗伯特·欧文（1771—1858）。19世纪30年代和40年代的空想社会主义思想是在三大空想社会主义大师的思想趋向没落，科学社会主义尚未诞生之际出现的。它的产生是工人运动的直接产物，其代表人物有法国的路易·奥古斯特·布朗基（1805—1881）、埃蒂耶纳·卡贝（1788—1856）、狄奥多·德萨米（1803—1850）和德国的威廉·魏特林（1808—1871）。

圣西门、傅立叶、欧文把近代空想社会主义发展到了顶峰，达到空想社会主义的最高成就，成为马克思主义三大来源之一。同时，他

---

① 《马克思恩格斯全集》第27卷，人民出版社1972年第1版，第28、29页。
② 维·姆·达林等：《论巴贝夫主义》，商务印书馆1983年第1版，第34页。
③ 《马克思恩格斯选集》第3卷，人民出版社1995年第2版，第448页。
④ 《马克思恩格斯全集》第2卷，人民出版社1957年第1版，第664页。

们又是无愧于自己时代的"真正的文化英雄",他们与报刊活动有着密切联系。如果说,他们的社会主义学说"提供了启发工人觉悟的极为宝贵的材料"①,那么,他们对于报刊活动的主张和见解,则是马克思主义新闻学问世之前,给无产阶级留下的一笔可贵的理论遗产。圣西门、傅立叶和欧文关于报刊和新闻传播活动,主要有下列几方面的论述。

第一,高度重视舆论的作用。

圣西门认为舆论是影响社会、实现社会变革的重要途径。他称舆论为"世界的女王",认为只要"女王"说话,人世间的一切力量都得对她折服,对她让步。三大空想社会主义者把影响舆论、制造舆论的工作放在重要地位。圣西门谈到社会组织者的责任时提出:"现在能够实行的改善社会状况的唯一真正重要的事情就是唤起舆论为建立依靠科学、艺术和工艺来使劳动造福于社会的政治体系而大声疾呼。"②他强调,改造社会"可以运用的唯一手段就是宣传;无论是口头宣传,还是书面宣传,都可以"③。

第二,强调报刊调节社会关系和影响社会生活的作用。

三大空想社会主义大师由于懂得舆论的作用,也就深知报刊的巨大社会功能。傅立叶制定经济改造协会计划时,首先决定办一份报刊。他认为,有了报刊,就有了"一种最简捷的工具"④。在另一个计划里,他指出创办报纸之后,"舆论就会完全改变面貌",会实事求是地看到目前的政治局面,会正确地认识各种社会上流行的口号和主张,如"自由主义是一种骗局,是人民和政府的陷阱;工业主义是反对劳动人民的一个真正阴谋;哲学是教化的扼杀者"等等⑤。

圣西门还提出了办政党报纸的主张。他说,要组成坚强的政党,就要编著书报,宣传实业党(指经济改造团体——笔者)的原则和观点。

第三,揭露批评资产阶级报刊和资产阶级出版自由口号的虚伪性。

傅立叶认为资产阶级报刊不敢讲真话,不敢坚持真理,是由于记者

---

① 马克思、恩格斯:《共产党宣言》,《马克思恩格斯选集》第1卷,人民出版社1995年第2版,第304页。
② 圣西门:《圣西门选集》第1卷,商务印书馆1985年第1版,第249页。
③ 同上书,第303页。
④ 傅立叶:《傅立叶选集》第4卷,商务印书馆1982年第1版,第181页。
⑤ 傅立叶:《傅立叶选集》第3卷,商务印书馆1982年第1版,第237页。

的命运被某些幕后人士掌握着。他在分析一些资产阶级报纸记者对他的学说表示冷漠的原因时说,"对古代和近代的这些偶像的攻击会使记者们大吃一惊。他们不敢公开地宣传这种理论,因为担心遭到散布恐怖空气的野蛮人委员会的谴责,或者不再受到他们信用。"①

三大空想主义大师已经看到,在产业革命时代,报刊受到资本的重重控制。傅立叶指出资本势力对任何新理论一概采取反对的政策,它们不许报刊支持新理论。如果有一家报纸登了新理论,那么这些势力第二天就会命令半打完全受它支配的报纸对这种理论大加指责,其他报刊也就不敢对这件事说个不字。受资本控制的报纸,不宣传真理,不传播新理论,却奉命喋喋不休地吹捧有利于资本统治的所谓"学说"。傅立叶指出,"这种吹嘘现在已成了任何作品的公式。"②

傅立叶还深刻地揭露资本主义制度把记者和作家变成了挣钱的、失却良心的工具,有力地鞭挞了资本主义出版自由政策。他写道:"在法国,任何一位作家或发明家如果不贿赂期刊的下流作家们,便要遭受他们的攻击,因为他们已使读者习惯于用可耻的作品来当早餐,习惯于文艺界的水战。在这种水战中,任何一个作家如果没有大量的黄金来布施的话,都要遭到迫害。"③

三大空想社会主义大师由于自身的感受,对资产阶级出版自由的虚伪性进行了有力的抨击。傅立叶说,"在出版自由的口(实)下,人们在一切方面都在鼓励野蛮行为和诽谤。如果政府还不相信自己对学术界的态度虚妄的话,那么只要把它的虚妄的禁书目录拿给它看就行了。假如它要禁止某种著作,就便是使这种著作的销路增加十倍。而野蛮人委员会的禁书目录虽然是秘密的和不好的,却是有效的。因为这个委员会掌握了舆论、报纸、讲坛等等,它拥有维护自己的垄断的无限权力;它是披着自由主义伪装的黑暗势力,是挂着自由之友的暴君和压制言论者;它硬把自己所沾染到的一切恶习都加到自己的竞争者头上。"④

三大空想社会主义大师对资产阶级出版自由虚伪性的批判,使他

---

① 傅立叶:《傅立叶选集》第 3 卷,商务印书馆 1982 年第 1 版,第 236 页。
② 同上书,第 291 页。
③ 傅立叶:《傅立叶选集》第 4 卷,商务印书馆 1982 年第 1 版,第 240 页。
④ 傅立叶:《傅立叶选集》第 3 卷,商务印书馆 1982 年第 1 版,第 248 页。

们更加懂得未来社会实行真正的出版自由的重要。欧文在北美创立共产主义公社时,起草了《"新和谐"公社组织法》。在这个被誉为理想社会的"宪法"的文约中,欧文规定了公社要实施"言论和行动自由"的原则,他把这个原则看作同财产公有、权利和义务平等一样重要的人民的基本权利。

19世纪三四十年代的空想共产主义者在马克思主义新闻思想形成中也起过不可忽视的作用,有的还直接影响马克思和恩格斯新闻传播观的发展。比如,马克思和恩格斯高度评价法国工人共产主义的杰出代表布朗基的观点,他们把布朗基的革命坚定性,看作包括新闻工作者在内的一切工人运动活动家最宝贵的品质。马克思和恩格斯还承认自己的早期活动,受到另一位空想主义者卡贝的影响。卡贝是空想社会主义者中描绘完整的报刊理想的人。他说,在那个名为"伊加利亚"的新社会里,已经接近根除资产阶级社会报刊界的种种弊病,"因为,第一,我们已经建立了一种新的社会政治制度,根本消除了报纸之间毫无意义的互相敌视的基础;第二,我们只许每一个公社出版一种报纸,就是公社报,每省只许有一种省报,全国性的报纸也只有一家;第三,我们把报纸的编辑任务委托给由人民或者他们的代表选举出来的公务人员,他们公正无私,有一定的任期,而且可以随时撤换。特别是,我们规定报纸只起一种书面记录的作用,记者只报道,不发表议论。记者和其他公民一样,只能在他所属的公民大会上提出自己的意见,由公民大会来讨论,决定支持或驳斥他的意见。既然每个人都可以通过公民大会来发表自己的主张,还有什么必要允许大家用别的方式来表达自己的意见,以致危险议论也难以控制呢?""在我们看来,向公民大会申诉自己的意见的权利,就是我们的出版自由,公民大会的意见就是我们的公众舆论。我们的报纸登载了我们所有的提案,报道了讨论的情况,并且发表了我们的一切决议,同时把表决票数也公布了,少数人的意见也反映了。用最恰当的话来说就是:我们的报纸表达了我们的公众舆论。"①

在卡贝看来,理想王国的报纸之所以完善,主要因为人民享有倡议权,公众舆论作为"人间无冕之王"充分体现着整个社会和全体人民的意志。在那里,一切法律均以自然和理性为依据,从人民的利益出发,

---

① 卡贝:《伊加利亚旅行记》第1卷,商务印书馆1976年第1版,第265—266页。

没有必要为出版自由设置障碍,相反,它鼓励"旅行人每天随带着成千上万的书报到各地去",让"各种事实真相和舆论观点可以风驰电掣地在各地往来传播"①。同时,那里的新闻工作者是人民中间的优秀分子,品德和素质完美,他们认为自己光荣的职责在于明确无误、条理分明地报道事实,分析讨论情况,文字要优美感人,特别是语言要精炼,内容不挂一漏万,不画蛇添足。此外,由于伊加利亚的社会生产组织得十分出色,有专门生产供印刷出版的纸张、印刷设施的工厂,所以,他们出版的报纸,纸张上等,大小恰当,印刷精致,编排合理。卡贝由此得出结论:"报纸由整个共和国和共产社会来办,当然要比一两个报馆老板强得多。"②

同卡贝的和平共产主义相反,空想共产主义者德萨米主张用革命手段争取言论出版自由。他在政治活动和报刊活动中号召无产阶级投身反对资产阶级统治的斗争,他呼吁:"奴隶的儿子们,如果你们想成为自由人,冲击的时刻到了!"③他强调,"要往无产者的头脑里灌输真理:你有责任给无产者进行这一洗礼!"④他还指出,当一国胜利地实现共产主义以后,就可以通过宣传鼓动和典型示范以及加强国与国之间的交往和协作的办法,推广新的制度。德萨米的这些用革命方式夺取自由、向群众灌输革命真理以及在无产阶级专政下加强宣传工作的意义等论述,同科学社会主义创始人的观点已经十分接近,对形成科学的马克思主义新闻思想有一定启发作用,马克思和恩格斯称德萨米为"比较有科学根据的法国共产主义者"。

魏特林的空想社会主义学说是德国早期工人运动的理论表现,他关于出版自由的论述,是空想社会主义者对这个问题认识的最高成就。魏特林首先指出言论出版自由对无产阶级的意义。他认为,在改善无产阶级生活条件的同时,无产阶级必须提出争取言论出版自由的要求。他说,"我们还要发表意见,因为我们生活在 19 世纪,况且我们还从来没有发表过意见。我们还要在大庭广众中发表意见,使大家认识我们,因为直到现在为止,大家确实是不承认我们的。我们还要发表意见,倾

---

① 卡贝:《伊加利亚旅行记》第 1 卷,商务印书馆 1976 年第 1 版,第 355 页。
② 同上书,第 266 页。
③ 德萨米:《公有法典》,商务印书馆 1982 年第 1 版,第 211 页。
④ 同上书,第 98 页。

吐我们的衷肠,把我们的正义控诉灌进当权者的耳朵。"①魏特林又指出,人只有具备必要的物质生存条件之后,才谈得上精神上的享受,出版自由是以经济条件的基本满足为前提的。他说,"正是那在物质需要上没有缺乏的,并因而在肉体上是自由的人,他才更感觉到同样也存在精神上自由的需要。这样的人就永远要求出版自由;这是他所缺少的盐,好为他的食物作调味之用;但是你们(指工人兄弟),你们要这盐有什么用呢,如果那些人根本不给你们食物?"②为此,魏特林主张把出版自由的要求,同整个无产阶级的解放结合起来,把争取出版自由的斗争同实现无产阶级的整体目标结合起来。

其次,魏特林对资产阶级出版自由的实质作了分析。他指出:"在金钱制度下出版自由是不会完全的,因为可以用金钱去收买那些下流作家。在这个制度里如果有一篇文章传播了真理,就会有其他的十篇文章来传播错误、谬论和谎话。""今天的这种出版自由,与其说是用来教育群众,毋宁说是用来豢养少数人。人们所以写作只是为了生活,因为人们没有钱就不能活下去写作。但是谁有钱呢? 有钱的人。因此试图用他们的沉重的钱袋给文学定方向的人,正是这些有钱人。""谁要是为富人和有势力者的利益而写作,而他的作品如果能很好地达到这个目的,就能得到很多钱;但是如果有谁敢于为贫苦的人民而写作,他就会看到这个金钱制度里的自由究竟是一种什么自由了。"③

第三,魏特林认为,只有消灭私有制以后,才有全体社会成员的普遍的出版自由。他指出,"当然我们要出版自由,这是用不着多说的,但是我们要对于一切人都是一样的自由,而这在金钱制度下是不可能的。""你们必须要求一切人的自由,没有例外的全体人的自由!——但是这种自由只有用取消私有财产权和继承权,用废除金钱和恢复地产的共有共享才能达到。"④

魏特林关于出版自由的思想,已经相当接近马克思主义关于出版自由的观点,是马克思恩格斯之前空想社会主义学说在这个问题上达

---

① 《共产主义者同盟文件和资料》第1卷,中国人民大学出版社1989年版,第56页。
② 魏特林:《和谐与自由的保证》,商务印书馆1960年第1版,第245页。
③ 同上书,第245—246页。
④ 同上书,第248—249页。

到的最高成就,难怪马克思和恩格斯对魏特林及其《和谐与自由的保证》一书给予了这么高的评价,说他是欧洲无产阶级的理论家。

从莫尔的《乌托邦》到魏特林的《和谐与自由的保证》,从莫尔对于人际交往的论述,到魏特林对资产阶级出版自由的批判,这就是我们对空想社会主义学说中的新闻思想发展脉络的粗线条勾勒,也是我们对空想社会主义学说为马克思主义新闻学所提供的理论积累所作的系统评述。

第三节　新闻实践经验的理论总结

长期的丰富的新闻工作经验,是马克思主义经典作家新闻思想形成的又一个重要条件。

马克思和恩格斯是无愧于"报刊活动家"称号的,他们一生都没有离开过报刊工作。恩格斯在马克思的葬仪上说:"斗争是他得心应手的事情。而他进行斗争的热烈、顽强和卓有成效,是很少见的。最早的《莱茵报》(1842年),巴黎的《前进报》(1844年),《德意志-布鲁塞尔报》(1847年),《新莱茵报》(1848—1849年),《纽约每日论坛报》(1852—1861年)……"① 直至马克思逝世前夕,还关注着祖国的党报《社会民主党人报》。在他身后,留下了上千斤各国的报纸。

恩格斯的名字也是同一连串报刊紧紧联在一起的。他是《新莱茵报》、《新莱茵报·政治经济评论》的编辑,是《德意志电讯》、《知识界晨报》等报刊的撰稿人,是《莱茵报》、《北极星报》的通讯员,是《德意志-布鲁塞尔报》、《雅典娜神殿》等报刊的记者,是《派尔-麦尔新闻》、《军事总汇报》等报刊的专栏作家,是各国社会主义报刊和党报的指导者。直到逝世前几天,他还询问奥地利《工人报》的出版情况,在勤勤恳恳的"笔头工作"中度过了光辉的一生。

马克思和恩格斯创办、主编4种报刊,协助创办、参与编辑5种报刊,指导编辑方针的报刊达10种,此外,还为60余种报刊撰稿、提供科学著作和文件,有更多的报刊发表过他们的声明,转载过他们的文章。

---

① 《马克思恩格斯全集》第19卷,人民出版社1963年第1版,第375页。

笔者据《马克思恩格斯全集》统计，他们共写了1 700余篇（部）文章（著作），其中政论、通讯和消息约750篇，占总数的45%，论战性文章262篇，占总数16%。《马克思恩格斯全集》收入他们写的信件4 000余件，这些信件中不少是谈及报刊工作和评论报刊文章的。从他们踏上新闻工作岗位直至逝世的半个世纪里，无论工作怎样繁忙，斗争怎样尖锐，生活怎样困苦，几乎每天都在写作、耕耘。

　　马克思和恩格斯没有可能在安定舒适、没有干扰和真正自由的社会里从事报刊活动。他们面对专横愚昧的普鲁士政府和背信弃义的资产阶级政客，面对卑鄙无耻又凭借政权无恶不作的资产阶级报刊，特别是面对"真正的社会主义"、蒲鲁东、巴枯宁、拉萨尔和工联主义等工人运动内部的机会主义派别，在备受诽谤漫骂、传讯驱逐、四处流亡和内外攻击的环境中，在书报检查的刀斧和少得可怜、极其苛刻的出版条件下，以大无畏的革命胆略、不屈不挠的坚毅精神和机动灵活的斗争策略，同普鲁士政府对抗，与资产阶级周旋，和资产阶级报刊较量，对机会主义分子交锋，坚持原则，决不妥协，坚持办报，决不停笔，以卓越的工作，扶植与指导无产阶级报刊不断地成长和壮大。

　　我们简略回顾了马克思和恩格斯长达半个世纪的报刊活动，这些活动可以分为这样几个时期：以《莱茵报》为中心的报刊活动体现了马克思和恩格斯早期报刊思想，这种思想的核心是革命民主主义文化范畴的人民报刊与自由报刊思想；以《新莱茵报》为中心的报刊活动体现了马克思和恩格斯成为共产主义者以后即成熟阶段的报刊思想，这种思想的核心是工人报刊思想，同时，关于党报思想的若干原理和原则也开始提出；以《社会民主党人报》为中心的报刊活动，是马克思和恩格斯党报思想形成的时期。至此，马克思主义新闻学的奠基阶段已告完成。

　　列宁是继马克思和恩格斯之后，世界无产阶级又一个报刊活动大师。

　　在各个时期的职业调查表上，列宁都填写"著作家"、"新闻记者"、"政论家"。十月革命以后，第一次全俄新闻工作者代表大会选他为名誉主席。以后，按照传统的做法，每年苏联新闻工作者协会颁发的第一号记者证永远归于列宁。

　　列宁一生都没有脱离新闻工作，他说，他幻想最多的是为工人写作，他最关注和最乐于从事的是报刊工作。他创办编辑的报刊达30多家,《火星报》《前进报》《无产者报》《新生活报》《真理报》《社会民主党人报》《曙光》杂志、《思想》杂志、《启蒙》杂志等都是列宁亲自创办或长期发表文章的主要报刊。列宁一向认为会晤来访者和在工人集会上发表演讲具有巨大意义,然而当他为工人报刊撰写文章时他却说:"无论是做专题报告,还是参加群众集会,我现在都不能去,因为我每天要给彼得格勒的《真理报》写东西。"①

据统计,《火星报》发表了列宁的大约60篇文章,《前进报》和《无产者报》刊登了200多篇,《新生活报》《浪潮报》等报纸一共发表大约140篇,《社会民主党人报》发表70多篇,1912—1914年期间在《真理报》上发表过280篇,1917年3—11月,《真理报》又发表了列宁的213篇文章。

列宁不仅是党和苏维埃报刊最热心、最积极的撰稿人,他还是一系列党和苏维埃报刊的创办人和编辑。即便是在十月革命胜利、列宁成为党的领袖和国家元首以后,他日理万机,极少休息,仍领导了《贫农报》和《经济生活报》的创办和出版。他通过谈话、电话、电报、便条、信件和自己的夫人及秘书,对这些报纸的日常宣传进行指导,为它们撰写文章和推荐文章,并号召所有党和政府的干部,为这些报刊撰写稿件和提供各种各样的情况。

列宁还同一切反党的、反人民的、孟什维克的和社会革命党人的、资产阶级的报刊,进行不懈的斗争。如经济派的机关报刊《工人思想报》等,孟什维克控制的《人民杜马报》等,社会革命党的《人民事业报》等,立宪民主党的《言论报》等,资产阶级的《俄罗斯意志报》等,以及黑帮派的报纸《小报》等,无不受到列宁最无情的揭露和最彻底的批判。这些揭露和批判,在新的历史条件下,发展了马克思和恩格斯关于资产阶级报刊、出版自由和党的报刊的观点。

列宁优于马克思和恩格斯的地方,在于他不仅能够领导俄国工人阶级取得了无产阶级革命的伟大胜利,而且能够在人类历史上第一次真正的无产阶级专政的新世界里出版人民的报刊,发挥报刊在建设社会主义斗争中巨大的社会作用。列宁不仅创造了新时期报刊工作的新鲜经验,而且运用发展了的马克思主义——列宁主义对这些经验进行了理论总结。列宁后期的一系列报刊论文,党的历次代表大会通过的

---

① 《列宁文稿》第6卷,人民出版社1977年第1版,第424页。

关于报刊工作的决议,以及由列宁签署的关于报刊问题的法令和决议,都是无产阶级报刊思想的新的内容,极大地丰富和发展了马克思主义的新闻思想。

列宁的时代,也是民族解放运动、各国工人运动和工人政党建设进一步走向高涨的时期,列宁领导创建了"第三国际"即共产国际。20世纪20年代,无线电技术有重大突破。在同各国展开无线电广播的竞争中,列宁远见卓识,给予俄国的无线电广播研究最热切的关怀和最有力的支持。列宁对于共产国际各国党的报刊工作的指示和建议,关于无线电广播事业并将其运用于新闻传播的观点,是马克思主义新闻思想的新的内容,新的发展。

综上分析可以得出这样一个结论,由于列宁拥有客观和主观各方面的优势,所以在恩格斯逝世以后,继承和发展马克思主义新闻学的重任,历史地落到了他的肩上。苏联和国际无产阶级新闻事业的蓬勃发展与马克思主义新闻思想不断深化的事实表明,正是列宁,成了马克思主义新闻学最忠诚、最优秀的继承人和发展者。

列宁30年的新闻工作实践,决定了他的新闻思想发展经历了三个阶段。最早他提出了通过办报建党的主张;在夺取政权的斗争中,列宁又强调了新闻工作的党性原则;在轰轰烈烈的社会主义建设中,列宁重点论证了党和政府的报刊的性质与任务,提出了报刊是社会主义经济教育的工具的著名论断。我们在以后的章节中,将沿着这条线索,分别分析他的代表性新闻论著。

作为列宁事业的后继人,斯大林在领导苏联党和政府的新闻传播事业长达近30年的时间里,发表了许多重要论述和指示,其中一部分是对列宁新闻思想的继承和发展,成为马克思主义新闻学理论宝库中的重要内容。

同列宁相似,毛泽东从早期研读报刊开始,到后来成为卓越的报刊活动家,积累了极其丰富的经验,发表了大量的报刊工作论著。这些成果,成为毛泽东新闻思想形成的物质基础。

早在少年时代,毛泽东就迷恋于阅读资产阶级改良派的报刊,其中受梁启超主编的《新民丛报》影响颇深,作文尽习梁启超的文体。他的老师袁吉六说,毛泽东的文章都是"报馆味"。可见,梁启超主张的报刊思想,以及他所倡导的"纵笔所至,略不捡束"、"务为平易畅达,时杂以俚语、韵语及外国语法"、"条理明晰,笔锋常带感情"为特点的报章文体,对毛泽东的影响多么深。

不久,毛泽东又被资产阶级革命派的报刊活动所吸引,使他进一步体验到报刊巨大的社会作用。他指出,报刊不仅是人人要看的东西,是"秀才不出门,全知天下事"的好办法,而且是洗涤国民之旧思想、开发国民之新思想最好的工具。在新文化运动的召唤下,他弃康梁,迎新潮,开始以报刊活动为武器从事唤醒国民、鼓吹新思想的斗争。

毛泽东于1919年创办《湘江评论》并自任主笔,继而接编《新湖南》,该刊被封后,他又在长沙《大公报》上发表文章。在驱逐军阀张敬尧的斗争中,他再赴北京,以新民学会代表身份组织平民通讯社,身任社长,竟日编印,还在驱张刊物《天问》上撰稿。建党初期,毛泽东先在长沙创办湖南自修大学的校刊《新时代》,为党的刊物《向导》撰稿,继而以国民党中央候补执行委员、代理宣传部长身份担任《政治周报》主编。后来,在《红色中华》、《斗争》、《红星报》等报刊上经常发表文章。抗日战争和解放战争时期,毛泽东领导《共产党人》、《中国工人》、《八路军军政杂志》、《解放日报》等报刊的创办和出版,为它们撰写发刊词,拟定出版方针,指导新华社(及其属下的电台)的日常编辑和播发新闻的工作。

据不完全统计,在整个新民主主义革命时期,毛泽东就新闻与宣传工作所发表的论述、指示、谈话,仅收入《毛泽东选集》1至4卷的,就有120多篇。在抗日战争和解放战争时期,他为新华社撰写和修改的新闻稿与评论文章,超过200篇,其中以新华社社论、评论形式收入《毛泽东选集》3、4两卷的共18篇。

新中国建立以后,毛泽东继续以许多精力指导报纸、通讯社、电台和电视台工作,仅收入《毛泽东新闻工作文选》的有关新闻工作的论述,就有20余篇。他本人在日理万机之际,还常常撰写新闻稿件和评论,并修改了大量稿件。

可见,毛泽东一生都以极大的兴趣和精力关注、参与新闻工作。长期积累起来的新闻工作经验,为毛泽东新闻思想的形成,提供了肥沃的土壤。

毛泽东1918年和1919年在北京大学图书馆工作时,曾经参加北京大学新闻学研究会,系统地学习徐宝璜主讲的新闻学基本理论和邵飘萍主讲的新闻采编业务知识,这使他得以有机会全面了解新闻学的理论与业务,日后在同党的新闻实践的比较中逐渐形成自己的新闻思想。

就毛泽东新闻思想发展的历史分期而言,根据他从事和领导新闻工作的实践,大致可以分为两个阶段。以1949年新中国建立为界,1949年以前毛泽东主要提出党的新闻工作的党性原则和新闻工作者的党性修养,论证党的报刊同党组织、同群众、同实际工作的关系。1949年之后,毛泽东结合新的历史条件,强调党和政府领导的社会主义新闻传媒的性质、任务和特点,将列宁曾经初步涉及的有关社会主义报刊工作的若干理论问题深化和拓展了。

作为毛泽东的战友和伟大的马克思主义者,刘少奇和周恩来也在自己分管新闻工作的范围内,对党和政府领导的新闻传媒的性质、特点、方法等提出了若干卓越的见解。这一切理论成果,是毛泽东和中国共产党人对马克思主义新闻学的新发展和新贡献。

邓小平和江泽民是中国共产党第二、三代领导集体的杰出代表,他们高度重视新闻宣传工作,亲自参与和领导新闻宣传工作,就新闻宣传发表了一系列重要论述,对新闻宣传工作规律有许多新的马克思主义的见解。长期和丰富的新闻宣传实践,为他们有中国特色的马克思主义新闻思想的形成和发展,提供了重要的条件。

总之,相应的经济政治动因,厚实的文化教育背景,长期的新闻工作经验,是马克思主义经典作家形成和发展马克思主义新闻学不可缺少的时代条件和物质基础。

[思考题]

1. 一定的经济和政治条件对马克思主义新闻学形成发展的意义。
2. 文化教育背景对马克思主义经典作家新闻思想形成的作用。
3. 空想社会主义学说为马克思主义新闻学的形成提供的理论积累的内容及其评价。
4. 长期和丰富的新闻工作经验对马克思主义经典作家新闻思想形成的意义。

[阅读书目]

1. 中共中央编译局:《摩尔和将军》,人民出版社1982年第1版。
2. 布·瓦列茨基:《列宁怎样办报》,新华出版社1985年第1版。
3. 龚育之、逄先知、石仲泉:《毛泽东的读书生活》,三联书店1986年第1版。

4. 张新:《读懂恩格斯》,四川人民出版社2001年第1版。

5. 张翼星、贺翠香、陈岸瑛:《读懂列宁》,四川人民出版社2001年第1版。

6. 斯诺录、汪衡译:《毛泽东自传》,解放军文艺出版社2001年第1版。

第三章

马克思主义新闻学的哲学基础

> 自由报刊是观念的世界,它不断从现实世界中涌出,又作为越来越丰富的精神唤起新的生机,流回现实世界。
>
> ——马克思

哲学的根本问题是思维和存在、精神和物质的关系问题。人们对自然界和人世间许多问题的基本认识,都以一定的哲学理念为依据和出发点。马克思主义新闻学也不例外,它以马克思主义哲学作为自己的认识工具和方法论原则。

马克思主义经典作家分析一切社会现象的基本方法,是从社会生活的各种领域中划分出经济领域来,从一切社会关系中划分出生产关系来,并把生产关系当做决定其余一切关系基本的原始的关系。马克思主义经典作家从这一基本的社会结构框架出发,考察新闻传播事业在社会生活中所扮演的角色及其社会地位,发现新闻传媒的特征和功能,认识新闻传媒产生发展及演进的规律,论证新闻信息和媒介意见的社会作用。

马克思主义新闻学以辩证唯物主义和历史唯物主义作为自己的哲学基础,在长期的新闻传播实践中检验和强化自己的真理性,克服片面性,不断地走向完善和深入,从而显示出无穷的生命力和巨大的战斗力。

第一节　从事物联系的普遍性考察
人类社会交往的必要性

马克思主义哲学指出,宇宙是各种事物相互间普遍联系的总体。恩格斯在《反杜林论》中指出:"当我们深思熟虑地考察自然界或人类历史或我们自己的精神活动的时候,首先呈现在我们眼前的,是一幅由种种联系和相互作用无穷无尽地交织起来的画面,其中没有任何东西是不动的和不变的,而是一切都在运动、变化、生成和消逝。"[①]他认为,物质世界既普遍联系又永恒运动,二者的统一便构成世界的历史演化过程。

人类社会是由人类个体构成的有机整体,各个个体的相互联系和相互交往是人类社会得以存在和发展的最重要的前提。人类首先离不开在物质生产基础上的交往活动。人类社会作为一种物质存在物,必须以空间上诸多个体的共同活动和时间上诸多个体的连续活动为条件。这种社会个体活动的互动性和连续性,正是事物有机联系的普遍性和客观性的反映。所以马克思说:"社会——不管其形式如何——究竟是什么呢?是人们交互作用的产物。""人们的社会历史始终只是他们个体发展的历史,而不管他们是否意识到这一点。他们的物质关系形成他们的一切关系的基础。这种物质关系不过是他们的物质的和个体的活动所借以实现的必然形式罢了。"[②]

人类就是在这种物质关系中进行着各种社会交往,其中包括极为重要的精神交往。人类个体间的精神交往是相对较为远离生产劳动过程的交往形式,它在很大程度上超越了直接的生产过程和经济利益关系,但它始终不会脱离物质活动和经济利益。马克思和恩格斯指出:"思想、观念、意识的生产最初是直接与人们的物质活动,与人们的物质交往,与现实生活的语言交织在一起的。观念、思维、人们的精神交

[①] 《马克思恩格斯选集》第 3 卷,人民出版社 1995 年第 2 版,第 359 页。
[②] 《马克思恩格斯选集》第 4 卷,人民出版社 1995 年第 2 版,第 532 页。

往在这里还是人们物质关系的直接产物。"①

随着人类社会的进步和生产力的发展,特别是物质生产同精神生产分离后,人们的精神交往具有了独立的形式和自身的特点,并对物质生产的方式产生一定的反作用。这正是客观世界中各种事物交互运动复杂多变特性的反映。所以马克思指出,精神活动呈现在人们眼前的,是一幅有种种联系和相互作用无穷无尽地交织起来的画面,但即便是在这种情况下,精神交往仍然不可能摆脱物质生产和物质利益。马克思强调了这样一条马克思主义的基本原理:"物质生产的生产方式制约着整个社会生活、政治生活和精神生活的过程。不是人们的意识决定人们的存在,相反,是人们的社会存在决定人们的意识。"②

马克思主义经典作家强调指出,人的本质是人的真正的社会联系。不仅人生活其中的社会是人们交互作用的产物,而且人本身也是交互作用的结果。不能简单地把人们之间的精神交往仅仅理解为物质活动和物质交往的反映,它是每个人意识到同他人交往的必要性而采取共同的自觉行动。从这个意义上我们可以说,人们之间的生生不息的精神交往,是人的自然性和社会性统一的产物。马克思有过这样的分析:"两个人都需要呼吸,空气对他们两个人来说都是作为大气而存在;这一切都不会使他们发生任何社会接触。作为呼吸着的个人,他们只是作为自然物,而不是作为人格相互发生关系。"③所以,只有当一个人"意识到必须和周围的人们来往,也就是开始意识到人总是生活在社会中的"④,只有在这样的条件下,人们之间自觉的精神交往才得以出现。

马克思主义经典作家不仅重视人们进行精神交往的必要性,而且强调要为人们实现自由的精神交往提供各种保障。马克思和恩格斯提出,"既然人的性格是由环境造成的,那就必须使环境成为合乎人性的环境。既然人天生就是社会的生物,那他就只有在社会中才能发展自己的真正的天性,而对于他的天性的力量的判断,也不应当以单个个人

---

① 《马克思恩格斯全集》第3卷,人民出版社1960年第1版,第29页。
② 《马克思恩格斯选集》第2卷,人民出版社1995年第2版,第32页。
③ 《马克思恩格斯全集》第46卷上,人民出版社1979年第1版,第194页。
④ 《马克思恩格斯全集》第3卷,人民出版社1960年第1版,第35页。

的力量为准绳,而应当以整个社会的力量为准绳。"①马克思还专门谈到思想自由对于精神交往的意义,他说:"只有在人们思维着,并且对可感觉的细节和偶然性具有这种抽象能力的情况下,才可能有人与人之间的社会关系。"②

马克思主义经典作家不仅重视社会制度对于保障言论出版自由的重要意义,而且十分看重传播技术对人们交往活动的巨大作用。马克思和恩格斯指出,工人"斗争的真正成就并不是直接取得的成功,而是工人的越来越扩大的联合。这种联合由于大工业所造成的日益发达的交通工具而得到发展……中世纪的市民靠乡间小道需要几百年才能达到的联合,现代的无产者利用铁路只要几年就可以达到了"③。

现在可以对上述论述作一个简洁的小结。事物联系的普遍性决定了人与人之间的精神交往的必要性。正是人们的精神交往,激活了社会新闻信息的流动。捍卫新闻信息传受的自由权利,成为争取普遍人权的早期目标。为维护和发展人们交往的权利和条件,不仅要建立方便交往的制度,而且要为保障和优化交往活动不断地发展传播技术。

第二节 从存在决定意识规律 认识新闻传播的本质

辩证唯物主义认为,"人脑是思维的器官,但不是思维的源泉。意识是人脑的机能,但是光有人脑还不能产生意识。人们只有在社会实践中同外在的客观世界打交道,使人脑和其他反映器官同客观世界发生联系,才会产生意识。意识从其生理基础来看,它是人脑的机能。这里涉及的是意识同它的物质前提和物质器官的关系;而从其对象和内容来看,它又是客观存在的反映,这里涉及的是映像同客体的关系。只

---

① 《马克思恩格斯全集》第2卷,人民出版社1957年第1版,第167页。
② 《马克思恩格斯全集》第47卷,人民出版社1979年第1版,第255页。
③ 《马克思恩格斯选集》第1卷,人民出版社1995年第2版,第2814页。

有把这两方面结合起来,才能完整地把握意识的内容和本质。"①所以马克思说,"观念的东西不外是移入人的头脑并在人的头脑中改造过的物质的东西而已。"②恩格斯也有类似的论述。他说,"我们自己所属的物质的、可以感知的世界,是唯一现实的;而我们的意识和思维,不论它看起来是多么超感觉的,总是物质的、肉体的器官即人脑的产物。物质不是精神的产物,而精神本身只是物质的最高产物。"③

　　承认外部世界及其在人脑中的反映,是唯物主义认识论的基础。新闻传播活动是人们有明确目的和动机的社会行为,是人们认识外部世界和反映外部世界的意识活动。新闻作品,作为观念形态的东西,是人们反映和评论外部世界的产物。因此,新闻传播者的新闻传播活动,对于客观存在的东西,对于外部世界,有着绝对的依赖性。新闻传播的客体,主要是人们丰富多彩的社会实践活动,新闻传播者和他们的新闻传播活动对于人们的社会实践,有着直接的依赖性。没有外部世界,离开人们的社会实践,新闻传播活动就失去了反映客体和报道依据,新闻作品就成了无本之木,无源之水。

　　长期的新闻传播史表明,新闻传播的本源乃是物质的东西,是事实,是人类在与自然的交往中和在社会生活中所发生的事实。新闻是事实的报道,事实是第一性的,新闻是第二性的,客观事实在先,新闻报道在后。新闻报道总是带有这样或那样的性质,比如重要性、新鲜性、趣味性等等,这些"性质"是从哪里来的? 是由什么东西决定的? 它们是由新闻所报道、所反映的事实自身决定的。事实决定新闻的种种"性质",而不是"性质"对于客观事实或新闻报道有什么决定作用。当然,不同的社会制度、新闻传播者不同的价值取向,会影响事实的取舍和这些事实所含性质的表现,但事实及其所含有的性质是根本的,是第一性的。马克思在谈到报刊的本质时指出,"自由报刊是观念的世界,它不断从现实生活中涌出,又作为越来越丰富的精神唤起新的生机,流回现实世界。"④

　　新闻报道作为新闻传播者这个行为主体反映客体即外部世界的产

---

　　① 　肖前、李秀林、汪永祥主编:《辩证唯物主义原理》(修订本),人民出版社1991年第2版,第134页。
　　② 　《马克思恩格斯选集》第2卷,人民出版社1995年第2版,第112页。
　　③ 　《马克思恩格斯选集》第4卷,人民出版社1995年第2版,第227页。
　　④ 　《马克思恩格斯全集》第1卷,人民出版社1995年第2版,第179页。

物,同客体本身是不一样的。新闻传播者的意识活动及其产物新闻作品,使物质状态的客体变成了精神状态的观念成果。所以马克思曾经这样论述:"正是由于报刊把物质斗争变成思想斗争,把血肉斗争变成精神斗争,把需要、欲望和经验的斗争变成理论、理智和形式的斗争,所以,报刊才成为文化和人民的精神教育的极其强大的杠杆。"①出于对报刊等新闻传媒这种极其重要的社会功能和特点的认识,马克思主义经典作家向来看重新闻传媒在意识形态领域的地位与作用。

由于意识对于存在的相对独立性和意识主体的个体主体性,马克思主义在论述意识与存在的相互关系时还指出,人的社会实践活动不但为意识提供现实的对象和内容,而且也为意识提供现实的主体。作为意识主体的人,他们只有在认识和改造外部世界的社会实践中,才能在实践活动和观念活动两个方面同时成为与周围环境既对立又统一的活生生的主体。"在对象化的实践活动中,人们既不断地再生产着外部的对象世界,同时也不断地再生产着全新的主体即人自身。同时,实践的物质活动还为人们的意识活动提供了越来越广泛和重要的认识工具。"②所以马克思指出,生产不仅为主体生产对象,而且也为对象生产主体。在新闻传播活动中,新闻传播者不仅生产新闻作品,也为新闻作品培育读者、观众和听众,同时,也为从事这种新闻生产培养着新闻工作者自身,为新闻生产的再生产和扩大生产培育着更多、更优秀的新闻传播者。这就是意识活动的能动性。

意识对于存在的能动性还表现在,人们在从事一件实际工作之前,先有明确的计划和设想,然后根据这些计划和设想去创建新的客观世界。毛泽东说,"一切事情是要人做的","做就必须先有人根据客观事实,引出思想、道理、意见,提出计划、方针、政策、战略、战术,方能做得好。思想等等是主观的东西,做或行动是主观之于客观的东西,都是人类特殊的能动性。这种能动性,我们名之曰'自觉的能动性',是人之所以区别于物的特点。"③

意识活动对于外部世界的能动性的实现是有条件的。意识主体要

---

① 《马克思恩格斯全集》第1卷,人民出版社1995年第2版,第329页。
② 肖前、李秀林、汪永祥主编:《辩证唯物主义原理》(修订本),人民出版社1991年第2版,第152页。
③ 毛泽东:《论持久战》,《毛泽东选集》第2卷,人民出版社1991年第2版,第477页。

懂得和尊重客观规律,从现实可行的条件出发,并且具有勇敢进取、百折不回的意志与毅力,把革命热情和科学态度结合起来。马克思主义经典作家谈到新闻传播者发挥反映和推动社会历史进程的作用时,一方面要求新闻传播者客观公正、实事求是地认识和反映现实世界,另一方面又要求社会为新闻传播者创造良好的传播环境,提供有力的制度支持。

第三节　对立统一法则制约新闻传播机制

对立统一法则是自然界、社会和思维发展的普遍规律,它揭示出任何事物都包含着内在矛盾性,矛盾双方既统一又斗争,推动事物的发展和转化。列宁指出,"统一物之分为两个部分以及对它的矛盾着的部分的认识,是辩证法的实质。"① 毛泽东在《矛盾论》中对此作了更为详尽的阐释,他说:"按照辩证唯物论的观点看来,矛盾存在于一切客观事物和主观思维的过程中,矛盾贯穿于一切过程的始终,这是矛盾的普遍性和绝对性。矛盾着的事物及其每一个侧面各有其特点,这是矛盾的特殊性和相对性。矛盾着的事物依一定的条件有同一性,因此能够共居于一个统一体中,又能够互相转化到相反的方面去,这又是矛盾的特殊性和相对性。"②

运用辩证唯物论的立场与方法考察新闻传播活动,我们可以发现,在新闻传播活动中,新闻传受双方所传播与接收的各种信息、观念和舆情,实际上无一不是自然界和社会生活中各种矛盾事物及其每一个矛盾侧面的公开披露,无一不是传受双方对这些矛盾事物及其侧面的数量上的把握和质量(性质)上的认定。新闻传播者每天、每时、每刻都在对汪洋大海般涌来的成就与问题、好人好事与坏人丑事、大好形势与缺点不足等等事实进行考察选择,权衡其利弊得失,对报道时机的快与慢、报道量的大与小、新闻处理的重与轻等等进行决策定夺。这实际上

---

① 《列宁选集》第 2 卷,人民出版社 1995 年第 3 版,第556 页。
② 毛泽东:《矛盾论》,《毛泽东选集》第 1 卷,人民出版社 1991 年第 2 版,第 336 页。

就是对辩证法的活的运用。

因此,新闻传播的机制,是由对立统一法则规定的,其实施过程中,受到对立统一法则的制约。在新闻传播过程中,自觉地掌握和运用对立统一法则,新闻传播就正确,就有效,就能充分发挥新闻传媒巨大的社会作用;不按辩证法办事,违背对立统一法则,随心所欲,盲目传播,就不会有好的传播效果,有时甚至会走向反面。人说新闻工作犹如江河湖海,既可载舟又可覆舟,能否学好用好对立统一法则,是顺水行舟不翻船的关键。

坚持辩证法,运用对立统一法则指导新闻传播活动,首先要求人们从事物的发展变化观察事物,把握事物运动的走向。自然界和社会中的一切界限都是有条件的和可变动的,没有任何一种现象不能在一定条件下转化为自己的对立面。因此,在新闻传播中新闻传播者对新闻事实的选择和对传播效果的考量,必须以发展变化的眼光,动态地考察和把握利弊得失,要把对事实的选择和对效果的设想放到一定的条件下。特定的时空条件下,新闻传播中的利弊、敌我、冷热、虚实、真伪、褒贬、上下、攻守、主客、点面、快慢、异同、正反、动静、轻重、内外、古今、软硬、是非等等是可能互相转化的,事物的这一方,可能被另一方所取代,优势演变为劣势,上风沦为下风,正面效应成为负面效应。用因循守旧的观点看事物,以千篇一律的方法做传播,肯定搞不好新闻工作。"蔑视辩证法,是不能不受惩罚的。"[1]

其次,对立统一法则要求新闻传播者全面地观察事物,处理各种社会矛盾关系。列宁指出:"辩证逻辑要求我们更进一步。要真正地认识事物,就必须把握住、研究清楚它的一切方面、一切联系和'中介'。我们永远也不会完全做到这一点,但是,全面性这一要求可以使我们防止犯错误和防止僵化。"他在同一篇文章中还指出:"辩证法要求从相互关系的具体的发展中来全面地估计这种关系,而不是东抽一点,西抽一点。"[2]

任何事物都表现出一定的量和质,量和质都是事物本身所固有的规定性。量和质是不断变动的,新闻报道的正是事物的这种量变与质变。量变是质变的准备,质变是量变的结果,质变又会引起新的量变。

---

[1] 《马克思恩格斯选集》第 4 卷,人民出版社 1995 年第 2 版,第 300 页。
[2] 《列宁选集》第 4 卷,人民出版社 1995 年第 3 版,第 416 页。

不断地质量互变,事物就不断前进发展。新闻传播者每天忙忙碌碌,就是寻觅和捕捉这种变化,并在第一时间内及时地向公众报道与评说这种变化。

体现事物质和量对立统一的是"度"。所谓度,就是一定事物保持自己质的量的限度,是和事物的质相统一的限量①。处于稳定态的事物,它的量和质既是对立的,又是统一的。新闻传播者如果能及时、正确地认识和把握这个"度",也就能准确地度量和报道该事物的量和质,这样的报道也易达到全面和可靠的传播效果,这就是报道"适度"。

再次,对立统一法则还要求新闻传播者具体地分析具体情况,实事求是地反映和指导实际工作。列宁说,"马克思的辩证法要求对每一特殊的历史情况进行具体的分析。"②新闻传播者所要反映的自然界千变万化、人类社会千头万绪,有着说不完道不尽的特殊性。因果联系中的多样性因素起着作用,偶然性情况对必然性趋势的冲击,可能变为现实过程中种种主客观条件的变化等都是造成人们难以预料的特殊性出现的原因。因此,新闻传播者必须克服本本主义、教条主义、形式主义等的影响,到生活中去,到群众中去,进行深入细致的调查、了解、研究,掌握第一手材料,具体问题具体分析,准确无误地反映、报道和评说每一个具体的人物和事件。正由于此,客观、公正、真实、全面地报道新闻,成为中外新闻传播者必须遵循的新闻传播的基本要求。

第四节　经济基础与上层建筑互动规定新闻事业性质

对于经济基础与上层建筑的相互关系,马克思在《政治经济学批判》序言中有一段经典论述:"人们在自己生活的社会生活中发生一定的、必然的、不以他们的意志为转移的关系,即同他们的物质生产力的一定发展阶段相适合的生产关系。这些生产关系的总和构成社会的经

---

① 肖前、李秀林、汪永祥主编:《辩证唯物主义原理》(修订本),人民出版社1991年第2版,第216页。

② 《列宁选集》第2卷,人民出版社1995年第3版,第700页。

济结构,即有法律的和政治的上层建筑竖立其上并有一定的社会意识形式与之相适应的现实基础。物质生活的生产方式制约着整个社会生活、政治生活和经济生活的过程。不是人们的意识决定人们的存在,相反,是人们的社会存在决定人们的意识。社会的物质生产力发展到一定阶段,便同它们一直在其中运动的现存生产关系或财产关系(这只是生产关系的法律用语)发生矛盾。于是这些关系便由生产力的发展形式变成生产力的桎梏。那时社会革命的时代就到来了。"[1]

马克思的这段经典论述表明,在马克思主义经典作家看来,社会结构是由经济基础和上层建筑(政治上层建筑和思想上层建筑即意识形态)两大部分构成的,经济基础是社会结构的最基本部分,它制约着整个社会生活、政治生活和精神生活的过程,上层建筑是由经济基础决定并为其服务的。但是,上层建筑又有相对独立性并具有一定的能动作用,即它可能成为生产力发展的推动力,也可能成为生产力发展的障碍。

就新闻传播事业在社会结构中占据的地位和它所具有的主要社会功能来考察,新闻传播事业是一种上层建筑;在上层建筑中,新闻传播事业不是政治上层建筑即国家机器,而是思想上层建筑即意识形态形式。这就是根据马克思主义关于经济基础与上层建筑关系的学说,对新闻传播事业性质及功能的定位。

在政治学说、法律学说、哲学、宗教、文学、艺术、道德等意识形态形式中,新闻传播事业及其学科体系新闻传播学以什么特色同各种意识形态形式相区别呢?以新闻手段。毛泽东在《文汇报在一个时间内的资产阶级方向》一文中指出,"在社会主义国家,报纸是社会主义经济即在公有制基础上的计划经济通过新闻手段的反映,和资本主义国家报纸是无政府状态的和集团竞争的经济通过新闻手段的反映不相同。"[2]这里的新闻手段,泛指消息、通讯、评论、图片及编排和传播形式的总称,专指新闻传播者用事实说话的特殊手法。区别不同社会制度下各国、各地、各阶级新闻传播事业的性质和功能,主要看新闻传播事业借以立身的经济基础,即生产关系。当代社会有两种主要的社会制度,因而也就有两种主要的新闻传播事业,即社会主义新闻传播事业和

---

[1] 《马克思恩格斯选集》第2卷,人民出版社1995年第2版,第32—33页。
[2] 毛泽东:《文汇报在一个时间内的资产阶级方向》,1957年6月14日《人民日报》。

资本主义新闻传播事业。

　　马克思主义经典作家不是唯生产力论者,他们高度重视意识形态的巨大社会功能,高度重视新闻传播事业的作用。马克思指出,"批判的武器当然不能代替武器的批判,物质力量只能用物质力量来摧毁;但是理论一经掌握群众,也会变成物质力量。"①恩格斯在一封致友人的信中也讲到同样的观点,他说,政治、法律、哲学、宗教、文学、艺术等的发展是以经济发展为基础的。但是,它们又都互相影响并影响到经济基础。并不是只有经济状况才是积极的原因,而其余一切都不过是消极的结果。这是在归根到底不断为自己开辟道路的经济必然性的基础上的相互作用。

　　马克思和恩格斯都看到,而且着重论述了意识形态的能动作用。这些论述,为我们认识新闻传播事业对于经济基础的能动作用以及对于意识形态其他形式的能动作用,提供了理论指导。

　　马克思主义经典作家还专门论述了精神生产支配者的作用。马克思和恩格斯在《德意志意识形态》中指出,"统治阶级的思想在每一时代都是占统治地位的思想。这就是说,一个阶级是社会上占统治地位的物质力量,同时也是社会上占统治地位的精神力量。支配着物质生产资料的阶级,同时也支配着精神生产资料,因此,那些没有精神生产资料的人的思想,一般地是隶属于这个阶级的。占统治地位的思想不过是占统治地位的物质关系在观念上的表现,不过是以思想的形式表现出来的占统治地位的物质关系;因而,这就是那些使某一个阶级成为统治阶级的关系在观念上的表现,因而这也就是这个阶级的统治的思想。"②马克思和恩格斯对社会统治思想的这些论述,为我们正确认识和把握新闻传播的主导思想、新闻传媒的性质和功能、新闻传播者的历史使命,指明了方向。

　　进入20世纪之后,无产阶级政党在许多国家先后建立,党的报刊如雨后春笋般迅速发展。马克思主义经典作家在新的历史条件下关于党的组织和党的报刊的许多论述,把马克思和恩格斯关于社会主导观念的思想推向深化。列宁在《党的组织和党的出版物》一文中,鲜明地提出了党的出版物的口号和新闻传播工作的党性原则。

---

① 《马克思恩格斯选集》第1卷,人民出版社1995年第2版,第9页。
② 同上书,第98页。

他说:"党的出版物的这个原则是什么呢？这不只是说,对于社会主义无产阶级,写作事业不能是个人或集团的赚钱工具,而且根本不能是与无产阶级总的事业无关的个人事业。无党性的写作者滚开！超人的写作者滚开！写作事业应当成为整个无产阶级事业的一部分,成为由整个工人阶级的整个觉悟的先锋队所开动的一部巨大的社会民主主义机器的'齿轮和螺丝钉'。写作事业应当成为社会民主党有组织的、有计划的、统一的党的工作的一个组成部分。"①列宁关于党的报刊的任务和党的报刊工作者必须遵循的党性原则的论述,是我们今天认识和规范党领导下的新闻传播事业性质和功能的根本指导思想。

第五节　人民的历史主人地位决定人民是新闻事业的动力

历史唯物主义强调,历史是人民群众创造的。马克思和恩格斯说,"历史活动是群众的事业,随着历史活动的深入,必将是群众队伍的扩大。"②毛泽东也说,人民,只有人民,才是历史的创造者。

马克思主义经典作家高度重视人民群众在推动历史进程中巨大的创造力。列宁指出,"马克思主义和其他一切社会主义理论的不同之处在于,它出色地把以下两方面结合起来:既以完全科学的冷静态度去分析客观形势和演进的客观进程,又非常坚决地承认群众(当然,还有善于摸索到并建立起同某些阶级的联系的个人、团体、组织、政党)的革命毅力、革命创造性、革命首创精神的意义。"③列宁还在全俄中央执行委员会的一次会议上说,群众生气勃勃的创造力是新社会的基本因素,生气勃勃的创造性的社会主义是由人民群众自己创立的。

马克思主义经典作家根据相信群众、依靠群众、尊重群众在革命和

---

①　《列宁选集》第1卷,人民出版社1995年第3版,第663页。
②　《马克思恩格斯全集》第2卷,人民出版社1957年第1版,第104页。
③　《列宁选集》第1卷,人民出版社1995年第3版,第747页。

建设中的首创精神的历史唯物主义原理,提出了新闻传播事业是人民群众联合起来的事业的观点,规定了全党办报、群众办报的开门办报方针。毛泽东指出,"我们的报纸也要靠大家来办,靠全体人民群众来办,靠全党来办,而不能只靠少数人关起门来办。"①他在一篇谈报纸工作的文章中再次强调,不应当关门办报,应面向群众,又要有大方向,又要新鲜活泼。

出于对群众力量的充分肯定和为人民服务的热忱,马克思主义经典作家强调新闻传播工作要根据人民群众的需要,向他们提供适用的新闻作品和其他思想资料。列宁在《苏维埃政权的当前任务》中说,"就拿公开报道这样一种组织竞赛的方法来讲吧。资产阶级共和国只是在形式上保证这点,实际上却使报刊受资本的支配,拿一些耸人听闻的政治上的琐事来供'小百姓'消遣,用保护'神圣财产'的'商业秘密'掩盖作坊中、交易中以及供应等等活动中的真实情况。"我们"必须系统地进行工作,除了无情地压制那些满篇谎言和无耻诽谤的资产阶级报刊,还要努力创办这样一种报刊:它不是拿一些政治上的耸人听闻的琐事供群众消遣和愚弄群众,而是把日常的经济问题提交群众评判,帮助他们认真研究这些问题"②。

马克思经典作家要求新闻传播者忠诚地为人民服务,努力为读者工作。刘少奇对新闻记者说,"你们的任务是写给读者看,读者就是你们的主人,他说你们的工作没做好,那就等于上级说的,你们没有话说。""你们是人民的通讯员,是人民的记者,要全心全意为人民服务。""你们要了解人民群众中的各种动态、趋向和对党的方针政策的反映。人民包括各阶层,要加以区别。要善于分析具体情况,看各阶层人民有什么困难、要求和情绪。要采取忠实的态度,把人民的要求、困难、呼声、趋势、动态,真实地、全面地、精彩地反映出来。""你们的笔,是人民的笔,你们是党和人民的耳目喉舌。"③

马克思主义经典作家要求新闻传播者要谦逊,要努力地向人民群众学习,向社会学习。毛泽东批评有些文艺工作者不熟悉群众,不懂群

---

① 毛泽东:《对晋绥日报编辑人员的谈话》,《毛泽东新闻工作文选》,新华出版社1983年第1版,第150页。
② 《列宁选集》第3卷,人民出版社1995年第3版,第492—493页。
③ 刘少奇:《对华北记者团的谈话》,《刘少奇选集》上卷,人民出版社1981年第1版,第401—402页。

众语言,英雄无用武之地。他说,"文艺工作者同自己的描写对象和作品接受者不熟,或者简直生疏得很。我们的文艺工作者不熟悉工人,不熟悉农民,不熟悉士兵,也不熟悉他们的干部。什么是不懂?语言不懂,就是说,对于人民群众的丰富的生动的语言,缺乏充分的知识。"因此,他要求文艺工作者同群众打成一片,经过长期的甚至是痛苦的磨炼,了解群众,懂得他们的语言。他还要求文艺工作者学习马克思主义知识,学习社会,"要研究社会上的各个阶级,研究它们的相互关系和各自状况,研究它们的面貌和它们的心理。只有把这些弄清楚了,我们的文艺才能有丰富的内容和正确的方向"①。

为了教导青年人,尤其是加入党报工作者行列不久的青年新闻工作者,恩格斯曾经提出过许多中肯而严格的要求。他说,"但愿他们能懂得:他们那种本来还需要加以彻底的批判性自我修正的'学院式教育',并没有给予他们一种军官证书和在党内取得相应职位的权利;在我们党内,每个人都应该从当兵做起;要在党内担任负责的职务,仅仅有写作才能和理论知识,即使二者确实具备,都是不够的,要担负负责的职务还需要熟悉党的斗争条件,习惯这种斗争的方式,具备久经考验的耿耿忠心和坚强性格,最后还必须自觉地把自己列入战士的行列——一句话,他们这些受过'学院式教育'的人,总的说来,应该向工人学习的地方,比工人应该向他们学习的地方要多得多。"②

[思考题]

1. 人类社会交往的必要性与新闻传播行为的发生。
2. 存在决定意识规律对新闻传播本源的规定性。
3. 对立统一法则对新闻传播机制的制约。
4. 经济基础与上层建筑互动对新闻传播事业性质的影响。
5. 人民的历史主人地位对新闻传播事业产生发展的意义。

[阅读书目]

1. 肖前、李秀林、汪永祥主编:《辩证唯物主义原理》(修订本)"第四章 世界的普遍联系和发展","第五章 联系和发展的基本规律",

---

① 毛泽东:《在延安文艺座谈会上的讲话》,《毛泽东选集》第3卷,人民出版社1991年第2版,第850、852页。毛泽东文中的文艺工作者包括作家和新闻工作者。
② 《马克思恩格斯选集》第4卷,人民出版社1995年第2版,第399页。

人民出版社 1991 年第 2 版,第 166—272 页。

2. 毛泽东:《矛盾论》,《毛泽东选集》第 1 卷,人民出版社 1991 年第 2 版,第 299—340 页。

3. 陈力丹:《马克思主义新闻观思想体系》中"第一章　马克思和恩格斯新闻观的时代背景和个人特征",中国人民大学出版社 2006 年版。

4. 甘惜分:《对立统一规律在我们笔下》,《新闻论争三十年》,新华出版社 1988 年第 1 版,第 176—210 页。

[中 编]
马克思主义新闻学的形成与发展

第四章

马克思恩格斯的新闻论著与马克思主义新闻学的形成

> 自由报刊是人民精神的洞察一切的慧眼,是人民自我信任的体现,是把个人同国家和世界联结起来的有声的纽带,是使物质斗争升华为精神斗争,并且把斗争的粗糙物质形式观念化的一种获得体现的文化。
>
> ——马克思

马克思和恩格斯是马克思主义新闻学的奠基人。他们关于新闻传播的观点和思想,散落在他们撰写的长达半个多世纪的著述和文件里。一些专门讨论新闻传播和报刊工作的论文与信函,则集中表达了他们对于马克思主义新闻学的重要范畴和理论框架的深刻认识。这些经典论著应该是我们学习和研究的重点。

同任何文化知识体系一样,马克思主义新闻学也有一个准备、形成和发展的过程。随着世界观转变与报刊实践的深化,马克思和恩格斯的新闻思想渐次经历了由民主报刊思想向工人报刊思想再向党的报刊思想演进的过程。民主报刊思想是马克思主义新闻学的准备阶段。《共产党宣言》出版以后工人报刊思想的形成,标志着马克思主义新闻学的建立。在无产阶级政党普遍建立和无产阶级报刊蓬勃发展的推动下,马克思和恩格斯形成了自己的党报思想。它标志着他们新闻思想的成熟,也标志着马克思主义新闻学的初步发展。

马克思恩格斯新闻思想发展的这三个阶段,分别以他们革命活动和报刊活动中心的三家报纸为代表,它们是:《莱茵报》、《新莱茵报》

和《社会民主党人报》。

第一节 《莱茵报》时期的新闻论著

《莱茵报》，全名《莱茵政治、商业和工业日报》，1842年1月1日至1843年3月31日在莱茵省科隆市出版。1842年3月起马克思为该报撰稿，同年10月起成为该报政治版编辑。恩格斯也在该报发表了许多文章。

这一时期马克思和恩格斯的新闻思想，从总体上说，没有超出民主主义文化的范畴。从政治上说，他们基本上还是一个革命民主主义战士；从报刊活动上说，他们从事的几乎全是民主报刊，这两个特点决定了他们的新闻思想，从实质上看仍属于民主主义新闻思想即民主报刊思想。

从马克思和恩格斯一系列论述民主报刊的著述分析，他们当时是从自由报刊和人民报刊两个议题入手研究民主报刊思想的。

一、关于自由报刊的论述

自由报刊的命题，是马克思于1842年3月26日至4月26日撰写的《第六届莱茵省议会的辩论（第一篇论文）》中提出来的。他说："自由报刊的本质，是自由所具有的刚毅的、理性的、道德的本质。受检查的报刊的特性，是不自由所固有的怯懦的丑恶本质，这种报刊是文明化的怪物，洒上香水的畸形儿。"[①] 他于1842年12月底至1843年1月撰写的《摩泽尔记者的辩护》一文中谈到报刊时指出："这个具有公民头脑和市民胸怀的补充因素就是自由报刊。"[②]

人民报刊的命题，也是马克思提出的。1842年12月至1843年1月，马克思为抗议当局查封《莱比锡总汇报》写了一系列报道和政论。他在其中的一篇文章中提出："假定所有这些指控都是有根有据的，那

---

① 《马克思恩格斯全集》第1卷，人民出版社1995年第2版，第171页。
② 同上书，第378页。

么试问这些指控是用来反对《莱比锡总汇报》任意行事的特性呢,还是用来反对刚刚崛起的、年轻的人民报刊必然具有的特性呢?问题所涉及的仅仅是某一种报刊的存在呢,还是真正的报刊即人民报刊的不存在呢?"①

上面两个命题,实际上是相通的。按马克思的理解,真正的报刊就是自由报刊,也就是人民报刊。这里只是出于研究和叙述的需要,才对自由报刊和人民报刊分头加以评述。

马克思和恩格斯关于自由报刊的观点,是在反对书报检查制度、争取出版自由的长期斗争中形成的。

19世纪30年代末40年代初,德国正处于资产阶级革命的前夜,争取民主和自由的政治斗争开始高涨,关于普鲁士的出版状况和争取出版自由的论争,显得特别尖锐。因为当时的新闻出版界,处于封建专制的高压之下。马克思称这一时期的德国报刊是"晚报阶段"、"精神上的大斋期",惨淡经营的德国报刊只是德国社会星星点点的"沼泽地上的磷火"。他指出,在德国,新闻出版界堕落了,德语已不再是思想的语言了,精神所使用的话语是一种无法理解的神秘的语言,"因为被禁止理解的事物已不能用明白的言语来表达了"。

显然,争取出版自由,已经成为当时进行资产阶级革命最必要、最迫切的第一步。恩格斯对此分析说:"书报检查的压制在普鲁士竟束缚了这样巨大的力量,只要把这种压力稍微减轻些,就会产生无比强大的反作用。普鲁士的舆论愈来愈集中在两个问题上,即代议制和出版自由,特别是后者。不管国王怎样,首先要他给予出版自由,而出版自由一旦争得,再过一年必然会争得宪法。如果实行了代议制,普鲁士下一步将怎样发展,那就很难预料了。"②

马克思和恩格斯一开始就把批判的锋芒对准书报检查制度还由于下述特殊情况。1841年12月24日,普鲁士政府根据新国王的诏书颁布了新书报检查令(因该天为平安夜,时人称该法令为"圣诞法令")。新法令在表面上声称不赞成对作家的写作活动加以限制,实际上它不仅保存了反动的普鲁士书报检查制度,而且还强化了这种检查。可是,当时不少著作家没有发现新国王的这种阴谋,反而欢呼"天空出现了

---

① 《马克思恩格斯全集》第1卷,人民出版社1995年第2版,第352页。
② 《马克思恩格斯全集》第1卷,人民出版社1956年第1版,第543页。

太阳",认为日盼夜望的出版自由快要由于新国王的恩准而实现了。马克思敏锐地看到新国王的伪自由主义行径,并无畏地站出来揭露新法令的虚伪性。他对新法令的揭露和批判,集中体现在《评普鲁士最近的书报检查令》这篇长篇政论文中。

在《评普鲁士最近的书报检查令》中,马克思运用理性武器,从笔调、倾向、功能和才能四个方面,揭露新法令的虚伪和反动,进而对普鲁士的整个书报检查制度进行了无情的剖析和鞭挞。

首先,马克思指出,新法令用所谓的"严肃和谦逊"的笔调来限制出版自由。他说,真理探讨者的首要任务不就是直奔真理,而不要东张西望吗?这是法律赋予人们的"挑剔权",它很难谦逊。新法令的这一规定是无理的,这是一种对结论的恐惧症和对真理的预防剂。马克思说,我有权利表露自己的精神面貌,但首先应当给它一种指定的表现方式。哪一个正直的人不为这种要求脸红而不想尽力把自己的脑袋藏到罗马式长袍里去呢?指定的表现方式只不过意味着"强颜欢笑"而已。他淋漓酣畅地斥责新法令的伪自由主义:"你们赞美大自然令人赏心悦目的千姿百态和无穷无尽的丰富宝藏,你们并不要求玫瑰花散发出和紫罗兰一样的芳香,但你们为什么却要求世界上最丰富的东西——精神只能有一种存在形式呢?我是一个幽默的人,可是法律却命令我用严肃的笔调。我是一个豪放不羁的人,可是法律却指定我用谦逊的风格。一片灰色就是这种自由所许可的唯一色彩。每一滴露水在太阳的照耀下都闪现着无穷无尽的色彩。但是精神的太阳,无论它照耀着多少个体,无论它照耀什么事物,却只准产生一种色彩,就是官方的色彩!精神的最主要形式是欢乐、光明,但是你们却要使阴暗成为精神的唯一合适的表现;精神只准穿着黑色的衣服,可是花丛中却没有一枝黑色的花朵。精神的实质始终就是真理本身,而你们要把什么东西变成精神的实质呢?谦逊。"①

其次,马克思指出,新法令强调"倾向"是实行书报检查的"主要标准",而恰恰是追求倾向的法律取消了公民在法律面前的平等,这种法律不是团结的法律,而是破坏团结的法律,这种法律是真正的特权,是一个党派用来对付另一个党派的法律。在这种情况下,作家就成了最可怕的恐怖主义的牺牲品,遭到了怀疑的制裁。这里,马克思揭露了新

---

① 《马克思恩格斯全集》第 1 卷,人民出版社 1995 年第 2 版,第 111 页。

法令所谓追求倾向的规定,实质上就是借口倾向而剥夺人民的思想自由和写作自由。

再次,马克思指出,新法令在禁止发表"使用侮辱个别人的词句和进行毁灭其名誉的判断的作品"的口实下,剥夺了报刊批评与监督的权利。马克思说,在新法令下,报刊不仅被剥夺了对官员进行任何监督的可能性,而且被剥夺了对作为许多个别人的某一阶级而存在的各种制度进行任何监督的可能性。他指出,由于这一规定,新法令实际上是对可怜而虚弱的日报施加新压迫的命令,它剥夺了报刊目前享有的权利,而报刊则失去了目前还享有的东西。

最后,马克思还指出,新法令强调必须由"完满无缺的人"即在"学术才能、地位与品性"各方面为官方认可的人担任编辑,这一规定带有很大的欺骗性。马克思说,这种"完满无缺的人"是哪一个国家也找不出来的,而且在这三个条件中,学术才能和品性都是极其不确定的东西,相反,地位倒是一种极其确定的东西。于是,地位就成了决定编辑人选的绝对决定性的标准,也就是说,谁有地位,谁就能担任报纸和杂志的编辑。因此,马克思对新法令的这一规定讽刺说,学术才能是总的要求,这是多么的自由主义呵!地位是个别的要求,这是多么的非自由主义呵!把学术才能同地位拉在一起,这又是多么虚伪的自由主义呵!

马克思以犀利无比的笔剖析了书报检查制度的无穷弊病。他作为革命民主主义者,通过剖析和批判得出了这样的革命结论:

"整治书报检查制度的真正而根本的办法,就是废除书报检查制度,因为这种制度本身是恶劣的,可是各种制度却比人更有力量。"①

如果说,在《评普鲁士最近的书报检查令》中马克思直接反对了反动的新法令的话,那么,《第六届莱茵省议会的辩论(第一篇论文)》则是马克思同书报检查制度的社会基础激烈冲突的产物。在这篇政论中,他一针见血地批驳了诸侯和贵族等级维护检查制度的谬论,纠正了造成出版自由的等级的行会见解,旗帜鲜明地捍卫了出版自由问题上的市民群众的观点。这里的批判虽然仍和前面的批判一样,还是以理性为武器,但却比过去主要批判法律条文的做法要深刻得多了。

在《第六届莱茵省议会的辩论(第一篇论文)》中,马克思强调出版自由在政治民主权利中的地位与作用。马克思指出,自由是全部精神

---

① 《马克思恩格斯全集》第 1 卷,人民出版社 1995 年第 2 版,第 134 页。

存在的类的本质,因而也就是出版的类的本质,无论是一般的自由还是个别形态的自由,都是类本质的反映,即人的本质的体现。马克思说,"自由的每一种形式都制约着另一种形式,正像身体的这一部分制约着另一部分一样。只要某一种自由成了问题,那么,整个自由都成问题。只要自由的某一种形式受到指责,那么,整个自由都受到指责,自由就只能形同虚设,而此后不自由究竟在什么领域内占统治地位,将取决于纯粹的偶然性。不自由成为常规,而自由成为偶然和任性的例外。"马克思由这一分析得出这样的结论:"没有新闻出版自由,其他一切自由都会成为泡影。"①

马克思关于"一般自由是类、特殊自由是种"的划分是正确的。他运用这种正确的分析推理说:否定了出版自由,也就否定了自由;第六届莱茵省议会宣判出版自由有罪也就是宣判它自己有罪。在马克思看来,自由总归是自由,无论它表现在油墨上、土地上、信仰上或者政治会议上。这种种自由中,其中最重要的自由无疑是出版自由,因为出版物是个人表现其精神存在的最普遍的方法。

马克思在这篇文章中以最激烈的语句对书报检查制度进行了猛烈的抨击。他指出,书报检查制度是政府垄断的批评,是徒有法律形式的不合法的奴隶制度,是反对人类成熟的工具,是防备和压制自由的警察手段,是党派争夺私利的武器。

同《评普鲁士最近的书报检查令》不同,马克思的这篇文章在对书报检查制度进行一系列无情抨击之后作出的结论,不是简单地取消这个制度,而是提出要用新闻出版法来取代书报检查法。为此,马克思详尽地论证了新闻出版法的特点和要求,他指出:"在新闻出版法中,自由是惩罚者。在书报检查法中,自由却是被惩罚者。书报检查法是对自由表示怀疑的法律。新闻出版法却是对自己投的信任票。新闻出版法惩罚的是滥用自由。书报检查法却把自由看成一种滥用而加以惩罚。它把自由当作罪犯;对任何一个领域来说,难道处于警察监视之下不是一种有损名誉的惩罚吗?书报检查法只具有法律的形式。新闻出版法才是真正的法律。""新闻出版法是真正的法律,因为它是自由的肯定存在。它认为自由是新闻出版的正常状态,新闻出版是自由的存在;因此,新闻出版法只是同那些作为例外情况的新闻出版界的违法行

---

① 《马克思恩格斯全集》第1卷,人民出版社1995年第2版,第201页。

为发生冲突,这种例外情况违反它本身的常规,因而也就取消了自己。新闻出版自由是在反对对自身的侵犯即新闻出版界的违法行为中作为新闻出版法得到实现的。"①

在这一系列论述之后,马克思得出了下列著名结论:"因此,新闻出版法根本不可能成为压制新闻出版自由的措施,不可能成为以惩罚相恫吓的一种预防罪行重犯的简单手段。恰恰相反,应当认为没有关于新闻出版的立法就是从法律自由领域中取消新闻出版自由,因为法律上所承认的自由在一个国家中是以法律形式存在的。法律不是压制自由的措施,正如重力定律不是阻止运动的措施一样。因为作为引力定律,重力定律推动着天体的永恒运动;而作为落体定律,只要我违反它而想在空中飞舞,它就要我的命。恰恰相反,法律是肯定的、明确的、普遍的规范,在这些规范中自由获得了一种与个人无关的、理论的、不取决于个别人的任性的存在。法典就是人民自由的圣经。""因此,新闻出版法就是对新闻出版自由在法律上的认可。"②

值得注意的是,马克思在这里第一次明确地提出了法律自由和人民自由的概念。这是对卢梭等资产阶级启蒙思想家学说的继承和发展,显示了马克思为人民争取新闻出版自由的进步倾向。

在论证"自由报刊的人民性"的过程中,马克思的这种进步倾向处处可见。他指出,"自由报刊是人民精神的洞察一切的慧眼,是人民自我信任的体现,是把个人同国家和世界联结起来的有声的纽带,是使物质斗争升华为精神斗争,并且把斗争的粗糙物质形式观念化的一种获得体现的文化。自由报刊是人民在自己面前的毫无顾虑的忏悔,大家知道,坦白的力量是可以使人得救的。自由报刊是人民用来观察自己的一面精神上的镜子,而自我审视是智慧的首要条件。自由报刊是国家精神,它可以推销到每一间茅屋,比物质的煤气还便宜。它无所不及,无处不在,无所不知。自由报刊是观念的世界,它不断从现实世界中流出,又作为越来越丰富的精神唤起新的生机,流回现实世界。"③

---

① 《马克思恩格斯全集》第 1 卷,人民出版社 1995 年第 2 版,第 175 页。
② 同上书,第 176 页。
③ 同上书,第 179 页。

马克思的这一段深刻而酣畅的论述,全面而生动地揭示出自由出版物的人民性倾向:它表现人民的生活和斗争,展示人民的内心境界,人民借助它实现人民之间、民族之间的联系并进行自我教育与自我完善。而要使这种人民性充分实现,首要条件是出版物的完全自由。这里,马克思把自由报刊与人民报刊理想地统一和结合起来了。所以他认为:真正的报刊,既是自由的报刊,又是人民的报刊。

马克思还从新闻出版界的职业特征和职业道德角度,分析了新闻出版自由的社会意义。他认为,降低到行业水平的出版物,即仅仅为了谋取利润的出版物,是无法忠于自己的职业特征,是无法符合自己的高贵天性的,因而这种出版物也是不自由的。他说,作家当然必须挣钱才能生活,才能写作,但是作家决不应该为了挣钱而生活和写作。因此他主张,"新闻出版的最主要的自由就在于不要成为一种行业。把新闻出版贬低为单纯物质手段的作者应当遭受外部不自由——书报检查——对他这种内部不自由的惩罚;其实他的存在本身就已经是对他的惩罚了。"马克思告诫作者们说,"作者绝不把自己的作品看作手段。作品就是目的本身;无论对作者本人还是对其他人来说,作品都绝不是手段,所以,在必要时作者可以为了作品的生存而牺牲他自己的生存。"[1]

不过马克思在当时的社会条件下,还是认为这种"内部不自由"仍然是受"外部不自由"即书报检查制度的影响的结果。他说,"你怎么说就怎么写,怎么写就怎么说,在小学时老师就这样教导我们。可是后来人们却教训我们说:怎么指示你,你就怎么说;命令你说什么,你就写什么。"[2]马克思的这段论述,既是对书报检查制度残害人性的抗议,也是对新闻出版职业道德的呼唤。

在自由报刊思想方面,恩格斯的理论阐述不多。在当时,他主要是一个实践家,是反对书报检查制度、争取新闻出版自由的无畏战士。他曾经表示,我可不让书报检查机关管制我,使我不能自由写作。一个年已三十或写了三本书的作者如果没有同书报检查机关发生过冲突,那他就不值一提;伤痕斑斑的战士才是最优秀的战士。一本书,拿来一读就应当看出它是同书报检查机关作过斗争的。恩格斯的这些表白,充

---

[1] 《马克思恩格斯全集》第1卷,人民出版社1995年第2版,第193、192页。
[2] 同上书,第199页。

分体现了他对书报检查制度疾恶如仇的态度。

恩格斯没有全面揭露和系统批判书报检查制度,但他对散见于普鲁士邦各种法律中有关限制新闻出版自由的条文作过深刻的批驳。他曾经剖析过刑法第 151 条,指出第 151 条是五花八门的立法规定和警察-书报检查规定的混合物和大杂烩。他强调,分析这些迫害新闻出版自由的条文,要对普鲁士新闻出版法的总状况作出全面的判断,特别不要忽略它所规定的制裁措施,以便看清法律的本质。这些思想观点,是很可贵的,它为批判书报检查制度、争取新闻出版自由提供了科学的方法论。

上面,我们简略地回顾了马克思和恩格斯关于自由报刊的思想。这里我们还要指出,这些思想观点作为马克思恩格斯新闻思想的起点,很大程度上是对前人的新闻出版自由思想的继承和发展。比如,启蒙思想家都把自由看作人的理性最美好的东西,马克思也把新闻出版自由看作能够美化可爱的生活习惯的美妙东西,是使人愉快的最好的东西。他还说,出版自由也有它自己的美,要想能保护它,必须喜欢它,我感到我真正喜欢的东西的存在是必需的,我感到需要它,没有它我的生活就不可能美满。马克思和恩格斯就是从这种需要论出发,来论证和捍卫新闻出版自由的。

又比如,英国资产阶级政论家弥尔顿在为出版自由辩论时说过,如果每家的提琴和吉他都要由检查员来鉴定,每个歌曲和舞蹈都要备案,那岂不是风格、姿态和动作都千篇一律了吗?在我们引用过的马克思为理性的丰富多彩、精神世界的千姿百态辩护,也用过类似的比喻。在马克思和恩格斯论述新闻出版自由和自由报刊思想的论文中,我们到处可以看到古希腊、罗马的思想家以及伏尔泰、孟德斯鸠、卢梭、费尔巴哈、黑格尔等人的智慧的思想,看到这些大师们闪光的语言。

然而,马克思和恩格斯的自由报刊思想又明显地超过他们的前人。他们没有停留在对自由的一般的赞美上,而是对自由的实质作了比前人更深刻的揭示。马克思指出:"自由确实是人的本质,因此就连自由的反对者在反对自由的现实的同时也实现着自由;因此,他们想把曾被他们当作人类本性的装饰品而摈弃了的东西攫取过来,作为自己最珍贵的装饰品。""没有一个人反对自由,如果有的话,最多也只是反对别人的自由。可见,各种自由向来就是存在的,不过有时表现为特殊的特权,有时表现为普遍的权利而已。"① 马克思对自由本质这种入木三分的分析,是远远地超出他们的前人的。

不仅如此,马克思这时已经接近关于新闻出版自由的阶级性的认识。他说:"这个问题仅仅在现在才获得了首尾一贯的含义。问题不在于新闻出版自由是否应当存在,因为新闻出版自由向来是存在的。问题在于新闻出版自由是个别人物的特权呢,还是人类精神的特权。问题在于一方面的有权是否应当成为另一方面的无权。问题在于'精神的自由'是否比'反对精神的自由'享有更多的自由。"② 这种对不平等社会里的自由的揭示,把人们对自由本质的认识提到了一个新的水平。

所以,马克思和恩格斯关于自由报刊的思想受到各界进步人士的关注和欢迎。卢格写信给马克思,对他的理论上的成功表示祝贺。半个世纪以后,梅林还认为:"马克思用来捍卫出版自由的剑,比他以前和以后的任何政治家都更为光彩夺目和锋利。"③

最后,我们对马克思恩格斯的自由报刊思想作一个简单的概括:

第一,自由报刊是人类精神自由表现的产物,是有原则地、大无畏地以自由的人们的语言来说话,把在希望和忧患之中从生活那里倾听来的东西,公开地报道出来,并对这些东西作出自己的判决,让国王能够听到人民真正呼声的报刊。

第二,自由报刊不仅有自由报道的权利,而且还承担着对社会事件发表意见的义务。这是因为,自由报刊不是由枯燥的文摘和卑鄙的阿谀奉承拼凑起来的毫无原则的东西,而是以意识到自己崇高的目标的批判精神来阐明国家大事和国家机构活动的独立的报纸,它撇开个别人的特殊意见来表达人民的信念,不让任何坚持某种与人民意志相对立的特殊立场的个人意见见诸报端并影响人民群众。

第三,自由报刊是自由与独立的报刊,同任何形式的(物质的和精神的)书报检查制度不相容。同时,自由报刊又是在一定的法律规范和道义原则下有机运行的报纸。这里的法律,是反映人类精神的科学的法律,这里的道义,是符合人的理性的普遍的道德。

---

① 《马克思恩格斯全集》第 1 卷,人民出版社 1995 年第 2 版,第 167 页。
② 同上。
③ 梅林:《马克思传》上卷,人民出版社 1965 年第 1 版,第 53 页。

第四,自由报刊具有舆论监督和社会批评的功能,包括对政府和官员的批评和监督。不管地位多高,权力多大,任何人都无权免除报刊的监督批评,甚至法律也在报刊的监督之下,因为如果报刊无权唤起人们对现存法定程序的不满,它就不可能忠实地参与国家的发展。

第五,自由报刊不是挣钱的行业,作家不能为挣钱而写作,不能奉命说话和写作,因为自由报刊不是出于书商的投机目的以及指望捞到什么好处而办的。

第六,自由报刊执行独立的办报方针,不受撰稿人干扰。不是撰稿人领导报刊,相反,而是报刊领导撰稿人。

第七,自由报刊由于绝对自由的需要,它的文章是不署名的。马克思和恩格斯认为,报刊文章之所以不署名,是因为他们确信,"不署名是由新闻业的实质所决定的,因为不署名可以使报纸由许多个人意见的集合点转变为表达一种思想的喉舌。正如身体可以使一个人同另一个人截然区分开来一样,作者的名字也可以使一篇文章同另一篇文章截然区分开来,而这样一来,他的名字也就彻底勾销了那篇文章所赋有的仅仅作为构成整体的一部分的使命。最后,不署名不仅可以使作者自己,而且还可以使读者更加公正、更加自由,因为这样读者就不是着眼于说话的人,而是着眼于这个人所说的事,读者就摆脱了作为经验的人而存在的作者的影响,而仅以作者的精神人格作为自己判断的尺度"[①]。

二、关于人民报刊的论述

同自由报刊指的是一种不受书报检查机关制约、享有绝对出版自由的、同官方报刊与被书报检查制度奴役的报刊相区别的报刊一样,"人民报刊"也是一个群体概念,指的是具有人民性的自由报刊,它们不围绕上流社会和个别人旋转,它们的对立面是反人民、反民族和反时代的非自由报刊。

《莱茵报》时期马克思和恩格斯提出人民报刊思想,基于这样几个方面的考虑:

最主要的动因,是德国封建专制政权实行思想禁锢,剥夺人民的言论出版自由。新国王奉行伪自由主义,其实骨子里隐藏着一种任何法

---

① 《马克思恩格斯全集》第1卷,人民出版社1995年第2版,第359页。

律都无法医治的痼疾。受政府支持或暗中撑腰的官方报纸、半官方报纸和宗教报纸,卖身投靠和卑躬屈膝的资产阶级报纸,无不站在人民群众的对立面。为此,马克思恩格斯从一开始就积极倡导创办真正代表人民利益、以人民的口吻说话的报纸,并为此奋斗一生。

提出人民报刊思想的直接动因,是《莱茵报》就《莱比锡总汇报》被查封事件同当局发生的冲突。此事使马克思思考报刊生存的条件。他指出,查封这一事实不仅打破了轻信者对行将来临的新闻出版自由所抱的种种洋洋自得的幻想,而且充分表明了政府反对方兴未艾的年轻的人民报刊的必然性。他们在这种情况下提出人民报刊思想,正是为了论证人民报刊存在的必然性和它发展的必要条件。

当时的德国报刊不能唤起人们热烈地关心国家,使国家同它的公民亲密相连、休戚相关,而唯有人民报刊才能促使人们的全部注意力、全部炽烈的兴趣从国外转向祖国,从而使德国成为德国居民注意的中心,使国家由神秘的僧侣式的东西变成公开的个个了解、人人有关的现实世界的东西,迫使国家和自己的公民建立起血肉般关系,结束德国的停滞不前的时代。

人民报刊观点的提出,是马克思恩格斯接受费尔巴哈人本主义哲学、接受他的类本质思想的结果。人的权威和人的类本质观点,在人民报刊思想中占有重要位置,是这一报刊思想的灵魂和基础。清算封建思想观念中的"人的兽性",复归和发展人道主义,是反对封建意识形态的一个重要任务。马克思和恩格斯传记的作者们指出,马克思和恩格斯从事报刊活动的舞台普遍承认人性的完美实现的人道主义,在这个舞台上甚至"人"这个字眼本身都具有战斗的呐喊的意义。

值得指出的是,在《莱茵报》期间,在马克思和恩格斯心目中的人——公民,已经不是作为个人,而是作为理智的力量,作为合理观点的体现者出现。这种人,是一种同社会紧密结合在一起的政治力量,他们要求人权、平等和自由。他们指出,真正的人民即无产者、小农和城市贫民,是一群"结实和调皮的孩子",他们不会让国王牵着自己的鼻子走。这种人民首先要求有普选权的宪法,要求结社自由、出版自由等东西。他们一旦得到这些,就会充分加以利用。

马克思和恩格斯提出人民报刊思想,也是他们世界观开始转变的一种标志。恩格斯在英国广泛了解和研究工人阶级状况,并着手考虑工人对报刊的需要和按工人的要求进行写作。马克思在报刊采编岗位上接触到不少经济问题,使他有机会熟悉人民的生活,并了解人们对报刊的需求。正是这种立场和感情的变化,他们提出了人民报刊思想。

人民报刊思想,主要体现在马克思撰写的《摩泽尔记者的辩护》和他围绕《莱比锡总汇报》被查禁所撰写的一系列批驳性文章中,以及恩格斯所撰写的《普鲁士出版法批判》等论文中。

1842年12月,《莱茵报》发表了该报驻摩泽尔地区记者科布伦茨写的两篇匿名文章,报道该地区农民的贫困状况,谴责政府对农民的疾苦采取冷漠的态度。文章见报后,莱茵省总督冯·沙培尔指责记者歪曲事实,诽谤政府,要求记者就一系列问题作出答复。科布伦茨不敢大胆地论证自己文章里的论点,驳斥沙培尔的责难。在这种情况下,马克思决定为科布伦茨的观点进行辩护,并利用同总督的论战进一步揭露普鲁士的社会政治制度。马克思的文章计划分为五个独立的部分,前两部分顺利见报,第三部分由于书报检查官和沙培尔的反对而未能见报。最后两部分是否脱稿目前不得而知,我们见到的是前三部分。

马克思在文章的第一部分开头,就提出新闻记者应该极其忠实地报道他所听到的人民呼声,哪怕有时话讲得有点粗俗。他说:"谁要是经常亲自听到周围居民在贫困中发出的毫无顾忌的呼声,他就容易失去那种善于用最优美、最谦恭的方式来表述思想的美学技巧,他也许还会认为自己在政治上有义务暂时公开地使用那种在贫困中产生的民众语言,因为他在自己的故乡每时每刻都无法忘记这种语言。"①

在列举许多摩泽尔农民的贫困、政府对他们缺乏关心的事实之后,马克思指出,人民报刊在这种时候应该挺身而出,为农民的处境制造社会舆论。他说,"这个具有公民头脑和市民胸怀的补充因素就是自由报刊。在报刊这个领域内,管理机构和被管理者同样可以批评对方的原则和要求,然而不再是在从属关系的范围内,而是在平等的公民权利范围内进行这种批评。'自由报刊'是社会舆论的产物,同样,它也制造社会舆论,惟有它才能使一种特殊利益成为普遍利益,惟有它才能使摩泽尔河沿岸地区的贫困状况成为祖国普遍关注和普遍同情的对象,惟有它才能使大家都感觉到这种贫困,从而减轻这种贫困。""报刊是

---

① 《马克思恩格斯全集》第1卷,人民出版社1995年第2版,第357页。

带着理智,但同样也是带着情感来对待人民生活状况的;因此,报刊的语言不仅是超脱各种关系的明智的评论性语言,而且也是反映这些关系本身的充满热情的语言,是官方的发言中所不可能有也不允许有的语言。最后,自由报刊不通过任何官僚中介,原原本本地把人民的贫困状况反映到御座之前,反映给这样一个当权者,在这个当权者面前,没有管理机构和被管理者的差别,而只有不分亲疏的公民。"①

在作了这些论述之后,马克思指出,报刊如果不能反映民意,则报刊将失去人民的依赖。他说:"书报检查机关过分谨小慎微,成了自由报刊的外部的桎梏;与此同时,报刊内部也存在着局限性,它已经丧失了勇气,甚至不再努力使自己超出报道新闻这样一种水平;最后,人民本身已不再关注祖国的利益,而且丧失了民族意识,也就是说,他们恰恰失去了这样一些要素,这些要素不仅构成坦率而公开地发表意见的报刊的创造力,而且还构成一种坦率而公开地发表意见的报刊赖以发挥作用、从而能得到民众承认的唯一条件。而民众的承认是报刊赖以生存的条件,没有这种条件,报刊就会无可挽救地陷入绝境。"②

1842年12月28日,国王威廉四世下令在普鲁士境内查禁《莱比锡总汇报》,马克思意识到,查禁该报实际上是政府决定制裁所有反对派报刊即人民报刊的第一步。于是,从12月31日开始,马克思写了一系列文章对这一事件进行评述,这些文章的观点是人民报刊思想的重要内容。

在这组文章的第一篇、题为《〈莱比锡总汇报〉在普鲁士邦境内的查禁》的文章中,马克思指出:"报刊只是而且只应该是'人民(确实按人民的方式思想的人民)日常思想和感情的'公开的'表达者,诚然这种表达往往是充满激情的、夸大的和失当的'。因此,如同生活本身一样,报刊总是常变常新,永远也不会老成持重。它生活在人民当中,它真诚地同情人民的一切希望与忧患、热爱与憎恨、欢乐与痛苦。它把它在希望与忧患之中倾听来的东西公开地报道出来,并尖锐地、充满激情地、片面地对这些东西作出自己的判断,它这样做是同它的感情和思想

---

① 《马克思恩格斯全集》第1卷,人民出版社1995年第2版,第378页。
② 同上书,第381页。

在当时所处的激动状态相吻合的。"①

针对政府对《莱比锡总汇报》的指责,马克思认为,即使有些指责的情况是存在的,那也不是人民报刊的过错,因为人民还不成熟,报刊的不成熟反映了人民的不成熟。对此,他作了详尽的分析:"首先,刚刚具有政治觉悟的人民对某一事件的事实准确性不像对这一事件赖以产生影响的道德实质那样关心;不管人们认为这是事实还是杜撰,事件的道德实质始终是人民的思想、忧虑和希望的体现,是一种真实的童话。人民看到自己这种本质在它的报刊的本质中反映出来,如果它看不到这一点,它就会认为报刊是某种无关紧要的东西而不屑一顾,因为人民不让自己受骗。所以,即使年轻的报刊每天都使自己遭到非议,即使恶劣的激情渗入报刊,人民还是通过它来了解自己的状况,并且知道,报刊中尽管存在着种种由于怀有敌意或缺乏理智而产生的毒素,但报刊的本质总是真实的和纯洁的,这种毒素会在报刊的永不停息的滚滚激流中变成真理和强身健体的药剂。人民知道,它的报刊为它承担着各种罪过,并为它忍受着屈辱;为了它的荣誉,它的报刊正在抛弃高傲、自负和刚愎自用的作风,成为现代荆棘丛中一棵道德精神的玫瑰。""所以,我们应该把对《莱比锡总汇报》的种种责难看作是针对年轻的人民报刊、因而也就是针对真正的报刊的责难,因为十分明显,报刊不经过渊源于其本质的必然发展阶段,就不可能成为真正的报刊。我们应当把对人民报刊的指摘看作对人民政治精神的指摘。……只有斗争才能不仅使政府,而且使人民、使报刊自己相信报刊具有真正的和必然的存在权利。只有斗争才能表明,这种权利究竟是一种让步还是一种必然,是一种幻觉还是一种事实。"②

现在我们可以简要分析马克思和恩格斯的人民报刊思想的主要内容了:

第一,就内容说,人民报刊应着重报道本国的事件,把人民的目光从国外引向国内,集中反映人民的生活和斗争,成为人民思想和情感的表达者,把人民同国家和世界联系起来的纽带。马克思特别明确地提出,人民报刊应该公开地、真诚地爱人民之所爱,忧人民之所忧,恨人民之所恨,同人民共患难、同甘苦、齐爱憎,尖锐地、直率地、有时不免激情

---

① 《马克思恩格斯全集》第 1 卷,人民出版社 1995 年第 2 版,第 352 页。
② 同上书,第 353—354 页。

洋溢和片面地对所见所闻的东西作出自己的无私判决和评价。只要事件是人民的思想、恐惧和希望的具体表现,人民报刊就应作客观的报道,真实地叙述并加以公正评论,而不能用自己幻想的把戏来冒充冷酷的事实。

第二,就性质说,人民报刊应当成为人民的喉舌。它是人民群众有声的表达者,是人民联系世界的有声的纽带,是人民精神大声表达出来的日常政治思想,是人民及其政党的真正学说的公开表露。马克思指出,人民报刊是表达社会舆论的理性机关,它揭示一般的情况,反映普遍的信念和普遍的愿望,人民报刊还应该为政治上和社会上备受压迫的贫苦群众的利益而揭露那些卑躬屈膝唯命是从的所谓历史学家们捏造出来的东西,要为穷人要求习惯权利。

马克思明确指出人民报刊具有人民性。他认为,人民性的主要标志是表达一定的人民精神,报刊不能围绕个别人物旋转,成为表现个别人物观点的出版物,成为上流社会的出版物,而要围绕精神上的天体——民族旋转,表现人民的生活和人民的精神。人民报刊的人民性,是人民报刊思想的灵魂。

第三,就社会使命说,人民报刊一方面要对统治者的所作所为和思想方法加以不偏不倚的评价和批评,使治人者和治于人者平等地批评对方的原则和要求。另一方面,人民报刊又是人民用来观察自己的一面精神上的镜子,是人民在自己面前的公开忏悔。简言之,对当局来说,人民报刊是孜孜不倦的揭露者;对人民来说,它又是人民自己的教科书。教育人民,打击敌人,是报刊的基本使命。马克思恩格斯对人民报刊使命的具体阐述,不仅对人民报刊的实践有着巨大的指导作用,对以后工人报刊和党的报刊社会功能的认识,也有深远的意义。

第四,就报刊存在和发展的动力说,人民报刊通过对事实的真实报道得到人民的信任和支持,而正是人民的依赖,人民报刊才得以存在和发展。他们指出,人民报刊上的新闻,是对事件的真实的叙述,而这些事件正是人民的思想、恐惧和希望的具体表现,这种对客观事件的真实描写,完全同报刊的伦理——纯洁的要求相一致的。因此,在人民报刊中,能够让人民看到自己的本质在它的报刊的本质中反映出来,如果人民看不到这一点,它就会认为报刊是某种无关重要的东西,因为人民不让自己受骗。

马克思和恩格斯指出,报刊的真实性有一个发展的过程。这是由于：一方面,报刊具有这样的性质——经常的战斗准备,对于急需报道的耸人听闻的当前问题的热情,使其匆匆写就的报道很难确保真实；另一方面,当时的德国只是一个"关闭的门",因而德国人只是凭道听途说才知道自己的国家,这个"国家的毛病"也妨碍了真实报道。因此,必须开辟道路,使人民报刊获得"坦率而公开地发表意见的报刊的创造力"①。

第五,从发行看,人民报刊以方便群众为宗旨。马克思和恩格斯特别重视穷苦人利用人民报刊。恩格斯指出,早期的资本主义劳动残酷地剥夺了工人分享现代文明成果的权利,不让工人有精神交往的机会,占据了工人除吃饭和睡觉所必需的时间以外的一切时间。马克思则把工人有机会阅读报刊等精神交往活动,看作是工人和奴隶相区别以使工人分享文明的唯一情况。为此,他提出要尽量降低报刊的售价,使经济上贫困的人都能得到它们。

为方便群众阅读,马克思和恩格斯还指出,人民报刊应实行"轻便时装",篇幅不要大,笔调要轻松,通俗易懂,让人民喜欢这种报纸。

第六,从历史看,人民报刊具有自己产生和发展的独立个性即历史个性。正是这种历史个性,赋予人民报刊以独特性质并使它表现一定的人民精神,真正成为生活中的一种普遍的、隐蔽的和强制的力量。

人民报刊的历史个性规定它必须采取独特的办报方针,规定它在社会和国家生活中的特定地位,还规定它独特的发展道路和运作方式。马克思指出："在人民报刊正常发展的情况下,构成人民报刊实质的各个分子都应当首先各自形成自己的特征。这样,人民报刊的整个机体便分成许多各不相同的报纸,它们具有各种不同而又相互补充的特征,例如,一家报纸如果主要关心政治学,另一家则主要关心政治实践,一家如果主要关心新思想,另一家则主要关心新事实。只有在人民报刊的各个分子都有可能毫无阻碍地、独立自主地各向一面发展,并使自己成为各种不同的独立报刊的条件下,'好的'人民报刊,即和谐地融合了人民报刊的一切真正要素的人民报刊才能形成。那时,每家报纸都会充分地体现出真正的道德精神,就像每一片玫瑰花瓣都散发出玫瑰

---

① 《马克思恩格斯全集》第 1 卷,人民出版社 1995 年第 2 版,第 381 页。

的芬芳并表现出玫瑰的特质一样。但要使报刊完成自己的使命,首先必须不从外部为它规定任何使命,必须承认它具有连植物也具有的那种通常为人们所承认的东西,即承认它具有自己的内在规律,这些规律是它所不应该而且也不可能任意摆脱的。"①

这里,马克思提出了人民报刊自由发展的两个条件。其一,外部即客观条件:毫不阻碍,独立自主;其二,内部即主观条件:各向一面,各成一行。为求外部条件,报刊必须进行艰苦斗争,只有斗争才能使政府和人民相信报刊具有真正的和必然的存在权利。为争内部条件,则要克服报刊内部的束缚,应根据报刊自己的报道对象和报道特色,不唯命是从,不为金钱写作,力争超出专登耸人听闻的消息的水平,使报道能够引起普遍的反应,受到人民的喜爱。

总之,人民报刊为了按历史个性所决定的独立方针办报,一要以人民的意愿而不是官僚的前提为出发点,二要摆脱私人利益以及有关私人利益需求的纠缠。只有这样,报刊才能独立地成为理性国家的支柱,成为真正自由的报刊。

三、《莱茵报》时期新闻思想评价

关于自由报刊的观点和人民报刊的观点,组成了马克思和恩格斯《莱茵报》时期新闻思想的主体。

《莱茵报》时期的新闻思想,是马克思和恩格斯的青年时期,即早期的新闻思想。这一时期,他们由唯心主义和革命民主主义转向唯物主义和共产主义。这种在世界观交替中形成的马克思恩格斯的新闻思想,具有承上启下、开拓前进的特点。

首先,《莱茵报》时期的新闻思想顺应德国资产阶级民主革命的进步潮流,吸收黑格尔哲学、费尔巴哈哲学以及其他思想家的思想成果,体现了人民群众政治解放和要求言论出版自由的愿望,总结了《莱茵报》等民主报刊和国外资产阶级报刊的经验,正确地规定了人民报刊和自由报刊的使命、作用和特点。

其次,《莱茵报》时期的新闻思想第一次提出了自由报刊的人民性,清算了黑格尔轻视和蔑视人民群众的贱民思想。马克思和恩格斯

---

① 《马克思恩格斯全集》第 1 卷,人民出版社 1995 年第 2 版,第 397 页。

强调人民报刊应该为贫苦劳动人民呐喊,开始关注无产阶级的政治解放作用。这些先进思想远远超越以往的资产阶级报刊思想,并开始同它们划清界限;这些思想最终引导马克思和恩格斯走向共产主义。他们分析报刊要素中的某些唯物论成分,有助于使他们超越黑格尔和费尔巴哈走向辩证唯物主义,逐渐实现世界观的根本改造和报刊思想的演变。

再次,《莱茵报》时期的新闻思想是马克思主义新闻思想的准备阶段,它粗线条地勾勒了马克思恩格斯新闻思想的基本范畴,预示了它的发展方向,是我们探求马克思主义新闻学理论宝库的一个入口。同时,人民报刊思想和自由报刊思想中的一些原则,对于以后各个时期的新闻思想也有深刻的影响。经过以后几十年的补充、完善和丰富,这些原则成了马克思主义新闻学的重要组成部分,对于今天的新闻传播工作,仍不失其宝贵的指导作用。

《莱茵报》时期马克思恩格斯的哲学及政治观点还囿于黑格尔的客观唯心主义辩证法,这一点决定了他们的报刊思想不可避免地留有唯心主义色彩。

作为一个24岁的政治版编辑,马克思在编辑《莱茵报》,以及青年恩格斯为该报及许多其他报刊撰稿,讨论诸多问题时,还不可避免地暴露出他们还缺乏完全的知识结构。这导致《莱茵报》时期的新闻思想在某些方面缺乏科学性。对书报检查制度和一些敌对报刊进行纯理论的剖析,马克思是得心应手的,因为他在法学、哲学以至文学方面都有很深的造诣。而一旦演出"现实生活的戏"——讨论具体的社会经济问题,马克思就觉得有点困惑和为难了。因为他只能借助逻辑武器进行推理作战,无法通过经济学的深刻剖析来阐述问题的实质。这种缺陷,在关于林木盗窃法的辩论的报道中,在为摩泽尔记者所作的辩护中,表现得很明显。人们当时对马克思写的关于经济问题的政论有这样的评价:经济学家、主要是林业方面的专家愿意指出,在关于林木盗窃的著作中作者没有足够的知识,缺乏对有关情况和法律的估计,而单凭抽象的理性是不能一下子把一切都重新建设起来的。后来,马克思在《政治经济学批判》序言中坦率地承认:"1842—1843年间,我作为《莱茵报》的编辑,第一次遇到要对所谓物质利益发表意见的难事。莱茵省议会关于林木盗窃和地产分析的讨论,当时的莱茵省总督冯·沙培尔先生就摩泽尔农民状况同《莱茵报》展开的官方论战,最后,关于自由贸易和保护关税的辩论,是促使我去研究经济问题的最初动因。"①

马克思还遇到关于共产主义的论战,而他起初对此了解甚少,他以同样的坦率承认,自己的研究还不足以对共产主义问题加以评论。他一再表示,要"从社会舞台退回书房",以便扩充自己的知识。而在此半年前,恩格斯也表示同样的愿望:作为一个哲学的自学者,他想停止写作,更多地进行学习,以便更有效地捍卫自己的信念。

一种学说,一种思想的形成,总要凭借一定的知识作为基础,尤其对研究新闻传播现象和报刊工作规律的新闻学来说,如果没有足够的经济学知识,不能从经济关系来探讨人的社会活动和社会意识,是无法使这种新闻传播理论具有足够的科学水平的。

马克思和恩格斯从不迷信权威,从来不是无所作为的人。他们对于已经掌握的知识从不自满,对尚未攻占的知识领域充满着进取精神。他们反对不着边际的空谈,反对唱高调,反对自我欣赏,而终生身体力行这样的原则:对一切知识要勤奋地获取并"切实地加以讨论"。为此,马克思和恩格斯先后同崇尚空谈的"自由人"撰稿集团决裂了,同反对从事实际斗争的青年黑格尔派分道扬镳了,最后,又在新的研究成果的基础上,以科学世界观为指导,对早期新闻思想进行了带有根本意义的改造,使自己的新闻思想大踏步地朝前发展,这就是《新莱茵报》时期的新闻思想。

第二节 《新莱茵报》时期的新闻论著

最早的工人报刊始于19世纪初叶,到19世纪三四十年代,已经有一批办得相当成功的工人报刊。此时,欧洲各国无产阶级先后作为独立的政治力量走上政治斗争舞台,暴发了法国里昂起义、德国西里西亚织工起义和英国宪章运动。正是在反对资本主义剥削和压迫的血与火的斗争中,诞生了第一批作为真正的无产阶级的喉舌、旗帜、武器和阵地的工人报刊。

---

① 《马克思恩格斯选集》第2卷,人民出版社1995年第2版,第31页。

马克思和恩格斯关于工人报刊的思想，正是从总结德国及各国工人报刊经验，指导工人报刊的实践中形成的。

一、《德法年鉴》的办报方针

马克思离开《莱茵报》以后，决定同卢格前往普鲁士政府无法禁锢的巴黎，创办一种采取独立方针的杂志，这便是德国第一个社会主义刊物《德法年鉴》。杂志一、二期合刊发表了马克思和恩格斯的各两篇文章，这些文章标志着他们已经完成了从唯心主义到唯物主义、从革命民主主义到共产主义的转变。

马克思为杂志拟定的办报方针，表明了他成为共产主义者以后的新的办报思想。他在1843年9月致卢格的信中说，"我很高兴，您已经下定决心，不再留恋过去，而着意于未来，着意于新的事业。……在德国一切都受到了强力的压制，真正的思想混乱的时代来到了，极端愚蠢笼罩了一切，连苏黎世也要服从柏林来的指示了。所以事情愈来愈明显：必须为真正独立思考的人们寻找一个新的集合地点。我深信我们的计划是符合现实需要的，而现实的需要也一定会得到真正的满足。因此，只要我们认真地从事，我相信一定会成功。……然而，新思潮的优点就恰恰在于我们不想教条式地预料未来，而只是希望在批判旧世界中发现新世界。……如果我们的任务不是推断未来和宣布一些适合将来任何时候的一劳永逸的决定，那末我们便会更明确地知道，我们现存应该做些什么，我指的就是要对现存的一切进行无情的批判，所谓无情，意义有二，即这种批判不怕自己所作的结论，临到触犯当权者时也不退缩。……所以，什么也阻碍不了我们把我们的批判和政治的批判结合起来，和这些人的明确的政治立场结合起来，因而也就是把我们的批判和实际斗争结合起来，并把批判和实际斗争看作同一件事情。在这种情况下，我们就不是以空论家的姿态，手中拿了一套现成的新原理向世界喝道：真理在这里，向它跪拜吧！我们是从世界本身的原理中为世界阐发新原理。我们并不向世界说：'停止斗争吧，你的全部斗争都是无谓之举'，而是给它一个真正的斗争口号。我们只向世界指明它究竟为什么而斗争；而意识只是世界应该具备的东西，不管世界愿意与否。……这样，我们就能用一句话来表明我们杂志的方针：对当代的斗争和愿望作出当代的自我阐明（批判的哲学)。这是既为了世界,也为了我们的工作。这种工作只能是联合起来的力量的事业。"①

由于与卢格逐渐产生思想观点的分歧和经济拮据,《德法年鉴》未能继续出版。作为一个不屈的革命家,马克思一方面以很大的精力从事哲学和经济学研究,另一方面在《前进报》、《德意志-布鲁塞尔报》等报刊上撰稿,并将这些报刊改造为倾向共产主义和宣传共产主义的报刊。这一阶段的报刊实践,使马克思关于无产阶级报刊的思想进一步成熟和完善起来。

1844年9月,恩格斯从英国回到故乡巴门。在此以前,他一直为欧文派报刊《新道德世界》和宪章派报纸《北极星报》撰稿。回到故乡以后,他一边热心地从事社会主义的宣传与组织工作,一边推销马克思参与编辑的《前进报》,为《北极星报》报道大陆的社会主义运动,并同赫斯等人筹备出版《社会明镜》。他们合拟的创刊词——致读者和撰稿人的信,体现了恩格斯当时的办报思想。1845年4月,恩格斯也搬到布鲁塞尔,和马克思并肩工作。在那里,他们一起讨论报纸工作,还共同组织共产主义通讯委员会(可以说这是无产阶级第一个通讯社)。后来,恩格斯受这个委员会委托去巴黎联系并组织一个类似的委员会。在此期间,他还帮助法国共和派机关报《改革报》克服蒲鲁东主义影响,向法国工人宣传共产主义世界观。

这时,"真正的社会主义"——小资产阶级社会主义——开始在德国像瘟疫一样蔓延开来,并在法国、英国、北美一些工人组织中间泛滥。它的代表人物之一克利盖在美国创办的周报《人民论坛报》上,大肆鼓吹"真正的社会主义",宣扬所谓的"爱"和兄弟合作的思想,而这种荒诞的伤感主义的梦呓,极大地瓦解了工人的意志。为此,马克思和恩格斯被授权以共产主义通讯委员会的名义,写了《反克利盖的通告》,同这种宣传活动作斗争。这是马克思恩格斯报刊活动中第一个反对机会主义派别的文件。

在《反克利盖的通告》中,马克思和恩格斯指出:"《人民论坛报》主笔海尔曼·克利盖在该报上所宣传的倾向不是共产主义的。""克利盖用以宣传这种倾向的幼稚而夸大的方式,大大地损害了共产主

---

① 《马克思恩格斯全集》第1卷,人民出版社1956年第1版,第415—418页。由于中文第2版未收入此文,本书引文仍使用第1版译文。

义政党在欧洲以及在美洲的声誉,因为克利盖算是德国共产主义在纽约的著作界代表。""克利盖在纽约以'共产主义'的名义所鼓吹的那些荒诞的伤感主义的梦呓,如果被工人接受,就会使他们的意志颓废。"①

这一时期,马克思和恩格斯除了反对克利盖的错误,还同小资产阶级民主主义者卡尔·海因岑、"真正的社会主义"者格律恩以及蒲鲁东的小资产阶级空想主义的错误倾向进行了斗争。马克思和恩格斯的这些活动,坚持了报刊的无产阶级方向,表现了维护正确的办报方针的原则立场,并为此积累了经验。

这里特别要提出恩格斯写于1847年10月23日的《共产主义者和卡尔·海因岑》,他在这篇论文中最早表达了对党的报刊性质和任务的认识。他说:"党的报刊的任务是什么呢?首先是组织讨论,论证、阐发和捍卫党的要求,批驳和推翻敌对党提出的各种要求和论断。德国民主派报刊的任务是什么呢?就是从以下各个方面证明民主制的必要性:目前这个在某种程度上代表贵族的政府是应当受到鄙弃的,那种使政权转到资产阶级手里的立宪制度是不完备的,人民只要不掌握政权就不可能改善自己的处境。因此,这种报刊应当说明,无产者、小农和小资产者(因为在德国,构成'人民'的正是这些人)为什么受官吏、贵族和资产阶级的压迫;应该说明,为什么不仅产生了政治压迫,而且首先产生了社会压迫,以及采取哪些手段可以消除这种压迫;它应该证明,无产者、小农和小资产者取得政权是采取这些手段的首要条件。其次,它应该探讨,立即实现民主制的可能性究竟有多大,党有哪些手段可以采取,当它还很软弱不能独立行动的时候,它应当联合哪些党派。"②

恩格斯这一时期根据亲身观察和调查所得的第一手材料,出版了《英国工人阶级状况》,他在这本书的前面发表了一封给英国工人的信,他在信中说:"我献给你们一本书。在这本书里,我想把你们的状况、你们的苦难和斗争、你们的希望和要求的真实情况描绘给我的德国同胞们。我曾经在你们当中生活过一个相当长的时期,对你们的状况有足够的了解。我非常认真地研究过你们的状况,研究过我所能弄到

---

① 《马克思恩格斯全集》第4卷,人民出版社1958年第1版,第3页。
② 《马克思恩格斯选集》第1卷,人民出版社1995年第2版,第199—200页。

的各种官方的和非官方的文件,但是我并不以此为满足。我寻求的并不仅仅是和这个题目有关的抽象的知识,我愿意在你们的住宅中看到你们,观察你们的日常生活,同你们谈谈你们的状况和你们的疾苦,亲眼看看你们为反对你们的压迫者的社会的和政治的统治而进行的斗争。我是这样做了。我抛弃了社交活动和宴会,抛弃了资产阶级的葡萄牙红葡萄酒和香槟酒,把自己的空闲时间几乎都用来和普通的工人交往;对此我感到高兴和骄傲。高兴的是这样一来我在获得实际生活知识的过程中有成效地度过了许多时间,否则这些时间也只是在客厅里的闲谈和讨厌的礼节中消磨掉;骄傲的是这样一来我就有机会为这个受压迫受诽谤的阶级做一件应该做的事情,这些人尽管有种种缺点并且处于重重不利的地位,但仍然引起每个人的尊敬,也许只有英国的锱铢必较的商人才是例外;还值得骄傲的是这样一来我就能保护英国人民,使他们不致日益受人鄙视。而来自欧洲大陆的这种鄙视,正是你们国家的当权的资产阶级极端自私自利的政策和全部行为的必然后果。"①

读了这封信,我们完全可以说,恩格斯为英国工人所做的,也是每一个无产阶级记者应该做的。他为新闻工作者树立了一个良好的榜样。

二、《新莱茵报》的灵魂

欧洲的1848年是在街垒战的枪炮声、革命者的欢呼声和封建复辟狂的叫嚣声中度过的。1848年5月31日,马克思和恩格斯领导的"革命无产阶级最好的机关报"——《新莱茵报》(署1848年6月1日出版)传遍了科隆市大街小巷。在报纸出版的354个日日夜夜,马克思和恩格斯大展雄才,他们的报刊思想和策略原则有了极大的发展。报纸成了他们得心应手的斗争武器,他们几年来陆续提出的关于工人报刊的观点在这里得到了丰富和深化。如果说,马克思和恩格斯参加1848—1849年群众斗争时期,是他们生平事业的突出的中心点,那么,他们的《新莱茵报》则是这个中心点高高耸立的令人肃然起敬的纪念碑;如果说,《莱茵报》时期马克思恩格斯的新闻思想,只是他们作为革

---

① 《马克思恩格斯全集》第2卷,人民出版社1957年第1版,第273—274页。

命民主主义者的早期思想,那么,《新莱茵报》时期的思想,则是他们成为共产主义者以后,在《共产党宣言》指导下以表述无产阶级报刊和党的报刊规律为主体的马克思主义新闻思想,它奠定了150多年来不断发展的马克思主义新闻学的基础。

谈到《新莱茵报》的办报方针和它的灵魂,1884年恩格斯写的《马克思和〈新莱茵报〉》一文有这样的概括:"《新莱茵报》的政治纲领有两个要点:建立统一的、不可分割的、民主的德意志共和国和对俄国进行一场包括恢复波兰的战争。"①

《新莱茵报》有一个副标题:民主派机关报。对于一家真正的无产阶级报纸却又冠以民主派机关报的名称,恩格斯这样解释:"当我们在德国创办一家大型报纸的时候,我们就有了现成的旗帜。这个旗帜只能是民主派的旗帜,但这个民主派到处,在各个具体场合,都强调了自己的特殊的无产阶级性质,这种性质是它还不能一下子就写在自己旗帜上的。如果我们当时不愿意这样做,不愿意站在已经存在的、最先进的、实际上是无产阶级的那一端去参加运动并推动运动前进,那我们就只好在某一偏僻地方的小报上宣传共产主义,只好创立一个小小的宗派而不是创立一个大型的行动党了。但是我们已经不适于做沙漠中的布道者:我们对空想主义者研究得太清楚了,而我们制定自己的纲领目的也不在这里。"②

上面的分析说明,在当时打出"民主派机关报"只是一种策略上的考虑。实际上,《新莱茵报》的灵魂,报纸贯穿始终的一根红线,是无产阶级的革命立场。马克思撰写的《〈新莱茵报〉被勒令停刊》,作为终刊词发表,在这篇文章中,马克思说:"至于我们的倾向,难道政府过去不知道吗?难道我们不曾向陪审法庭声明过:现时'报刊的任务是破坏现存制度的一切基础'?""对那些没有看出我们关于欧洲运动的全部议论和报道都贯穿着一条'红'线的蠢人,难道我们没有用坦率明确的语言说过吗?""难道六月革命的灵魂不就是我们报纸的灵魂吗?"③

在终刊号编辑部致科隆工人的一封短信中,《新莱茵报》编辑部说:"《新莱茵报》的编辑们在向你们告别的时候,对你们给予他们的同

---

① 《马克思恩格斯选集》第4卷,人民出版社1995年第2版,第184页。
② 同上书,第182—183页。
③ 《马克思恩格斯全集》第6卷,人民出版社1961年第1版,第601、602页。

情表示衷心的感谢。无论何时何地,他们的最后一句话始终将是:工人阶级的解放!"①

恩格斯说,后来他读到布日尔写的《马拉,人民之友》,发现他和马克思不只在一个方面不自觉地模仿了真正的革命党人马拉和他主办的《人民之友报》。恩格斯说,我们像马拉一样,要求不宣布革命已经结束,而宣布革命是不断的革命。

由《新莱茵报》的无产阶级立场所决定,它对反动派是毫不妥协的。在《新莱茵报》审判案中,马克思为报纸辩护说:"报刊按其使命来说,是社会的捍卫者,是针对当权者的孜孜不倦的揭露者,是无处不在的耳目,是热情维护自己自由的人民精神的千呼万应的喉舌。""至于我本人,诸位先生,我可以向你们保证,我宁肯去研究重大的世界历史事件,宁肯去分析历史的进程,也不愿意同当地的要人、宪兵和检察机关打交道。尽管这些先生们以为自己很伟大,但在现代的巨大斗争中他们却算不了什么,根本算不了什么。如果我们决定同这样的敌手交锋,我认为,从我们这方面来说,这是一个真正的牺牲。但是首先,报刊的义务正是在于为它周围左近的被压迫者辩护。此外,诸位先生,直接同个人、同活的个体及其个人生活发生接触的下级政权机关和社会权力机关是奴隶制度这一建筑的主要支柱。所以,只是一般地同现存关系、同最高权力机关作斗争是不够的。报刊必须反对某一具体的宪兵、某一具体的检察官、某一具体的行政长官。为什么三月革命会失败呢?三月革命只是改组了政治上层,而没有触动它的全部基础:旧官僚制度、旧军队、旧检察机关和那些从生到死终身为专制制度服务的旧法官。目前报刊的首要任务就是破坏现存政治制度的一切基础。"②

恩格斯接着说:"如果禁止报刊报道它所目睹的事情,如果报刊在每一个有分量的问题上都要等待法庭的判决,如果报刊不管事实是否真实,首先得问一问每个官员——从大臣到宪兵,——他们的荣誉或他们的尊严是否会由于所引用的事实而受到损伤,如果要把报刊置于二者择一的地位:或是歪曲事件,或是完全避而不谈,——那末,诸位先

---

① 《马克思恩格斯全集》第 6 卷,人民出版社 1961 年第 1 版,第 619 页。
② 同上书,第 275、277—278 页。

生,出版自由就完结了。"①

当陪审法庭宣告《新莱茵报》的编辑们无罪时,"出席旁听的广大群众发出了一片欢呼声",审判记录中这样写道。

《新莱茵报》在它出版的 301 期报纸中,采取了特别的"战法"和风格。恩格斯说:"一般说来,报纸的语调完全不是庄重、严肃或热烈的。我们的敌人全都很卑鄙,我们对他们一律采取极端鄙视的态度。进行密谋的君主国、权奸、贵族、《十字报》,引起庸人极大的道义愤慨的整个'反动派',——对待他们我们只用嘲笑和讽刺。但是我们对那些由革命创造的新偶像,如三月的大臣们、法兰克福议会和柏林议会(无论对其右派或左派)的态度也没有两样。"②

革命失败以后,马克思和恩格斯被迫再次流亡国外,定居英国。反革命卷土重来,革命者的言论出版自由被剥夺殆尽。马克思和恩格斯面临着两个任务:总结刚刚过去的革命的经验,制定新的策略;为即将到来的新的战斗培养干部。而这两个任务的完成,都离不开报刊。经过半年努力,《新莱茵报·政治经济评论》终于问世。这个理论杂志共出了 6 期。在创办和出版过程中,马克思和恩格斯就报纸和杂志的不同特点、舆论的社会功能、工人参与办报的意义等问题进行了探讨。其中,马克思和恩格斯就报纸和杂志的区别作了深刻的分析。他们说:"报纸最大的好处,就是它每日都能干预运动,能够成为运动的喉舌,能够反映出当前的整个局势,能够使人民和人民的日刊发生不断的、生动活泼的联系。至于杂志,当然就没有这些好处。不过杂志也有杂志的优点,它能够更广泛地研究各种事件,只谈最主要的问题。杂志可以详细地科学地研究作为整个政治运动的基础的经济关系。"③

三、马克思和恩格斯的工人报刊思想

围绕《新莱茵报》所展开的报刊思想,就本质而言,是工人报刊思想。马克思和恩格斯在总结工人报刊丰富实践经验的基础上,就工人报刊提出了一系列新的观点。

---

① 《马克思恩格斯全集》第 6 卷,人民出版社 1961 年第 1 版,第 285 页。
② 《马克思恩格斯选集》第 4 卷,人民出版社 1995 年第 2 版,第 184—185 页。
③ 《马克思恩格斯全集》第 7 卷,人民出版社 1959 年第 1 版,第 3 页。

1. 工人报刊的性质和任务

马克思和恩格斯首先阐述了工人报刊的性质和任务。他们指出，工人报刊是工人运动的中心，它是无产阶级改造旧世界的思想武器。

（1）工人运动的中心。

从《德法年鉴》以后，马克思和恩格斯实现了世界观的彻底转变，成为坚定的共产主义者。他们主张对现存的一切进行无情的批判，特别主张进行"武器的批判"，他们诉诸群众，诉诸无产阶级。

马克思主义的创立为马克思主义新闻学奠定了理论基础。马克思和恩格斯认为，工人报刊作为新型的上层建筑，它最重要的使命，就是团结和教育工人群众，孜孜不倦地揭露反动当局，破坏现存政治制度的一切基础。马克思在致卢格的信中指出，创办《德法年鉴》必须符合现实需要，即为真正独立思考的人们寻找一个新的集合地点，从而把经过教育的人们紧密地联合起来。

马克思和恩格斯谈到工人报刊肩负的教育团结工人群众的使命时，首先强调，工人报刊要启蒙工人的觉悟，向工人再现工人当牛作马的苦难情景，控诉资产阶级对工人的重重盘剥，启发和唤醒工人阶级起来斗争，推翻这个吃人的罪恶制度。马克思和恩格斯在报刊活动中始终坚持这个方针，并且努力影响和指导其他的工人报刊也坚持这个方针。在布鲁塞尔共产主义通讯委员会工作期间，在指导法国巴黎《改革报》的实践中，他们都把揭露资本对工人的剥夺作为报刊的方针之一。

马克思和恩格斯指出，为了广泛联合工人群众，必须经常而深刻地影响舆论，这就是：报刊要向工人介绍当前的形势，研究变革的条件，讨论有效的方法，给工人指出正确的斗争方向。

马克思在《1848年至1850年的法兰西阶级斗争》一文中，提出了报刊在流通中的社会价值问题。他说："当报刊匿名发表文章的时候，它是广泛的无名的社会舆论的工具；它是国家中的第三种权力。每篇文章都署名，就使报纸仅仅成了或多或少知名的人士的作品集。每一篇文章都降到了报纸广告的水平。以前，报纸是作为社会舆论的纸币流通的，现在报纸却变成了多少有点不可靠的单户票据，它的价值和流通情况不仅取决于支票者的信用，而且还取决于背书人的信用。"[①]

[①] 《马克思恩格斯选集》第1卷，人民出版社1995年第2版，第473—474页。

马克思的论述表明,在撰稿人自由报道和自由发表意见的条件下,报刊是舆论的真诚表达与交流,是可以依赖的社会舆论工具,是一种普遍的、隐蔽的和强制的力量,是不同于政府也不同于公民的第三种权力,这是马克思根据历史唯物主义对报刊社会价值的正确解释。作为报刊之一的工人报刊,也具有这种表达舆论、影响舆论并进而干预社会生活的功能。所不同的只是,工人报刊由其无产阶级性质所决定,它尽可能地影响舆论使之利于无产阶级的经济政治利益,至少不过多地伤害这种利益。

马克思和恩格斯指出,工人报刊还应向读者提供活生生的、真实的、全面的生活图景,使工人了解整个局势,把握事件的全过程。他们认为,工人报刊首先要使工人全面了解劳资双方的情况。筹办《社会明镜》时,恩格斯指出,我们不仅将描写无产阶级的而且也将描写有产阶级的内部状况和外部状况。通过这样的全面报道,使工人懂得现存制度中自己的斗争使命。

他们还要求向工人如实报道运动中敌、我、友各方面的情况,使工人纵观全局,掌握全局,在斗争中立于不败之地。在这方面,《新莱茵报》是做得十分成功的。

全面报道局势还要求如实地把革命队伍内部的缺点错误告诉工人群众,使他们对革命阵营的全局有所了解。他们在《新莱茵报》时期指出:"平常向代表社会舆论的任何新机关报提出的要求是:对于它在原则上同意的党派采取热烈支持的态度,无条件地相信这个党派的力量,时刻准备用实际力量来维护它的原则或者用原则的光辉来掩盖实际的软弱无力。我们将不以这个要求为满足。我们将不用虚伪的幻想去粉饰所遭到的失败。"①

总之,向人民全面、客观、真实、公正地报道当前的时局,报告胜利或失败、成功或挫折、优势或弱点,在马克思和恩格斯看来,是同工人真诚相处、团结和联合工人的前提。在认真执行上述各项措施之后,工人报刊才能办成先进工人的集合点,成为工人运动的中心,革命斗争的指挥部。

(2)改造旧世界的思想武器。

马克思和恩格斯指出,工人报刊要无情地揭露和抨击无产阶级的

---

① 《马克思恩格斯全集》第5卷,人民出版社1958年第1版,第25页。

敌人。为此,他们要求工人报刊干预运动,针砭时政,鲜明地表明对事变的态度。马克思为《德法年鉴》拟定的大纲方针强调,杂志的理论任务要同反对德国封建专制秩序的革命斗争紧密地联系起来,把杂志变为改造现存世界的思想武器。马克思在编辑《前进报》时指出,要把经常接触日常生活事件作为办报的条件。在指导《德意志-布鲁塞尔报》、《革命》杂志,编辑《新莱茵报》等实践中,他和恩格斯都十分强调报刊要干预运动,成为运动的喉舌。

马克思和恩格斯认为,工人报刊的喉舌作用表现在:当革命不断掀起高潮,夺取敌人一个又一个堡垒的时候,工人报刊是冲锋陷阵的号角;而当革命被反革命镇压,工人报刊暂时仍占据着岗位的时候,工人报刊依然不能退缩,应该勇敢地为被压迫者辩护,为英雄们戴上桂冠。1848年法国六月工人起义失败以后,马克思写了一篇论文向战败者致敬。他说,为这些英勇牺牲的工人战士和备受迫害的人树碑立传,戴上桂冠,是工人报刊的权利,是工人报刊执行自己使命的一种特权。

在提出报刊批判必须同政治斗争相结合的原则时,马克思分析了以往的空想社会主义学说的不足。他指出,必须从人的实际存在出发探讨社会主义的原则,并使用这种真正的原则去批判当前的政治和宗教。这样,他们通过报刊活动把报刊实践同科学社会主义的研究结合起来。

马克思和恩格斯在编辑《新莱茵报》时强调:"目前报刊的首要任务就是破坏现存政治制度的一切基础。"在长达一年的办报实践中,他们通过《新莱茵报》对整个旧世界进行了毫不留情、淋漓尽致的揭露和批判。几十年后,恩格斯回忆说:"这是革命的时期,在这种时候从事办日报的工作是一种乐趣。你会亲眼看到每一个字的作用,看到文章怎样真正像榴弹一样地打击敌人,看到打出去的炮弹怎样爆炸。"[1]《新莱茵报》是工人报刊贯彻批判旧世界这一无产阶级办报方针,使报纸成为改造旧世界的思想武器的典范。

2. 工人报刊的编辑方针

马克思和恩格斯总结自己和同时代工人报刊活动家的经验,对工人报刊的编辑方针,作了明确的阐述和分析。

工人报刊作为工人运动和社会主义运动的直接产物,有着明确的

---

[1] 《马克思恩格斯全集》第22卷,人民出版社1965年第1版,第89页。

办报方针。无数的工人报刊实践表明,只有严格遵循马克思和恩格斯确定的方针办报,工人报刊才能成为独立思考的人们的集合点,成为针对当权者的孜孜不倦的揭露者,有效地发挥教育群众,团结同盟者,揭露和打击敌人的作用。

马克思和恩格斯在报刊实践中确定的办报方针有——

(1)坚持无产阶级立场。

马克思和恩格斯指出,工人报刊是无产阶级的舆论武器,有明确的阶级性。编辑和出版工人报刊,必须始终贯穿一条红线,即无产阶级立场,处处体现鲜明的无产阶级阶级性。马克思和恩格斯在《共产党宣言》中指出,共产党一分钟也不忽略教育工人尽可能明确地意识到资产阶级和无产阶级的敌对的对立,以便德国工人能够立刻利用资产阶级统治所必然带来的政治的和社会的条件作为反对资产阶级的武器,以便在推翻德国的反动阶级之后立即开始反对资产阶级本身的斗争。这一指导思想清楚地表明,工人阶级报刊要时刻牢记自己的历史任务,鲜明地贯彻反抗资产阶级的无产阶级阶级性。《宣言》以及随后由马克思恩格斯提出的《共产党在德国的要求》,不仅是新闻记者活动和人民的演讲家演讲的丰富材料,而且是一切工人报刊必须共同遵循的方针。

甚至连资产阶级都看到了工人报刊的这种阶级性,资产阶级把工人报刊看作无产阶级同其作斗争的武器。筹办《新莱茵报》时,恩格斯回故乡招股集资遭到资产阶级的抵制,他写信给马克思说,这是因为,这里甚至连激进的资产阶级都把我们看成是他们的未来的主要敌人,不愿意把武器交到我们手里,因为我们很快会把它掉转过来反对他们自己。

马克思和恩格斯认为,工人报刊应该通过大量的日常报道,展示自己的阶级性。但是,当无产阶级同资产阶级的政治搏斗白刃化的时候,工人报刊必须旗帜鲜明地表示自己的立场和倾向,公开地站在革命无产阶级一边,反对它的敌人。当1848年法国巴黎工人六月革命爆发以后,《新莱茵报》最坚定地站在工人一边。恩格斯后来写道:"使我们感到满意的是,当各国资产阶级和小市民对战败者横加诽谤的时候,在德国,并且几乎是在全欧洲,我们的报纸是高举被击溃了的无产阶级的旗帜的唯一报纸。"[①]

---

① 《马克思恩格斯选集》第4卷,人民出版社1995年第2版,第187页。

（2）立足于事实报道事实。

在工人报刊的编辑工作中,马克思和恩格斯强调,创办社会主义报刊,既要有明确的性质,又要实行用事实进行宣传的方法。恩格斯说明了这种方法就是:"完全立足于事实,只引用事实和直接以事实为根据的判断,——由这样的判断进一步得出的结论本身仍然是明显的事实。"①

马克思恩格斯非常强调报刊宣传的针对性。他们指出,工人报刊在揭露与批判旧制度的时候,必须联系实际,一个一个地加以打击。这是因为,直接同个人、同个人生活发生接触的下级机关和社会权力机关是资本主义制度的主要支柱。所以,工人报刊必须从具体的事实出发,安排和进行新闻与宣传工作。

在反对工人运动和社会主义运动内部的错误倾向时,工人报刊也应该结合具体的错误事实进行有说服力的分析和批评。马克思恩格斯在同克利盖的"真正的社会主义"倾向进行斗争时就是这样做的。他们详尽地例举后者在《人民论坛报》的一篇又一篇文章,在此基础上指出克利盖的宣传,把共产主义变成了关于爱的呓语,而这种荒诞的东西如果被工人接受,就会使工人的意志颓废。这种完全立足于事实的分析与批评,具有不可抗拒的批判力和说服力。

（3）采取灵活的策略。

马克思和恩格斯的立场是异常坚定的。然而,为了实现既定的目标,他们的策略又往往是灵活的。用他们自己的话说,像蛇一样灵巧。原则的坚定性和策略的灵活性相结合,是他们为工人报刊规定的策略思想。

拿《新莱茵报》说。这家报纸是德国 1848 年革命重要的组织者和鼓舞者。根据马克思恩格斯拟定的这次革命的政治纲领的规定,无产阶级的基本任务是建立统一的、不可分割的民主共和国,共产主义者的首要任务是到群众所在的地方去进行工作。所以,他们把《新莱茵报》称作"民主派机关报"。自称民主派机关报,是因为当时德国革命的任务是资产阶级民主革命,而不是社会主义革命。人民迫切要求推翻普鲁士政权,而不是消灭资本主义。如果马克思恩格斯打出共产主义旗号,必然不能团结一切民主力量,吓跑了群众,而使自己成为"沙漠中

---

① 《马克思恩格斯全集》第 42 卷,人民出版社 1979 年第 1 版,第 413 页。

的布道者"。但与此同时,他们又正确地提出保持共产主义者在民主运动中的独立性,使自己成为民主运动中最先进的一翼,坚持不懈地同小资产阶级和资产阶级民主派的错误倾向作斗争。

(4) 组织工人共同办报。

马克思和恩格斯提出了动员和组织各方面的革命力量创办工人报刊的原则,指出工人报刊是联合起来的力量的共同事业。为了把各方面的力量最广泛地联合起来,马克思和恩格斯除了建立通讯员网,还把工人运动和社会主义运动的领导人联合起来,组成撰稿人网。筹办《德法年鉴》时,马克思曾提出建立一个包括德、法两国许多政治家、思想家和政论家在内的庞大的撰稿人集团。马克思参与《前进报》编辑工作时,编辑部周围聚集着当时流亡在巴黎的一批优秀的德国工人活动家。在《新莱茵报》的创刊号上,编辑部向读者自豪地宣称:我们同各界有广泛的联系,我们可以在报道和各种通讯的内容丰富方面,满足读者的一切要求。

《新莱茵报》集合了德国最优秀的工人运动领袖和最卓越的文化战士。他们当中除马克思恩格斯外,还有维尔特、威·沃尔弗、斐·弗莱里格拉特、德朗克、斐·沃尔弗、毕尔格尔斯、沙佩尔等一批共产主义者同盟中挑选出来的最擅长报纸工作的人。

3. 加强工人报刊工作者队伍建设

马克思和恩格斯极为关心工人报刊工作者的队伍建设,对他们的修养、文风、编辑部制度的建立,提出了富有教益的论述。

他们提出从事工人报刊事业的工作人员必须具有很好的素质,而且这些工作人员是可能具备这些素质的,因为,工人比资产阶级客观,比资产阶级容易摆脱陈腐的原则和先入之见的束缚。为此,他们要求报刊工作者首先应该成为自由的思想工作者,消除对地位和利益的任何顾虑,消除企求上司庇护的念头。他们指出,工人报刊的工作人员愈是毫无顾忌和大公无私,就愈加符合工人的利益和愿望。

他们指出,对于工人报刊来说,它的工作者光具有坚定、勇敢、诚实等一般政治品质还是不够的。他们需要更多的智慧,思想要更加明确,风格要更好一些,知识也要更丰富些。他们十分看重工人报刊工作者的职业道德修养,对于败坏工人报刊工作者队伍建设的人,常常给以严厉的鞭挞和无情的揭露,并告诫工人报刊工作者要保持清醒头脑,加强修养,防止腐蚀和被拉拢。

马克思和恩格斯为文极其看重"写作荣誉"。马克思常说,我不是下贱文人,不能像对待伦敦的瘪三文人那样对待我。他们一生都以高度的责任心对待工人报刊这一神圣事业,尽心竭力,把自己最好的作品奉献给工人群众。他们要求自己给工人报刊提供的作品是"艺术的整体"、"独特的作品",而不是"拙劣的东拼西凑的东西"。他们自己为报刊撰写的文章就是精心写作的珍品。人们说,如果毕丰的"风格即其人"这句话可以适用于某个人的话,这个人就是马克思。

恩格斯从年轻时就追求优美的文风。有一次他说,青年文学有一种武器,这种武器使它不可战胜,并将一切青年天才集合于它的旗帜下,这个武器就是现代风格。现代风格生动具体,措辞锋利,色调丰富,因而为每个青年作家自由发展各自的才能开辟了天地。恩格斯的这一心愿,在工人报刊的实践中实现了。到《新莱茵报》时期恩格斯的文风达到炉火纯青的程度。每当马克思称赞他的文章时,总要说:你的文章很出色,在风格上和文体上都使人回想起《新莱茵报》的全盛时代。

在《新莱茵报》时期,马克思和恩格斯特别注意在工人报刊工作者中倡导嘲笑和讽刺的手法。他们认为,同工人报刊对立的全是卑鄙的敌人,对他们全然不需要采取严肃的态度,只需要使用嘲笑和讽刺来对待。工人报刊的这种特殊的风格,后来成为包括党报在内的无产阶级报刊特有的风格。

在指出编辑部工作制度时,恩格斯强调指出总编辑负责制的重要性。他说,一张必须按时出版的报纸编辑部里,应确保总编辑的独立决策权力。当然,总编辑也应该具有极高的水平和极高的威望。恩格斯指出,由马克思这样一位富有洞察力和坚定立场的活动家担任《新莱茵报》的总编辑,他的独裁对编辑部其他成员来说是理所当然和不容置疑的,所以大家都乐于接受它。

在编辑业务上,马克思恩格斯主张编辑先做好组织工作,动员各方面力量为报纸供稿,其次才着手进行具体的编辑业务。后者包括这样几个方面的工作:根据质量而不是根据作者的头衔选择稿件,指出稿件不足之处让作者自行修改,并习惯于在一定期限内做一定工作,确保稿件的时效性,对稿件进行文字上的修饰,赋予它们优美的形式和适当的风格。此外,编辑还要努力满足读者各方面的要求。马克思说过,我的计划并不在于使众所周知的材料具有新的意义,而在于提供新的材料,以便对历史作出新的说明。满足读者的要求,是编辑的责任。

4. 新闻出版自由观

1848—1849年,马克思恩格斯认为在革命高潮中,他们在编辑出版《新莱茵报》过程中,有一段时间享受到了绝对新闻出版自由的快乐。但随着革命的失败,欧洲沉入黑暗的反动时期,工人运动转入低潮,无产阶级被剥夺了新闻出版自由。这截然不同的经历,使马克思和恩格斯进一步认识到新闻出版自由的本质,也使他们的新闻出版自由观提升到马克思主义的新水平。

马克思和恩格斯指出,新闻出版自由思想的形成和新闻出版自由作为一种政治口号的提出,是近代科学推动社会发展的结果。马克思在《经济学手稿》中写道,火药、指南针、印刷术是预告资产阶级社会到来的三大发明。火药把骑士阶层炸得粉碎,指南针打开了世界市场并建立了殖民地,而印刷术则变成新教的工具,总的来说变成科学复兴的手段,变成对精神发展创造必要前提的最强大的杠杆。恩格斯突出地指出印刷术的伟大意义。他说:"印刷术的推广,古代文化研究的复兴,从1450年起日益强大和日益普遍的整个文化运动,所有这一切都给市民阶级和王权反对封建制度的斗争带来了好处。"①

好处之一,就是为资产阶级提出并实现新闻出版自由提供了机遇和物质基础。新闻出版自由是由资产阶级提出,为资产阶级经济政治利益服务,并对整个人类精神发展起着杠杆作用的伟大口号。

马克思恩格斯还正确地指出,无产阶级不仅应该同资产阶级一起,为争取新闻出版自由英勇斗争,而且应该在资产阶级背叛自己以后,继续为新闻出版自由冲锋陷阵。恩格斯指出,即使在最严重的情况下,当资产阶级由于害怕工人而躲到反动派的背后,并且为了防御工人而求救于它的敌对分子的时候,即使在那样的情况下,无产阶级也只有继续进行资产阶级背弃了的、违反资产阶级心愿的争取资产阶级自由、新闻出版自由、集会和结社权的鼓动。没有这些自由,无产阶级就不能获得运动的自由;争取这些自由,同时也就是争取自己本身存在的条件,争取自己呼吸所需要的空气。

可见,马克思和恩格斯并不一般地反对新闻出版自由,相反,他们高度评价新闻出版自由对于人类社会和精神发展的巨大推动作

---

① 《马克思恩格斯全集》第21卷,人民出版社1965年第1版,第457页。

用。但是，对于资产阶级新闻出版自由的虚伪性，他们毫不留情地举起批判的刀斧。这种无情的揭露和批判，推动他们的新闻出版自由向前发展。

马克思恩格斯指出，资产阶级虚伪的宪法经常出现的矛盾十分明显地说明，资产阶级口头上标榜是民主阶级，而实际上并不想成为民主阶级，它承认原则的正确性，但是从来不在实践中实现这种原则。资产阶级真正的"宪法"不应当在我们所叙述的文件中寻找，而应当在根据这个文件通过的所谓组织法中寻找。这个宪法包含了原则，但是细节留待将来再说，而在这些细节里重新恢复了无耻的暴政。马克思指出，"宪法的每一节都包含有自己的对立面，包含有自己的上院和下院：在一般词句中标榜自由，在附带条件下废除自由。"① 他称资产阶级关于新闻出版自由的全部立法措施为"渗透着戒严精神的法案"。他说，"出版自由——同时旁边还有绞架！"②

"强力和自由是同一的。"这就是马克思和恩格斯在新闻出版自由问题上的至理名言。

马克思和恩格斯运用上述观点，对资产阶级报刊进行了深刻的剖析。他们指出，资产阶级报刊现在已经被"黄金的链条和官方的链条"连在一起，资产阶级报人已经成为出卖灵魂的下流文人，他们怀着公开的"隐秘动机"，毫无例外地从一个圣人的金库中汲取灵魂，直接或间接地为了利润、为了自己的党派和政府卖命，即从事"奴隶劳动"。

马克思恩格斯指出，工人需要民主，需要自由，新闻出版自由对无产阶级来说是不可缺少的。恩格斯说，"无产阶级为了夺取政权也需要民主的形式，然而对于无产阶级来说，这种形式和一切政治形式一样，只是一种手段。"③ 他又说，政治自由、集会结社的权利和新闻出版自由，这就是我们的武器。他要求工人们不要拒绝新闻出版自由的口号，指出，如果新闻出版自由和集会结社自由等民主要求实现了，对共产主义的宣传来说，就会有一个新世纪到来。

---

① 《马克思恩格斯全集》第8卷，人民出版社1965年第1版，第135页。
② 《马克思恩格斯全集》第6卷，人民出版社1961年第1版，第432页。
③ 《马克思恩格斯全集》第36卷，人民出版社1975年第1版，第131页。

四、《新莱茵报》时期新闻思想评价

从1844年《德法年鉴》出版到1864年第一国际成立的20年间,马克思和恩格斯的新闻思想是以他们生平事业的中心点《新莱茵报》为代表的。这一时期虽然出版了像《新莱茵报》这样的为数不多的早期党报,但绝大部分还是工人报刊。即便是《新莱茵报》,它所投身的也还是德国的资产阶级民主革命。因此,《新莱茵报》时期马克思恩格斯的新闻思想,是以工人报刊为实践主体,以工人报刊思想为主要内容的。此时马克思恩格斯的共产主义世界观早已完成,马克思主义以《共产党宣言》出版为标志已经问世,因而《新莱茵报》时期的新闻思想,属于马克思主义新闻思想范围,是创立初期的马克思主义新闻学。

评价《新莱茵报》时期马克思恩格斯的新闻思想,首先应该肯定,工人报刊思想是《莱茵报》时期民主报刊思想科学发展的结果。《莱茵报》时期马克思恩格斯的民主报刊思想,是他们新闻思想的第一个阶段,也是马克思主义新闻学的准备阶段,它奠定了马恩新闻思想的基础,但在许多方面,不够成熟,不够全面。到了《新莱茵报》时期,这一切发生了质的变化。在这里,共产主义代替了过去的革命民主主义,唯心主义已为唯物主义所取代。以马克思主义为指导的自由观和以无产阶级为主体的人民观,把自由报刊和人民报刊思想提到了一个崭新的水平。如果说,在《莱茵报》时期,马克思恩格斯的世界观和方法论还囿于黑格尔与费尔巴哈为代表的德国古典哲学;那么,到了《新莱茵报》时期,马克思恩格斯已经向人们表明,他们的新闻思想发生了历史性的变革,这种新闻思想的理论基础和方法论原则,是一种新的世界观,即马克思主义。

作为理论基础的指导思想变了,但是民主报刊思想中的有生命力的内容不仅保留下来,而且在新的历史条件下有了新的发展。所以说,工人报刊思想是民主报刊思想科学发展的结果。《共产党宣言》指出:"人们的观念、观点和概念,一句话,人们的意识,随着人们的生活条件、人们的社会关系、人们的社会存在的改变而改变,这难道需要经过深思才能了解吗?"[①]民主报刊思想之所以会发展到工人报刊思想,恰

---

① 《马克思恩格斯选集》第1卷,人民出版社1995年第2版,第291页。

恰是民主运动发展到工人运动和社会主义运动的产物，是马克思主义初步克服其他社会主义派别的产物，是无产阶级成为独立自主的阶级走上世界政治舞台的重要标志。

让我们从"自由"这一具体角度回顾从民主报刊思想朝着工人报刊思想发展的轨迹。恩格斯70年代谈到"自由"时这样说："把社会主义社会看做平等的王国，这是以'自由、平等、博爱'这一旧口号为根据的片面的法国看法，这种看法作为一定的发展阶段在当时当地曾经是正确的，但是，像以前的各个社会主义派别的一切片面性一样，它现在也应当被克服，因为它只能引起思想混乱，而且因为已经有了阐述这一问题的更精确的方法。"①这种把问题提到一定的历史条件下所进行的考察，也是对《莱茵报》时期的自由观的自我批判。

正如恩格斯所说，自从科学世界观形成，特别是《共产党宣言》问世，已经有了研究和阐述问题的"更精确的方法"。他和马克思明确指出，自由是一个历史的范畴，阶级的范畴。在资本主义社会，资产阶级把历史的一切封建特权和政治垄断权合成一个金钱的大特权和大垄断权。这样，新闻出版自由就完全成了资产阶级的特权。但是，对于无产阶级来说，新闻出版自由也是一个具有实际意义的重要手段，因为无产阶级为了夺取政权也需要民主的形式。

从这里可以看到，马克思恩格斯在《新莱茵报》时期以及后来谈到新闻出版自由本质的时候，已经从根本上克服了《莱茵报》时期把自由看成人类理性体现的那种唯心主义观念，而是以极其明确的语言指出，新闻出版自由和不同意见的自由斗争就意味着允许在出版方面进行阶级斗争。

其次，工人报刊思想的形成，不仅标志着马克思主义新闻学的确立，而且工人报刊思想还是这一新闻学形成初期的主体。马克思和恩格斯在这一时期提出的关于工人报刊的性质、使命和原则，奠定了他们一生新闻理论与实践的基调，构成了基本的理论框架，并在今后的新闻实践中恪守不悖。

我们可以以他们对报刊的社会属性、社会使命的认识为例，分析工人报刊思想在马克思主义新闻学中的主体地位。

在民主报刊思想阶段，马克思恩格斯对报刊的社会属性有一个典

---

① 《马克思恩格斯全集》第19卷，人民出版社1965年第1版，第8页。

型的概括——第三个因素。他们把报刊当作在治人者与治于人者之间进行评判的纯理性的仲裁人。而马克思主义世界观形成之后,他们的这种认识发生了根本改变。在《莱茵报》时期,马克思根据"第三个因素"这一对报刊社会属性的认识,规定该报的宗旨是:《莱茵报》不是由枯燥无味的文摘和卑鄙的阿谀奉承拼凑起来的纯粹无原则的东西,而是用批判精神来阐明国家大事和国家机构的人的活动;办报人不是由于书商的投机目的和指望捞到什么好处,而是为了让自由人民用有原则、大无畏的语言来讲话并让国王能够听到人民的真正呼声。显然,在这个为《莱茵报》拟定的方针里,看不出什么阶级倾向。

到了工人报刊思想阶段,马克思恩格斯关于报刊阶级倾向性的认识已经十分清晰。1843年和1844年马克思谈到《德法年鉴》时,鲜明地提出,该刊的任务是要批判旧世界,建立新世界。讨论《前进报》编辑事务时,他指出,报纸的任务是给人们必要的支柱和新的原则。到了1847年,恩格斯直接和具体地论证了报刊的阶级倾向和党派倾向。在《新莱茵报》时期,马克思恩格斯以极其明确的语言指出报刊的义务首先在于为它周围左近的被压迫者辩护,破坏现存政治制度的一切基础。此后,他们自觉地把工人报刊当作无产阶级的阵地,看作同资产阶级作战的武器。

从模糊的、超阶级的"第三个因素",到无产阶级的斗争武器,清楚地划出了从民主报刊思想向以马克思主义为主导的工人报刊思想发展的轨迹。

实践证明,《新莱茵报》时期的工人报刊思想,作为马克思主义新闻学的主体,不仅全面地提出了基本理论、方针和原则,而且一直到马克思恩格斯逝世,这些思想都不断发展,不断深化。

最后,还必须指出,马克思和恩格斯的报刊思想还处于不断的发展和深化之中。

一种新观念和新学说的出现,总是不会尽善尽美的。新观念和新学说的生命力不在它还保留多少旧的东西,而在它提出了超越前人新的见解和新的思想。这些新见解和新思想不断丰富,不断克服旧的东西,它本身也就得到不断更新和不断发展。

我们从马克思恩格斯对"真正的社会主义"的批判,可以看到工人报刊思想的这种深入发展。

"真正的社会主义"是从1844年起在德国传播的一种学说,它反映了小资产阶级的思想体系。马克思和恩格斯并不是一开始就看到了"真正的社会主义"的本质。这是由于,一方面,"真正的社会主义"有一个形成和暴露的过程;另一方面,马克思恩格斯自己的共产主义世界观尚在形成之中,许多旧的东西还来不及一下子清除,所以一直到 1846 年才开始批判"真正的社会主义",并彻底清除它对自己的影响。《共产党宣言》发表以后,各国无产阶级政党先后成立,无产阶级政治机关报纷纷创办,作为对这种新的报刊实践经验总结的党报思想也随即问世。党报思想是报刊思想的新发展,也是马克思主义新闻学走向成熟的标志。

第三节 《社会民主党人报》时期的新闻论著

第一国际于 1864 年成立之后,马克思和恩格斯的新闻思想有了重大发展。以德国社会民主党的党报《社会民主党人报》为代表的各国工人党报,为他们党报思想的形成和初步发展,提供了丰富的思想资料和实践经验。

一、马克思恩格斯党报思想的提出

马克思和恩格斯把组织工人政党和指导工人政党斗争,看作自己的"终生事业"。

第一国际先后在欧、美、非 18 个国家拥有会员 40 万人。它于 1876 年解散,各国开始进入在民族国家建立工人阶级政党的新时期。1869 年建立的德国社会民主工党,是第一个在民族国家建立的马克思主义政党。到 20 世纪初,全球共建立 28 个工人政党,这是历史上第一批无产阶级政党,联合组成第二国际,拥有 300 万党员。这些政党都出版自己的机关报即党报,这是无产阶级政党和无产阶级党报的传统。

这个传统是从共产主义者同盟开始形成的。早在 1847 年 2 月,共产主义者同盟还处于它的早期发展阶段,即正义者同盟时就提出了出版党报的计划。它在致党员的内部通告中指出,必须创立一种能全面代表党的报纸,因为没有专门的机关报,一个政党是难以存在的。机关报《共产主义杂志》试刊号于同年9月出版,马克思和恩格斯提出的口号"全世界无产者,联合起来!"第一次刊登在该试刊号的封面上。由于革命风云突变,《共产主义杂志》未能正式出版。在马克思和恩格斯的努力下,《德意志-布鲁塞尔报》实际上发挥了同盟机关报的作用。《新莱茵报》是一份优秀的工人报刊,也是一份卓越的党报,但由于当时德国面临的是资产阶级民主革命,该报主要以民主派机关报的面目出现,所以它还不是完全的党报。19世纪70年代工人政党开始普遍诞生,政党活动家把党报看作政党存在的标志,看作联系工人群众的组织中心和思想中心。这时,马克思恩格斯的党报思想开始为大多数工人运动活动家接受并用以指导党报实践,这些思想主要是:

● 每一个社会主义的报刊都是第一国际的中心,是党的中心;

● 工人阶级有觉悟的组织迅速发展的最好证明,就是它的定期报刊数量不断增加;

● 每一张党的报刊的出版,总是意味着党大大地向前迈进了一步。

这些观点的提出,标志着马克思恩格斯的党报思想已经形成。

党报思想的形成,既是他们对一系列党报工作经验进行理论总结的成果,又是反对形形色色的机会主义办报方针的结晶。他们先后同拉萨尔主义、英国工联主义、巴枯宁主义、杜林主义等进行了艰苦的、有效的斗争,在一系列批判、分析机会主义办报路线和方针的论战中,发展了自己的党报思想。

1871年3月18日,在法国巴黎爆发了工人武装起义,随即成立了巴黎公社委员会。马克思和恩格斯以极大的热情关注公社的事业,高度评价公社的社会改革措施,对于公社的新闻政策和民主作风表示赞赏和支持,也对那些过于"仁慈"的做法提出批评。巴黎公社是马克思恩格斯在世时唯一的一次无产阶级专政实践。公社的新闻政策以及马克思恩格斯对它的评价,反映了马克思恩格斯对于无产阶级专政的历史条件下新闻政策及民主生活原则的设想。这些思想,对于今天的民主建设和社会主义新闻出版自由,不无有益的启示。

马克思恩格斯十分赞赏公社的如下做法:利用报刊公开报道公社的会议和公社委员的工作,并且认为这是人民当家作主、参与社会事务管理的有效途径。他们特别赞赏公社公布自己的缺点错误的做法。马克思将凡尔赛政府对官员和公社对自己的委员的两种截然不同的态度作了对比。波拿巴的将军们惯于打败仗、签降书,可是凡尔赛政府的头目却授予他们荣誉军团大十字勋章,而公社却在自己的将军们稍有失职嫌疑时就予以撤职和逮捕。马克思指出,公社并不像一切旧政府那样,自以为永远不会犯错误。公社公布了自己的言论和行动,它把自己的一切缺点都告诉民众。

马克思和恩格斯不仅支持公社查封反动报刊的公安措施,而且对公社迟迟作出这种决定,对反动派过分"仁慈",提出过批评。他们的批评是切中公社要害的。马克思在给朋友的一封信里说,如果公社将来战败了,那只能归咎于他们的"仁慈"。恩格斯后来也说,公社同时又是蒲鲁东社会主义学派的坟墓。

从马克思和恩格斯对公社新闻政策和报刊实践的评述可以看到,在他们看来,对人民实行普遍的自由,对敌对报刊实行包括封闭等公安措施在内的剥夺,应该成为无产阶级专政下新闻统制的基本内容。马克思恩格斯的这一观点,应是他们新闻思想的一个重要内容。

二、《社会民主党人报》和马克思恩格斯的新闻论著

《社会民主党人报》是德国社会民主党的中央机关报,是《反社会党人非常法》生效时期在德国境外出版的周报,马克思恩格斯帮助该报在自己的篇幅中出色地贯彻了党的无产阶级路线。这份党报是马克思恩格斯党报思想的实践者和传播者。马克思恩格斯对该报提出的一系列富有教益的建议和意见,闪耀着成熟时期党报思想的光辉。

在筹办过程中,马克思和恩格斯以通告信、私人信件、会见党报活动家等形式,向党的左翼领导人提出了关于办好这份党报的纲领和方针。这些思想系统地表现在《给奥·倍倍尔、威·李卜克内西、威·白拉克等人的通告信》一文中。这篇文章,就党报的性质与地位、资金来源、编辑人选等三个问题全面地进行了分析和论述。

首先,马克思恩格斯指出,党的新机关报必须是政治性机关报,因而它要明确地、鲜明地打着党的旗帜前进,严格地执行党的纲领。为此,必须为党的机关报拟定正确的、革命的纲领与方针。

这一点关系到机关报的生命,在当时尤为重要。这是因为一方面,党的领导层处于反动政府的高压下,革命性越来越差,右倾机会

主义不断抬头,特别危险的是,连党的左翼领导人,也对向党袭来的右倾思想麻痹不觉。在这种情况下,出版一张高举党的旗帜的机关报,立场鲜明地捍卫党的路线,具有迫切重要的意义。另一方面,靠捐资入党的资产阶级分子赫希柏格为首的"三人星座"(也即"三人团",由赫希柏格、伯恩施坦、施拉姆组成),不仅居心叵测地企图篡夺新机关报的领导权,而且已经为该报拟定了纲领和方针。因此,当务之急首先必须明确地提出革命的办报方针,同这些人进行针锋相对的不调和的斗争。

在马克思恩格斯看来,党报高举什么旗帜,坚持什么路线,执行什么方针,将决定新创办的党报的根本性质。在这个问题上,马克思和恩格斯的态度十分明确:我们决不能同那些想把无产阶级反对资产阶级的阶级斗争从运动中勾销的人们一道走,我们决不能和那些反对工人自己解放自己,主张有仁爱的资产者从上面来解放工人的人们一道走。"如果党的新机关报将采取符合这些先生们的观点的立场,即采取资产阶级的而不是无产阶级的立场,那么很遗憾,我们就没有别的路可走,就只好公开对此表示反对,并结束我们在同国外的关系方面一向代表德国党的时候所表现出来的和你们的团结一致。"①

由于马克思和恩格斯毫不妥协的批评和斗争,《社会民主党人报》最后终于拟定并坚持了正确的办报纲领和方针。恩格斯后来欣慰地称这张党报为"无疑是党曾经有过的最好的报纸","是德国党的旗帜"。

其次,马克思恩格斯提出,党的新机关报应由经过考验的真正的社会民主党人担任编辑,而不能让那些资产者和极左分子把持党的舆论机关。

马克思和恩格斯对深得党的某些领导人好感、将委以编辑重任的赫希柏格等人的改良主义思潮进行了深刻剖析。他们指出,赫希柏格的言行表明,他在理论上是一个极其糊涂的人,而在实践上他不可遏制地热衷于同所有把自己的观点冒充为社会主义观点的人大谈博爱。他的理论和实践都败坏了党的声誉。如果允许这种资产阶级观点偷运到党的机关报中来,对我们来说,这个机关报就等于不存在。

在反对赫希柏格"三人团"的右派思潮的同时,马克思和恩格斯还

---

① 《马克思恩格斯选集》第 3 卷,人民出版社 1995 年第 2 版,第 685—686 页。

十分坚决地抨击了极左分子和极左思潮,要求党的新机关报不断地克服极左思潮的干扰。

第三,马克思和恩格斯对新机关报的财政基础即资金来源提出了自己的看法。他们认为,由谁掌握钱袋,归根结底是由谁指导报纸方针的具有原则意义的问题。

从1879年至1890年漫长的12年时间里,《社会民主党人报》逐渐成为党的最好的机关报。它前进的每一步,都铭刻着马克思和恩格斯的正确指导与辛勤操劳的功绩,闪耀着他们党报思想的光辉。

在"铁血宰相"俾斯麦下台,《反社会党人非常法》废除,《社会民主党人报》完成历史使命即将退出政治舞台的时候,恩格斯应邀写了《给〈社会民主党人报〉读者的告别信》。在这篇文章中,恩格斯首先说明《社会民主党人报》必须停刊的理由:"《社会民主党人报》应当退出舞台。这不仅是因为曾经时向其他政党作过这样的声明。更主要的还是因为,在变化了的条件下,《社会民主党人报》本身肯定会变,它的任务、撰稿人和读者都会变。然而,起过如此明显的历史作用的报纸,它的篇幅、而且只有它的篇幅才反映了德国工人政党生命中最有决定意义的十二年的报纸,——这样的报纸,是不能够也不应当改变自己的面貌的。它应当像它原来的那样,否则就应当停刊。在这一点上我们大家的看法是一致的。"①

接着,恩格斯在文章中阐述了报刊自由出版的两个必不可少的条件。他说:"我生平曾经有两次荣幸地为报纸撰稿而完全得到了出版工作中所能有的两个最有利的条件:第一,绝对的出版自由,第二,深信你的听众正是你想要同他们说话的人。""第一次是1848年到1849年为《新莱茵报》撰稿。这是革命的时期,在这种时候从事办日报的工作是一种乐趣。你会亲眼看到每一个字的作用,看到文章怎样真正像榴弹一样地打击敌人,看到打出去的炮弹怎样爆炸。""第二次是为《社会民主党人报》撰稿。这同样是一个革命的时期,在维登代表大会上重新恢复了党,此后党又重新'用一切手段',合法的和不合法的,开始了斗争。《社会民主党人报》就是这种不合法性的体现。"②

恩格斯在文章中还分析了党的领导机构和党报的关系。他说,

---

① 《马克思恩格斯全集》第22卷,人民出版社1965年第1版,第88页。
② 同上书,第89页。

《社会民主党人报》决不是党团的简单传声筒。在《社会民主党人报》的历史上,经过长期的斗争,党的领导机构和党报确立了这样的关系原则:党的领导机构在道义上拥有领导党的机关报的权力,但必须建立在党的道德和党的纲领的基础之上;党报也拥有监督和批评党的领导机构的权力,但同样必须建立在党的道德和党的纲领的基础之上。

在《社会民主党人报》存在的12年历史中,该报主编曾有两次根据恩格斯的建议,动员党员群众和党的基层组织向党的领导集团发动猛烈进攻,对抗后者的"号叫"(恩格斯对主编说:"您能在真正的、没有变成'领袖'的工人中间给自己找到的通讯员愈多,您就愈有可能对抗领袖的号叫。"①),从而促使党的领导集团放弃错误决议,纠正政治方向。

出现这两次论战的背景是这样的。在所谓的"和缓时期",即从1881年底到1886年春,俾斯麦政府宣布实行它的"社会改良政策",随之而来的是一阵宣传叫嚣,这是俾斯麦政府不惜用很多物质手段搞起来的一次政治思想和理论宣传上向工人阶级的大进攻,其目的在于欺骗工人,好像当局已经实现了现存制度下的社会主义。俾斯麦的这一阴谋助长了党内右倾机会主义者的活动。他们鼓吹,无论是普鲁士国家社会主义也好,或者是拉萨尔主义也好,它们都是建立在一个共同的基础上的。因此,他们竭力反对《社会民主党人报》对俾斯麦政府的揭露和抨击。报社编辑部根据恩格斯的建议,分别在1882年前后和1885年前后,动员和组织党员及党的基层组织在党报上直接驳斥右翼领袖。强大的舆论迫使右翼检讨错误,再次确认《社会民主党人报》是全党的机关报,党报是全党的财产,党报有监督和批评的权利。

在这些论战中恩格斯提出的关于党报应有监督和批评权利的观点,得到很好的贯彻并收到良好的效果。恩格斯的这些思想是一贯的,直到1890年《社会民主党人报》宣布停刊的时候,恩格斯对此还这样声明:"即使在现在我还是会这样做,如果党团或者党的执行委员会真正做了任何对党有严重危险的事情的话。"②

果然,《社会民主党人报》停刊不到半年,恩格斯就在党刊《新时代》上发表了马克思的长信《哥达纲领批判》,再一次论证了批评对党

---

① 《马克思恩格斯全集》第35卷,人民出版社1971年第1版,第257页。
② 《马克思恩格斯全集》第22卷,人民出版社1965年第1版,第78页。

内民主化建设的意义,论证了党的报刊具有监督批评的责任与权利的思想。

1890年底至1891年1月,鉴于德国社会民主党起草新的纲领,并在全党对此展开广泛讨论,恩格斯决定整理发表马克思于1875年写的一封长信——后称《哥达纲领批判》的手稿,他还为手稿写了序言。他这样做的目的,是由于党的右翼领导人在起草纲领的活动中大肆兜售右倾机会主义的东西,而左派又对他们采取调和主义,看不到正在德国工人运动中不断抬头的拉萨尔主义的重大影响,更没有采取实际步骤给予毁灭性打击。

恩格斯指出,党的报刊有义务利用自己的篇幅发表马克思的著作,同错误的倾向作斗争,发动党员共同制定真正科学的纲领。他特别强调,党的报刊不应寻找种种借口,拒绝批评和放弃监督的责任。他指出:"担心这封信会给敌人提供武器,证明是没有根据的。恶意的诽谤当然是借任何理由都可以散布的。但是总的说来,这种无情的自我批评引起了敌人极大的惊愕,并使他们产生这样一种感觉:一个能给自己奉送这种东西的党该具有多么大的内在力量呵!"①

当时,党的多数领导人反对发表《哥达纲领批判》,恩格斯对这种剥夺党报批评监督权利的做法十分不满。他驳斥说,阻止文章发表,并对《新时代》施加压力,还以将它移交党的最高权力机关管理并进行检查相威吓,不由地使我感到离奇。既然你们在自己的队伍中实施反社会党人法,那你们同俾斯麦政府有什么区别呢?他要党的领袖们想一想,不要那么气量狭小,在行动上少来点普鲁士作风。他严肃地指出:"你们——党——需要社会主义科学,而这种科学没有发展的自由是不能存在的。"②

19世纪90年代德国党的报刊工作经验证明,恩格斯的党报观点是正确的。由于马克思已于1883年逝世,这一时期德国党的报刊,基本上是在恩格斯的指导下发展壮大的。

列宁说,从1871年到1914年这半个世纪以来,德国工人阶级一直是全世界社会主义组织的榜样。德国党和德国党的报刊工作尽管有其特殊的方面,但马克思和恩格斯指导德国党报工作的思想和原则却有

---

① 《马克思恩格斯全集》第38卷,人民出版社1972年第1版,第36页。
② 同上书,第88页。

着普遍意义,因为他们是从全球革命,特别是从欧洲工人运动的全局来观察和指导德国工人运动和德国党报工作的,是从伦敦、从工人运动的中心来观察、指导另一个中心——德国的工人运动的,所以,马克思和恩格斯关于德国党报工作的指示对其他国家有一定的指导意义,作为工人运动先锋部队的德国工人运动和党报工作经验,对其他国家也具有普遍的榜样的作用。

三、马克思恩格斯的党报思想

马克思主义的党报思想在1848年前后已有酝酿和准备,但总的说来,是从1864年至1895年在马克思和恩格斯实践、领导或指导党报过程中形成与不断发展的。党报思想的形成,标志着马克思主义新闻学已经发展到一个新的层次。他们的党报思想包括下列各项主要内容:

1. 党报的性质

马克思和恩格斯认为,无产阶级组织程度进一步提高的结果是:使工人政党成为历史上唯一革命的政党,这个政党使工人报刊的增长和壮大成为历史的必然趋势,成为当前斗争的第一需要。他们正是从党的建设和党的政治斗争这个高度来论证党报的性质的。

在马克思和恩格斯看来,党报是工人政党力量的象征和标志。恩格斯说,工人阶级有觉悟的组织迅速发展的最好证明,就是它的定期报刊的数量不断增加。党报的发展,迫使各种反工人运动和反马克思主义的报刊难以为继,这又进一步推动革命形势向前跃进。

用党的武器和党的阵地来概括党报的性质,是马克思和恩格斯的一贯思想,是他们表述党报性质经常使用的词句。同时,他们还常常用"政治中心"、"组织中心"等词语表述党报的性质。

基于对党的报刊性质的这种深刻认识,马克思和恩格斯始终重视掌握党的报刊。他们珍爱这一武器,坚守这个阵地,巩固这个党的中心。

2. 党报的使命

马克思和恩格斯关于党报使命的认识,是对民主报刊和工人报刊使命认识的有机发展。在《莱茵报》和《新莱茵报》这两个阶段,他们强调报刊的首要任务是教育和团结自己队伍的成员和同盟者,揭露和抨击敌对阶级。在指导党报的实践中,随着工人政党反对机会主义斗争的深入,马克思和恩格斯正确地指出,党报不仅要继续同敌对阶级作斗争,还应以很大精力揭露和抨击形形色色的机会主义思潮。具体说,他们认为党报负有三个使命。

(1) 阐述党的政治纲领。

马克思和恩格斯认为,党的报刊作为党的武器和阵地,其首要使命是阐述党的政治纲领,高举党的旗帜前进。党的政治纲领是党的旗帜,也是党报的灵魂。

党报要忠实地阐述党的纲领,一个重要的前提是:党报编辑部要自觉接受和服从党的领导,这是马克思恩格斯的一贯思想。恩格斯在强调党报必须保持一定的独立性的同时又明确指出,"党的领导毕竟有某些形式上的权力来监督党的机关报"①。

党组织加强对党报的领导,党报自觉接受党组织的领导,目的都是一个:更好地阐述和贯彻党的政治纲领。这里提出了另外一个问题,即怎样阐述政治纲领?恩格斯说,也就是"怎样干预政治和干预到什么程度"。他认为,阐述纲领,要根据情况而定,而不是按照规定办事。他指出,无论是党的工作者还是党报工作者,都不能不管环境的变化机械地照章办事,他们必须随时注意斗争条件的变化,了解周围群众对事件的看法,以便更加切合实际地阐述党的纲领。

要创造性地、独具匠心地阐述党的纲领,要讲究斗争策略和宣传技巧。恩格斯指出,我们应该竭尽全力捍卫,特别是在报刊上捍卫我们的每一个观点,但这并不是在任何时候都需要直接对抗。迂回的行动,也是一种防御方法,它包含着进攻性的反击。

总之,党报要忠实地履行阐述党的政治纲领的重大使命,不仅政治上要坚定,要自觉地接受党的领导,而且要有正确的策略,要讲究战术。对报刊工作者来说,在阐述纲领和执行纲领的斗争中,要"像鸽子一样驯良,像蛇一样灵巧"。

(2) 监督党的领导。

马克思和恩格斯指出,监督党的领导,批评他们的缺点错误,是党的报刊又一个使命。

报刊的批评监督功能一直受到马克思恩格斯的高度重视。只是早期报刊思想中谈到批评时,批评锋芒多指向反动当局。工人报刊思想

---

① 《马克思恩格斯全集》第33卷,人民出版社1973年第1版,第590页。

中谈到批评时,批评对象主要是资产阶级当局和工人运动中的机会主义思潮。而在党报思想阶段,他们在继续要求党报开展对反动当局的揭露的同时,强调指出要把监督党的领导人,批评他们的缺点错误,看作党报的一种神圣职责,并且认为这种公开的批评是工人运动的要素,是党巩固壮大、具有战斗力的前提。

马克思和恩格斯主张利用党的报刊对党的领导人进行公开监督和公开批评,基于这样三点考虑:第一,当时党已经有力量经受公开批评的打击,已经坚强到足以用自己的力量通过批评纠正自己的错误;第二,群众有能力开展批评并使这种批评收到良好的效果;第三,对党的领导机关和领袖人物进行民主监督,是包括党报工作者在内的每个党员的民主权利。

马克思和恩格斯对于阻挠党的报刊履行监督批评使命的言行深恶痛绝,甚至把这种做法同反动派的书报检查相提并论,给予严厉指责。他批评这些领导人根本不相信群众的力量,不尊重起码的党内民主权利,而把自己看成是超乎批评之上的,并且把任何批评都斥之为大逆不道。恩格斯指出,如果党的领导人压制批评,干扰监督,那么,不仅党的报刊无法履行监督批评的使命,而且对有责任心的党报工作者来说,也是一种痛苦,以至于有一次他气愤地说,"做隶属于一个党的报纸的编辑,对任何一个有首创精神的人来说,都是一桩费力不讨好的差事。"① 我们当然不应该简单地把这句话理解为恩格斯反对参加党报工作,他和马克思是党报最积极、最热心的组织者和活动家,这句话只是表明,他们对压制党报工作者思想自由和批评自由、侵犯党报工作者合法权益的任何倒行逆施,是难以容忍的。

根据自己多年的党报工作经验,马克思和恩格斯对党报如何正确履行批评监督的使命,提出了下列原则:第一,党报开展监督批评,要公正和坦率;第二,党报批评不能违背党的道德、党的纲领和党的既定策略;第三,党报批评要注意不使敌人获得"窥视内幕"的机会;第四,进行党报批评还要注意把个别领导人的错误和整个党的错误区分开,分清责任。

(3) 用科学原理武装工人。

普及科学原理,开展理论斗争,是党报的又一个重要使命。

---

① 《马克思恩格斯全集》第 38 卷,人民出版社 1972 年第 1 版,第 517 页。

工人政党面临着同各种机会主义派别进行理论斗争的复杂任务。在蓬勃前进的无产阶级运动中，工人们越来越需要社会主义的科学原理。各国党的干部的理论修养和党报工作者的理论素质，同飞速发展的斗争形势和他们所面临的艰巨任务有很大的距离。为此，马克思和恩格斯提出，党报要把理论宣传放在重要地位，并下大力量认真搞好。

党的报刊如何宣传理论和开展理论斗争？马克思和恩格斯总结了当时党报宣传的经验：第一，必须确保理论宣传的科学性。他们指出，科学原理的正确性是理论宣传科学性的前提，而这种正确性不是由党的机构或党的代表大会决定的，而是由科学原理本身的真理性决定的。第二，理论宣传要实事求是，联系实际。他们要求，正确的理论必须结合具体情况并根据现存条件加以阐明和发挥。他们最反对的，就是把科学原理公式化、绝对化。第三，要特别重视杂志在科学原理宣传中的优势，办好党的理论刊物。他们指出，杂志在普及科学原理中具有特殊功能，这就是：广泛地研究各种事件，以批判的态度对待各种学派和观点，由详尽的研究得出科学的结论，而这些都是身着"轻便时装"的报纸难以做到的。

阐述和贯彻党的政治纲领，监督党的领导和批评他们的缺点错误，用科学原理武装工人和干部，是马克思和恩格斯经常谈到的党的报刊的三个主要使命，也是他们投身党报事业所作的三项主要工作。

3. 党报业务指导思想

对于党报工作的具体业务，马克思和恩格斯积累了十分丰富的经验，形成了明确的办报指导思想。这些指导思想，有的是工人报刊思想在新形势下的发展，有的则是党报阶段新的理论总结。第一，要更多地依靠工人办好党的报刊，组织培养工人通讯员，设立工人发行网（列宁将其比喻为"红色战地邮局"）。第二，让工人执掌钱袋，由工人集资办党报。动员工人捐款资助党的报刊，是马克思恩格斯在《社会民主党人报》时期提出的党报工作重要的业务指导思想，它开创了工人直接参加和支持党报事业的好传统，开辟了依靠工人群众办新闻事业的新渠道。第三，党报报刊要满足读者的需要。他们提出，要根据群众的要求安排报纸的分工和销售，提高编排质量和时效。

4. 党报工作者的素质和修养

马克思和恩格斯指出，党报工作者应有很好的素质。为此，他们认为必须委派或任命优秀的战士占据党报这个重要岗位，警惕和防止机会主义分子乃至资产阶级、小资产阶级分子,安插到党报编辑的位置并通过党的刊物来指挥党。

为使党报具有健康的无产阶级的特色,党报工作者应对工人的事业和工人的报刊有最真挚的感情和高度的责任感。党报工作者应有鲜明的无产阶级立场,时时处处自觉地站在党的纲领和党的政策的立场上。

马克思和恩格斯指出,党报工作者应有铁的纪律,按党的纪律和规定工作。同时,他们又认为,党报工作者还应懂得斗争策略。他们要求,党报工作者一方面要有很强的纪律性,坚定的原则性,另一方面又要敢于独立负责,有很高的策略水平,掌握宣传艺术。

在工作方法上,马克思恩格斯认为,最主要的是掌握调查研究、观察和分析实际问题的能力。马克思和恩格斯还为党报工作者拟定调查研究的提纲,具体指导他们从事调研工作。他们还告诫党报工作者切忌带框框,"不妨暂时摘掉玫瑰色的眼镜,用自己天生的肉眼瞧一瞧世界"。

马克思和恩格斯对党报工作者的道德品质也提出了很高的要求。他们认为,党报工作者应该一心一意为着无产阶级利益,不能把眼光盯在个人私利上,不能把革命变为摇钱树。他们批评一些青年报人投机报刊事业的自私心理,严肃指出,决不能容忍这种"小无赖"染指党的报刊。

马克思恩格斯要求党报工作者积极参加实际斗争,甘心情愿地从当兵做起,不要以"马克思主义者"自居,要老老实实地拜工人为师。

作为语言大师,马克思和恩格斯对于党报工作者在语言和文风方面的修养也提出了严格的要求。他们一再提出党报工作者不能"阉割语言",不要拘泥于现代语法,不必搞学究式的语句重新排列,否则,会使叙述失去鲜明性和生动性。

总之,马克思和恩格斯认为党报工作者应有政治立场、道德品质、业务能力等多方面的素质,应在长时期的工作实践中加强修养。他们对党报工作者严格要求,也给予无微不至的关心。广大党报工作者以他们为楷模,长年在党的报刊阵地上战斗,成为党的舆论战线上的优秀战士,成为无产阶级忠诚的耳目喉舌。党报工作者队伍,正是在马克思恩格斯的严格训练和精心培育下,从少到多,从弱到强,从几个国家发展到整个国际共产主义运动的广阔政治舞台,迅速成长壮大,使党的报刊日益有力地发挥着党的旗帜、党的武器、党的阵地的伟大作用。

四、《社会民主党人报》时期新闻思想评价

马克思和恩格斯在《社会民主党人报》时期的新闻思想即党报思想，是他们的政治思想和科学观点处于成熟时期、无产阶级运动处于政党建设新阶段的报刊思想。这一思想的形成标志着马克思恩格斯的新闻思想已经走完了民主报刊——工人报刊——党的报刊三个发展阶段，马克思主义新闻学的奠基任务已告最终完成。

这里，我们对马克思恩格斯《社会民主党人报》时期的新闻思想简要评价如下。

首先，这一时期的党报思想，是马克思恩格斯的建党学说和党报实践相结合的产物，是战胜形形色色机会主义思潮，反对一系列机会主义的报刊活动的结晶。用列宁的话说，巴黎公社以后，国际共产主义运动进入了未来改革时代的和平准备阶段。在每个民族国家建党，对工人进行政治训练，反对工人运动中的机会主义思潮，成为马克思恩格斯指导各国无产阶级革命运动的主要内容。而这些任务的完成，又必须在很大程度上借助于党的报刊，依靠党的报刊工作者英勇不屈和富有成效的斗争。

马克思和恩格斯在指导德国及其他国家的党的建设和工人运动中，把党的报刊作为武器、阵地和联系群众的纽带。马克思逝世以后，恩格斯经常为奥地利、捷克、西班牙、保加利亚、意大利、匈牙利、俄国、葡萄牙、英国、法国、美国以及德国等许多国家的工人报刊和党的报刊撰稿。在指导党的建设的同时，他具体指导党的报刊执行无产阶级办报方针和策略原则，在思想、业务、作风和文风各方面训练党报工作者，指导党的领导人和党报工作者清除机会主义思潮和资产阶级、小资产阶级的思想影响。正是在这种具体而深入的指导中，马克思和恩格斯把科学原理同党报实践结合起来，又对极其丰富的党报经验从理论上进行了总结、概括和论证。党报思想，就是这种结合、总结、概括、论证的产物。因此，《社会民主党人报》时期形成的党报思想必然在革命性和科学性上超过以往几个时期的报刊思想，从而成为马克思恩格斯新闻思想发展中的最高阶段、最高成就。

其次，《社会民主党人报》时期形成的党报思想经过各国党报实践的检验，证明是正确的、科学的新闻思想，具有无穷的生命力。

拿德国党的中央机关报来说,它经历了从《民主周报》—《人民国家报》—《前进报》—《社会民主党人报》几个重要发展阶段。这个过程,是由小到大、由弱到强的发展过程,这是党报发展的一般规律。其他国家的党报,大致也有这样的发展过程。这种由弱到强、由少到多的发展,充分而生动地显示了马克思恩格斯党报思想的威力。正是这种党报思想指引着各国党的领袖和党报工作者拟定正确的纲领和方针,排除种种机会主义思潮和资产阶级思想的干扰与影响,培育和训练了一批有党性、有业务能力的党报工作者。

党报在几十年内迅速、健康的发展和它们在建党与工人运动中所发挥的巨大作用,不仅检验和证明了党报思想的正确,显示了它的生命力,而且这些党报实践的丰富经验又进一步推动党报思想向更广、更深的方面发展,使之更健全、更丰富、更完善、更接近马克思主义新闻学的科学理论体系的完成。

第三,马克思恩格斯以后的工人政党的报刊事业,以至整个无产阶级、社会主义的新闻事业发展的事实表明,他们的党报思想具有普遍的指导意义,马克思主义新闻学将与世长存。

在工人政党纷纷建立和不断巩固发展、党报大量创办、其作用日益强大的新时代,马克思恩格斯的继承者们不断排除第二国际机会主义思潮的影响,坚持党报发展的正确方向和革命的编辑方针,在新的历史条件下贯彻、完善和发展马克思恩格斯的党报思想,使它的基本原理和理论观点无论在革命性还是科学性方面,都提到新的高度,从而显示出它的永不衰竭的、强大的生命力和普遍的指导意义。

在十月革命和苏联向社会主义前进的过程中,在中国新民主主义革命和社会主义建设的斗争中,在所有进行无产阶级革命和向社会主义迈进的国家的党报实践中,马克思恩格斯的党报思想,特别是其中的那些关于党报同实际工作、同党的领导集团、同广大人民群众的关系的原则,关于党报履行批评与监督的职能,关于报业结构与报业行政的方针,关于党报工作者的职业特征、政治和业务素质、文化知识结构等等的规定,依然是当代党报工作的十分重要的政治原则和指导方针。因为这些原则和方针,揭示了党报工作的规律,所以即使是在新闻改革、党报改革的今天,它们仍然是极为重要的指导思想。遵循并强化这些原则和方针,党报报刊工作就前进,党报改革就深入;削弱甚至排斥这些原则和方针,党报工作就必然会失去正确的方向,导致重大失误甚至根本失败，党报改革也将走向歧途。这已经成为一条颠扑不破的真理。

第四，《社会民主党人报》时期的党报思想是历史的产物，党的建设的具体条件和党报发展的特定环境，决定了这种思想的某些方面和某些表述，不可避免地带有时代的局限性。

列宁指出，1871年起，德国工人阶级的任务是慢慢进行组织教育工作，贯彻马克思主义。与解决这一任务密切联系的是同一切形形色色的资产阶级思想进行斗争。德国党肩负着这个繁重任务，以及它在普法战争和巴黎公社时期表现出来的坚定立场，使它在国际工人运动中成了一支先锋队。自巴黎公社失败以后，工人运动的重心即由法国转移到德国，因此，马克思恩格斯将自己的主要注意力集中于德国党的斗争和德国党的报刊发展上面。这就是说，党报思想中的许多论述，主要是针对德国党的活动和德国党报状况提出的。这些论述，虽然其中不乏反映党报工作规律而得出的科学结论，但也有一些结论是针对德国党的特殊状况作出的，有的还是权宜之计。他们为了解决具体的实际问题而提出的这些主张、意见、看法，在当时只是为了解决特定的问题，并没有想要让它们长留人间，指导日后的千变万化的党报事业。

此外，由于马克思和恩格斯长期生活在国外，对德国党斗争的具体环境和斗争条件有时了解不够全面和及时，以至对某些报刊的个别问题、个别事件的评价，对某些报刊工作者的评价，按照新的材料分析，也还存在着一些片面的地方，他们的指责有时显得过于苛求，不够客观。

总之，对于马克思和恩格斯的党报思想，我们既要充分肯定它的普遍指导意义，坚持那些具有生命力的，揭示了党报一般规律的原则和方针，又要分清一些在特定历史条件和针对某些具体问题提出的，与今天党报工作实际已不适宜，必须加以扬弃的结论和观点，决不能不顾具体时间、地点和条件，教条主义地、公式化地拿来套用，机械生硬地指导今天的党报工作的理论和实践。

第四节　马克思恩格斯对新闻传播规律的探索

新闻传播学作为一门新兴学科是20世纪初叶的产物，但人们对新闻传播规律的探索却很早就开始了。马克思主义认为,人们能够发现规律,认识规律,并且利用规律为自己服务。马克思早在1843年1月撰写的《〈莱比锡总汇报〉的查禁和〈科隆日报〉》一文中就指出:"只有在人民报刊的各个分子都有可能毫无阻碍地、独立自主地各向一面发展,并使自己成为各种不同的独立报刊的条件下,'好的'人民报刊,即和谐地融合了人民精神的一切真正要素的人民报刊才能形成。那时,各家报纸都会充分地体现出道德精神,就像每一片玫瑰花瓣都散发出玫瑰的芬芳并表现出玫瑰的特质一样。但要使报刊完成自己的使命,首先必须不从外部为它规定任何使命,必须承认它具有连植物也具有的那种通常为人们所承认的东西,即承认它具有自己的内在规律,这些规律是它所不应该而且也不可能任意摆脱的。"①也就是从这时候开始,在编辑《莱茵报》和为这份报纸撰稿的过程中,马克思和恩格斯开始观察和分析报纸工作的特点和新闻传播的规律。

本章在前面三节已经分别从《莱茵报》、《新莱茵报》、《社会民主党人报》三个时期,考察了马克思和恩格斯新闻思想形成发展的历史轨迹。在这三个历史时期,他们分别研究和阐述了民主报刊、工人报刊和党的报刊的内在逻辑联系和不同的社会使命;与此同时,他们还对新闻传播的性质和特点进行了较为深入的——虽然是零散的、不系统的——探讨,揭示了新闻传播的基本规律并给予科学的表述。他们的这一工作具有巨大的理论意义,为后人进一步研究并逐步完成马克思主义新闻学的科学体系的建设,奠定了基础。

马克思和恩格斯把科学作为新闻传播的前提,也最早把尊重科学、按科学要求办报作为新闻传播的原则。马克思曾打比方说明按科学规律办事的重要性,"作为引力定律,重力定律推动着天体的永恒运动;而作为落体定律,只要我违反它而想在空中飞舞,它就要我的命"②。

马克思和恩格斯在下列五个方面对新闻传播现象进行了较为深入的探索,并且获得了初步的带有规律性的认识,从而粗略地确定了马克思主义新闻学的理论范畴,构建了最初的新闻学科学体系的框架。

---

① 《马克思恩格斯全集》第1卷,人民出版社1995年第2版,第397页。
② 同上书,第176页。

一、信息传递：人类精神交往的重要形式

马克思和恩格斯从人同自然的紧密联系入手，认识人与人之间的交往沟通对于人类自身发展的重要意义。他们在共同的著作《德意志意识形态》中指出：

"人们对自然界的狭隘的关系制约着他们之间的狭隘的关系，而他们之间的狭隘的关系又制约着他们对自然界的狭隘的关系，这正是因为自然界几乎还没有被历史的进程所改变；但是，另一方面，意识到必须和周围的人们来往，也就是开始意识到人一般地是生活在社会中的。"①

这就是说，人类在它的太初年代，就意识到交往对于自己生存和发展的意义。人们在生活中不仅仅同自然界发生关系（尽管起初这种关系是相当狭隘的）。他们如果不以一定方式结合起来共同活动和相互交换其活动，便不能进行生产。为了进行生产，人们便发生一定的联系和关系；只有在这些社会联系和社会关系的范围内，才会有他们对自然界的关系，才会有生产。从这个意义上说，人是名副其实的社会动物，是天生的社会动物，同社会交往即同人们交往是人最基本的需求，而这种需求本身又促进人类自身的进一步发展，进而"造成新的交往方式，新的需求和新的语言"②。

早期人类的基本要求是生存条件的满足。所以，有关生存条件获取、维护、改善的信息是人类精神交往活动的基本内容。这在世界各地的地下发现和考古挖掘中有不胜枚举的例证。马克思和恩格斯指出，当时人们交往的动因直接来自生产或以生产为基础的社会状况。因此，早期的信息传播总是同生产活动紧紧联系在一起。马克思谈到摩泽尔河谷的农民为什么迫切需要传播活动、需要报纸时指出，这里的居民之所以如饥似渴地需要报刊和关心报刊，主要是因为他们的生存受到了威胁，他们对报刊的这种深厚的兴趣正是直接因实际需要而产生

---

① 《马克思恩格斯全集》第 3 卷，人民出版社 1960 年版，第 35 页。
② 参见《马克思恩格斯全集》第 46 卷（下），人民出版社 1980 年版，第 19 页。这里的"交往"，既指人与人之间结成一定的生产关系，也指人与人之间的其他交往——包括传递信息的活动。

的。马克思和恩格斯在《德意志意识形态》中也说过,"思想、观念、意识的生产最初是直接与人们的物质活动,与人们的物质交往,与现实生活的语言交织在一起的。人们的思想、思维、精神交往在这里还是人们物质行动的直接产物。表现在某一民族的政治、法律、道德、宗教、形而上学等的语言中的精神生产也是这样。人们是自己的观念、思想等等的生产者,在这里所说的人们是现实的、从事活动的人们,他们受自己的生产力和与之相适应的交往的一定发展——直到交往的最遥远的形态——所制约。"①他们的这段论述,相当深刻地揭示出人们的精神交往与精神生产,既从物质生存需要出发,又受物质生产制约。

包括信息传播在内的精神交往、精神生产不仅满足了人类生存的需求,而且也促进了生产的繁荣和人类社会的发展。古代罗马信息传递活动广泛,社会经济发达,文化繁荣,作为报纸雏形的《每日纪闻》最早出现在公元前60年的恺撒时代便是一个例证。同罗马、希腊不同,"在东方则盛行着一套宗教戒律,这在不小程度上促使它终于崩溃。属于两种不同宗教的人(埃及人、波斯人、犹太人、迦勒底人)不能共同饮食,不能共同进行日常活动,几乎不能交谈。由于人与人之间的这种隔绝状态,古代东方大部分衰弱了。基督教没有造成隔绝的仪式,甚至没有古代世界的祭祀和巡礼。它这样否定一切民族宗教及其共有仪式,毫无差别地对待一切民族,它本身就成了第一个可行的世界宗教。"②

信息传递活动和传播媒介发展依赖一定的物质技术条件。原始状态的信息传递主要借助语言,从人际之间的交谈到日耳曼部落的马尔克公社的集会("民众大会"),日本的"井台会议",印度的"市场会议",在这些交谈和"会议"上,人们自由发布或收集各种令人关注的信息,然后再把它们从一家农户或居民到另一家农户或居民,从一个村落到另一个村落扩散开去。这种种"会议"和"市场",以及"会议"、"市场"上使用的语言等媒介,便是早期的口头信息传递不可缺少的物质技术条件。

接着,文字产生了。"由于文字的发明及其应用于文献记录而过

---

① 参见《马克思恩格斯选集》第1卷,人民出版社1995年第2版,第72页。
② 参见《马克思恩格斯全集》第19卷,人民出版社1965年版,第334页。

渡到文明时代"①。借助文字和冶炼术的进步,时代的发展比以往所有阶段加在一起还要快。从有文字以后的传播史的考察,马克思和恩格斯指出,前人留下的数量可观的"报道",不同于一般的信息传递尤其是口头传播,这种"报道"含有特定的新闻的素质。

后来,"最伟大的发明"——印刷术问世了,开了信息传递和新闻报道的新局面。印刷术是"科学复兴的手段","对精神发展创造必要前提的最强大的杠杆"②。印刷术实现了从人际传播到大众传播的革命,出版报刊以传递信息不但成为必要,而且有了可能。

所以,马克思和恩格斯指出,"只有随着生产力的这种普遍发展,人们之间的普遍交往才能建立起来。"③恩格斯写作《自然辩证法》时,曾详细列出同信息传递活动相关的下列发明:

公元前:羊皮纸,160 年左右。

公元后:羽毛笔尖,6 世纪。

  棉纸在 7 世纪从中国传到阿拉伯人那里,在 9 世纪输入意大利。

  法国棉纸,13 世纪后半期。

  破布造纸,14 世纪初叶。

  德国第一座造纸工厂(纽伦堡),1390 年。

  伦敦的路灯,15 世纪初叶。

  威尼斯的邮局——同时。

  木刻和印刷——同时。

  铜版雕刻术——同世纪的中叶。

  法国的驿邮,1464 年。④

上面的摘录表明,马克思和恩格斯是多么重视科学技术进步对传播活动和传播事业的巨大推动作用。他们指出,印刷术的发明和推广,促进了新闻事业(起初是报刊)的产生。交通邮电业的形成,进一步加速了"消息、书信、电报等等的传递"⑤。而日新月异的新闻事业,"给市

---

① 《马克思恩格斯全集》第 21 卷,人民出版社 1965 年版,第 37 页。
② 《马克思恩格斯全集》第 47 卷,人民出版社 1979 年版,第 472 页。
③ 《马克思恩格斯全集》第 3 卷,人民出版社 1960 年版,第 39 页。
④ 参见《马克思恩格斯全集》第 20 卷,人民出版社 1971 年版,第 531—532 页。
⑤ 《马克思恩格斯全集》第 24 卷,人民出版社 1972 年版,第 65 页。

民阶级和王权反对封建制度的斗争带来了好处"①。因为传播工具不仅传递信息,也传递意见,表达传播者的倾向性。

在这种情况下,关于新闻传播媒介的自由与控制的问题就应运而生。恩格斯指出,必须创造条件,维护传播工具的自由运行。但是,统治阶级的存在,日益成为阻碍工业生产力发展的愈来愈大的障碍。因此,剥夺资产阶级的传播权成为无产阶级革命的目标之一。同时,业已成熟的历史条件召唤无产者为创办自己的传播事业而努力。恩格斯指出,正是在现时代,"工人阶级有了更大的手段来占有像精神力量这样的普遍社会力量"②。

二、报刊是主体反映客体的产物

恩格斯在《路德维希·费尔巴哈和德国古典哲学的终结》中这样表述他同马克思对唯物论的基本立场:"我们自己所属的物质的、可以感知的世界,是唯一现实的;而我们的意识和思维,不论它看起来是多么超感觉的,总是物质的、肉体的器官即人脑的产物。物质不是精神的产物,而精神本身只是物质的最高产物。这自然是纯粹的唯物主义。"③

这一立场也是马克思和恩格斯考察报刊和报刊所发表的新闻作品本质的基本出发点。他们认为,报刊是人的大脑通过眼和耳对外部世界的认识和反映的产物,报刊是关于对象的认识与反映。马克思说,自由的出版物是人民用来观察自己的一面精神上的镜子。"自由报刊是观念的世界,它不断从现实世界中涌出,又作为越来越丰富的精神唤起新的生机,流回现实世界。"④他又说,报刊自己并不是对象本身,而只是关于对象的意见。

马克思和恩格斯揭示了新闻报道的本源——现实世界。报刊上刊载的新闻报道(当然是真实的报道),都是从"真正的现实"之泉"流"出来的。这些报道,最终又将影响现实,作用于现实,"流回现实去"。

---

① 参见《马克思恩格斯全集》第 21 卷,人民出版社 1965 年版,第 457 页。
② 参见《马克思恩格斯全集》第 44 卷,人民出版社 1982 年版,第 162 页。
③ 《马克思恩格斯选集》第 4 卷,人民出版社 1995 年第 2 版,第 227 页。
④ 《马克思恩格斯选集》第 1 卷,人民出版社 1995 年第 2 版,第 179 页。

没有现实生活之泉,新闻报道就如同无源之水,无本之木。

新闻报道是人对于对象的认识和反映,报刊是人类认识和反映现实生活和社会存在的产物。换言之,新闻报道不是对象本身,不是现实本身,而只是人的精神活动的产物——是一种意识,是主观反映客观、主体反映客体的意识活动的产物。

马克思谈到报刊工作者的这种认识活动时,一方面要求报刊工作者客观公正、实事求是地认识和反映现实世界,另一方面又强调必须提供外部条件的可靠保证。他在分析摩泽尔地区的农民对报纸的需求和论证记者对摩泽尔河谷农民报道的真实可靠时指出,"一旦证明这些关系(指各种客观存在的社会关系——笔者注)必然会产生某个事物,那就不难确定,这一事物在何种外在条件下必定会现实地产生,在何种外在条件下即便有了需要,它也不可能产生。人们在确定这种情况时,几乎可以像化学家确定某些具有亲和力的物质在何种外在条件下必定会合成化合物那样,做到准确无误。因此我们认为,只要我们证明了自由报刊的必要性是从摩泽尔河沿岸地区的贫困状况的特性中产生的,我们就为我们的叙述打下了超出任何人的因素范围的基础。"[①]马克思强调,农民之所以迫切需要《莱茵报》这样的民主报刊为他们的贫苦状况呐喊,就是因为他们的处境太悲惨了。这种农民的需求和记者对这种需求的了解与支持,是促使自由报刊去报道摩泽尔地区现实状况的"外在"条件,是召唤"主体"记者去反映"客体"农民的动力。

新闻报道作为主体反映客体的产物,同客体本身是不一样的。新闻报道经过新闻记者的精神活动,使物质状态的客体(对象),变成了精神状态的文化成果。所以马克思说,"使报刊变成人民的文化和精神教育的强大杠杆的,正是报刊可使物质斗争变成思想斗争,使血肉斗争变成精神斗争,使需求、欲望和经验的斗争变成理论、理性和形式的斗争。"[②]出于对报刊这种极其重要的功能的认识,马克思和恩格斯始终强调要排除外部条件的桎梏,废除书报检查,实行出版自由,疏通内部机构,保障报刊这一主体能够依据自身的机制正常运行,有效地反映客体。

这种新闻理念和新闻主张,从《莱茵报》、《新莱茵报》到《社会民主党人报》,从反对普鲁士最近的(1841年)书报检查令,到反对德国社会

---

① 参见《马克思恩格斯全集》第1卷,人民出版社1995年第2版,第363—364页。
② 《马克思恩格斯全集》第40卷,人民出版社1982年版,第329页。

民主党实行党内的"报刊国家化"政策,马克思和恩格斯始终坚持,不断重申。这充分反映了他们对报刊这一基本规律的深刻认识,对新闻传播本源问题上的唯物论的执著坚持,反映了他们尊重科学、按科学规律办报的无比坚定。

有的时候,他们也将这种新闻传播的主客体观点作为一种策略,来为他们同对立报刊乃至反动报刊斗争的"合法性"进行辩护,借以保存自己,更有力地打击反动当局。奥格斯堡《总汇报》发表文章拥护国王建立全国等级代表机关以代替现行宪法,马克思在《莱茵报》上撰文反对这一企图,但《莱茵报》又不便直接同国家权力发生冲突,为此马克思在文章一开始就写道:"因为我们打算对它进行批评,所以我们首先必须提出一条简单的、但在一场激烈而偏颇的论战中却往往被忽略的准则:对任何一种国家制度的论述,还不等于这一制度本身。因此,针对这种论述的论战,也绝不是针对这种国家制度的论战。保守派报刊经常提醒说,应当把持批判立场的报刊的观点当作仅仅是个人的意见和歪曲现实的意见来加以批驳,可是它经常忘记,它自己并不是对象本身,而只是关于对象的意见,因此,同保守派报刊斗争不是意味着同它的对象斗争。因此,凡是被报刊涉及的对象,不管是受到称赞还是受到斥责,都成为书刊对象,也就是说成为书刊上讨论的对象。"①马克思的这一分析和所提出的策略,不仅深刻,而且很有实际意义。

我们从新闻生产角度分析新闻报道的主客体关系,报刊工作者是主体,事实(新闻人物或新闻事件)是客体,新闻报道是主体反映客体的产物。如果从文化消费的角度考察,那么读者就成了主体,报刊则是客体,这是报刊工作中的又一组主客体关系。因此,在新闻生产中,"生产不仅为主体生产对象,而且也为对象生产主体","消费本身作为动力是靠对象作媒介的。消费对于对象所感到的需要,是对于对象的知觉所创造的。艺术对象创造出懂得艺术和具有审美能力的大众,——任何其他产品都是这样。"②新闻生产正是这样,记者和编辑"生产"着报纸,也就"生产"着阅读报纸的广大读者。而如果把阅读活动中的报纸及信息视作客体即对象,那么读者也就成为真正的阅读主体。新闻生产的这一规律,要求我们在进行新闻生产的时候,处处想着报纸的未来主体——读者的

---

① 参见《马克思恩格斯全集》第40卷,人民出版社1982年版,第329页。
② 参见《马克思恩格斯全集》第46卷(上),人民出版社1980年版,第29页。

利益和兴趣。这是按新闻传播规律办报的原则之一。

三、新闻的客观性、真实性和倾向性

唯物主义的自然观不过是对自然界本来面目的朴素的了解和解说，不附加任何外来的成分。作为主体反映客体的报刊上的报道，应取这种实事求是的态度和方法。这是马克思和恩格斯一生对于新闻工作的基本立场。

恩格斯在年轻时写道：

"难道你们不能把真话，
注入心田，
让真话不受恶意摧残，
自由发展？"①

在马克思和恩格斯看来，新闻的客观性表现在：新闻反映的是客观发生过的事实，是对事实的客观叙述。1845年，恩格斯要求撰稿人提供客观的报道时指出，撰稿人必须无情地对每一个压迫工人的事件进行舆论谴责，同时提供有关事件的有名有姓、有地点、有时间的最确切的报道。这就是说，新闻的客观性要求新闻提供的是曾经切实发生过的事实，即每一个细节必须确凿无误。

客观性还指办报人要公正地向读者提供事实。在《新莱茵报》时期，马克思处理过这样一件事：当时，巴黎盛传俄国流亡者巴枯宁是皇帝尼古拉的间谍，两个互不联系的通讯员同时向报社提供了相同的消息。出于对报纸所承担的义务的考虑——必须对社会活动家保持高度警觉，马克思报道了这些消息。但报社同时也给巴枯宁机会，让他提供事实消除人们对他的怀疑，并从别的报纸上转载了巴枯宁为自己洗刷、否认谣传的声明。马克思认为，《新莱茵报》在一时无法核实又不得不报道的时候，全文照登通讯员来信，一旦有了确凿材料后又加以纠正，用连续报道的方式揭示事件的真相，并给意见相左的各方提供平等表态的机会，这种做法是本报尊重客观性的表现，同时也应该是报刊工作的惯例。

---

① 参见《马克思恩格斯全集》第41卷，人民出版社1982年版，第6页。

马克思和恩格斯把坚持客观报道视作报刊工作的"一般的公正"。尽管他们对于那些不能平等地对待自己的报纸意见很多，但还是期待这些报纸在正常情况下能够坚持这种"一般的公正"。马克思说，这些英国报纸最低限度是恪守一般的公正，任何一家英国报纸（无论它的派系如何）都不敢违背这种公正。有的时候，《泰晤士报》未能以"一般的公正"对待马克思，马克思为此总是向这家报纸提出指责与批评，要求该报遵循资产阶级报纸的基本规则[1]。

新闻的真实性是由客观性提出的要求，指的是新闻报道者在报道新闻时的叙述要实事求是。"把真实的情况告诉我们的读者"，是马克思和恩格斯向新闻工作者提出的基本要求[2]。可见，在他们看来，客观性指的是新闻反映的是客体的本来面目，没有客体便没有新闻；真实性指的是对客体的本来面目的叙述是实事求是、老老实实的，一就是一，二就是二。

读者"相信的只是实际存在的东西"[3]，所以，真实是新闻的生命。恩格斯在第一国际时期谈到真实性的意义时指出，没有什么东西比毫无实际根据的虚浮报道更能削弱我们协会了。马克思在同反民主派的机关报《科隆日报》辩论时一针见血地指出，《科隆日报》根本不顾新闻真实性的起码准则，完全越出礼貌的界限，它妄图用自己的幻想把戏来冒充冷酷的真事实情。他们编辑《新莱茵报》的一条原则就是："我们将不用虚伪的幻想去粉饰所遭到的失败。"[4]他们批评李卜克内西从事新闻工作的主要缺点就是：报喜不报忧。指出，他的报道都像朝霞一般火红，晴天一般蔚蓝，而且充满着青年人的希望。

马克思和恩格斯深刻地揭示了不真实报道的本质和产生的原因。他们指出，"不真实的思想必然地、不由自主地要捏造不真实的事实，即歪曲真相、制造谎言"[5]。马克思分析过"庸俗的职业报人的本色"，

---

[1] 参见《马克思恩格斯全集》第14卷，人民出版社1964年版，第768页。

[2] 参见《马克思恩格斯全集》第40卷，人民出版社1982年版，第360页。

[3] 参见《马克思恩格斯全集》第1卷，人民出版社1995年第2版，第383页。

[4] 参见《马克思恩格斯全集》第5卷，人民出版社1958年版，第25页。这篇由马克思修改过的文章说："平常向代表社会舆论的任何新机关报提出的要求是：对于它在原则上同意的党派采取热烈支持的态度，无条件地相信这个党派的力量，时刻准备用实际力量来维护它的原则或者用原则的光辉来掩盖实际的软弱无力。我们将不以这个要求为满足。我们将不用虚伪的幻想去粉饰所遭到的失败。"

[5] 参见《马克思恩格斯全集》第1卷，人民出版社1995年第2版，第415页。

这就是：事物本身只是供他动笔杆耍嘴皮的因由，除了对高官厚禄和自我炫耀的渴求以外，这种人身上没有任何真实的东西。一次他在批评《泰晤士报》时指出，混淆事实也许是热情狂发时干的事，但篡改事实似乎只有冷静的头脑才能做到。

由以上分析可见，在马克思和恩格斯看来，故意失实和篡改事实的原因，主要是利己主义和阶级偏见。

马克思和恩格斯还提出"事实撒谎"和"思想撒谎"两个对立的概念。马克思举例说，报纸每天都在报道来自巴黎的谎言，报道有关法国内阁即将更替的流言蜚语以及巴黎某家报纸所编造的、而在次日或一小时后便会被推翻的欺人之谈。这种有关"事实的谎言"，不仅在报纸上关于英国、法国、西班牙、土耳其各栏目上是"必然的因素"，难以根绝，在德国栏或普鲁士栏上也不应是"罪恶万死的违法行为"。这是因为，德国或普鲁士是个封闭的国家，"封闭的门户并不是透明的玻璃"，"德国人只是凭道听途说才了解自己的国家"。所以，有关"事实的谎言"，是完全属于国家的缺陷，何况报纸正在力求弥补这种缺陷。而那种有关"思想的谎言"，"精神意义上的谎言"，则是不可原谅的，因为它是"冷静的头脑"干的，是故意失实，是利己主义的产物[①]。

马克思和恩格斯还提出"完整地揭示全部事实"、"历史的真实"、"理论的真实"等概念。

他们认为，一个记者，一张报纸，只能反映一部分事实。但是，通过报纸的有机运动，即报纸通过分工——不是由一个人做全部工作，而是由这个人数众多的团体中的每一个成员担负一件不大的工作——一步一步地弄清全部事实，从而给人一种整体的真实感。所谓历史的真实，即相反的意见经过争论，相互矛盾的论断经过交锋，从正反两个方面互为佐证，经过多方验证的真实，即为历史的真实。

所谓理论的真实性，指的是结论来自事实，理论以事实为根据。显然，历史的真实和理论的真实，是马克思和恩格斯对真实性提出的更高层次的要求。

马克思和恩格斯的报刊实践表明，当新闻真实性同政治策略、宣传策略发生冲突的时候，他们总是把真实性放在第一位。李卜克内西回忆马克思时讲过这样一段话：

---

① 参见《马克思恩格斯全集》第1卷，人民出版社1995年第2版，第401—403页。

"马克思是一个极其忠实的人,他首先是真实的化身。一看到他,立刻就能知道我们所接触的是怎样的人了。在经常处于敌对状态的'文明'社会里,当然不是任何时候都可以说真话的,否则就等于把自己交到敌人手里或把自己驱逐于社会生活之外。然而,不是任何时候都能说真话,绝不是说应该说假话。我不是任何时候都能说出我们感到和想到的,但这并不是说我应该或必须说我没有感到和想到的。前者是智慧,后者是虚伪。马克思是从不虚伪的。"[①]

马克思和恩格斯的报刊实践还表明,他们提倡亲知。第一国际总委员会曾任命一个委员会,负责审查关于巴塞尔代表大会的报道。马克思拒绝参加这个委员会的工作。他说,因为我没有出席这次代表大会,没有资格判断报道是否准确。恩格斯在另一个场合也讲到,对于不了解的情况,他不愿意参与报道。

为维护新闻报道真实性,马克思和恩格斯认为必须立法和实行新闻工作的"惯例"。在谈到保护真实消息来源的问题时,他们提出要制定出版法,规定这方面的法律条文。在新闻工作中,他们主张实行这样的"惯例",撰稿人对他们所报道的事实的准确性负责,编辑部应负发表的责任。不管是政府还是政党,都应遵循这种法律,恪守这样的新闻业"惯例"。

"凡是真的东西,都经得住火的考验;一切假的东西,我们甘愿与它们一刀两断。"[②]马克思和恩格斯一生的言行表明,他们没有违背自己的诺言,而是视真实性为生命,严肃地、一丝不苟地遵循新闻工作这一重要原则的规范。

马克思和恩格斯在论述新闻客观性和真实性的同时,又指出,新闻报道者总是有倾向性的。这是因为,在报刊工作中,不仅要维护最低限度的、起码的"一般的公正",而且总要这样或那样地表现出报刊工作者本身的立场和看法。这是由于,第一,"在大国里报纸都反映自己党派的观点,它永远也不会违反自己党派的利益"。[③]第二,当报刊工作者深入到事件中去,对某些当事人产生同情,而对某些当事人产生反感,在这种情况下,往往会产生带有倾向性的态度,并把这种倾向性渗透进

---

① 参见《回忆马克思恩格斯》,人民出版社1973年版,第47—48页。
② 参见《马克思恩格斯全集》第41卷,人民出版社1982年版,第204—205页。
③ 参见《马克思恩格斯全集》第6卷,人民出版社1961年版,第209页。

新闻报道中去。

《莱茵报》时期马克思主持报道摩泽尔河沿岸地区农民的贫困状况,他对农民的同情和对官府的憎恨,鲜明地溢于言表。当政府攻击记者的报道时,马克思说,记者提供的是"充满热情的语言",是完全客观的。但他承认记者又是"带着情感来对待人民生活状况的"。他为自己的这种倾向性辩护时说:

"谁要是经常亲自听到周围居民在贫困中发出的毫无顾忌的呼声,他就容易失去那种善于用最优美、最谦恭的方式来表述思想的美学技巧,他也许还会认为自己在政治上有义务暂时公开地使用那种在贫困中产生的民众语言,因为他在自己的故乡每时每刻都无法忘记这种语言。"①

至于客观性、真实性和倾向性如何共融于新闻一体,我们可以从恩格斯在分析俄国军事学者与欧洲其他国家军事学者的不同的著作风格的一段论述中,了解到他们的一些看法。恩格斯说:

"一旦作者使用了西方语,情况就不同了。那时欧洲成了法官,西方具有的新闻公开会很快把那些因为剥夺了反对者的答辩权而被盲目信以为真的种种说法吹得精光。颂扬神圣的俄国及其沙皇的倾向依然如故,而手段的选择则愈来愈受到限制。必须更严格地遵循准确的事实,选择更稳妥的和实事求是的叙述方式,虽然企图进行歪曲,而这种歪曲通常很快就会不攻自破,但至少还有足够的具体的情报资料,而这些资料往往能使这样的书成为重要的历史文献。"②

从恩格斯这一段论述,我们可以得到这样几点启示:

首先,倾向性是一种必要的、记者难以避免的新闻的属性。

其次,倾向性又是以事实的客观性和新闻的真实性为依归的,它不是人们任意附加于新闻的东西。

再次,新闻的生命是客观和真实——"准确的事实"和"实事求是的叙述方法"。

所以,马克思和恩格斯对新闻工作者提出的基本要求是:

"报刊说的是事实",而不是"希望出现的事实!"③

---

① 参见《马克思恩格斯全集》第 1 卷,人民出版社 1995 年第 2 版,第 378、357 页。
② 参见《马克思恩格斯全集》第 44 卷,人民出版社 1982 年版,第 214 页。
③ 参见《马克思恩格斯全集》第 1 卷,人民出版社 1995 年第 2 版,第 398 页。

"完全立足于事实,只引用事实和直接以事实为根据的判断,——由这样的判断进一步得出的结论本身仍然是明显的事实。"①

四、舆论和舆论载体

马克思和恩格斯认为,报刊同舆论是不可分的。

马克思和恩格斯认为舆论反映了"公众心理的一般状态"②,而社会舆论是一种"普遍的、隐蔽的和强制的力量"③,在一定条件下,它可以独立显示"社会舆论的法庭"的巨大作用④。

马克思和恩格斯对于舆论的这种基本认识,同作为他们理论渊源之一的法国启蒙思想家及黑格尔等人关于舆论的见解十分接近。卢梭认为,舆论即公意,公意是公众意见最大的公约数。伏尔泰说过,人们把公众意见称为世界之王,舆论就是世界之王。黑格尔指出,公共舆论是一支巨大的力量,尤其在我们的时代是如此。马克思和恩格斯继承了这些思想,并以更加明确的语言指出,在德国,影响舆论的工作具有革命的意义,因为"争夺对德国舆论的统治地位即争夺对德国本身的统治地位"⑤。

马克思和恩格斯还认为,社会舆论是社会变革的先声。恩格斯在谈到俄国的工业、农业和社会变革时强调指出,"对实现这种变革,哪怕只是一种考虑,那首先你们国家的社会舆论就要有一个巨大的进步"⑥。恩格斯还从争取社会舆论支持的角度,建议德国带头裁军。他谈到,由于俾斯麦27年的统治,德国在欧洲招致许多国家的不信任,"无论你走到什么地方,你都会看到对法国的同情和对德国的不信任,人们把德国看做是现在战争危险的根源"。而"不信任一定要变为信任,厌恶一定要变为同情"。因此,德国带头裁军就变得十分重要。这样一来,"欧洲和美国的整个社会舆论都会站在德国方面。这会是一

---

① 参见《马克思恩格斯全集》第42卷,人民出版社1979年版,第413页。
② 参见《马克思恩格斯全集》第12卷,人民出版社1962年版,第658页。
③ 参见《马克思恩格斯全集》第1卷,人民出版社1995年第2版,第385页。
④ 参见《马克思恩格斯全集》第8卷,人民出版社1961年版,第463页。
⑤ 参见《马克思恩格斯全集》第41卷,人民出版社1982年版,第197页。
⑥ 参见《马克思恩格斯全集》第38卷,人民出版社1972年版,第365页。

种道义上的胜利"①。

马克思和恩格斯对舆论,尤其是社会舆论的特性进行了分析与论述。首先,他们认为社会舆论具有客观和公正的特性。他们经常呼吁把某些被官方曲解了的事件"交给社会舆论去评判",并且指出,如果报刊能够客观公正地表达社会舆论,那么这种报刊应有资格"作为社会舆论的纸币流通"②。为此,他们提出必须忠实地、准确地、自由地(没有外界压力地)表达社会舆论,而报刊必须拥有这种自由的权利。

其次,他们认为对秘密的关注和兴趣是社会舆论的又一个特征。马克思指出,一切秘密都具有诱惑力,对社会舆论自身来说是一种秘密的地方,形式上冲破秘密境界而出现在报刊上的每一篇作品对于社会舆论的诱惑力就不言而喻了。因此,"冲破秘密境界",向公众披露尽量多的为人关注和感兴趣的秘密,是舆论工作者和报刊应尽的义务。在文明社会和开明的社会生活中,报刊有权向社会舆论揭示秘密。

马克思和恩格斯强调指出,忠实地反映和表达社会舆论,是报刊取信于公众而赖以生存的条件。报刊如果不能如实表达社会舆论,或者剥夺报刊如实反映和表达社会舆论的权利,那么报刊就不能成为"舆论纸币"而在社会上流通,只能变成"令人难以相信的单户期票"。换句话说,在后一种情况下的报刊,已经不是反映和表达舆论的工具,而只是一些人的私有品了。在这种情况下,报刊上所谓的舆论,本质上必然失却其本该具有的客观性和公正性。

在马克思和恩格斯看来,报刊的责任,正是代表社会舆论,反映社会舆论,表达社会舆论。马克思打过一个比方,他把社会舆论比作袋子,把报刊比作驮袋子的驴,也就是说,报刊是驮袋子——"驮社会舆论"——的驴子。他以此说明,报刊是反映和表达社会舆论的一种载体。社会舆论与报刊的关系——"袋子"和"驴子"的关系,就是社会舆论与它的载体的关系③。

马克思和恩格斯把报刊视作反映和表达社会舆论最重要的载体,所以对于两者的关系、这些关系得以维持和有机运作的条件进行过较

---

① 参见《马克思恩格斯全集》第 22 卷,人民出版社 1965 年版,第 465 页。
② 参见《马克思恩格斯全集》第 7 卷,人民出版社 1959 年版,第 117 页。
③ 参见《马克思恩格斯全集》第 12 卷,人民出版社 1962 年版,第 658 页。

为详细的讨论和分析。首先,他们认为各种不同的舆论,会找到相应的报刊作为自己的载体。马克思说过,"具有各种各样色彩和深刻矛盾的舆论,它会找到相应的报刊。"① 恩格斯以自己影响舆论的经验也说过相似的观点,他说:"我们供给一切自由派报纸以必需的材料,从而把它们变成了我们的喉舌。我们向全国散发了各种小册子,并且很快就在每个问题上控制了社会舆论。"②

其次,各种报刊由于编辑方针和出版人立场不同,也会选择反映与表达不同的舆论。马克思在一篇政论中谈到,19世纪60年代英国帕麦斯顿首相在制定与实行外交政策时,贵族为"资产阶级动手,而报界则为它用脑",《泰晤士报》在英国对外政策方面的活动"完全是为了制造符合于帕麦斯顿勋爵的对外政策的舆论"。这样,"由于集中规律在报业上起着比在纺织业中更快的作用,伦敦《泰晤士报》登上了英国国家报纸的地位,在其他国家面前成了所谓英国舆论的代表"③。

再次,由于外界的不自由,报刊有时难以忠实地反映和表达社会舆论。马克思有一次抨击普鲁士当局对舆论和报纸的压制,他说,"他们使用那一向近视的官僚方法,为了打驴背上袋子——即公众舆论——而去打驴子。标志着新政权的开端的重新查封报纸"。④ 恩格斯也说,"这样行使书报检查制度正成为令人难堪的监督,成为对社会舆论的压制,最后导致官吏专制。"⑤

马克思和恩格斯认为,报刊的一般性质就是表达社会舆论的广泛和敏捷:报刊时刻作好经常的战斗准备,并且总是满怀对于这种急需报道的耸人听闻的当前问题的热情关心。马克思指出,报刊不仅是"社会舆论的产物,同样地,它也制造这种社会舆论"⑥。马克思这里所谓的"制造社会舆论",是指借助报刊传播,使一隅之地的舆论扩展为天下皆知的舆论,"化私人利益为普遍利益",比如,"使摩泽尔河沿岸

---

① 参见《马克思恩格斯全集》第50卷,人民出版社1985年版,第509页。
② 参见《马克思恩格斯全集》第1卷,人民出版社1956年第1版,第589—590页。人民出版社1995年该卷中文第2版没有收入该文,故本引文仍使用第1版译文。
③ 参见《马克思恩格斯全集》第15卷,人民出版社1963年版,第336—337页。
④ 参见《马克思恩格斯全集》第12卷,人民出版社1962年版,第658页。
⑤ 参见《马克思恩格斯全集》第41卷,人民出版社1982年版,第327页。
⑥ 参见《马克思恩格斯全集》第40卷,人民出版社1982年版,第304页。

地区的贫困状况成为祖国普遍注意和普遍同情的对象"①。

马克思谈到的这种集中和扩大社会舆论的作用,就是报刊"指导舆论"的功能②。他在指出并肯定报刊对于社会舆论的积极作用时,没有忘记指出社会舆论对报刊活动乃至整个报刊立场的制约作用。他分析并批评过《泰晤士报》由于违背民意和社会发展规律而"屈服于舆论"的例子。因此,他告诫这些报刊:"诚实一些吧!别伪造舆论了,要执行莱茵报纸应该表达莱茵省的精神这种使命,放弃个人的考虑,在省内最关重要的问题上,不让任何坚持某种与人民意志相对立的特殊立场的个人意见登在你们的报纸上!"③

可见,马克思和恩格斯主张报刊要"制造社会舆论",并非认为报刊可以随心所欲,凭空捏造。他们在《新莱茵报》创刊发起书上曾经谈到如何影响和指导舆论。他们指出,报刊最适当的使命和方法,就是通过向公众介绍当前形势、研究变革的条件、讨论改良的方法来形成舆论,为共同的意志指出一个正确的方向。以后,在《新莱茵报·政治经济评论》召股的启事中他们又进一步指出,只要报纸一期又一期出版,日积月累,就可以起到经常而深刻地影响舆论的作用。可见,在他们看来,报刊影响和指导舆论,主要通过提供大量报道,靠天长日久持之以恒的日常报道。在这里,社会舆论和新闻报道是紧紧地结合在一起的。

马克思和恩格斯自投身报刊活动到逝世,不知有多少次谈到利用报刊影响和指导社会舆论的意义,强调利用报刊争取反对资产阶级的"地盘"的意义。重视对社会舆论的引导,重视利用报刊影响社会舆论,是马克思和恩格斯的一贯思想。他们对舆论特性及其传播规律的揭示,丰富了关于新闻传播和舆论传播的思想,深化了对新闻传播规律的认识。

五、报刊的分工和报刊的有机运动

马克思和恩格斯认为,报刊根据人类社会的不同需要,在漫长的发

---

① 参见《马克思恩格斯全集》第 1 卷,人民出版社 1995 年第 2 版,第 378 页。
② 参见《马克思恩格斯全集》第 15 卷,人民出版社 1963 年版,第 335 页。
③ 参见《马克思恩格斯全集》第 40 卷,人民出版社 1982 年版,第 304 页。

展过程中逐渐形成了自然的分工,并且按照不同的分工,依据共同的规律(新闻传播的规律和报业经营的规律)进行有机运动——联系不同的社会阶层,承载不同的新闻内容,满足不同的阅读要求——完成自己特定的使命。就人民报刊这类报刊而言,马克思指出:

"在人民报刊正常发展的情况下,构成人民报刊实质的各个分子都应当首先各自形成自己的特征。这样,人民报刊的整个机体便分成许多各不相同的报纸,它们具备各种不同而又相互补充的特征,例如,一家报纸如果主要关心政治学,另一家则主要关心政治实践,一家如果主要关心新思想,另一家则主要关心新事实。只有在人民报刊的各个分子都有可能毫无障碍地、独立自主地各向一面发展,并使自己成为各种不同的独立报刊的条件下,'好的'人民报刊,即和谐地融合了人民精神的一切真正要素的人民报刊才能形成。那时,每家报纸都会充分地体现出真正的道德精神,就像每一片玫瑰花瓣都散发出玫瑰的芬芳并表现出玫瑰的特质一样。"①

这是马克思运用当时哲学界普遍使用的关于类的思想对于报刊类与种的一种分析。

马克思在提出报刊类种思想的同时,还指出,正是报刊读者的不同需求与不同兴趣,决定了报刊的自然分工,决定报刊种的不同存在、繁衍和不断发展。他以《莱比锡总汇报》和自己编辑的《莱茵报》为例,指出,《莱比锡总汇报》主要适合对政治实践直接感兴趣的人的口味,而我们则适合对政治思想感兴趣的人的口味。他又指出,尽管分工不同,读者对象不同,但它们之间还是有共同的东西,它们是紧密联系的。他说,实践并不排斥思想,正如思想不排斥实践一样。这里的问题只在于最主要的性质即特征,像《莱比锡总汇报》和《莱茵报》之所以会有相对稳定的分工,主要是各自报道的重点和读者的口味不同。

报刊合理的、有机的分工,决定了记者也必须有一定的分工。马克思从两个层面分别阐述了记者的分工。首先,马克思认为作为以报道事实为主要手段的新闻记者,其所承担的任务同历史学家、文学家和经济学家所承担的任务应该有所不同。他分析说:

"一个报纸记者也只能把他自己视为一个复杂机体的一个小小的器官,他在这个机体里可以自由地为自己挑选一个职能。例如,一个人

---

① 《马克思恩格斯全集》第 1 卷,人民出版社 1995 年第 2 版,第 397 页。

可以侧重于描写他从民众意见中获得的有关贫困状况的直接印象,另一个人作为历史学家则可以谈论这种状况产生的历史,沉着冷静的人可以谈论贫困状况本身,经济学家则可以谈论消灭贫困的办法,而且这样一个问题还可以从各方面来解决:有时较多地着眼于地方范围,有时较多地着眼于同整个国家的关系等等。"①

　　这是一种分工。其次,在报纸编辑部内部不同的工作人员分别承担一定的任务。"这里所采用的方式不是让某一个人去做全部的工作,而是由许多人分头去做一小部分工作。"由于这样的分工,"报刊就通过分工一步一步地掌握全部的事实"②。由于这种适当的分工,报纸工作者就能胜任社会赋予他们的各项任务。"这样,只要报刊生气勃勃地采取行动,全部事实就会被揭示出来。这是因为,虽然事情的整体最初只是以有时有意、有时无意地同时分别强调各种单个观点的形式显现出来的,但是归根到底,报刊的这种工作本身还是为它的工作人员准备了材料,让他把材料组成一个整体。"③

　　当然,报刊的分工和报刊的有机运动不是尽善尽美的,它们存有不足或缺陷。马克思认为,报刊不经过源于其本质的必然发展阶段,就不可能成为真正的报刊。所以,在报刊发展过程中出现的这样或那样的问题,是难以避免的。他举例说:"自由的报刊即使生产出坏的产品,也仍然是好的,因为这些产品正是违反自由报刊本性的现象。"④"一切发展中的事物都是不完善的,而发展只有在死亡时才结束。"⑤因此,不应该因为报刊存有某些不足或缺陷而指责报刊,而应该因势利导,推动报刊的有机运动,使报刊的各个分子都得到最充分的发展。

　　不仅如此,马克思还指出,报刊在自己的有机运动中还会把这些不足与缺陷变为自己成长发展的营养剂和防腐剂。因为,"即使年轻的报刊每天都使自己遭到非议,即使恶劣的激情渗入报刊,人民还是通过它来了解自己的状况,并且知道,报刊中尽管存在着种种由于怀有敌意或缺乏理智而产生的毒素,但报刊的本质总是真实的和纯洁的,这种毒

---

① 《马克思恩格斯全集》第 1 卷,人民出版社 1995 年第 2 版,第 358 页。
② 同上。
③ 同上。
④ 同上书,第 171 页。
⑤ 同上书,第 164 页。

素会在报刊的永不停息的滚滚激流中变成真理和强身健体的药剂"①。马克思对这个问题的结论是：报纸本身就是它自己的医生。

由此马克思提出，必须为报刊的有机运动开辟广阔的道路。他指出，要使报刊完成自己的使命，首先不应该从外部施加任何压力，必须承认报刊具有自己的内在规律，这种规律不能而且也不应该由于专横暴戾而丧失掉。

在马克思反对外力甚至暴力干扰报刊有机运动的同时，恩格斯则着重指出新闻工作者自身素质对报刊有机运动的意义。他说："新闻事业，特别是对于我们这些天性不那么灵活的德国人（因此犹太人在这方面也'胜过'我们）来说，是一个非常有益的学校，通过这个工作，你会在各方面变得更加机智，会更好地了解和估计自己的力量，更主要的是会习惯于在一定期限内做一定的工作。但是，从另一方面看，新闻事业使人浮光掠影，因为时间不足，就会习惯于匆忙地解决那些自己都知道还没有完全掌握的问题。"②在这种工作环境和工作条件下，恩格斯强调新闻工作者必须有很好的素质，才能适应和胜任这种工作的特殊要求，确保报刊的有机运动。

在另一个地方，恩格斯还指出，新闻工作者不仅要有好的素质，而且还应该具备极强的工作能力。"必须像一个真正的记者那样写作，就是说，写得快，手头有什么材料就写什么。"③他强调一个记者应该具备很强的动手能力和写作能力，另外还应具备很好的识别能力。上面引用的恩格斯谈新闻事业特征的话，是他对一位德国经济学家和哲学家说的。恩格斯在那封信里说，要有能力去识别"什么是形式华丽但只是靠手边的辅助材料写成的应时作品，什么是精心完成的但外表可能不太华丽的科学著作"④。

这样，在一个自由发展的社会里，加上新闻工作者的主观能动作用的积极发挥，实行合理分工的各种报刊才能按规律进行有机运动，完成其巨大的社会功能。

在探讨报刊分工和报刊有机运动的过程中，马克思和恩格斯还特

---

① 参见《马克思恩格斯全集》第 1 卷，人民出版社 1995 年第 2 版，第 353 页。
② 参见《马克思恩格斯全集》第 37 卷，人民出版社 1971 年版，第 318—319 页。
③ 参见《马克思恩格斯全集》第 38 卷，人民出版社 1972 年版，第 409 页。
④ 参见《马克思恩格斯全集》第 37 卷，人民出版社 1971 年版，第 319 页。

别考察了报刊形成发展同一定社会的经济、政治的关系。恩格斯曾经说过,创造人类社会历史的"有无数互相交错的力量,有无数个力的平行四边形,而由此而产生出一个总的结果,即历史事变,这个结果又可以看作一个作为整体的不自觉地和不自主地起着作用的力量的产物"①。因此,他和马克思都认为报刊的形成与发展,既有自己的内在规律,又受到一定社会经济与政治等多种因素的影响。同时,报刊又给予这些经济政治因素以一定的反作用的影响。由此他们认为,在资产阶级社会,报刊是有阶级倾向性的新闻与舆论的载体。他们还分别考察了资产阶级报刊和无产阶级报刊同一定社会经济、政治互动关系的不同特点,考察了这两种报刊不同的历史使命和阶级色彩,并进一步考察了由此而形成的资产阶级报刊工作者和无产阶级报刊工作者不同的职业道德及政治、业务素质。在此基础上,马克思和恩格斯还深入地考察了无产阶级党报的使命、特点和社会功能。

马克思和恩格斯的上述一系列考察与研究,不仅把人们从19世纪开始的对新闻传播规律的研究引向深入,而且推动无产阶级政党活动家和报刊活动家,注意发现和遵循新闻传播的一般规律和无产阶级报刊运作发展的特殊规律,更加有效地发挥工人报刊和党的报刊的战斗威力,从而推动整个共产主义伟大事业浩浩荡荡地向前迈进。

这就是马克思和恩格斯探索新闻传播规律的历史性贡献。

* * *

1895年8月5日,弗里德里希·恩格斯在伦敦逝世。在他的葬礼上,党报编辑的代表指出:伟大的恩格斯既是指路人,又是带路人;既是领袖,又是战士。德国社会民主党中央机关报《前进报》在悼文中写道:

"对我们说来,他并没有死,他还活着,他还在向我们讲话,他还是我们的指路人和引路人,他鼓舞我们前进——我们以前在卡尔·马克思的灵前所发的誓言,现在也要在弗里德里希·恩格斯的灵前再发一遍:我们要实现你教导我们的一切!"②

马克思主义新闻学经过马克思和恩格斯这两个奠基人半个多世纪的呕心沥血的艰苦探索,已经初步形成。而在20世纪国际共产主义运

---

① 参见《马克思恩格斯全集》第37卷,人民出版社1971年版,第461—462页。
② 参见《我们的一生》,天津人民出版社1983年版,第379—380页。

动和无产阶级、社会主义报刊实践的沃土上发展它、丰富它,已历史地落在马克思主义后继者的肩上。经过以列宁和毛泽东为代表的无产阶级报刊活动家的卓越努力,马克思主义新闻学吸纳俄国、中国以及欧亚许多国家无产阶级、社会主义新闻事业的新鲜经验,又跃上了一个新的发展高度。

[思考题]
1. 《莱茵报》时期马克思恩格斯的新闻思想及其评价。
2. 《新莱茵报》时期马克思恩格斯的新闻思想及其评价。
3. 《社会民主党人报》时期马克思恩格斯的新闻思想及其评价。
4. 简述马克思恩格斯探讨新闻传播规律的主要内容。
5. 简述马克思恩格斯探讨新闻传播规律的现实意义。

[阅读书目]
1. 陈力丹:《马克思主义新闻观思想体系》中"第四章:人类交往的三种形态"、"第六章:马克思和恩格斯论新闻的传播",中国人民大学出版社2006年版。
2. 吴廷俊:《马列新闻活动与新闻思想史》上编"马克思恩格斯的新闻活动与新闻思想",第7—180页,华中理工大学出版社1992年第1版。

第五章

列宁的新闻论著及其对马克思主义新闻学的发展

> 没有革命报纸,我们决不可能广泛地组织整个工人运动。我们不相信阴谋手段,我们不用单独的革命行动去破坏政府;我们的实际行动口号就是德国社会民主党的老战士李卜克内西所说的:——学习,宣传,组织,这些活动能够而且必须以党的机关报为中心。
>
> ——列 宁

恩格斯逝世以后,列宁和毛泽东分别在欧洲和亚洲,在俄国和中国,在这两个经济上都相对落后、政治上又十分反动的国家里,在20世纪新的时代条件下,继承马克思和恩格斯的伟大事业,把马克思主义新闻学推向新的发展阶段。

列宁曾经指出,俄国工人报刊的历史,同俄国民主运动和社会主义运动的历史是紧紧联系在一起的。从1895年开始的俄国工人报刊历史,从一开始就伴随而行的马克思主义派同机会主义派斗争的历史,是同列宁的名字、列宁的生平事业、列宁的报刊活动紧紧联系在一起的。以继承和发展马克思主义新闻思想为主要内容、主要贡献、主要特色的列宁新闻思想,是在这种艰巨而生动的办报实践,以及各种思潮交叉在一起的尖锐复杂的路线斗争中逐渐形成、深化和发展的。

列宁新闻思想的形成和发展,他的新闻经典论著的撰写与发表,大致可依次分为建党、夺取政权和社会主义建设三个时期。

第一节　建党时期的新闻论著

列宁新闻思想的提出，最初是同在俄国建立马克思主义政党的历史性任务联系在一起的。列宁提出，在俄国建立和巩固党的机关报，就是建立和巩固党本身。列宁就是通过创办和出版《火星报》——全俄第一张马克思主义机关报，把社会民主工党从思想上和组织上真正地建立起来的。在建党过程中，列宁提出的创办全俄政治性机关报对建党的迫切性和重要性，党报巨大的社会作用等党报理论观点，成为他的新闻思想的最初内容。

一、《火星报》和列宁的新闻论述

《火星报》是第一个全俄马克思主义政治报，1900年12月24日由列宁在俄国境外创办。该报根据列宁的倡议和在他的直接领导下，制定了党纲草案，筹备了在1903年召开的俄国社会民主工党第二次代表大会。这份报纸对粉碎俄国工人运动中的"经济派"思潮，联合分散的社会民主主义小组，组建真正的马克思主义政党，起了决定性的作用，实现了列宁关于党的报纸不仅是集体的宣传员和集体的鼓动员，而且是集体的组织者的思想。1903年11月，由于不同意补进孟什维克编辑，列宁退出编辑部。自第52期起，由于普列汉诺夫的妥协，该报领导权落到孟什维克手里。重组后的《火星报》，出至1905年第112期停刊。人们所说的《火星报》路线，或旧《火星报》方针，指的是列宁领导报社并主持编务时期，即第1期至第51期期间《火星报》所执行的路线与方针。

1898年3月，俄国社会民主工党第一次代表大会召开。会后，中央委员会以大会名义发表了《俄国社会民主工党宣言》，《宣言》宣布了俄国社会民主工党的成立，把争取政治自由和推翻专制制度作为社会民主工党当前的主要任务，把政治斗争和工人运动的总任务结合了起来。但这次大会没有制定出党纲和党章，也没有形成中央的统一领导，而且大会闭幕后不久大多数代表和中央委员遭逮捕，所以统一的党实际上没有建立起来。因此,列宁在这一时期把重建马克思主义政党和用马克思主义统一全俄工人运动作为政治活动的目标,而把创办统一的全俄政治性机关报作为达到这一目标的唯一手段。

列宁首先以极其敏锐的眼光分析了俄国革命面临的复杂的国际共产主义运动形势。他在为《工人报》写的文章之一《我们的纲领》中指出:"目前国际社会民主党正处于思想动摇的时期。马克思和恩格斯的学说一向被认为是革命理论的牢固基础,但是,现在到处都有人说这些学说不完备和过时了。凡自称为社会民主党人并且打算出版社会民主党机关报的人,都应该以明确的态度对待这个不仅只是德国社会民主党人才关心的问题。""我们完全以马克思主义的理论为依据,因为它第一次把社会主义从空想变成科学,给这个科学奠定了巩固的基础,指出了继续发展和详细研究这个科学所应遵循的道路。它揭示了现代资本主义经济的实质,说明了雇佣工人、购买劳动力怎样掩盖着一小撮资本家、土地占有者、厂主、矿山主等等对千百万贫苦人民的奴役。它表明了现代资本主义发展的整个过程怎样使小生产逐渐受大生产的排挤,怎样创造条件,使社会主义社会制度成为可能和必然。它教导我们透过那些积习、政治手腕、奥妙的法律和诡辩的学说看出阶级斗争,看出形形色色的有产阶级同广大的贫苦人民、同领导一切贫苦人民的无产阶级的斗争。它说明了革命的社会党的真正任务不是臆造种种改造社会的计划,不是劝导资本家及其走狗改善工人的处境,不是策划密谋,而是组织无产阶级的阶级斗争,领导这一斗争,而斗争的最终目的是由无产阶级夺取政权并组织社会主义社会。"①

作了这样的分析之后,列宁强调了坚持马克思主义理论的重要意义,强调了在报纸上如何正确地宣传这一革命理论。他说:"没有革命理论,就不会有坚强的社会党,因为革命理论能使一切社会党人团结起来,他们从革命理论中能取得一切信念,他们能运用革命理论来确定斗争方法和活动方式;维护这个具有起码理解力的人都认为是正确的理论,反对毫无根据的攻击,反对败坏这个理论的企图,这决不等于敌视任何批评。我们决不把马克思的理论看作某种一成不变的和神圣不可侵犯的东西;恰恰相反,我们深信:它只是给一种科学奠定了基础,社会党人如果不愿落后于实际生活,就应当在各方面把这门科学推向前

---

① 《列宁全集》第 4 卷,人民出版社 1984 年第 2 版,第 160 页。

进。我们认为,对于俄国社会党人来说,尤其需要独立地探讨马克思的理论,因为它所提供的只是总的指导原理,而这些原理的应用具体地说,在英国不同于法国,在法国不同于德国,在德国又不同于俄国。因此我们很愿意在我们的报纸上登载有关理论问题的文章,请全体同志来公开讨论争论之点。"①

在筹办《火星报》过程中,列宁透彻地分析了俄国国内的局势。在《火星报》编辑部声明中,他以"编辑部的话"的名义说道:"我们正处在俄国工人运动和俄国社会民主党历史上极端重要的时刻。近几年来社会民主主义思想在我国知识界传播之快,是异常惊人的,而与这一社会思潮相呼应的却是工业无产阶级的独立产生的运动。工业无产阶级开始联合起来同自己的压迫者斗争,他们开始如饥似渴地向往社会主义。到处都出现工人小组和知识分子社会民主党人小组,地方性的鼓动小报广为流传,社会民主主义的书报供不应求,政府变本加厉的迫害已阻挡不住这个运动了。监狱中拥挤不堪,流放地也已人满为患,几乎每个月都可以听到俄国各地有人被'抓获'、交通联络站被侦破、书报被没收、印刷所被封闭的消息,但是运动在继续发展,而且席卷了更加广大的地区,它日益深入工人阶级,愈来愈引起社会上的注意。俄国经济的整个发展进程、俄国社会思想和俄国革命运动的全部历史,将保证社会民主主义工人运动最终冲破重重障碍而向前发展。""可是,另一方面,最近时期我们的运动特别明显的主要特点,就是运动的分散状态,即运动的所谓手工业性质:地方小组的产生和活动,相互之间并没有联系,甚至(这一点尤其严重)与一直在同一中心活动的小组也没有联系;没有树立传统,没有继承性,地方书报也完全反映出分散状态,反映了同俄国社会民主党已经树立的东西缺乏联系。"②

列宁接着指出,工人运动的分散性和地方性,弥漫于工人运动中的"经济派"的观点,对俄国工人运动和党的建设是极其有害的。为切实地解决这些问题,列宁提出当前最迫切的任务是创办一个全俄政治性机关报。他指出:"我们认为现在最迫切的任务是着手解决这些问题,为此就必须把创办一个能正常出版而且同各地方小组有密切联系的党

---

① 《列宁全集》第4卷,人民出版社1984年第2版,第161—162页。
② 同上书,第311—312页。

的机关报作为我们的当前目标。我们认为,社会民主党人应当把这个工作作为最近期间的全部活动内容。没有这样的机关报,地方工作仍然是狭隘的'手工业方式'的。不通过一种报纸把党的正确的代表机关建立起来,党的成立在很大程度上仍然是一句空话。不通过中央机关报把经济斗争联合起来,经济斗争就不可能成为俄国无产阶级的阶级斗争。如果全党不在一切政治问题上发表意见,不指导各个斗争,那么政治斗争就不可能进行。不在中央机关报上讨论所有这些问题,不集体确定一定的活动方式和活动准则,不通过中央机关报来确立每个党员对全党负责的原则,要想组织革命力量,进行纪律教育,提高革命技术都是不可能的。"①

列宁强调指出,提出创办全俄政治性机关报的任务,是由俄国社会民主工党特殊的处境决定的。他说:"我们必须集中一切力量来创办一个能正常出版和正常发行的党的机关报,因为俄国社会民主党的处境独特,同欧洲其他国家的社会民主党和俄国旧的革命政党大不相同。德、法等国的工人除了出版报纸以外,还有许多公开活动的形式和组织运动的方法,如议会活动、竞选鼓动、人民的集会、参加地方社会团体(乡村的和市镇的)、公开领导手工业者联合会(工会、行业工会)等等。而我们在取得政治自由以前,则必须用革命的报纸来代替这一切,而且正式代替这一切。没有革命报纸,我们决不可能广泛地组织整个工人运动。"②

在《火星报》创刊之后,"经济派"仍然鼓吹恐怖行动而力图缩小政治组织和政治鼓动工作的作用。为此,列宁又写了《从何着手?》一文,进一步强调建立战斗的党组织和在群众中进行鼓动工作的巨大意义。他说,"我们认为,创建全俄政治报应当是行动的出发点,是建立我们所希望的组织的第一个实际步骤,并且是我们使这个组织得以不断向深广发展的基线。首先,我们需要报纸,没有报纸就不可能系统地进行有坚定原则的和全面的宣传鼓动。进行这种宣传鼓动一般说来是社会民主党的经常的和主要的任务,而在目前,在最广大的居民阶层已经对政治、对社会主义问题产生兴趣时,则更是特别迫切的任务。现在比过去任何时候都更加迫切地需要进行集中的和经常的鼓动工作,用以补

---

① 《列宁全集》第 4 卷,人民出版社 1984 年第 2 版,第 168 页。
② 同上书,第 169 页。

充靠个人影响、地方传单、小册子等方式进行的零散的鼓动工作;而要进行这种集中的和经常的鼓动工作,就必须利用定期的报刊。报纸出版(和发行)号数多少和是否按时,可以成为衡量我们军事行动的这个最基本最必要的部门是否坚实可靠的最确切的标准,这样说看来并不是夸大。其次,我们需要的是全俄的报纸。假使我们不能够用报刊上的言论来统一我们对人民和对政府的影响,或者说在我们还不能够做到这点以前,要想去统一其他更复杂、更困难然而也是更有决定意义的影响手段,那只能是一种空想。无论在思想方面,或者在实践、组织方面,我们的运动的缺点首先就在于自己的分散性,在于绝大多数社会民主党人几乎完全陷入纯粹地方性的工作中,这种地方性的工作会缩小他们的眼界和他们的活动范围,限制他们从事秘密活动的技能和水平的提高。因此,我们上面所说的那种不坚定和动摇的最深刻的根源,正是应当从这种分散性中去寻找。而为了克服这个缺点,为了把各个地方的运动合成一个全俄的运动,第一步就应当是创办全俄的报纸。最后,我们需要的报纸还必须是政治报纸。没有政治机关报,在现代欧洲就不能有配称为政治运动的运动。没有政治机关报,就绝对实现不了我们的任务——把一切政治不满和反抗的因素聚集起来,用以壮大无产阶级的革命运动。"①

列宁还强调指出并具体分析了全俄政治报对建党十分重要的组织作用。他指出:"报纸的作用并不只限于传播思想、进行政治教育和争取政治上的同盟者。报纸不仅是集体的宣传员和集体的鼓动员,而且是集体的组织者。就后一点来说,报纸可以比作脚手架,它搭在正在建造的建筑物周围,显示出建筑物的轮廓,便于各个建筑工人之间进行联络,帮助他们分配工作和观察有组织的劳动所获得的总成绩。依靠报纸并通过报纸自然而然会形成一个固定的组织,这个组织不仅从事地方性工作,而且从事经常的共同性工作,教育自己的成员密切注视政治事件,思考这些事件的意义及其对各个不同居民阶层的影响,拟定革命的党对这些事件施加影响的适当措施。单是技术上的任务——保证正常地向报纸提供材料和正常地发行报纸——就迫使我们去建立统一的党的地方代办网,这些代办员彼此间要密切联系,了解总的情况,习惯于经常按时执行全国性工作中的各种零星任务,并组织一些革命行

---

① 《列宁全集》第 5 卷,人民出版社 1986 年第 2 版,第 6—7 页。

动以检验自己的力量。这种代办员网将是我们所需要的那种组织的骨干。这种组织,其规模之大使它能够遍布全国各地;其广泛性和多样性使它能够实行严密而精细的分工;其坚定性使它在任何情况下,在任何'转变关头'和意外情况下都能始终不渝地进行自己的工作;其灵活性使它善于一方面在占绝对优势的敌人集中全部力量于一点的时候避免同他公开作战,另一方面又利用这个敌人的迟钝,在他最难料到的地点和时间攻其不备。"①

列宁还强调,办好全俄政治报,不仅可以为党培养一大批宣传骨干,还可以为党准备高级干部。他说:"假如我们集中自己的力量来办共同的报纸,那么,这样的工作不仅可以培养和造就出最能干的宣传员,而且可以培养和造就出最有才干的组织者,最有才能的党的政治领袖,这些领袖在必要的时候,能够提出进行决战的口号并且领导这个决战。"②

经过艰巨的、复杂的、卓有成效的政治斗争和理论较量,列宁终于说服了俄国工人阶级,团结各地的马克思主义小组,于1903年7月在国外召开了俄国社会民主工党第二次代表大会。大会通过了由《火星报》编辑部制定的纲领草案,大会宣布《火星报》为中央机关报。这次大会具有伟大的历史意义,列宁说,布尔什维克主义作为政治思潮,作为一个政党而存在,是从1903年开始的。而列宁这一时期的新闻思想,也正是在重新建党的过程中形成的。全党对《火星报》路线的充分肯定,也是对列宁新闻思想的高度赞赏。

二、建党时期列宁的新闻思想

根据上述《火星报》时期列宁撰写的代表性新闻论著,以及其他的相关材料,可以对这一时期列宁的新闻思想作如下的梳理。

1. 建党的着手点——办报

列宁指出,着手建立和巩固党的机关报,是建党的第一个步骤。

(1) 通过党报的宣传和鼓动,批判形形色色的机会主义,清除"经济派"的影响,可以从思想上统一和团结党。列宁指出,建党不是下一

---

① 《列宁全集》第5卷,人民出版社1986年第2版,第8—9页。
② 同上书,第9—10页。

道命令就可以完成的,在党的统一以前,首先必须同"经济派"、伯恩施坦派等机会主义派别划清界限。不然,党的统一就只能是一种假象,只能掩盖现存的涣散状态,妨碍把这种涣散状态彻底清除。

(2)通过党报制定统一的党纲和党章,通过党报工作者自下而上和广泛周密的联系,可以把党集中起来,组织成为工人阶级先锋队。列宁指出,党统一的先决条件之一是克服小组习气和手工业方式,必须有一张全俄统一的机关报,才能使各地的党的工作者意识到他是在"行列"里前进,他的工作直接为党所需要,他是那根一定要勒死俄国专制政府的链条上的一个环节。

通过党报的宣传和鼓动,不仅可以用统一的党纲和党章使各地方小组遵循共同的目标并把他们集中起来,而且可以通过党报工作者把各个小组和各个运动中心串联起来,最后形成一个全党的中心,在此基础上建立起来的党,才是打不烂、摧不垮的真正的俄国工人阶级先锋队,是钢铁的堡垒。

(3)通过创办党的机关报的实际步骤,可以使宣传和鼓动的内容更加广泛和更加深刻,在此基础上建立起来的党将更有战斗力。列宁认为,创办全党的政治性报纸,将把全国最优秀的马克思主义者和党的先进写作力量组织起来,极大地改善目前普遍存在的宣传鼓动方面的弊病。

(4)通过创办全俄政治报可以对工人群众进行持久而有效的政治训练,为建党打下深厚的阶级基础。列宁指出,俄国的工人运动已经从罢工的经济斗争转到了反对俄国专制政府的广泛的革命斗争,俄国无产阶级已经成熟到可以和其他所有的阶级一样,利用报纸这种现代刊物。而只有政治性的报纸才能真正地把工人群众培养成有政治觉悟的人,从而为建党作好准备。

(5)通过创办报纸来建党,甚至通过报纸进行广泛的组织整个工人运动和破坏现政权的斗争,是俄国工人阶级的主要斗争方式。列宁认为,这种斗争方式,是由俄国特殊的国情和俄国工人运动的条件决定的。

2. 报纸工作的纲——全俄政治报

列宁不仅论证了创办报纸对建党的迫切意义,论证了党报在党的建立和巩固中的重要作用,而且还论证了党的建立和巩固中需要什么样的报纸。

（1）要集中进行经常性的鼓动工作，必须利用定期出版的报纸。报纸出版和发行的次数及其能否坚持经常出版，是衡量作为建党出发点的报纸是否巩固的最确切标准。

（2）当前迫切需要的是全俄的报纸。这是因为，当前运动的缺点在于自己的散漫性和绝大多数社会民主党人陷于纯粹地方性的工作之中。为了克服这些缺点，必须把各地的运动合成一个全俄的运动，第一步就应当创办全俄的报纸。

（3）当前最迫切的是出版全俄的政治性的报纸。没有政治机关报，就绝对不能完成当前的任务，即把一切革命力量集合起来，用以壮大无产阶级的革命运动。列宁还认为，只有依靠政治机关报，才能取得对当前运动的真正的领导权。

由以上分析，列宁认为，当前建党工作的重要步骤是办报，而报纸工作的纲是办一张全俄政治报。这个观点在建党时期的列宁新闻思想中，占有重要地位。党必须首先创办和办好政治性机关报，这是马克思恩格斯对于党报工作的重要观点。列宁强调和实践了创办全俄政治报的思想，生动地表明他不仅忠实地继承了马克思主义新闻思想，而且根据俄国的特殊国情和俄国工人运动的特殊条件，丰富和发展了这一思想。

3. 党报的三个作用——集体的宣传员、鼓动员、组织者

建党时期，列宁就党报的作用提出过一个著名的论断："报纸的作用并不限于传播思想、进行政治教育和吸引政治同盟军。报纸不仅是集体的宣传员和集体的鼓动员，而且是集体的组织者。""宣传员"、"鼓动员"、"组织者"，党报的这三个被列宁形象化了的作用中，前两个作用，是列宁在一系列文章和演说中经常提到的，主要是指传播思想，进行政治教育和吸引政治同盟军。尽管列宁对宣传和鼓动的差别给以科学的说明，总的说来，这两方面的作用也是马克思和恩格斯经常谈到的一般党报的作用。这里值得注意的是第三个即党报作为"集体的组织者"的作用，虽然马克思恩格斯也曾经提到报纸的组织作用，但没有像列宁那样突出地、尖锐地强调党报的组织作用。

列宁关于党报是集体组织者的思想，同他论述党报在建党中的地位与作用的思想是完全一致的。列宁要求《火星报》的工作人员和千万读者为建党采取迫切的实际步骤。他在《怎么办？（我们运动中的迫切问题）》中重申了他的一贯主张：如果不在各地培植起强有力的政

治组织,那么再有办得极好的全俄报纸也没有什么意思,这话完全正确。但问题就在于除了利用全俄报纸之外,再没有别的方法可以培植起强有力的政治组织。他指出,现在需要的不是在原则上而是在实际上解决问题,需要的是立刻提出一个明确的建设计划,使大家能够立刻从各方面着手进行这种建设。列宁的观点十分明确:全俄政治报要为工人政党的建设当好"组织者",充分发挥党这个集体的组织者的作用。列宁还指出,这种组织者的作用,也就是报纸的"集合"作用。把先进战士集合起来,组织成全俄统一的工人阶级政党。他曾经打过两个比方,阐释全俄政治报的这种"组织者"的作用。

第一,"引线"。列宁说,当石匠建造一座空前巨大的建筑物而在各个地点放置石头的时候,他总要拉一根线来测定放置石头的适当位置,指明全盘工作的最终目的,不仅使每一块石头而且使每一小片石头都能得到应用,使它们相互衔接起来,形成一座完整而统一的大厦的轮廓。列宁说,《火星报》就是这样的"引线"。

第二,"脚手架"。列宁说,就报纸是集体的组织者这一点来说,可以把报纸比作脚手架。他想通过这个比喻说明,全俄政治报这个"脚手架",是为修建俄国工人阶级政党这个"建筑物"服务的。如果党建成了,那么全俄政治报的任务也就完成了。如果没有全俄政治报,便无法建成真正的工人政党。

4. 党报编辑工作原则

在《火星报》时期,列宁提出了多项党报编辑工作的原则,主要有:

(1) 按马克思主义方针办报。

列宁认为,党报必须旗帜鲜明地按马克思主义方针办报,以此统率整个编辑业务。在草拟《火星报》和《曙光》杂志的编辑部声明时,他强调指出,党的报刊应该广泛地报道一切运动和一切有关社会主义的理论,使撰稿人进行同志般的论战,但是我们又必须以明确的方针从事著述和编辑党的机关刊物的工作,我们应当尽量使每个社会民主党人和每个有觉悟的工人,对一切基本问题都有明确的认识,没有这个条件,就不可能广泛地和有计划地进行宣传和鼓动。

在《火星报》编辑部声明中,列宁将上面的观点用精辟的语言作了这样经典的表述:"我们不打算把我们的机关报变成一个形形色色的观点简单堆砌的场所。相反,我们将严格按照一定的方针办报。一言以蔽之,这个方针就是马克思主义;我们大概也没有必要再补充说,我们主张不断发展马克思和恩格斯的思想,坚决反对爱德华·伯恩施坦、彼·司徒卢威和其他许多人首先提出而目前甚为流行的那些似是而非的、暧昧不明的和机会主义的修正。"① 只要回顾一下国际共产主义运动和俄国建党前夕思想混乱、派别林立的情况,我们就能理解列宁提出的这个方针是多么正确,多么符合建党任务的要求。

列宁对报刊的方针十分重视,后来他说过,对有觉悟的工人来说,每一个机关刊物最重要的首先是它的原则性。没有方针的杂志是一种荒谬的、奇怪的、糟糕的、有害的东西。他一生都十分关注报刊的编辑方针,为他编辑和为他领导的报刊确定正确的方针。他编辑的《火星报》在这方面为一切布尔什维克和苏维埃的报刊,为一切社会主义和工人政党的报刊树立了一个优秀的范例。

(2) 直接展开同志般的论战。

列宁认为,全俄政治报的使命是从思想上统一全党的认识,从组织上集合党的队伍,为建立真正的马克思主义政党作准备。为求思想上的统一,不是下一个命令能够办到的,而必须让各种理论和各种观点展开论战,最后以马克思主义观点克服其他种种理论和观点,使全体社会民主党人团结在马克思主义的旗帜之下。列宁在《火星报》编辑部工作时指出,虽然在讨论一切问题时我们持有自己一定的观点,但是,我们决不反对同志们在我们的机关刊物上进行论战。为了说明目前各种分歧意见的深度,为了全面讨论争论的问题,为了反对革命运动中不同观点的代表,甚至不同地区或不同"职业"的代表必然会走上的极端,在全体俄国社会民主党人和觉悟工人面前公开展开论战是必要的和适当的。列宁反对掩盖矛盾、压制争论的做法。他指出,显然分歧的观点不作公开的交锋,竭力把关键问题上的意见分歧包藏起来,这正是当前运动中的一个缺陷。

列宁指出,只有经过论战和斗争,才能实现真正的统一,否则这种"统一"是没有意义的。他说,我们盼望统一,但是如果我们把"经济主义"的文件像不可告人的疾病那样对同志们隐瞒起来,如果我们抱怨公布了冒充社会民主主义观点的东西,那么这种"统一"就是分文不值的,这种"统一"就是真正的虚伪,它只能加重病情,使它转为恶性的痼疾。而公开的、直接的、正直的斗争却能治疗这种疾病,能建立起真正

---

① 《列宁全集》第 4 卷,人民出版社 1984 年第 2 版,第 316 页。

统一的、朝气蓬勃的和强有力的社会民主党。

列宁始终认为，只有论战、争论、斗争，才能分清是非，划清界限，真正坚持马克思主义。有人担心：又要反对形形色色的观点，又要让各种意见展开论战，会不会模糊社会民主党的理论明确性和立场坚定性？列宁回答说，如何划清健康的、有益的倾向与有害的倾向之间的界限呢？局限于口头上的争论是不行的。既然在通信中和讨论会上早已对问题展开争论，害怕在报刊上分析探讨，岂不可笑吗？为什么在会议上争论和写信是可以的，而在刊物上澄清争论的问题却不可以？列宁强调，只有在报刊上进行公开论战，才能分清是非，准确地划清界限，实现党的真正的统一。

（3）从理论上阐明事件。

列宁认为，作为党报的编辑，应该把向俄国社会民主党人和觉悟工人进行马克思主义理论教育提到最重要的地位，作为报纸最重要的内容。他指出，报纸如果想成为全体俄国社会民主党人的机关报，它就必须具有先进工人的水平；它不仅不应该人为地降低自己的水平，反而要不断提高自己的水平，注视全世界社会民主主义运动中的一切策略问题、政治问题和理论问题。他强调没有革命理论，就不会有坚强的社会主义政党。

针对俄国当时工人运动的缺陷，列宁特别强调党的报刊要在宣传和鼓动中处理好经济斗争和政治斗争的关系，要坚持从理论上阐明每一个社会事件。他指出，所有的社会民主党人一致认为必须组织工人阶级的经济斗争，必须在这个基础上到工人中间去进行鼓动，帮助工人去同工厂主进行斗争，叫工人注意压迫的种种形式和事实，以此向他们说明联合起来的必要性。但是，因为经济斗争而忘掉了政治斗争，那就是背弃了全世界社会民主运动的基本原则，忘掉了全部工人运动史所教导我们的一切。列宁要求党报工作者向工人灌输这个马克思主义的基本观点，要用大量篇幅的日常鼓动说明这个基本观点，要系统地全面地发挥这个基本观点。谈到"灌输"，列宁曾经强调，阶级政治意识只能从外面灌输给工人，而无法从工人中自发产生，社会民主党人和报刊工作者应当到工人中间去，积极地做好灌输的工作。

列宁还指出，报纸和杂志完全可以根据篇幅和性质不同而分别就上述任务进行分工，但都必须全面地反映工人运动和向工人进行理论教育。他说，杂志主要是宣传，报纸主要是鼓动，但是，无论在杂志上或报纸上都必须反映运动的各个方面的情况。列宁认为,一般的工人报纸也好,供知识分子阅读的机关报也好,都必须把工人运动中的一切具体事例同社会主义理论,同科学、政治、党的组织等等问题联系起来,并用马克思主义的理论去阐明它们、传播它们。

第二节 夺权时期的新闻论著

俄国社会民主工党第二次代表大会以后,俄国无产阶级进入了反对沙皇统治和资产阶级政权,建立无产阶级专政的长期的艰苦斗争时期。

党的二大始终充满着不同派别和不同思潮的斗争。拥护列宁的多数派被称为布尔什维克,少数派孟什维克机会主义代替了过去的"经济派"。从1903年起,布尔什维克作为一种政治思潮和一种政党,同孟什维克主义展开了尖锐的斗争。斗争的一个重要领域,是对报刊这一党的宣传鼓动工具的争夺。

自从《火星报》被孟什维克篡夺,列宁退出《火星报》编辑部之后,列宁最关心的是,赶快创办党内多数派的机关报。从创办《前进报》开始,列宁提出了"捍卫自己的立场,捍卫党性"的口号,提出了出版物的党性和文学家的党性的思想。这一思想,是列宁在整个夺权时期新闻思想的核心。

一、夺权时期的新闻论述

"捍卫自己的立场,捍卫党性"的口号,最早是在列宁写于1904年11月29日的《给同志们的信(关于党内多数派机关报的出版)》一文中提出的。在那篇文章中,列宁说:"目前的情况非常明显,多数派不联合起来,不反击我们所谓的中央机关,就不可能捍卫自己的立场,就不可能在同小组习气的斗争中捍卫党性。"[①]

列宁强调,如果没有自己的机关报,如果少数派控制中央机关报的

[①] 《列宁全集》第9卷,人民出版社1987年第2版,第83—84页。

情况不改变,那么就不可能捍卫多数派自己的立场和捍卫党性。他说,"没有机关报的党,没有党的机关报！多数派早在8月就已提出的这个可悲的口号必然导致一个唯一的出路——创办自己的机关报。"①

列宁指出,多数派要创办的新机关报应该是反映全俄运动,指导全俄运动,推动全俄运动的机关报,而不是只代表若干小组的报纸。因此,必须动员和组织一切写作力量参加和支持新机关报的工作。他说,"首先而且最重要的就是必须得到国内'写作'方面的最有力的支持,确切些说,就是要有国内的同志参加写作。我所以强调'写作'一词并加上引号,是为了使大家立刻注意到它的特殊意义,防止误解,这种误解通常很容易发生并且会给事业带来极大的危害。这种误解就是:似乎著作家而且只有著作家(这里所说的是职业著作家)才能够办好机关报。恰恰相反,要把机关报办得生动活泼,生气勃勃,有5个负责领导和经常写作的著作家,就需要有500个、5 000个非著作家撰稿人。旧《火星报》的缺点之一(我一直努力使旧《火星报》消除这个缺点,但新《火星报》已经把这个缺点发展到惊人的程度),就是国内为这个报纸做的工作太少。我们往往把国内寄来的全部稿件几乎毫无例外地刊登出来。真正生动活泼的机关报应当只刊登来稿的十分之一,而把其余的稿件用作为著作家提供消息和意见的材料。必须使尽可能多的党的工作者和我们通信,这里是指通常所说的通信,而不是写稿性质的通信。"②

列宁特别强调加强同国内外沟通的重要性。他提出,"希望所有把这个机关报看作自己的机关报并意识到一个社会民主党党员的义务的人,永远抛弃资产阶级对合法报纸通常所习惯的那种想法和做法,如说什么写是他们的事,读是我们的事。所有社会民主党人都应当为社会民主党的报纸工作。我们请求所有的人,特别是工人,给我们写通信稿。让工人们有更多的机会给我们的报纸写稿,可以写各种各样的问题,尽量多写些自己的日常生活、感兴趣的问题和工作情况,没有这种材料,社会民主党机关报就一文不值,因而也就不配称为社会民主党的机关报。"③

---

① 《列宁全集》第9卷,人民出版社1987年第2版,第84—85页。
② 同上书,第86页。
③ 同上书,第86—87页。

列宁总结了旧《火星报》通信工作的经验和教训,指出必须全党动手,人人动手,不能只靠少数秘书给党报写稿。他说,"我们想特别提醒大家注意,不要让通信工作只是由委员会和只是由秘书掌管。没有比这种垄断更有害的了。在行动、决策方面统一是十分必要的,但在一般互通消息和通信方面统一却是非常不正确的。常常有这样的情况:比较'局外的人'(同委员会距离远的人)的信特别有价值,因为他们能够比较敏锐地感觉到有经验的老工作人员习以为常而不加注意的许多东西。让年轻的工作者,让青年、党的工作者、'集中派'、组织员以及参加飞行集会和群众大会的普通人员有更多的机会给我们写信。""只有这样,只有在这样广泛通信的条件下,我们才能同心协力地把我们的报纸办成俄国工人运动的真正的机关报。"①

1905年10月的全俄政治罢工显示了俄国无产阶级运动的强大力量,它有力地改善了社会民主党的工作条件,创办合法报刊的机会到来了。为了统一党内的认识,使报刊的宣传鼓动同党的总的步骤和策略保持一致,列宁撰写与发表了重要的纲领性文献《党的组织和党的出版物》。在《党的组织和党的出版物》中,列宁首先指出,正是在十月革命(1905年10月政治大罢工)以后,提出党的出版物和文学的党性的口号,十分重要和非常必要。他说:"当存在着非法报刊和合法报刊的区别的时候,党的报刊和非党报刊的问题解决得非常简单而又非常虚假,很不正常。一切非法的报刊都是党的报刊,它们由各个组织出版,由那些同党的实际工作者团体有某种联系的团体主办。一切合法的报刊都是非党的报刊(因为党派属性是不准许的),但又都'倾向'于这个或那个政党。畸形的联合、不正常的'同居'和虚假的掩饰是不可避免的;有些人没有成熟到具有党的观点,实际上还不是党的人,他们认识肤浅或者思想畏缩,另一些人想表达党的观点,出于无奈而吞吞吐吐,这两种情况混杂在一起了。""我们生活在这样的时候,到处都看得到公开的、诚实的、直率的、彻底的党性和秘密的、隐蔽的、'外交式的'、支吾搪塞的'合法性'之间的这种反常的结合。""出版物现在有十分之九可以成为,甚至可以'合法地'成为党的出版物。出版物应当成为党的出版物。与资产阶级的习气相反,与资产阶级企业主的即商人的报刊相反,与资产阶级写作上的名位主义和个人主义、'老爷式的无

---

① 《列宁全集》第9卷,人民出版社1987年第2版,第88页。

政府主义'和唯利是图相反,社会主义无产阶级应当提出党的出版物的原则,发展这个原则,并且尽可能以完备和完整的形式实现这个原则。"①

对于"党的出版物的原则"即党的新闻事业的党性原则的含义,列宁作了这样的规定:"党的出版物的这个原则是什么呢?这不只是说,对于社会主义无产阶级,写作事业不能是个人或集团的赚钱工具,而且根本不能是与无产阶级总的事业无关的个人事业。无党性的写作者滚开!超人的写作者滚开!写作事业应当成为整个无产阶级事业的一部分,成为由整个工人阶级的整个觉悟的先锋队所开动的一部巨大的社会民主主义机器的'齿轮和螺丝钉'。写作事业应当成为社会民主党有组织的、有计划的、统一的党的工作的一个组成部分。"②

列宁驳斥了把坚持出版物的党性原则同创作自由对立起来的言论。他说:"无可争论,写作事业最不能作机械划一,强求一律,少数服从多数。无可争论,在这个事业中,绝对必须保证有个人创造性和个人爱好的广阔天地,有思想和幻想、形式和内容的广阔天地。这一切都是无可争论的,可是这一切只证明,无产阶级的党的事业中写作事业这一部分,不能同无产阶级的党的事业的其他部分刻板地等同起来。这一切决没有推翻那个在资产阶级和资产阶级民主派看来是格格不入的和奇怪的原理,即写作事业无论如何必须成为同其他部分紧密联系着的社会民主党工作的一部分。报纸应当成为各个党组织的机关报。写作者一定要参加到各个党组织中去。出版社和发行所、书店和阅览室、图书馆和各种书报营业所,都应当成为党的机构,向党报告工作情况。有组织的社会主义无产阶级,应当注视这一切工作,监督这一切工作,把生气勃勃的无产阶级事业的生气勃勃的精神,带到这一切工作中去,无一例外,从而使'作者管写,读者管读'这个俄国古老的、半奥勃洛摩夫式的、半商业性的原则完全没有立足之地。"③

列宁阐明了党的组织与党的出版物的正确关系。他说,"第一,这里说的是党的出版物和它应受党的监督。每个人都有自由写他所愿意

---

① 《列宁全集》第 12 卷,人民出版社 1987 年第 2 版,第 92—93 页。
② 同上书,第 93 页。
③ 同上书,第 94 页。

写的一切,说他所愿意说的一切,不受任何限制。但是每个自由的团体(包括党在内),同样也有自由赶走利用党的招牌来鼓吹反党观点的人。言论和出版应当有充分的自由。但是结社也应当有充分的自由。为了言论自由,我应该给你完全的权利让你随心所欲地叫喊、扯谎和写作。但是,为了结社的自由,你必须给我权利同那些说这说那的人结成联盟或者分手。党是自愿的联盟,假如它不清洗那些宣传反党观点的党员,它就不可避免地会瓦解,首先在思想上瓦解,然后在物质上瓦解。""第二,资产阶级个人主义者先生们,我们应当告诉你们,你们那些关于绝对自由的言论不过是一种伪善而已。在以金钱势力为基础的社会中,在广大劳动者一贫如洗而一小撮富人过着寄生生活的社会中,不可能有实际的和真正的'自由'。作家先生,你能离开你的资产阶级出版家而自由吗?你能离开那些要求你作诲淫的小说和图画、用卖淫来'补充''神圣'舞台艺术的资产阶级公众而自由吗?要知道这种绝对自由是资产阶级的或者说是无政府主义的空话(因为无政府主义作为世界观是改头换面的资产阶级思想)。生活在社会中却要离开社会而自由,这是不可能的。"①

列宁最后指出,只有在党的正确领导下,为社会主义而创作的自由,才是真正自由的写作。他说,"这将是自由的写作,因为把一批又一批新生力量吸引到写作队伍中来的,不是私利贪欲,也不是名誉地位,而是社会主义思想和对劳动人民的同情。这将是自由的写作,因为它不是为饱食终日的贵妇人服务,不是为百无聊赖、胖得发愁的'一万个上层分子'服务,而是为千千万万劳动人民,为这些国家的精华、国家的力量、国家的未来服务。这将是自由的写作,它要用社会主义无产阶级的经验和生气勃勃的工作去丰富人类革命思想的最新成就,它要使过去的经验(从原始空想的社会主义发展而成的社会主义)和现在的经验(工人同志们当前的斗争)之间经常发生相互作用。"②

从1903年党的二大召开之后,到1917年10月社会主义革命胜利,整个夺权时期是漫长的,斗争是艰巨的,列宁围绕着坚持党性这一主题,发表过许多论述。

---

① 《列宁全集》第12卷,人民出版社1987年第2版,第95—96页。
② 同上书,第96—97页。

这一阶段,列宁还就新闻传播的一些基本原理和基本要求发表过不少重要论述。在《统计学和社会学》(写于 1917 年 1 月)一文中,他针对当时关于民族问题的讨论中缺乏历史观点和具体分析的情况,就如何驾驭事实、用事实说话提出自己的观点。他说:"就社会现象领域,没有哪种方法比胡乱抽出一些个别事实和玩弄实例更普遍、更站不住脚的了。挑选任何例子是毫不费劲的,但这没有任何意义,或者有纯粹消极的意义,因为问题完全在于,每一个别情况都有其具体的历史环境。如果从事实的整体上,从它们的联系中去掌握事实,那么,事实不仅是'顽强的东西',而且是绝对确凿的证据。如果不是从整体上、不是从联系中去掌握事实,如果事实是零碎的和随意挑出来的,那么它们就只能是一种儿戏,或者连儿戏也不如。"①

为此,就如何使用事实,列宁提出了这样的原则:"应当设法根据准确的和不容争辩的事实来建立一个基础,这个基础可以作为依据,可以用来同今天在某些国家中被恣意滥用的任何'空泛的'或'大致的'论断作对比。要使这成为真正的基础,就必须毫无例外地掌握所研究的问题有关的全部事实,而不是抽取个别的事实,否则就必然会发生怀疑,而且是完全合理的怀疑,即怀疑那些事实是随意挑选出来的,怀疑可能是为了替卑鄙的勾当作辩护而以'主观'臆造的东西来代替全部历史现象的客观联系和相互依存关系。"②根据这一原则,列宁提出,在社会学等社会科学研究中,应该引进统计学的研究方法。

在迎接无产阶级同资产阶级决战的斗争中,列宁就一系列重要的理论问题和政治问题进行了深入的研究。《怎样保证立宪会议的成功(关于出版自由)》,是他专门论述出版自由问题的一篇重要论文。

列宁首先对出版自由这个口号进行了分析,揭露了资产阶级所标榜的出版自由的实质。他指出:"资本家(许多社会革命党人和孟什维克因无知或守旧而追随他们)把取消书报检查和各党派可以自由出版任何报纸叫作'出版自由'。""这实际上并不是出版自由,而是资产阶级富翁欺骗被压迫被剥削人民群众的自由。""为什么会这样呢?大家都很清楚这是为什么。因为出版报纸是资本主义的有利可图的大行业,富人把几百万几百万卢布投入这一行业。资产阶级社会的'出版

---

① 《列宁全集》第 28 卷,人民出版社 1990 年第 2 版,第 364 页。
② 《列宁全集》第 28 卷,人民出版社 1987 年第 2 版,第 364—365 页。

自由'就是富人有自由在每天数百万份的报纸上有计划地不断地欺骗、腐蚀和愚弄穷人——被剥削被压迫的人民群众。""这就是大家都看到、都认识到的一个简单的、众所周知的、显而易见的事实,也是'几乎所有的人'都'羞羞答答地'故意不谈或胆怯地加以回避的事实。"①

列宁指出,必须同资产阶级通过他们的报纸来欺骗和毒害劳动人民,而劳动人民得不到真正的出版自由这种"令人气愤的弊端"进行斗争。怎么斗争呢?列宁指出:"这个办法就是报纸的私人广告业务由国家垄断。只要翻一翻《俄罗斯言论报》、《新时报》、《交易所小报》、《言语报》等等,就可以看到大量的私人广告,这些广告给出版这些报纸的资本家带来一笔巨大的甚至是主要的收入。世界上所有资产阶级报纸就是这样经营,这样发财,这样贩卖毒品毒害人民的。""在欧洲,有些报纸的发行量达到该市居民人数的1/3(比如,居民24万人,发行量8万份),这些报纸虽然免费送到每一家,但是它们的出版者还能得到一笔很可观的收入。这些报纸都是靠登私人广告的收入维持的,而报纸免费送到每一家则保证了这些广告得到最广泛的传播。""试问,为什么自称革命的民主派不能实行这项措施,不能宣布报纸的私人广告业务由国家垄断呢?为什么不能宣布除了省、市苏维埃出版的报纸以及彼得格勒中央苏维埃出版的全国性报纸,其他任何报纸不得刊登广告呢?为什么'革命'民主派必须容忍那些拥护科尔尼洛夫并且散布谣言诬蔑苏维埃的富人靠登私人广告来发财呢?"②

列宁指出,还有一个办法,那就是征用印刷所和纸张,供劳动人民使用。他说:"苏维埃形式的国家政权要把所有的印刷所和所有的纸张拿来公平地分配:首先是给国家,这是为了大多数人民的利益,大多数穷人的利益,特别是世世代代受地方和资本家折磨、压抑和愚弄的大多数农民的利益。其次,是给比如在两个首都获得10万或20万选票的大党。再次,是给比较小的党以及任何一个达到一定人数或征集到一定数量签名的公民团体。只有这样分配纸张和印刷所才是公平的;在苏维埃掌握政权的条件下,实行这种分配是毫无困

---

① 《列宁全集》第32卷,人民出版社1985年第2版,第227—228页。
② 同上书,第229页。

难的。"①

最后,列宁总结说,采取上述一系列革命措施,"这才是为立宪会议选举所作的'革命民主的'准备,这才是先进工人和士兵对农村的帮助,这才是国家为了教育人民而不是愚弄和欺骗人民所给予的帮助,这才是供所有人而不是供富人享受的真正的出版自由,这才是同迫使我们容忍富人霸占宣传和教育农民的伟大事业的可诅咒的和受奴役的过去实行决裂。"②

正是列宁采取了这一系列革命政策,主导了革命舆论,为社会主义革命的胜利和无产阶级专政的建立,作了理论上和政治上的充分准备。

二、夺权时期列宁的新闻思想

夺权时期,列宁围绕报刊工作的党性原则、出版自由、党报业务建设等问题,提出了一系列重要的新闻思想。

1. 党报事业的党性原则

(1)"党的出版物"和"党的文学家"。

在《火星报》时期,列宁指出,党报是作为党的一个"组织细胞"而存在和活动的,指出全俄政治报是党这个"巨大的鼓风机"的一部分,《火星报》是社会民主党的一个组成部分。自1905年以后,特别是这一年十月全俄政治罢工以后,在俄国造成了社会民主党可以出版合法报刊的新条件,列宁进一步提出"党的出版物"和"党的文学家"的口号。这是因为,当存在着非法报刊和合法报刊区别的时候,人们对党的报刊和非党的报刊的观念解决得非常简单。而现在党的报刊可以公开出版了,为了在一切合法报刊中使社会民主党人的报刊以鲜明的立场和明确的语言表现自己的党性立场,也为了揭露那些打着党报旗号招摇撞骗的行径和揭穿那些高唱"无党性"口号却在那时贩卖资产阶级思想毒素的出版物,列宁认为,必须提出党的出版物的观念,不折不扣地执行党的出版物的原则。

列宁坚决反对创办不接受党的领导和党的监督的报刊。他批评某

---

① 《列宁全集》第32卷,人民出版社1985年第2版,第230—231页。
② 同上书,第231页。

些人对党的纲领采取不严肃的态度,不对党内斗争问题表态,不在党的中央机关报编辑部发表声明,也没有一次想执行党的文件,却主张创办不受党的纲领约束、不受中央机关领导的"自由的"报刊。列宁严厉地指出,这是一种反党行为。列宁也反对创办不利于党的集中和统一的报刊,认为这些报刊将削弱而不是强化党的领导。列宁反对用"小组"的机关报来对抗中央的机关报,指出这实质上就是用小组习气反对党性,而小组的机关报不可能也不应当是党的机关报,他响亮地提出,党的一切出版物都是全党的财富。

列宁在确立"党的出版物"和"党的文学家"的观念,阐述党性原则的同时,又提出了"打倒无党性论"的口号。他说,打倒无党性论,无党性论无论何时何地都是资产阶级的武器和口号。在一定的条件下,我们可以而且必须同没有觉悟的无产者,同赞成非无产阶级学说的无产者一起行进,但是,无论何时何地,我们也不应当忘记而且不容许忘记,无产阶级中的对社会民主党的敌对情绪是无产阶级中的资产阶级观点的残余。列宁对接近左派立宪民主党人的《我们的生活报》所宣传的无党性口号以及报刊工作者中间的破坏党性原则的行为,进行了毫不妥协的批判。

列宁在要求一切党的报刊和党的报刊工作者(文学家、著作家、撰稿人等)必须接受党的领导和监督的同时,又认为必须赋予党的报刊和党的报刊工作者充分的批评自由和讨论党的决议的权利,而且认为这两个方面是完全一致的。他认为,广泛的民主讨论、群众监督和批评自由,同党性所要求的"行动一致"是一致的。他说,最广泛地、自由地讨论和指责我们认为有害的措施、决定和倾向,这不是行动一致范围以内的事情。只有进行这样的讨论,通过决议和提出抗议,才能形成党的真正舆论。只有在这样的条件下才会有一个善于随时发表自己的意见,用正确的方法把已经确定的意见变成下一次代表大会的决定的真正的党。他还指出,在党纲的原则范围内,批评是完全可以自由进行的,不仅可以在党的会议上,而且可以在广泛的集会上自由进行。禁止这种批评或这种"宣传鼓动"是不可能的。但是,党的政治行动必须一致。不论是在广泛的集会上,还是在党的会议上或者在党的报刊上,发出任何破坏已经确定的行动的"号召"都是不能容许的。

在批评自由和行动一致的问题上,列宁为我们正确划清了坚持党性和违反党性的界限。

(2) 宣传鼓动的策略原则。

首先,列宁认为,必须把当前的战斗的政治口号同党的代表大会的决议,同革命社会民主党的策略的总精神更密切、更直接地联系起来。党的任何出版物,任何党报工作者,其日常的宣传鼓动,绝不能只顾当前的口号、当前的策略,而不顾以至忘记党的策略的总精神。

其次,列宁指出,党的报刊工作不能满足于一般地宣传党的策略,而应该仔细地全面地了解人们对这些策略的理解情况和运用情况,实事求是地反映全党的呼声。只有这样,才能使党制定出真正统一的策略,并激发群众统一的行动。

再次,对于党的地方报刊,列宁提出了两方面的要求。第一,他反对一个已有党报的城市,再办一种党报,特别是再办党内另一派别的党报,他认为这样做必然导致党的统一策略和统一行动的自我破坏。他严肃地说,这种做法是一种违反大多数人意志的行为,是一种分裂行为,也是少数不愿意服从多数的行为。第二,列宁认为,地方报刊应该积极地、经常地利用中央机关报的材料进行宣传和鼓动。他说,为了使群众了解中央机关报和扩大我们的整个影响,地方小报这样做有着极其重要的意义。

列宁强调指出,中央和地方党报的宣传,政策和策略上要统一,现在特别重要的是统一口号,地方报纸要想方设法利用中央机关报进行地方的宣传工作,但又不应该机械地照抄照搬,要根据当地条件加以发展或者修改,在小报上不但要转载而且要转述中央机关报的思想和口号。

(3) 宣传马克思主义。

列宁指出,报纸的重要性在于它是教育和团结真正先进阶级的工具。他在论述党报对工人进行马克思主义的政治教育的作用时,指出教育面要宽,要使更多的工人提高到觉悟工人的水平,走上争取社会主义的斗争道路。为此,他提出要对没觉悟的工人抓紧政治教育,克服他们所受的机会主义影响。他在总结《真理报》工作时强调说,要像母亲细心地照顾重病的孩子,增加他的营养那样,觉悟的工人必须更加细心地照顾感染上机会主义毛病的工人所在的那些区域和工厂。在年轻的工人运动中出现这种从资产阶级那里来的毛病是不可避免的,但是在正确的护理和不断的治疗之下,病是会痊愈的,它不会给工人留下终生存在的特别有害的痕迹。更加关心、更加通俗地解释党的历史和策略,更加详尽地说明无产阶级统一的绝对必要性,也就是说明少数工人必须服从多数,俄国 1/5 的工人必须服从 4/5 有觉悟的工人。这就是我们的一个最重要的任务。

列宁强调党报要面向广大工人,抓紧做好没觉悟工人的政治教育的工作,始终坚持党报宣传要保持较高的马克思主义思想水平,要求报纸的活动应当同俄国绝大多数拥护马克思主义的先进工人的意识和意志完全一致。列宁说,对觉悟的工人来说,每一个机关刊物最重要的首先是它的原则性。他批评自由派政客在"政治运动"的喧嚣中偷偷地给人们灌输资产阶级的庸俗观点的欺骗觉悟工人的行径。列宁认为,党的报刊一定要坚持马克思主义,要用马克思主义去启发工人、教育工人、团结和争取工人。如果做错了事,降低了水平,就一定要认真地、坚决地揭露自己的错误。

对于不能很好地对工人进行政治教育,甚至利用党报宣传反马克思主义和反党观点的人,列宁主张要批评他们,揭露他们,必要的时候要毫不犹豫地把他们从党内清除出去。列宁说,党是自愿的联盟,假如它不清除那些宣传反党观点的党员,它就不可避免地会瓦解。

(4) 党的出版物的多元化。

列宁在强调党的报刊应该成为党所开动的社会民主主义机器的"齿轮和螺丝钉"的同时,又强调要发展多元化的党的出版物。1914年,列宁在谈到《真理之路报》的工作时,指出该报要增设全国工会的附刊,并且应有工会的代表参加编辑,他提出还应当增设地方附刊,大大地扩大《真理之路报》的国外栏和报道觉悟工人的组织生活、思想生活和政治生活的新闻栏。

除了办好《真理之路报》这类党的政治性机关报外,列宁还提出要创办一些浅显的报刊供非觉悟工人阅读。他认为,像《真理之路报》这样的报纸,对于觉悟工人是必要的,应该继续扩大。但是,对于没有组织起来的工人群众和还没有卷入运动的千百万群众来说,这种报纸价钱太贵了,内容太难懂了,篇幅太多了。因此,我们应当创办一戈比的《真理晚报》,供还没有觉悟的广大工人阅读。他说,创办《真理晚报》,就可以向还没有觉悟的工人和广大群众展示全世界工人运动的光芒,使他们深信自己的力量,促进他们团结,帮助他们提高到完全觉悟的程度。

在出版政治报刊和通俗浅显的工人小报的同时,列宁甚至继续号召布尔什维克的宣传鼓动家广泛利用"第一种社会民主主义的文献"——传单,向一切无产阶级和半无产阶级群众进行日常的鼓动工作。他希望中央委员会负责写作的人首先应当关心每星期写两篇关于党的政治问题的传单,并立即翻印和散发。

(5) 区分通俗和庸俗。

列宁在批评《自由》杂志——号称"面向工人的通俗读物"时指出,我们要告诉作者,庸俗化和浅薄同通俗化相差很远。通俗作家应当引导读者去了解深刻的思想、深刻的学说,他们从最简单的、众所周知的材料出发,用简单易懂的推论或恰当的例子来说明从这些材料得出的主要结论,启发肯动脑筋的读者不断地去思考更深一层的问题。通俗作家的对象不是那些不动脑筋的、不愿意或者不善于动脑筋的读者,相反地,他的对象是那些确实愿意动脑筋,但还不够开展的读者,帮助这些读者进行这件重大的和困难的工作,引导他们,帮助他们开步走,教会他们独立地继续前进。

列宁批评《自由》杂志的宣传,不是什么通俗,而是低级趣味的庸俗。他指出该杂志所使用的词汇没有一个是简单明了的,一切都是装腔作势,作者的每一句话都矫揉造作,都要用几个所谓"民间的"比喻和方言。而读者在这些庸俗作家的眼里,都是一些不动脑筋、也不会动脑筋的人。这些庸俗作家不是启发读者了解严整的科学的初步原理,而是通过畸形的简单化的充满庸俗玩笑的形式,把某一学说的全部结论"现成地"奉献给读者,读者连咀嚼也用不着,只要囫囵吞枣就行了。通过这样的分析,列宁提出,要通俗,不要庸俗。

(6) 合法报刊和秘密报刊。

列宁对于合法报刊和秘密报刊的策略思想是:做好两手准备。《火星报》在国外创办和出版时,列宁就打算过在俄国国内印刷《火星报》的问题,列宁策略的基点是争取"公开露面"。一有出版合法报刊的机会,比如1905年的政治大罢工以后,列宁便立即领导党创造条件,尽快地出版公开报刊。在无法出版合法报刊的条件下,列宁又总是排除种种困难,出版非法即秘密报刊。列宁认为从直接和充分地阐述革命真理、报道革命事件、对工人进行政治训练考虑,出版秘密报刊是十分必要的。

2. 论资产阶级报刊和出版自由

列宁对西方资产阶级专政的国家的出版自由有实事求是的评价,

尤其在十月革命之前,他对这种出版自由的评价还是相当充分的。这是由于,他早期被迫生活在西方国家,相对沙皇专制政权对他的压迫,这些西方国家的政治自由和出版自由要好多了。他有一次甚至说,"除了资产阶级自由和资产阶级进步的道路,没有而且也不可能有其他道路可以使无产阶级和农民得到真正的自由。我们不应当忘记,现在除了充分的政治自由……没有而且也不可能有其他手段可以加速社会主义的到来。"①列宁丝毫不曾放弃过利用资产阶级民主的机会。他认为,在工人阶级夺取全部政权的斗争还没有提到日程上来的时候,一定要充分利用资产阶级民主形式。他又认为,夺取政权时期的基本策略是立足于秘密报刊,把公开斗争和秘密斗争结合起来,把合法报刊和秘密报刊结合起来。他的这一基本策略,是出于他对资产阶级报刊本质和资产阶级出版自由的实质的深刻了解。列宁不仅指出资产阶级的政治自由和出版自由是有局限性的,在有的时候和有的地方是不彻底的,而且他还经常结合实际事件对这种本质进行过尖锐深刻的批判。这种批判,大致是在以下几个层面展开的。

(1) 资产阶级报刊是"卖身的文丐"。

列宁指出,随着资本主义在沙皇俄国的日益发展,俄国资产阶级报纸的资产阶级本质也日益明显。他通过剖析《新时报》的内讧,指出,两个争吵起来的强盗的可耻行径,暴露了资产阶级新闻界的"习惯",这就是强盗,男娼,卖身的文丐,出卖自己的报纸。这就是那些"大报纸"的真相,这就是"上流社会"的精华。

列宁深刻地揭露了资产阶级报纸的一种通行的习惯,一种普遍使用的方法,就是说假话。他指出,资产阶级报刊有一种手法,在任何时候和任何国家都是流行最广、具有"万无一失"的效用的,这就是造谣、喧嚷、叫嚣,一再说谎来给人"留下某种影响"。他还揭露过同造谣手法有关的另一种手法,即"用诽谤、谩骂、人身攻击和诸如此类的东西"来搅浑人们的头脑,从而逃避说明自己的观点。列宁指出,即便发生争论,也应该完全排除私人成见,放弃诽谤攻击性的东西,完全在事实的基础上依靠真理进行,但资产阶级报纸做不到这一点,在同自己的生存有关的任何问题上,它们不可能光明磊落地进行争论。

---

① 参见《列宁全集》第 11 卷,人民出版社 1987 年第 2 版,第 95 页。

列宁在同机会主义斗争，同各种机会主义报纸论战时，明确指出，形形色色的机会主义报刊，无一不是实质上的资产阶级报纸，甚至比本来的资产阶级报纸还卑鄙下流百倍。

（2）资产阶级出版自由是富人和资本的自由。

在这个阶段，列宁全面而深刻地揭示了两种出版自由的思想，对资产阶级出版自由的本质进行了鞭辟入里的分析。他指出，俄国社会主要存在着两种写作事业和两种出版物：一种是被亚洲式的书报检查制度和欧洲资产阶级玷污的写作事业，作家和他们的作品成为资产阶级买卖关系的俘虏；另一种则是有个人创造性和个人爱好的广阔天地的写作事业，这种完全自由的写作事业，就是党的写作事业和党的出版物。他说，这两种截然不同的写作事业和出版物，是受不同的出版自由即不同的民主制度制约的，同时又是这些出版自由的具体体现。前者受到警察的压迫、资本的羁绊、名位主义的约束和个人主义的制约。后者即党的写作事业，摆脱了奴隶制的检查制度的束缚，不再充当商业性资产阶级文学关系的俘虏，人们不是被私利贪欲和名誉地位所吸引，在广阔天地完全自由地写作和活动。

列宁指出，前者就是资产阶级出版自由，后者就是无产阶级也即党的出版自由。他指出，我们实行自由写作的策略，我们完全能够实行自由写作的策略，因此，这样的自由的报刊一定会创办起来。

列宁以不可辩驳的事实痛斥了所谓"绝对自由"的观点。他指出，那些关于绝对自由的言论不过是一种伪善而已。在以金钱势力为基础的社会中，在广大劳动者一贫如洗和一小撮富人过着寄生生活的社会中，不可能有真正的自由。为了揭穿"绝对自由"的虚伪性，列宁揭露了沙皇专制政府和资产阶级政府，以及整个资产阶级新闻界对无产阶级报刊的迫害。他说，沙皇政府不仅指使暗探们全力包围布尔什维克的报社，还竭力在报社人员中安插奸细。列宁对资产阶级出版自由虚伪性的这些揭露，使他关于出版自由的思想比马克思恩格斯更为深刻，对发展无产阶级出版自由思想和社会主义新闻事业更具有现实的指导意义。

列宁从政治权利到物质手段各个层面对资产阶级出版自由的系统揭露，已经萌发出他对无产阶级专政条件下出版自由的思想以及具体策略。在建设社会主义时期他关于出版自由的思想和政策，很多是在夺取政权之前的这个阶段开始酝酿和考虑的。

3. 党报业务工作指导思想

(1) 摈弃"作者写,读者读"的资产阶级报纸习惯。

在建党时期,列宁在编辑《火星报》时就明确提出,要依靠群众办好工人党报。在夺权时期,列宁继续指导党报贯彻这个原则,要求党报工作者彻底同"作者写,读者读"的资产阶级报纸习惯决裂。

1904年,列宁在关于创办党内的多数派机关报问题的一封党内通信中指出,希望所有把这个机关报看作自己的机关报并意识到社会民主党党员义务的人,永远抛弃资产阶级对合法报纸习惯的那种做法,说什么写是他们的事,读是我们的事。他指出,机关报能否办好,取决于工人寄来更多的通信。列宁曾经批评那种使编辑部处于作者只顾写、读者只顾读、不问报纸对读者影响、不了解群众反映的人,是"打盹的火鸡"。

1912年列宁批评《真理报》不刊登工人所关心的东西。他问道,如果工人报纸这样轻视工人所关心的东西,难道它还能存在下去吗?报纸本来就不是一种读者只管读、作者只管写的东西。报纸应当自己去寻找,并及时刊登这些材料。

列宁把"作者写,读者读"这一资产阶级报纸的习惯看作同党性相对立的"俄国原则"。他指出,加强党性必须彻底克服这一"俄国原则"。他说,有组织的无产阶级,应当注视、监督、把生气勃勃的活水注入党的出版事业和报刊事业,以此消灭古老的、半商业性的"俄国原则"——作者写,读者读的一切基础。

(2) 依靠工人捐款办好工人报纸。

《真理报》在工人的直接支持下创刊的时候,列宁总结说,由于工人的大量捐款,才使它得以问世。列宁公布了工人团体捐款的统计材料,并指出,这些数字说明的只是工人的一小部分援助,从这些数字还看不出工人更宝贵的援助,也就是精神上的援助,例如亲自参加工作,支持报纸的方针,提供材料,进行讨论,为报纸进行宣传。但是工人的捐款清楚地表明:工人报刊是工人的讲坛。

列宁在纪念《真理报》创刊一周年时指出,《真理报》不仅在名称上是工人的报纸,在事实上也是工人的报纸。他对工人捐款的经济和政治的意义给予极高的评价。他说,这种意义远远超出了钱财支援的范围,尽管工人的钱财支持对于改进报纸永远是极其重要和必不可少的。工人团体捐款对一切觉悟的工人,对俄国整个工人阶级在精神、教育和组织方面所起的作用,如果说不是更重要的话,至少也是同样重要的。工人们逐渐习惯于不仅用订阅报纸和推销报纸的方法,而且还用定期捐款的方法来正确地支持自己的工人报纸,从而他们就在代表自己政治主张的报纸周围更加紧密地团结起来,形成一个思想上团结一致的整体,工人经常通过某个邻近的或者熟悉的工厂的捐款材料来检验自己的觉悟程度。

列宁认为,工人捐款表明了报纸鲜明的无产阶级性质,因为:资产阶级报纸是靠巨额的资本维持的,工人的报纸则靠工人自己的捐款维持。工人们以捐款支持某个出版社或某个报纸的行动来清楚地表明自己的意志。而工人报纸正是依靠这种工人的支持和同他们保持最紧密的联系,才使自己立于不败之地。

列宁还从对不同时期、不同地区、不同工厂对不同的工人报刊(包括对一些机会主义报刊)的捐款的细微变化中,从一系列统计数字的比较中,寻找和研究工人情绪、觉悟和组织程度的变化。这样做的结果,不仅有针对性地改进了报纸的业务,而且也有力地指导了整个革命工作,提高了党的马克思主义水平,密切了党和工人群众的联系。

总之,列宁通过依靠工人捐款支持当时财政基础十分薄弱的工人党报,是对发展工人党报事业十分现实又非常有效的办法。这种办法把马克思和恩格斯提出的"谁掌握钱袋谁就掌握报纸的方针"的观点具体化了,这是在夺取政权时期以列宁为代表的布尔什维克党对党报事业的一个重大贡献。

(3)建立一个战斗的编辑部。

在这一时期,在坚持党性原则、反对非党性口号的斗争中,列宁强调,要建立一个团结的、战斗的指挥部。列宁把党报编辑部看作"领导者和组织者的参谋部"。所以,他要求党报编辑部是"一个真正钢铁般的组织",具有"坦率、团结和进攻的魄力"。列宁指出,他并不反对争论,相反,在编辑部里,他是各种有益的论战的积极倡导者。但是他反对立场动摇、缺乏组织性和原则性的人掌握编辑权。当黑帮分子在孟什维克报纸上发表造谣中伤的文章时,列宁作为党报编辑要求撰稿人写一篇生动、尖锐、透彻和详尽的述评来剖析这班黑帮分子。他对撰稿人说,尽管这是一件惹人讨厌的工作,但我们是办报的人,对社会民主党的评论家来说,面对"丑行与毒害"不加痛斥是不容许的。

列宁经常要求编辑部团结更多的撰稿人,特别是团结那些虽有缺点但愿意为党报工作的作者和天才作家。他说，朋友们，不要对人的缺点吹毛求疵！天才是罕见的。应该经常地慎重地给予支持。如果你们不团结天才的撰稿人，不帮助他们，你们将在心灵上犯下罪孽。他要求编辑部犯了错误之后能认错改错，他说，一个善于改正错误、不坚持错误的编辑部才在读者中享有威望。

列宁要求编辑部不断地改进编排技术，完善管理和组织工作，尽量提高工作效率。他还经常注意调整编辑部的班子，整顿和改革编辑部的工作。《真理报》创刊不到一年，领导就对编辑部进行了一次较大的整顿。列宁强调这次整顿的必要性时指出，如果不改革和正确地办日报，我们就要遭到物质上的和政治上的破产。不久，党的扩大的中央委员会会议还作出了改革《真理报》工作的12条。列宁对这次改革寄予极大的期望。当他知道《真理报》已着手改革，特写信给以鼓励，他说，党性的胜利就是《真理报》的胜利，反过来也是这样。在《真理报》创刊一周年的时候，列宁高兴地称这张日报是"彻底的民主主义者和马克思主义者的报纸"。

第三节　建设时期的新闻论著

1917年11月7日，伟大的十月社会主义革命胜利了。无产阶级政党在世界历史上第一次基本上完成了夺取政权和镇压剥削者的事业。

管理俄国的任务提到了俄国无产阶级面前。报刊在完成这一历史性任务中占有重要的地位。报刊应当成为社会主义建设的工具，它应当由主要报道政治新闻的工具，变为对人民群众进行经济教育的重要工具。

列宁亲自领导了这一伟大的历史性转变和建设社会主义的宏伟事业。随着党和苏维埃根本任务的改变、工作重心的转移，报刊的任务和作用也发生了相应的变化。列宁在新的时代背景和新的传播环境下，针对一系列历史性事件和崭新的新闻实践，针对无线电广播这一新媒体的问世和共产国际这一国际共产主义运动的新发展，他对社会主义新闻传播事业的性质、功能、特点，给予了马克思主义的理论总结。在列宁领导下,俄共(布)在第八、九、十二次全国代表大会上,对社会主义建设时期的报刊工作分别作出了重要的决议。这一切理论成果,形成了社会主义建设时期列宁的新闻思想。在长达7年的丰富实践经验和理论总结的基础上,列宁将自己的新闻思想和整个马克思主义新闻学,推向一个新的发展阶段。

一、建设时期的新闻论述

如何认识由资本主义向社会主义过渡中报刊的历史性任务,如何认识社会主义建设时期报刊的性质和作用,是马克思主义新闻学面临的崭新的迫切的课题。列宁结合十月革命胜利后最初5个月的实践,对此作出了正确的回答,从而给党和苏维埃报刊在这一伟大的过渡时期出色地完成自己的任务,以全面和深刻的指导。列宁对无产阶级专政条件下报刊性质和任务的论述,主要是在《苏维埃政权的当前任务》一文中完成的。

1918年3月31日,俄共(布)中央全会确认,俄国夺取政权时期已经结束,当前党和苏维埃的主要任务是进行社会主义经济基础的建设。全会委托列宁就此问题起草题为《苏维埃政权的当前任务》的党内报告。为完成这一报告,列宁还写了提纲和初稿。初稿的第十章和定稿的第六部分《组织竞赛》,集中论述了新时期的报刊工作。

在初稿中,列宁首先指出了社会主义建设时期报刊的性质和任务。他说:"到目前为止,我们的苏维埃报刊在很大程度上仍然受资产阶级社会的旧习惯和旧传统的影响。这一点还表现在,我们的报刊,也和旧的资产阶级报刊一样,继续用过多的篇幅和注意力来报道政治上的一些琐事、政治领导人员的一些个人问题,而各国资本家正是竭力利用这些来转移人民群众的视线,使他们忽视自己生活中真正重大而深刻的根本问题。因此在这方面我们几乎还要重新解决一项任务,解决这项任务的一切物质前提都已具备,只是缺少对这项任务的必要性的认识和解决这项任务的决心。这项任务就是把报刊由主要报道日常政治新闻的工具,变成对人民群众进行经济教育的重要工具。为苏维埃群众服务的报刊,对于政治领导人员的问题,对于无关紧要的政治措施,即各个政治机关的日常工作和例行公事,要少费一些篇幅。这一点我们必须做到,而且也一定能做到。""直到现在,我们还受到资产阶级陈腐舆论的很大压力。如果注意一下我们的报纸就不难看出,我们还在为资产阶级提出的问题花费过多的篇幅。而资产阶级正想用这些问题来转移劳动者的视线,使他们不去注意社会主义改造的具体的实际任务。我们应当而且一定要把报刊从发表耸人听闻的消息的工具,从报道政治新闻的普通工具,从驳斥资产阶级谎言的工具,变成在经济上重新教育群众的工具,变成向群众介绍如何按新的方式组织劳动的工具。"①

在初稿中,列宁集中地、尖锐地揭露和批评了报刊宣传鼓动中的缺点。他指出:"报刊应当把实践中直接提出的劳动问题放在首要地位。报刊应当成为劳动公社的报刊,也就是说,正是要公开报道资本主义企业的领导人竭力不让群众知道的东西。在资本家看来,他们企业的内部组织是一块用商业秘密保护起来的不让局外人窥视的领地,在那里,他们好像要成为绝对的统治者,唯一的统治者,不仅不准外人批评,不准外人干涉,而且也不许外人窥视。在苏维埃政权看来,恰恰相反,各个大企业和各个村社的劳动组织,正是整个社会生活中最主要、最根本、最迫切的问题。报刊应当成为我们加强劳动者的自觉纪律、改变资本主义社会陈旧的即完全无用的工作方法或偷懒方法的首要工具,它应当揭露每个劳动公社经济生活中的缺点,无情地抨击这些缺点,公开揭露我国经济生活中的一切弊病,从而呼吁劳动者的舆论来根治这些弊病。让我们把报刊上那些报道所谓日常新闻的材料减少到1/10(如能减少到1/100更好),而让那些向全体居民介绍我国少数先进的劳动公社的模范事迹的报刊广泛销行几十万几百万份吧!每一个工厂,每一个劳动组合和农业企业,每一个在土地社会化法令实施以后向新的农业过渡的村庄,现在都是按苏维埃政权的民主原则拥有其内部劳动组织的独立公社。在每个公社内,劳动者加强自觉纪律,他们善于同做指导工作的专家们(哪怕是资产阶级知识分子出身的)合作,他们在提高劳动生产率、节省人力、防止目前我们深受其害的骇人听闻的盗窃产品的行为方面取得实际成绩,——所有这些,应当成为我们苏维埃报刊的主要内容。这样我们就能够而且一定会使榜样的力量在新的苏维埃俄国成为首先是道义上的、其次是强制推行的劳动组织的范例。"②

---

① 《列宁全集》第34卷,人民出版社1985年第2版,第135—136、137—138页。
② 同上书,第136—137页。

列宁强调指出，新的历史时期中的报刊，应当在社会监督中发挥自己独特的巨大作用。他说："各社会主义政党要把那些不接受整顿自觉纪律和提高劳动生产率的任何号召和要求的企业和村社登上黑榜，把它们或者列为病态企业，要采取特别的办法（特别的措施和法令）把它们整顿好，或者列为受罚企业，把它们关闭，并且应当把它们的工作人员送交人民法庭审判。公开报道这方面的情况，本身就是一个重大的改革，它能够吸引广大人民群众主动地参加这些与他们最有切身关系的问题。直到今天，我们在这方面的工作所以收获不大，就是因为各个企业、各个村社中过去不让人知道的东西，现在仍然是个秘密，这在资本主义制度下是可以理解的，而在希望实现社会主义的社会中则是十分荒谬的，不可思议的。榜样的力量在资本主义社会里不能显示出来，而在废除了土地和工厂的私有制的社会里会起巨大的作用。这不仅因为在这里人们将会仿效好的榜样，而且因为组织生产的好的榜样必然会使那些采用好的组织方法的人减轻劳动并增加他们的消费额。在这里，联系到报刊在经济上重新组织和重新教育群众方面的问题，我们还应当谈谈报刊在组织竞赛中的作用问题。"① 在定稿中，列宁对于将报刊的监督作用和工人的监督作用纳入法制轨道论述得更为清晰。他说："我们已经把工人监督制定为法律，可是它刚刚开始深入无产阶级广大群众的生活，甚至刚刚开始深入他们的意识。""必须使我们自己夺得的东西，使我们颁布过的、确定为法令的、讨论过的、拟订了的东西巩固下来，用日常劳动纪律这种稳定的形式巩固下来。"②

列宁还重点指出了报刊在组织竞赛、推动社会主义生产力发展方面应该发挥重大的作用。他说："组织竞赛在苏维埃政权的经济任务中应当占有显著的地位。资产阶级经济学家在批评社会主义时不止一次地说什么社会主义者否认竞赛的作用，说什么在社会主义者的体系里，或者像资产阶级经济学家所说的，在社会主义者关于社会结构的蓝图里，是不容许竞赛存在的。不用说，这种指责是十分荒谬的，它已经不止一次地受到社会主义报刊的驳斥。像通常一样，资产阶级经济学家把资本主义社会的特点问题与另一种组织竞赛的形式问题混为一谈

---

① 《列宁全集》第 34 卷，人民出版社 1985 年第 2 版，第 138 页。
② 《列宁选集》第 3 卷，人民出版社 1995 年第 3 版，第 487、503 页。

了。社会主义者从来没有抨击过竞赛本身,他们只是抨击竞争。"①在定稿中,列宁说:"就拿公开报道这样一种组织竞赛的方法来讲吧。资产阶级共和国只是在形式上保证这点,实际上却使报刊受资本的支配,拿一些耸人听闻的政治上的琐事供'小百姓'消遣,用保护'神圣财产'的'商业秘密'掩盖作坊中、交易中以及供应等等活动中的真实情况。苏维埃政权取消了商业秘密,走上新的道路,可是在为经济竞赛而利用公开报道方面,我们几乎还没有做什么事。必须系统地进行工作,除了无情地压制那些满篇谎言和无耻诽谤的资产阶级报刊,还要努力创办这样一种报刊:它不是拿一些政治上的耸人听闻的琐事供群众消遣和愚弄群众,而是把日常的经济问题提交群众评判,帮助他们认真研究这些问题。"②

尽管十月革命胜利已近一年,但党和苏维埃报刊仍未能正确地认识自己在社会生活中占据的重要地位和负有的重要使命。为此,列宁又撰写了题为《论我们报纸的性质》一文。这篇历史文献,是列宁全面论述社会主义历史时期报刊作为阶级实行专政的机关报的性质与功能的又一篇重要论文。

列宁在文章一开始就指出了当时报刊宣传鼓动上的主要缺陷。他说:"现在,老一套的政治鼓动,即政治空谈,占的篇幅太多了,而新生活的建设,建设中的种种事实,占的篇幅太少了。"③

针对上面揭露的缺陷,列宁提出了著名的"少谈些政治,多谈些经济"的口号。他说:"少谈些政治。政治已经完全'明朗化了',它已归结为两个营垒的斗争,即起义的无产阶级和一小撮奴隶主资本家(及其狐群狗党直到孟什维克等等)的斗争。关于这种政治,我再说一遍,可以而且应当谈得十分简短。""多谈些经济。但经济不是指'泛泛的'议论、学究式的评述、书生的计划以及诸如此类的空话,——可惜所谓经济往往正是这样的空话。不是的,我们需要的经济是指搜集、周密地审核和研究新生活的实际建设中的各种事实。在新经济的建设中,大工厂、农业公社、贫苦农民委员会和地方国民经济委员会是否真有成绩?有哪些成绩?证实了没有?其中有没有

---

① 《列宁全集》第34卷,人民出版社1985年第2版,第138页。
② 《列宁选集》第3卷,人民出版社1995年第3版,第492—493页。
③ 《列宁全集》第35卷,人民出版社1985年第2版,第91页。

虚构、夸大和书生式的许诺("事情正在就绪"、"肯定有所改善",以及诸如此类"我们"特别擅长的油腔滑调)?成绩是怎样取得的?怎样扩大的?"①

列宁十分强调新时期的报刊应当充满着革命的战斗性,决不能对落后、混乱和官僚主义默不作声。他说:"有些工厂在国有化以后仍然是混乱、散漫、肮脏、捣乱、懒惰的典型,揭发这些落后工厂的黑榜有没有呢?没有。然而这样的工厂是有的。我们不同这些'资本主义传统的保持者'作斗争,就不能尽到自己的职责。只要我们默许这样的工厂存在,我们就不是共产主义者,而成了收破烂的人。我们不善于像资产阶级那样在报纸上进行阶级斗争。请回想一下,资产阶级是怎样出色地在报刊上抨击自己的阶级敌人,怎样讥笑他们,侮辱他们,置他们于死地的。而我们呢?从资本主义到社会主义的过渡时期的阶级斗争,难道不正是要反对那些顽固坚持资本主义传统(习惯)、仍然用老眼光看苏维埃国家(替"它"干活要少些差些,从"它"那里捞钱则多多益善)的极少数工人、工人集团、工人阶层,以捍卫工人阶级的利益吗?即使是在苏维埃印刷所的排字工人中间,在索尔莫夫斯克和普梯洛夫等工厂的工人中间,这样的坏蛋难道还少吗?这样的坏蛋我们抓住了多少?揭露了多少?搞臭了多少?""报刊对这一切默不作声。即使谈到,也只是官样文章,走走过场,不像一份革命报刊,不像一个阶级实行专政的机关报,尽管这个阶级正在用行动证明,资本家和维护资本主义习惯的寄生虫的反抗将被它的铁拳所粉碎。"②

在对报刊宣传鼓动的这一系列缺陷进行了痛斥和批判之后,列宁向党和苏维埃报刊工作者提出了这样的要求:"少来一些政治空谈。少发一些书生的议论。多深入生活。多注意工农群众怎样在日常工作中实际地创造新事物。多检查检查,看这些新事物中有多少共产主义成分。"③

社会主义社会如何维护公民的出版自由和剥夺资产阶级的出版自由,始终是列宁关注的问题。十月社会主义革命胜利的第三天,即1917年11月9日,列宁就亲自签署颁布了《关于出版自由的法令》。

---

① 《列宁全集》第35卷,人民出版社1985年第2版,第91—92页。
② 同上书,第92—93页。
③ 同上书,第93页。

这个法令规定了禁载条例:"应予查封的仅仅是下列报刊: 1. 煽动公开对抗和不服从工农政府者; 2. 通过恶意中伤歪曲事实来制造混乱者; 3. 挑动从事犯罪(即刑事犯罪的)活动者。"法令保证:"在新秩序确立之后,政府对报刊的各种干预将被取消。到那时,报刊将按照这方面最广泛、最进步的法律,在对法院负责的范围内享有充分自由。"①

对于这个法令,有的中央执行委员会委员表示反对,列宁对此作了发言,他说取得了政权的无产阶级,必须查封资产阶级报纸。容许这些报纸存在,我们就不成其为社会主义者了。谁主张开放资产阶级报纸,谁就是不了解我们正在大踏步地向社会主义前进。随后,列宁又起草了题为《关于出版自由的决议草案》的文件。文件指出:"资产阶级认为,出版自由就是富人有出版报纸的自由,就是由资本家霸占报刊。这种霸占的实际结果是使包括最自由的国家在内的世界各国到处都有卖身投靠的报刊。""工农政府认为,出版自由就是使报刊摆脱资本的压迫,把造纸厂和印刷厂变成国家的财产,让每一个达到一定人数(如 1 万人)的公民团体都享有使用相应数量的纸张和相应数量的印刷劳动的同等权利。"②

1921 年,党的高级干部米雅斯尼科夫在给中央委员会的报告书、他的文章《伤脑筋的问题》以及他在彼得格勒和皮尔姆党组织内的多次发言中提出,要给予从君主派到无政府主义者的一切政治派别以言论出版自由。他还说,我们这里有许多胡作非为和违法乱纪的现象,而出版自由就可以把它们揭露出来。为此他主张应该给一切人以出版自由。针对他的这些言论,列宁给米雅斯尼科夫写了一封长信,题为《关于"出版自由"》,批驳后者的种种错误言论。

列宁在文章中首先肯定:"'出版自由'这个口号从中世纪末到 19 世纪成了全世界一个伟大的口号。为什么呢?因为它反映了资产阶级的进步性,即反映了资产阶级反对僧侣、国王、封建主和地主的斗争。"③

列宁指出,米氏要求给资产阶级出版自由,就是把建立政治组织的自由给了资产阶级。他批评米氏说,"在受到全世界资产阶级这个敌

---

① 《列宁论报刊和新闻写作》,新华出版社 1983 年第 1 版,第 619 页。
② 《列宁全集》第 33 卷,人民出版社 1985 年第 2 版,第 47 页。
③ 《列宁全集》第 42 卷,人民出版社 1987 年第 2 版,第 85 页。

人包围的俄罗斯联邦提出出版自由,就是让资产阶级及其最忠实的奴仆孟什维克和社会革命党人有建立政治组织的自由。"列宁分析说在现代社会,所谓出版自由,本质上就是建立政治组织的权利,因为报刊是政治组织的中心和基础。而现在全世界资产阶级比我们强大很多倍,再让它有建立政治组织的自由,就是把出版自由这个武器也就是成立政治组织的这个武器交给资产阶级。而"我们不愿意自杀,因而决不会这样做"①。

  列宁指出,在我们党内,在政府内,我们有许多困难,有许多毛病,但我们不能把出版自由给我们的敌人,更不能指望让敌人来医治我们的毛病。他说:"出版自由会助长世界资产阶级的力量。这是事实。'出版自由'不会用来祛除俄国共产党的许多缺点、错误、偏差、毛病(毫无疑问,毛病有的是),因为这是世界资产阶级所不愿意的。出版自由会成为这个世界资产阶级手中的武器。资产阶级并没有死,它还活着,正在一旁窥伺着我们。"列宁指出,我们一定能够依靠自己的力量克服工作中存在的种种弊病,摆脱各种困难,"我们一定能够摆脱,因为我们的政策在根本上是正确的,它估计到了国际范围内的一切阶级力量。我们一定能够摆脱,因为我们不粉饰太平。我们知道困难重重,我们看到了一切毛病,我们并没有慌张,而是在一步一步地、坚持不懈地医治这些毛病。"我们"不应当用'自由'(给资产阶级的)来医治,而应当用无产阶级的和党的办法来医治。"②

  列宁对米氏的批判,进一步阐发了他对社会主义出版自由本质的理解。这里,我们仿佛看到了当年马克思和恩格斯对巴黎公社新闻政策的公正评价,而列宁在新的历史条件下,把马克思恩格斯的这些思想又向前推进了。

二、建设时期列宁的新闻思想

  社会主义建设时期列宁的新闻思想是极其丰富的,就主要内容而论,有如下几个方面。

---

① 《列宁全集》第42卷,人民出版社1987年第2版,第85、86页。
② 同上书,第87、88页。

1. 报刊：经济教育的工具

(1) 少谈些政治,多谈些经济。

列宁认为,实现从破坏旧社会向建设新社会的过渡,布尔什维克应该学会用新的方法管理生产,从而学会管理俄国。报刊的任务同党的任务是一致的,报刊应该成为社会主义建设的工具,为此,党和苏维埃报刊要尽快实现性质和功能上的转变。首先,要做到少谈政治,多谈经济。

列宁指出,报刊要谈政治。他说一个阶级如果不从政治上处理问题,就不能维持它的统治,因而也就不能解决它的生产任务。因为,政治是经济的集中表现,政治同经济相比,不能不占首位。不肯定这一点,就是忘记了马克思主义的最起码的常识。但是,党和苏维埃报刊要谈的政治,要花篇幅讨论的政治,主要是经济方面的政治,国家建设的政治,以及有的时候不得不分出精力来加以讨论的党内斗争的政治,工会斗争的政治。

至于那些大家都很了解、常见的、众所周知的、群众已很熟悉的政治,列宁认为谈论这些是需要的,指出这方面的每一件新事实也是必要的,但占的篇幅不要太多,不要重复,只需用几行,用"电报体裁",不要用三四百行而是用一二十行就够了。也就是说,这样的政治可以少谈。因为这种政治已经完全明朗化了,可以谈得十分简短。

列宁指出,同政治喧嚷太多相反,我们的报纸上关于新生活建设方面的种种事实的报道占的篇幅太少了,社会主义报刊要多谈些经济。他解释说,这里的"经济",不是指一般的议论、学者的评述、知识分子的计划以及诸如此类的废话。我们需要的经济是指搜集、周密的考查和研究新生活实际建设的各种事实。

少谈些政治,多谈些经济,是列宁为党和苏维埃报刊成为社会主义建设的工具而最早向全党和报刊工作者提出的要求。

(2) 少发些知识分子的空泛议论,多刊登些生产建设的实际材料。

列宁指出,我们的报刊要少发些知识分子议论,多接近生活,多注意工农群众怎样在日常工作中建设新事物;少唱些政治高调,多注意些极平凡的但是生动的、来自生活的、被生活检验过的共产主义建设事实,多用些生活中的具体事例和典型来教育群众。

列宁尖锐地指出,请看看资产阶级,他们多么会宣扬他们所需要的东西,他们在自己发行千百万份的报纸上大肆宣扬资本家视为"模范的"企业。我们的报刊并不关心或几乎全不关心我们的企业和我们的生产,而这些正是我们的报刊和每个工农组织应该十倍注意和关心的对象。

(3) 少报道些领导人的活动,多一些群众活动和劳动组织内部的公开报道。

列宁认为,党和苏维埃报刊必须花很大力气克服资产阶级社会旧习惯和旧传统的影响,即用过多篇幅和注意力来报道政治上的一些琐事、政治领导人物的一些个人问题,各国资本家正竭力利用这些东西来转移人民群众的视线。列宁指出,为苏维埃群众服务的报刊,对于政治领导人员的问题,对于无关紧要的政治措施,应当少费一些篇幅。与此相反,报刊应当把实践中直接提出的劳动问题放在首要地位。也就是说,要公开报道资本主义企业的领导人曾经竭力不让群众知道的东西。在苏维埃政权看来,各大企业和农村公社的劳动组织,正是报刊需要迫切注意的问题。

(4) 设立"黑榜",揭露错误。

列宁认为,报刊要设立"黑榜",公布错误和缺点,动员舆论来抨击它们。他说,我们要把不接受纪律整顿和提高劳动生产率号召的企业和农村公社登上黑榜,或者列为病态企业,或者列为受罚企业,并且把它的工作人员送交人民法院审判。报刊应当成为我们加强劳动者的自我纪律,改变资本主义社会陈旧的、完全无用的工作方法的首要工具。

在报刊上设立"黑榜",通过公开报道揭露劳动组织内部的缺点错误,是列宁把报刊变为社会主义建设工具的一个重要着手点,是党和苏维埃报刊的一个重大改革,列宁开创了无产阶级专政历史条件下进行舆论监督的新的传统。

(5) 运用"榜样的力量"激励建设新生活的热情。

列宁指出,我们的报纸很少注意工厂、农村和部队的日常生活,而这方面新鲜事物最多,最需要注意和宣扬,最需要指责坏人坏事,号召向好人好事学习。为此,他在设立黑榜的同时,要求向全国介绍各种先进典型,运用"榜样的力量"激励人民建设新生活的热情,推广实际工作的经验。他要求在报刊上能够经常看到人民群众的劳动和工作中显现出来的真正共产主义的幼芽。他批评一些机关和报刊不重视宣扬典型。指出,我们真正缺少的东西,就是不善于广泛地利用卓越的范例,使它们成为大家学习的榜样。在我们的机关报上还没有提出过具有实际经验的模范地方机关。

在论证报刊利用"卓越的范例"和"榜样的力量"的时候,列宁特别强调要通过报刊组织竞赛,认为组织竞赛对于使报刊成为社会主义建设的工具有着极其重大的意义。列宁明确指出,组织竞赛,主要是指经济方面的竞赛,因为,在政治方面实行竞赛,比在经济方面容易得多。可是,为了社会主义的胜利,重要的正是要在经济方面实行竞赛。

党和苏维埃的报刊实践表明,通过以上五个方面,可以有力地使报刊实现"伟大的过渡",确保报刊完成自己的任务:对人民进行经济教育和全力推进社会主义建设。

2. 报刊组织生产宣传的方法

(1) 出版两种报纸:指导性的报纸和群众性的通俗报纸。

在生产宣传中,列宁要求出版两种报纸。一种是指导性报纸,比如《消息报》和《真理报》。这些报纸,要减少政治方面的篇幅,扩大生产宣传栏,尽量在全国范围内系统地进行生产宣传。一种是发行50万份到100万份的通俗报纸即生产报纸。《贫农报》、《经济生活报》就是这样的群众性通俗报纸,这些报纸的编辑部,应当成为生产宣传的统一领导机关。

列宁要求,随着党的中心任务的转移,指导性报纸必须改为生产性比政治性更强的机关报,而生产性报纸则必须登载具体材料,并担负使农民和工人接近、使农业和工业接近的任务。关于生产报纸,列宁要求,第一,不能把生产报纸分为工业报纸和农业报纸。他认为,把报纸分为工业报和农业报是有害的,因为社会主义的任务是使工业和农业接近并且统一起来。第二,生产报纸必须办得通俗,让广大工农群众都能阅读,但决不能庸俗化。第三,全国要广泛地利用生产报纸的材料,扩大生产宣传的效果。

(2) 不要把法令当作生产宣传的形式,而应注重实际材料的传播。

列宁认为,在革命胜利的初期集中搞立法工作,颁布完善的法令,把法令当作宣传的形式,不仅是必要的,而且是合理的。但是到了现在,政权已经巩固,再把法令当作宣传的形式已经不适宜了。现在必须对实际情况进行切实的检查,向人民报告实际执行情况,提供经济战线各个方面的动态、成绩、弊病,把好的典范作为先进榜样大张旗鼓地进行表扬,把坏的典范统统登上黑榜交人民群众抨击。列宁说,这才是真正的生产宣传。

（3）广泛吸收专家和有专长的工作人员参加生产宣传，切实改进生产宣传的文风。

列宁指出，必须按计划有组织地有系统地吸收工程师、农艺师、教师以及具有某种专长的苏维埃工作人员参加生产宣传工作。他说，那些出身于资产阶级的科学和技术专家要比妄自尊大的共产党员宝贵十倍，因为这些妄自尊大的共产党员在进行生产宣传时只会起草"提纲"，提出"口号"，发表完全抽象的议论，而不能像那些科学和技术专家那样，切实工作，切实地从事生产宣传。

列宁尖锐地批评有些人所谓的"生产宣传"，说他们的宣传中充满了"十足的空谈"、"文人的清谈"、"一味议论"、"枯燥到极点的繁琐议论"，而这种"议论"，有时像"文人的繁琐议论"，有时像"官僚式的繁琐议论"，一点也不触及实际工作。列宁无情地指责这种进行生产宣传的口吻和文风，提出：必须少发些知识分子式的议论，多结合实际经验所提供的东西进行切切实实的宣传。

（4）倡导利用生产宣传推动经济建设的风气。

列宁以满腔热情领导报刊的生产宣传，敏锐地利用实际工作的新经验和新成果推动经济建设，在党和苏维埃政府中倡导了把报刊同社会主义建设事业紧密结合起来的好风气，从而把报刊的生产宣传持久有效地开展下去。

3. 社会主义出版自由政策

（1）"绝对的自由"和"纯粹的民主"是没有的。

列宁在论述出版自由的口号时，明确指出，出版自由这个口号，从中世纪末直到19世纪，在全世界成了伟大的口号。基于这样的分析，列宁首先肯定资产阶级出版自由的进步性。但他又从"形式上"和"实际上"两个视角，辩证地分析与评价包括出版自由在内的资产阶级政治自由。他在一份党纲草案中写道："资产阶级的民主制和议会制同苏维埃的或无产阶级的民主制之间的差别在于：前者是把重心放在冠冕堂皇地宣布各种自由和权利上，实际上却不让大多数居民即工人和农民稍微充分地享受这些自由和权利，相反地，无产阶级的或苏维埃的民主则不是把重心放在宣布全体人民的权利和自由上，而是着重于实际保证那些曾受资本压迫和剥削的劳动群众能实际参与国家管理，实际使用最好的集会场所、最好的印刷所和最大的纸库（储备）来教育那些被资本主义弄得愚昧无知的人们。"①俄共(布)八大正式通过的党纲使用了"形式上"和"实际上"两个不同的字眼,表示完全赞同列宁的上述观点。党纲指出,资产阶级民主在"形式上"把集会、结社、出版权等政治权利和政治自由扩大到全体公民,但"实际上",行政上的实践主要是劳动者经济上的从属地位,总是使劳动者在资产阶级民主下即使享有一点点权利和自由也不可能广泛使用。与此相反,无产阶级民主首先不是在"形式上"宣布权利和自由,而是"实际上"将这些权利和自由给予受资本主义压迫的各阶级的居民,即无产者和农民。

和过去对资产阶级出版自由给予一定肯定(即形式上肯定民众享有自由权利,实际上虽不充分但也享有一部分自由权利)的立场不同,十月革命之后,由于资产阶级报刊恶毒攻击无产阶级政权和以列宁为首的布尔什维克,不遗余力地把脏水泼向列宁,列宁愤怒地反击资产阶级的进攻,并采取一切手段防范和镇压资产阶级报刊。他批判说,"在全世界,凡是有资本家的地方,所谓出版自由,就是收买报纸、收买作者的自由,就是买通、收买和炮制'舆论'帮助资产阶级的自由。"②对于党内负责新闻宣传部门工作领导干部的错误言论,列宁也毫不留情地提出指责和批评,他说,我们不相信"绝对的东西",我们嘲笑"纯粹的民主"。他指出,无产阶级曾经利用出版自由这个口号,投入反封建的斗争,世界上没有一个国家像俄罗斯苏维埃联邦社会主义共和国那样,过去和现在都做了很多的事情来使群众摆脱僧侣和地主的影响。我们一直在世界上最好地执行了出版自由这个任务。而资产阶级却把出版自由变成为自己谋私利的工具,特别是在无产阶级建立了国家政权以后,资产阶级把出版自由当作夺回失去的天堂和建立政治组织的武器。

列宁提出了这样一种观点:出版是政治组织的中心和基础,出版自由等于建立政治组织的自由。这一观点明确地揭示了出版自由口号的本质和要害。

列宁还提出了两种出版自由的思想。他说:资产阶级认为,所谓出版自由,就是富人有出版报纸的自由,就是由资本家霸占一切报刊。这种霸占的结果是使包括最自由的国家在内的世界各国一切地方的报刊都成了被人收买的报刊。工农政府认为,出版自由就是使报刊摆脱

---

① 《列宁全集》第36卷,人民出版社1985年第2版,第85—86页。
② 参见《列宁全集》第42卷,人民出版社1987年第2版,第85页。

资本的控制,让人民都享有使用相当数量的纸张和印刷劳动的同等权利。

列宁指出,只有工农政府领导下的出版自由,才是真正平等的出版自由,他说,真正的自由和平等,将是由共产主义者建立的制度,在这种制度下,没有靠别人发财的可能性,没有直接或间接使报刊屈从于货币权力的客观可能性,没有任何东西能阻碍劳动者享有使用公共印刷所及公有纸张的平等权利。

(2) 封闭资产阶级报纸,剥夺敌人复辟旧世界的思想武器。

列宁指出,我们从前就说过,我们一旦取得政权,就要封闭资产阶级报纸。容许这些报纸存在,我们就不是社会主义者了。他还说,资产阶级宣布自由、平等、博爱,我们不需要这个。

(3) 剥夺资本家的印刷所和纸张,也就剥夺了资产阶级的出版自由。

列宁十分强调出版自由的物质基础。他说,只要最好的印刷所和大量的纸张被资本家霸占,只要资本家还有统治报刊的权利,工人就不可能有真正的民主,而出版自由只能是资本家的出版自由。所以列宁指出,问题不在于出版自由,而在于剥削者占有印刷所和纸张的神圣不可侵犯的所有权。他主张,必须像在战争期间到处征用房屋、住宅、马车、马匹、粮食和五金一样,征用资本家的印刷所和纸张。只有这样,才能剥夺剥夺者的出版自由,赋予所有的人以真正的出版自由。他指出,这是"真理",而真理将战胜一切。

(4) 战胜资产阶级报刊的重要手段——对广告实行国家垄断。

列宁指出,对资本家来说,出版报纸是一种有利可图的资本主义大企业。资产阶级社会的出版自由就是富人每天发表数百万份报纸来系统地愚弄穷人。苏维埃政权建立以后,一个特别有力的方法,就是对报纸上的广告实行国家垄断。他说,由国家垄断广告的办法无疑是公平的。它对登广告的人有很大的益处,也对全体人民特别是受压迫的农民有很大的益处,这样他们花不了几个钱或不用花钱就能拿到苏维埃报纸。

(5) 从政治和物质上保障工农群众享有出版自由。

剥夺资产阶级出版自由的目的,不仅在于使资产阶级不再握有建立政治组织和制造反革命舆论的武器,而且在于从政治上和物质上保证广大工农群众真正享有广泛的出版自由。列宁充分论证了由工农群众享受的社会主义出版自由和在这种出版自由保障下创办的报刊的本质。他说,"我们要创办自由的报刊而且我们一定会创办起来,所谓自由的报刊是指它不仅摆脱了警察的压迫,而且摆脱了资本,摆脱了名位主义,甚至也摆脱了资产阶级无政府主义的个人主义。"①正是出于这种期待,列宁要求在无产阶级专政的保护下,所有那些被资产阶级文化创立起来欺骗人民和维护资本家的东西,我们都把它们拿过来以满足工人和农民的政治需要。要在历史上第一次不是为了资产阶级而是为了工农来利用现代大规模资本主义的印刷技术。在保证把国内最多的印刷出版资源提供给工农群众享用的同时,列宁在1921年实行"新经济政策"之后,允许并保护了一批私营出版社和私人报刊(当时称为"耐普曼"的出版社和报刊有400余家),他说,"在我们苏维埃共和国内,社会制度是以工人和农民这两个阶级的合作为基础的,现在也容许'耐普曼'即资产阶级在一定的条件下参加这个合作。"②

4. 社会主义新闻工作业务指导思想

(1) 日常的宣传和鼓动必须具有真正的共产主义性质。

在列宁的领导下,党的第八、第九、第十二次代表大会通过了关于报刊工作的重要决议,其中第八次大会强调指出,报刊是党进行宣传、鼓动和组织工作的强大工具,是影响广大人民群众的最好手段。为此,党要求报刊必须在党的领导下工作,党应该往党和苏维埃报社编辑部增派党的最有经验的干部。列宁在加强党对报刊的领导的同时,还注意报刊宣传的马克思主义化。他认为,这是坚持报刊的共产主义性质的思想前提。他说,党和苏维埃报刊必须成为战斗的机关刊物,要积极地宣传马克思和恩格斯的哲学,任何自然科学,任何唯物主义,如果没有充分可靠的哲学论据,是无法对资产阶级思想的侵袭和资产阶级世界观的复辟坚持斗争的。

坚持社会主义报刊的宣传鼓动的共产主义性质,是列宁确定的社会主义新闻工作的一条重要原则。这是列宁关于报纸工作党性原则在社会主义条件下提出的新的要求。在党掌握了社会主义报刊的所有权和领导权以后,列宁十分重视日常宣传鼓动的思想倾向,他总是热心扶植宣传共产主义思想的报刊,严肃批评违背这一党性原则的任何言行。

---

① 参见《列宁全集》第12卷,人民出版社1987年第2版,第96页。
② 参见《列宁全集》第43卷,人民出版社1987年第2版,第377页。

(2) 社会主义报刊具有宣传、鼓动和组织的社会功能。

在建党时期,列宁强调了报纸的宣传、鼓动和组织三大作用。在夺取政权的年代,列宁有几次提到报刊的这三种作用。新政权建立以后,列宁继续肯定党和苏维埃的报刊具有宣传、鼓动和组织的社会功能。在党的第八次代表大会上,由列宁参加讨论和审定的《关于党和苏维埃的报刊》这一重要文献指出:"报刊是宣传、鼓动、组织的强大武器,是影响最广大群众的无可代替的工具。"列宁用党的代表大会(党的最高权力机构)和党代表大会决议的形式,再次强调了报刊的这三个功能。

(3) 公开报道的原则。

公开报道是列宁很早提出的一个原则。他说,没有公开性来谈民主是可笑的。他把公开报道作为同资产阶级报刊区别的一个重要标志,他指出,无产阶级政党在自己的报纸上或者进行口头宣传鼓动的时候总是完全公开、肯定、明确、大声地把实行无产阶级专政以及自己的纲领、路线、主要目的告诉群众,而资产阶级政党虽然拥有比布尔什维克更多的报刊,但是它过去从来没有、现在还是不敢把实行资产阶级专政以及其他任何目的公然告诉人民。新政权建立以后,列宁把公开报道提到巩固政权的高度加以论述。他指出,只有当群众知道一切、能判断一切,并且自觉地从事一切的时候,国家才有力量。

(4) 讲真话的原则。

真实报道,是列宁的一贯思想。在社会主义条件下,列宁多次强调,讲真话,反映真实情况,如实报道我们的错误和缺点,依然是社会主义新闻工作的一个基本的、重要的原则。他在谈到无产阶级专政的新的历史条件下新闻报道真实性的时候说,我们需要的是完整的和真实的情报,而真实性不应当以它该为谁服务而变化。列宁要求,可以组织好对事实的选择,但必须做到事实完整而真实。

对于执政的布尔什维克党来说,列宁强调指出,重要的是:不要怕揭露错误和无能。他严肃地批评害怕家丑外扬,害怕赤裸裸的真相的干部,批评当时普遍存在的不敢正视错误的现象。他指出,当我们讲到自己的情况时,我们讲的都是真话,我们宁愿把坏的一方面多讲一点。可见,在社会主义条件下,报道的公开性和真实性是紧密结合在一起的,坚持公开报道,必须讲真话,讲了真话,公开报道才有意义。列宁提出社会主义报刊要讲真话的原则,对于实现公开化,推动民主化进程和提高党与苏维埃报刊的信誉,产生了良好的影响和积极的效果。

5. 无线电广播的性质和特点

列宁生活的后期,是又一种新型的新闻传播媒介——无线电广播诞生的时代。他以无产阶级革命家的高瞻远瞩与政治敏感,以极大的革命魄力和火一般的热情,欢呼与支持这一人类传播史上的奇迹的出现,使年轻的苏维埃共和国成为世界上最早掌握无线电广播技术的国家之一。

列宁是苏联无线电广播事业的推动者和领导者。他十分关心无线电实验室的工作和研究人员的生活,在极其困难的情况下拨出一笔黄金储备,用作研究基金和对研究人员的奖金。他很早就揭示了无线电广播的特点。他说无线电广播是"不要纸张、没有距离的报纸",是"千百万人的群众大会"。因此,无论是就进行宣传和鼓动来说,还是就举办讲座来说,发展无线电广播,都是绝对必要的。此外,列宁还看到发展无线电广播对国防的意义。他指出,发展广播不仅对新闻宣传有巨大贡献,而且将来在军事方面也能给我们带来巨大的好处。

关心无线电广播的同时,列宁对当时俄国的电影生产及电影放映工作也极为关心。他曾指示教育人民委员部重视电影工作,要求他们把电影分为两类,实行分类指导。一类纯属宣传功能的影片,例如《各国人民生活点滴》,放映时还可配合放映一些有宣传意义的照片。一类是专为做广告和谋取利润的娱乐片,但其中不能有黄色的、反革命的内容。列宁指示要给电影企业扩大片目和上映新片的权利,使企业主能从制作和生产新影片中得到好处,但新片的拍摄与放映应经过批准并保持同宣传片之间的适当比例,同时要责成企业向国家交纳一部分收入。他还指示要在农村和东部地区兴建电影院,这将使这些地区的宣传工作收到特别的效果。

6. 共产国际报刊工作的原则和策略

在列宁的领导下,1919年成立了共产国际即第三国际。列宁指导第三国际及各国党的左派,制定正确的斗争策略,其中包括拟定革命的报刊工作原则和策略,使报刊这一斗争武器在国际共产主义运动中发挥了巨大的作用。列宁正确地分析了共产国际各国党从事报刊工作的环境和条件,指出,在最先进的资本主义国家中,工人报刊的状况特别明显地说明,资产阶级民主下的自由和平等根本是假的,必须经常把公开工作和秘密工作结合起来。针对这种情况,共产党应当创办一种在工人中间大量发行的新型的定期刊物。列宁在领导共产国际的工作中,结合布尔什维克的成功经验,深刻地指出,无产阶级无条件的集中制和极严格的纪律,是战胜资产阶级的基本条件之一,为了反对第二国际机会主义思潮的影响和共产国际各国党的内部的"左派"幼稚病的影响,列宁强调要注意两个问题:第一,要克服否定党性和否定纪律的倾向和现象;第二,要反对只根据革命情绪来制定革命策略的思潮和做法。

列宁还专门拟定了《加入共产国际的条件》,对报刊工作的原则、策略、纪律作了具体和明确的规定。其中第一条为:"日常的宣传和鼓动必须具有真正的共产主义性质。党掌握的各种机关报刊,都必须由确实忠于无产阶级革命事业的可靠的共产党人来主持。不应该把无产阶级专政只当作背得烂熟的流行公式来谈论,而应该很好地宣传无产阶级专政,使每一个普通的男工、女工、士兵、农民都能通过我们报刊上每天系统登载的活生生的事实,认识到实行无产阶级专政的必要性。在报纸上,在人民集会上,在工会、合作社中,在第三国际拥护者所能利用的一切场合,不仅要不断地、无情地斥责资产阶级,还要斥责资产阶级的帮凶,即各式各样的改良主义者。"

列宁对于党的报刊工作的原则、方针、策略的一系列规定,正确地指导了共产国际各国党的新闻事业的发展,推动它们在极其艰巨和复杂的斗争条件下不断取得对敌斗争和反对机会主义路线斗争的胜利,为最终建立无产阶级专政奠定了思想上、政治上和组织上的基础。

第四节 列宁对马克思主义新闻学的发展

列宁在新的历史条件下,把马克思主义基本原理运用于俄国革命实践,创造性地发展了马克思主义。他领导俄国人民取得了十月革命的伟大胜利,建立了世界上第一个社会主义国家,使社会主义从理论变为现实。列宁在世界共产主义运动又一个中心——俄国,通过对报刊在建党、夺权和建设社会主义三个历史阶段的地位与作用的探索,在新的时代背景下把由马克思和恩格斯奠定的马克思主义新闻学提升到崭新的发展水平。列宁既是马克思恩格斯党报事业和党报理论成果的继承者，又是无产阶级新闻事业与马克思主义新闻学的发展者。由于马克思恩格斯生前没有无产阶级专政的亲身实践，不可能获得对社会主义建设时期新闻事业的性质、功能及运行规律的认识，而列宁则在自己丰富实践和理论阐述上补充、完善了马克思主义新闻学。从这个意义上可以说，列宁也是马克思主义新闻学当之无愧的奠基人。

　　列宁完整地继承了马克思和恩格斯的工人报刊学说和党的报刊学说。他关于党报作为无产阶级政党的旗帜、武器、阵地的性质的论述；关于党报在建党和夺权中的巨大的社会功能和社会主义建设中的历史性作用的阐发；关于党组织与党报的相互关系的揭示；关于党报编辑业务指导思想、原则、策略的总结；关于党报工作者的政治素质、业务素质、道德素质及作风、文风规范的陈述，令人油然想起当年马克思和恩格斯在编辑《莱茵报》、《新莱茵报》，在指导党报《社会民主党人报》时的宝贵思想和动人情景。列宁是马克思恩格斯新闻思想最忠实的继承者，他在俄国工人报刊和党的报刊的实践中，再一次使马克思主义新闻学从理论变成了现实，并在更为丰富的实践经验的基础上把这一理论推向深入。

　　在一个落后的沙俄帝国建立社会民主工党，在极其艰难困苦、合法斗争与秘密斗争交叉进行的进程中夺取政权，在帝国主义武装干涉和国内各种反动势力殊死反抗的环境中建设社会主义，列宁都正确、巧妙、有效地运用了现代报刊这个大众媒介。在创办、编辑、出版、发行报刊的充满着政治斗争、思想交锋、理论论战的长达30年的新闻实践中，列宁以马克思主义新闻学为指导，又在许多方面把这一科学推向前进，使他的新闻思想闪耀着时代的辉煌和智慧的光芒。

　　针对散漫性、手工业方式以及"经济派"四处泛滥等俄国工人运动的独特状况，列宁创造性地提出了通过创办全俄政治性机关报重建社会民主工党的英明决策，提出了党报是党的这个集体的宣传员、鼓动员和组织者的"党报三作用"的观点。俄国社会民主工党第二次代表大会的召开，《火星报》被宣布为党中央机关报，极其有力地证明了列宁思想与策略的正确。他在这一时期的报刊思想与实践，大大地发展了马克思恩格斯的党报学说。

　　下面，我们将较为详细地分析列宁对发展马克思主义新闻学的重大的理论上的贡献。

一、系统提出党的出版物的党性原则

马克思和恩格斯几乎没有使用过"党性"这一概念,他们用的是"党派观点"、"党派利益"、"倾向性"。例如,1849年1月11日恩格斯在《瑞士报刊》一文中写道:"很明显,在大国里报纸都反映自己党派的观点,它永远也不会违反自己党派的利益;而这种情况也不会破坏论战的自由,因为每一个派别,甚至是最进步的派别,都有自己的机关报。"①马克思1860年5月8日致费舍的信中说,"不过事先我需要比较详细地了解一下这个企业(指费舍计划创办的《德意志报》),了解一下报纸的倾向。"②

对于党的领导机构与党的报刊的关系原则,马克思和恩格斯有这样几点基本认识:首先,党的领导机构有某种形式上的权力来监督党的机关报③;党的报刊应当成为党的旗帜,这种旗帜的作用,是通过党报高举党的正确的纲领即宣传党的正确的纲领实现的。其次,每一个党都应当有一部分"形式上独立"的报刊,这种报刊忠诚于党的纲领和党的道德,而在组织上不直属于某个党的组织,即不充当党的正式机关报刊。

马克思和恩格斯的这些看法反映了19世纪无产阶级最早建立的政党组织状况的一般特点。那时无产阶级政党的组织结构和纪律约束都不甚严密。觉悟工人只要承认这个党的纲领,赞成这个党的主张,就是这个党的成员,而不一定要编入一定的组织之中,也不一定要缴纳党费,更不一定要定期参加这个组织的活动。思想统一、组织严密、活动健全的无产阶级新型政党的建立和发展,是20世纪的产物,而且主要是在列宁的严格训练下(在俄国)或在列宁党的榜样示范下(在其他国家)实现的。

俄国社会民主工党第一次代表大会(1898年)以后,手工业方式和小组习气依然在党内流传。为了建立无产阶级的统一集中的政党,必

---

① 参见《马克思恩格斯全集》第6卷,人民出版社1961年版,第209页。
② 参见《马克思恩格斯全集》第30卷,人民出版社1973年版,第532页。
③ 参见《马克思恩格斯全集》第33卷,人民出版社1975年版,第590—591页。恩格斯在这封以自己和马克思的共同名义给奥·倍倍尔的信中指出,党的领导毕竟有某种形式上的权力来监督党的机关报。

须克服这种"经济派"的恶劣影响。列宁指出,小组习气就是组织涣散、宗派习气和无政府主义。在列宁领导的旧《火星报》努力下,为消除"经济派"的影响进行了艰巨的工作。在党的第二次代表大会召开前后(1903年),列宁直接提出"从小组习气过渡到党性"的口号,提出"打倒小组习气,首先是打倒党报编辑部中的小组习气!打倒瓦解组织的分子!能够真正遵守党代表大会的决议、尊重党的纪律和组织的无产阶级政党万岁!"[①]这是列宁最早提出党的出版物的党性原则的一篇文章。

沿着这样的思路走下去,列宁对于党性的认识也日益深化。1905年11月26日和12月2日,列宁发表了题为《社会主义政党和非党的革命性》一文。在这篇文章中,列宁指出:"严格的党性是阶级斗争高度发展的伴随现象和产物。反过来说,为了进行公开而广泛的阶级斗争,必须发展严格的党性。因此,觉悟的无产阶级的政党——社会民主党,完全应该随时同非党性作斗争,坚持不懈地为建立一个原则坚定的、紧密团结的社会主义工人政党而努力。"[②]列宁的这一重要指导原则,充分地体现在他专门论述党报党刊与党性的论文《党的组织和党的出版物》中,成为他关于党报党性原则的完整论述。

关于党报的党性原则,列宁是这样提出问题的:

"出版物应当成为党的出版物。与资产阶级的习气相反,与资产阶级企业主的即商人的报刊相反,与资产阶级写作上的名位主义和个人主义、'老爷式的无政府主义'和唯利是图相反,社会主义无产阶级应当提出党的出版物的原则,发展这个原则,并且尽可能以完备和完整的形式实现这个原则。"

"党的出版物的这个原则是什么呢?这不只是说,对于社会主义无产阶级,写作事业不能是个人或集团的赚钱工具,而且根本不能是与无产阶级总的事业无关的个人事业。无党性的写作者滚开!超人的写作者滚开!写作事业应当成为整个无产阶级事业的一部分,成为由整个工人阶级的整个觉悟的先锋队所开动的一部巨大的社会民主主义机器的'齿轮和螺丝钉'。写作事业应当成为社会民主党有组织的、有计

[①] 参见《列宁全集》第12卷,人民出版社1987年第2版,第79页。
[②] 参见《列宁选集》第1卷,人民出版社1995年第3版,第672页。

划的、统一的党的工作的一个组成部分。"①

在这里,列宁突出强调了党性原则的一个核心要求:党的出版物应当自觉地把自己看作党的总的肌体的一部分,把举办党的出版物的事业自觉地看作党的总的事业的一部分。在俄语里,党的出版物是包含着党的报刊的,也就是说,党报工作是党的工作的一部分,党报事业是党的事业的一部分。

同时,列宁还具体指出了识别党性与非党性的几个依据,那就是党纲、党的策略决议和党章、国际社会民主党的经验。列宁说,"确定党的观点和反党观点的界限的,是党纲,是党的策略决议和党章,最后是国际社会民主党,各国的无产阶级自愿联盟的全部经验,无产阶级经常把某些不十分彻底的、不完全是纯粹马克思主义的、不十分正确的分子或流派吸收到自己党内来,但也经常地定期'清洗'自己的党。"②这样,对于在实际工作中一个党组织,一个党报编辑部,一个党报工作者,如何衡量它(他)是否坚持了无产阶级政党的党性,依据(界限,标准)就十分清楚,也相当便于把握了,这就是看其是否坚持贯彻执行党的纲领和党的章程,是否服从和遵守党的策略决议,是否赞同和实行国际社会民主党和各国无产阶级自愿联盟的全部经验,这些经验的中心是坚持不懈地同党内的不彻底的、非纯粹马克思主义的、不十分正确的分子及流派作斗争,并在必要的时候把他们清除出党和联盟。

列宁提出的党的报刊的党性原则,从 1905 年发表《党的组织和党的出版物》到 1924 年逝世,是贯彻始终的,并且落实到关于党的报刊工作的全部文件中,在指导共产国际各国党的组织和党的报刊工作中也不例外。由列宁起草的《加入共产国际的条件》(1920 年 7 月,共产国际第二次代表大会正式通过时该决议共 21 条,史称"加入共产国际的 21 条")第 1 条规定:"日常的宣传和鼓动必须具有真正的共产主义性质。党掌握的各种机关报刊,都必须由已经证明是忠于无产阶级革命事业的可靠的共产党人来主持编辑工作。"(下略)第 2 条规定:"凡是愿意加入共产国际的组织,都必须有计划有步骤地撤销改良主义者和'中派'分子在工人运动中(在党组织、编辑部、工会、议会党团、合作社、地方自治机关等等中)所担负的比较重要的职务,用可靠的共产党

---

① 参见《列宁选集》第 1 卷,人民出版社 1995 年第 3 版,第 663 页。
② 同上书,第 665 页。

人来代替他们,不必顾虑最初有时不得不用普通工人来接替'有经验的'活动家。"第 12 条规定,"不管整个党目前是合法的或是不合法的,一切定期和不定期的报刊,一切出版机构都应该完全服从党中央委员会;出版机构不得滥用自主权,实行不完全符合党的要求的政策。"第 13 条规定,"加入共产国际的党,应该是按照民主集中制的原则建立起来的。在目前激烈的国内战争时代,共产党只有按照高度集中的方式组织起来,在党内实行近似军事纪律那样的铁的纪律,党的中央机关成为拥有广泛的权力,得到党员普遍信任的权威性机构。只有这样,党才能履行自己的职责。"①代表大会讨论时增加的第 21 条规定,"党员如果原则上否认共产国际所提出的义务和提纲,应该开除出党。"②

列宁提出党的报刊的党性原则之后,通过共产国际这一强有力的组织、权力和领导机构,很快推行和贯彻到加入共产国际的世界各国无产阶级政党,成为这些无产阶级政党的共同指导思想。自然,列宁的这一关于党的报刊的党性原则,也就成为 20 世纪无产阶级政党和党的报刊处理党组织与党报编辑部的关系原则,成为马克思主义新闻工作理论与实践的一个十分重要的内容。

二、构建党的报刊的领导体制

在无产阶级政党未建立之前,无产阶级报刊编辑部实行的是"主编负责制",即负责创办和主编报刊的人对报刊负全责,在编辑部内部实行独立负责的制度。用马克思的话说,"在报纸编辑部里应当实行专制,而不是普选权。"③恩格斯谈到实际上是共产主义者同盟临时中央委员会(马克思在 1848 年欧洲大革命期间担任这个临时中央委员会主席)机关报《新莱茵报》时也说过,"编辑部的制度是由马克思一人独裁。一家必须定时出版的大型日报,如果采用别的制度,就不能保持一种贯彻始终的立场。况且在这方面马克思的独裁对我们来说是理所当然和毋容置疑的,我们大家都乐于接受它。首先是马克思的洞察力和坚定立场,才使得这家日报成了革命年代德国最著

---

① 参见《列宁选集》第 4 卷,人民出版社 1995 年第 3 版,第 251—254 页。
② 参见《列宁选集》第 1 卷,人民出版社 1995 年第 3 版,第 834 页。
③ 参见《马克思恩格斯全集》第 30 卷,人民出版社 1975 年版,第 564 页。

名的报纸。"①

德国社会民主党建立以后,开始了党的领导机关同党创办的报刊(主要是党的机关报)新的关系,形成与实施新的领导体制。这种体制经过历届党代表大会确认,以党章的形式加以规定,大致是:

第一,党的代表大会选举党的中央执行委员会和中央监察委员会。

第二,党的执行委员会处理党的事务和监督党的机关报的原则立场。

第三,一切正式通告应刊登在党的机关报版面的显著位置。

第四,为监督中央机关报的原则立场、策略立场及其行政管理,由中央机关报驻地(柏林)城市及其郊区的党员选举产生出版委员会。

第五,出版委员会和党的中央执行委员会共同对中央机关报的一切事务,特别是编辑部和发行部的从事任免作出决定。

第六,出版委员会同党的执行委员会发生意见分歧时,由监察委员会、党的执行委员会和出版委员会投票表决,三方权利平等,各占一票。

第七,党的监察委员会监督党的执行委员会并作为受理对党的执行委员会控告的上诉机构。

第八,党的中央机关报编辑部和发行部的成员均不得参加执行委员会。此为德国社会民主党的惯例。

第九,党的代表大会的报道者(指中央机关报和中央级的理论刊物)作为代表参加党的代表大会。此也为德国社会民主党的惯例②。

19世纪后期欧洲许多国家无产阶级政党的中央机关报同中央委员会(执行委员会,或中央委员会执行局)的关系,大致同以上引述的德国党的中央领导机构与党报编辑部的关系原则的规定相似,几乎成为公认的普遍原则。即使处于第二国际影响之下,各国党的机关报依然享有很大的自主权,党的代表大会和执行委员会对党的机关报的调控依然是"监督"而不是"领导"。如法国社会党章程规定(1905年):允许党员在报刊上对党的一切理论和策略问题展开充分的自由讨论;但在行动上,所有的社会主义报刊和杂志必须遵循党的全国委员会阐

---

① 参见《马克思恩格斯选集》第4卷,人民出版社1995年第2版,第183—184页。
② 转引自陈力丹:《马克思主义新闻观思想体系》,中国人民大学出版社2006年版,第247—248页。陈文的内容据《国际共产主义运动史文献史料选编》第2卷整理。

述的全国代表大会和国际代表大会的决议。这种体制,自然容易导致各国党内实际上存在两个领导中心:一个是领导政治斗争的组织中心,一个是进行理论斗争的思想中心。这种传统,对于参加第二国际社会党国际局会议与活动的俄国社会民主党也有影响。在这种情况下,出于对沙皇政权对工人运动的残酷镇压和俄国工人党报长期在国外出版的实际需要的考虑,列宁在 1903 年就提出过"两个领导中心"的党报体制草案。他说:

"鉴于必须严守秘密和保持运动的继承性,我们党可以而且应当有两个领导中心:中央机关报和中央委员会。前者应担负思想上的领导工作,后者则应担负直接的实际的领导工作。这两个组织的行动统一,它们之间必不可少的团结一致,不仅应由统一的党纲来保证,而且应由两个组织的组成人员(两个组织即中央机关报和中央委员会的成员之间应当完全协调一致)以及他们经常举行定期联席会议来保证。只有这样,一方面,中央机关报才可以不受俄国宪兵的破坏,保证其一贯性和继承性;而另一方面,中央委员会才可以经常在所有重大问题上同中央机关报协调一致,并且可以相当自由地直接处理运动中的一切实际问题。"①

1903 年召开的俄国社会民主党第二次代表大会采纳了列宁的草案,经党章确认,形成了两个并立的中央领导中心。中央委员会领导党的实际工作,成为党的政治领导中心;中央机关报(在国外出版)领导党的思想理论工作,成为党的思想领导中心。后来,由于党内两派斗争力量对比的变化,两个领导中心难以实现真正有效的协调一致,列宁先后退出党报编辑部和中央委员会,他开始转而支持党内建立单一的领导中心的呼声。当然,对于从"两个领导中心"转变为"单一领导中心",列宁有一个认识转变的过程。起初,他仍然认为坚持两个领导中心是符合党的最大利益的,不能因为孟什维克的恶劣表现而放弃党的二大通过的决议。但是,1905 年党的第三次代表大会以多数票通过了建立单一的中央委员会,由中央委员会任命党的机关报主编的决议(列入党章第 5 条)后,列宁服从了代表大会的决议。1907 年召开的党的第五次代表大会,再次确认了这种单一领导中心的原则和党的中央委员会监督中央机关报的体制。五大通过的党章第 7 条规定:中央委

---

① 参见《列宁全集》第 7 卷,人民出版社 1986 年第 2 版,第 2 页。

员会代表党同其他政党发生关系,建立党的各种机关并领导它们的活动,指定在自己监督下的中央机关报编辑部,组织并管理全党性的事业,分配它的人力和财力并管理党的中央会计处,处理党的各种机构之间的以及它们内部的争端并大体上统一党的全部活动。1917年召开的党的第六次代表大会进一步规定,由中央委员会而不是由党的代表大会确认党中央机关报。这样,中央委员会由于可以根据自己的需要和标准确认全党的机关报,指定在自己监督下的中央机关报编辑部,也就使编辑部完全处于党中央委员会的领导之下。至此,列宁倡导与实践的中央机关报处于中央委员会直接领导之下,中央机关报完全对中央委员会负责的党报领导体制就最终形成了,这一体制经过共产国际的组织规定和纪律约束,成为20世纪世界各国无产阶级政党党报领导体制的主要形式。

在列宁领导下俄国社会民主党对于自己机关报的领导体制的形成,同列宁在1905年提出党报的党性原则指导思想是一致的。在那篇著名的《党的组织和党的出版物》论文中,列宁强调:"写作事业应当成为整个无产阶级事业的一部分,成为由整个工人阶级的整个觉悟的先锋队所开动的一部巨大的社会民主主义机器的'齿轮与螺丝钉'。写作事业应当成为社会民主党有组织的、有计划的、统一的党的工作的一个组成部分。"在这篇论文和之后历届党代表大会通过的党章中,"两个领导中心"的思想已经荡然无存,党的中央机关报只是党中央直接领导下的一个具体职能部门的原则则日益得到强化。

三、对党内民主建设中报刊机制的初步总结

在领导组建20世纪新型无产阶级政党的过程中,列宁注重倡导新型的党报工作机制,以推动工人阶级政党的民主建设。

列宁高度重视党报在形成党的真正的公众舆论中的强大功能。他在一篇文章中说:"应该努力做到对代表大会的决定进行最广泛的讨论,应该要求全体党员以十分自觉的、批判的态度对待这些决定。……但是,在统一的党内进行的这种思想斗争,不应该分裂组织,不应该破坏无产阶级行动的一致。这在我们党的实践上还是一个新的原则,因此,要正确地加以贯彻还要做很多工作。讨论自由,行动一致,这就是我们应该努力做到的。……只有这样进行讨论,通过决议,提出异议,

才能形成我们党的真正的公众舆论。"①

针对党内在批评自由与行动一致关系问题上的错误看法,列宁明确提出,"在党纲的原则范围内,批评应当是完全自由的(不妨回忆一下普列汉诺夫在俄国社会民主工党第二次代表大会上关于这个问题的发言),不仅在党的会议上,而且在广大群众性的集会上都是如此。禁止这种批评或这种'鼓动'(因为批评和鼓动是分不开的)是不可能的。党的政治行动必须一致。不论在广大群众性的集会上,不论在党的会议上或者在党的报刊上,发出任何破坏已经确定的行动一致的'号召'都是不能容许的。"②

列宁的这些论述表明,党内生活的准则是坚持"行动一致,批评自由",党的报刊既要维护党的行动上的一致,又要推动批评自由的贯彻,这应该成为党报工作的一种健康的重要的机制。

列宁主张利用党的报刊开展公开的争论和论战,以推动党内的广泛的思想交流。他认为,在党的报刊上展开公开争论,对无产阶级形成正确的路线和策略具有重要意义,这既是工人运动之必需,又是工人运动的优点。他说:"在俄国所有的阶级中,没有一个阶级像工人阶级这样直率地、明确地、尽可能公开地讨论自己的策略,即自己运动的方向和方法,就是有教养的和有钱的资产阶级也办不到。只有那些愚蠢的或害怕广大群众参与政治的人,才会觉得工人报刊上经常开展有关策略问题的公开的热烈争论是不适当的或多余的。事实上正是这些热烈的争论帮助全体工人养成全面考虑工人自己的政策的习惯,为运动制定出坚定明确的阶级路线。"③

列宁主编报纸的时候,甚至主动征求不同的意见和有争议的观点,在自己的报纸上发表,以期引起公开争论,通过这种公开的争论达到统一思想的目的。比如,他在自己主编的《无产者报》上撰文,号召布尔什维克和召回派都到这家报纸上发表文章,让他们互相争论。夺权斗争胜利之后,在一系列涉及内政外交的重要决议和策略的制定上,列宁几乎同党内许多领导人都在报纸上发生过争论。正是通过这些公开的激烈的争论,使列宁的思想得到最充分的体现,也使许多重要的决议和

---

① 参见《列宁全集》第13卷,人民出版社1987年第2版,第13页。
② 同上书,第128—129页。
③ 参见《列宁全集》第25卷,人民出版社1988年第2版,第157页。

策略能够集中党内多数领导人的睿智。

列宁甚至倡导出版"争论专刊",用以发表不同的观点和主张。1921年3月,党的十大通过由列宁提出的出版争论专刊的决议。针对对出版争论专刊持不同看法的人,列宁在一封信中指出,"如果你把所有不顺从的聪明人都驱逐出去,只把忠诚的白痴留下,那么你必将把党毁灭。"①

对于党内少数派同志,以及在一些问题上的少数人的看法,列宁表示尊重,并尽力加以保护。他认为,任何人,只要参加了党,他就有权要求党给他陈述和宣传自己观点的机会。为此,他特地提出,要让少数派成立一个(或一个以上)著作家小组,这个小组有权派代表参加代表大会。同时他指出,要有最切实的保证,使批评党中央机关工作的党的书刊能够出版,要正式承认少数派的组织有权通过全党的运送机构得到他们所需要的党的出版物。列宁还要求,包括少数派在内的所有定期的党的出版物必须按照中央委员会的要求刊载中央委员会的一切声明。列宁的这些主张,主要是为了保障党内少数派的意见能够在党内自由交流,正如列宁自己所言,是为了保护少数派在党内的"法律地位"。

以上这些观点和思想,体现了列宁在新的历史时期,从倡导党内民主着眼,对党的报刊工作新机制所作的探索和初步总结。

四、对社会主义建设中报刊性质和功能的探索

列宁利用亲自领导社会主义建设伟大实践的有利条件,对报刊在新的历史时期性质与功能的变化进行了积极探索,获得了对社会主义时期新闻传播规律的新认识。

为使布尔什维克和苏维埃报刊能够紧跟历史潮流的变动,为国家和党的工作重心的转移提供必要的信息资源和舆论支持,列宁首先强调报刊必须坚定不移地坚持一个原则,那就是"以生产为中心"。列宁指出,"现在我们应该注意把全部宣传鼓动工作从为政治和军事服务

---

① 转引自程玉海、林建华:《共产国际与当代西方社会民主党若干问题研究》,中国工人出版社2000年版,第156页。

转到经济建设的轨道上来。这一点我们已经宣布过很多次,但是还不够。"①在此之前,列宁已经两次提出布尔什维克和苏维埃工作重心的转移,但两次(1918年、1920年)都由于面临战争状态而被迫停止战略重心的转移,重返前线。所以,当真正的和平环境来到的时候(1920年冬),列宁立即毫不犹豫地向布尔什维克和苏维埃报刊提出工作重心转移的要求。

列宁"以生产建设为中心"的思想突出地体现在他受党中央全会委托而撰写的《苏维埃政权的当前任务》一文中。列宁在这篇文章中指出:"现在成为俄国执政党的布尔什维克党的发展特别明显地表明,我们正在经历什么样的历史转折,这一转折构成目前政治局势的特点,要求苏维埃政权确定新的方针,就是说,以新的方式提出新的任务"。他在说明了这个"代表着未来的政党"的第一个任务是说服大多数人民相信其纲领和策略的正确,第二个任务是夺取政权和镇压剥削者的反抗之后,强调指出,"现在,构成目前时局特点的第三个迫切任务提上了日程,这就是组织对俄国的管理","目前时局的全部特点,全部困难,就是要了解从主要任务是说服人民和用武力镇压剥削者转到主要任务是管理这一过渡的特征"。列宁接着详尽地分析了完成这个"管理俄国"的迫切任务的意义。他说,"一个社会主义政党能够做到大体上完成夺取政权和镇压剥削者的事业,能够做到直接着手管理任务,这在世界历史上是第一次。我们应该不愧为完成社会主义革命的这个最困难的(也是最能收效的)任务的人。应该考虑到,要成效地进行管理,除了善于说服,除了善于在内战中取得胜利,还必须善于实际地进行组织工作。这是一项最困难的任务,因为这是要用新的方式去建立千百万人生活的最深刻的经济的基础。这也是一项最能收效的任务,因为只有解决(大体上和基本上解决)这项任务以后,才可以说,俄国不仅成了苏维埃共和国,而且成了社会主义共和国。"②

正是在这样的宏观视野和深刻分析上,列宁阐述了社会主义报刊的性质和功能。他说,"报刊应该成为社会主义建设的工具","要努力创办这样一种报刊:它不是拿一些政治上的耸人听闻的琐事供群众消遣和愚弄群众,而是把日常的经济问题提交群众评判,帮助他们认真研

---

① 参见《列宁全集》第40卷,人民出版社1986年第2版,第141页。
② 《列宁选集》第3卷,人民出版社1995年第3版,第476—477页。

究这些问题",报刊应当"详细介绍模范公社的成绩,研究它们取得成绩的原因和它们经营的方法;另一方面,把那些顽固地保持'资本主义传统',即无政府状态、好逸恶劳、无秩序、投机活动的公社登上'黑榜'"①。

列宁的这些论述,既是对当时布尔什维克党和苏维埃报刊建设新制度新生活新闻报道工作经验的总结,也是马克思主义新闻学在新的历史条件下的丰富和发展。

作为世界上第一个建设社会主义制度的国家,列宁和他所领导的党和政府也有过失误,并为此付出过代价。当时的报纸曾经鼓吹取消职工之间的工资差别,鼓吹消灭货币,鼓吹免费配给各种生活用品,以便尽快地实现共产主义。后来列宁对这些错误的政策和报刊上的这些错误宣传,有过痛心的反省。他说:"由于我们企图过渡到共产主义,到1921年春天我们就遭到了严重的失败,这次失败比高尔察克、邓尼金或皮尔苏茨基使我们遭到的任何一次失败都严重得多,重大得多,危险得多。"②他强调新闻工作者必须重视这些教训,更不能无视甚至掩盖这些教训,他说,"我们做了许多完全错误的事情;我们没有掌握好分寸,也不知道如何掌握这个分寸——如果看不到和不理解这一点,那就是一种莫大的罪恶了。""我们在鼓动和宣传工作当中,不应当掩饰这一点。"③

由此可见列宁的伟大和英明。列宁制定和执行的新闻政策和鼓动宣传工作口号之所以在多数情况下能获得积极的效果,不仅因为他有很高的马克思主义水平,能够在新的形势下采取完全新颖的理论与策略,同时也因为他能够实事求是地认识错误,能够公开承认自己的失误并采取有力的举措来纠正这些错误。

列宁在领导党和苏维埃的报纸工作中,善于总结和推广社会主义建设的先进经验,同时又毫不留情地反对和抨击经济建设工作中的各种腐败现象和缺点错误。他说:"请看看资产阶级。他们多么善于宣扬他们所需要的东西!资本家在他们发行千百万份的报纸上对他们心目中的'模范'企业大肆赞扬,把资产阶级的'模范'机构当作民族的骄

---

① 《列宁选集》第3卷,人民出版社1995年第3版,第493页。
② 参见《列宁全集》第42卷,人民出版社1987年第2版,第184页。
③ 参见《列宁全集》第41卷,人民出版社1986年第2版,第41页。

傲！我们的报纸却不注意或者说几乎完全不注意报道那些最好的食堂或托儿所，不断促使其中一些机构成为模范机构，为它们作宣传……推广到全社会，推广到全体劳动群众中去。"①他提出要多用行为少用言语来进行宣传。他说："要知道，现在用言语既不能说服工人，也不能说服农民，只有用榜样才能说服他们。"②他明确指出要用"卓越的范例"和"榜样的力量"来进行宣传鼓动，推动经济工作。他说："地方工作总是经常能够提供许多振奋人心的材料。我们真正缺少的东西，就是不善于广泛地利用卓越的范例（这种范例在我国并不多），使它们成为大家必须学习的榜样。在我们的机关报上还没有提出过具有实际经验的真正的模范地方机关。"③

列宁强调，无论是政府还是经济组织，都必须接受人民群众的监督和批评。他说，"我们希望政府时刻受到本国舆论的监督"④。他又说："各社会主义政党要把那些不接受整顿自觉纪律和提高劳动生产率的任何号召和要求的企业和村社登上黑榜，把它们或者列为病态企业，要采取特别的方法（特别的措施和法令）把它们整顿好，或者列为受罚企业，把它们关闭，并且应当把它们的工作人员送交人民法庭审判。公开报道这方面的情况，本身就是一个重大的改革，它能够吸引广大人民群众主动地参加这些与他们最有切身关系的问题。"⑤列宁在一封致《经济生活报》编辑部的信里指示："这张报纸应当成为战斗的机关报。……它要激励经济战线上的全体工作人员，要设法使报表准时上报，表扬工作有成绩的人，把企业、机关或经济部门等等单位中工作马虎、落后无能的工作人员揭露出来让大家批评。"⑥

为使报刊能够真正成为推进社会主义经济发展的工具，列宁还对具体的报道内容和报道方法，比如说少一些政治喧嚷，多谈一些经济建设，出版重点报道经济工作的报刊等，提出了许多好的思路和好的方法。

除了上面四个方面，列宁还在社会主义出版自由、无线电广播、共

---

① 参见《列宁全集》第37卷，人民出版社1986年第2版，第22页。
② 参见《列宁全集》第40卷，人民出版社1986年第2版，第37页。
③ 参见《列宁全集》第41卷，人民出版社1986年第2版，第340—341页。
④ 参见《列宁全集》第33卷，人民出版社1985年第2版，第14页。
⑤ 参见《列宁全集》第34卷，人民出版社1985年第2版，第138页。
⑥ 参见《列宁全集》第42卷，人民出版社1987年第2版，第131页。

产国际报刊传播的性质与原则等方面,提出了许多重要的思想观点和政策规定。鉴于本章第三节在这三方面已有详细的介绍和评述,这时就不再展开了。总之,以上七个方面,表明列宁对马克思主义新闻学在新时代条件下的阐发与推进,作出了伟大的贡献。

在马克思主义经典作家中,列宁是第一个亲身领导无产阶级夺权斗争和亲手建设社会主义的无产阶级革命家。他遇到了许许多多马克思和恩格斯未曾遇到的诸如恢复国民经济,发展农业、工业和文化教育事业,处理党和政府、干部与群众、政府与军队的复杂关系,反对贪污腐败、消极怠工、官僚主义作风,以及许多外交问题。作为党和政府喉舌的报刊,对所有这一切都要反映,都要评论,都要指导,这其中有一系列闻所未闻的新闻理论与实践问题要求列宁去思考与回答。列宁在领导社会主义建设的7年时间里,以自己正确的思想、策略、政策和深入的科学研究,对这些问题作出了完满的马克思主义的回答。列宁关于无产阶级专政历史条件下新闻事业的性质、功能、特点和业务指导思想等一系列论述,拓展了马克思主义新闻学的研究领域,具有20世纪的时代特色和俄国特色,极大地提升了马克思主义新闻学的科学性和现实指导意义。列宁的新闻思想,是马克思主义新闻学发展史上重要的里程碑。

随着时代、历史的向前推移,列宁的新闻思想也不免会显现它的某些缺陷和历史的局限性,个别的具体结论,也会显得过时而不太适宜。但列宁新闻思想的总的方向,他的理论体系严密的科学性,这一新闻科学对各国无产阶级新闻事业普遍的指导意义,是无可置疑的。各国无产阶级及其政党的新闻事业,在马克思主义新闻学指导下,以列宁为榜样,取得了一个又一个胜利,说明了包括列宁新闻思想在内的这一学说无比的生命力。

列宁逝世之后,斯大林继任俄共(布)总书记。这位编辑过10余种报刊,为60余种报刊撰写过大量报刊政论的活动家,在领导苏联新闻工作30年时间里,在新闻理论和报刊实践中有不少新的探索。主要有:利用报刊开展批评与自我批评,轰轰烈烈地开展工农通讯员活动,深化两种社会制度两种出版自由的理论。但总的看,斯大林大体上坚持了列宁的新闻思想,继续了列宁开创的新闻体制和新闻政策。斯大林自己的新闻观点,创新之处不多,报刊批评和工农通讯员活动,还由于肃反扩大化和个人崇拜等政治因素的干扰,发生过不小的偏差。斯大林的一些新闻观点和苏联的新闻体制,以及他通过共产国际所实施的不适宜甚至错误的干预,给兄弟党的新闻工作也曾经带来过一定的消极影响和恶劣后果。

除斯大林外,加里宁、高尔基等俄共(布)报刊活动家的新闻观点对苏联的新闻工作也有一些影响。列宁的夫人克鲁普斯卡娅在阐发列宁新闻思想方面做了大量工作。他们围绕报刊是社会舆论的喉舌和组织者、报刊批评、工农通讯员、报刊风格和新闻工作者的修养等主题,提出了不少富有教益的观点。但总的看,这些观点都没有超出列宁新闻思想的范围。由此我们可以看到,列宁新闻思想的生命力是多么强大,它的影响有多么久远。

在国际共产主义运动的新闻舞台上,不少同列宁同时代或列宁逝世后比较活跃的马克思主义理论家和报刊活动家,在探索和深化马克思主义新闻学的研究中也做出了一定的贡献。他们中间较有代表性的有:德国和波兰工人运动卓越活动家卢森堡,她提出了民主监督和人民参与的观点,指出:党的报刊的无产阶级活力,表现在对党的机关和党的行为实行公开监督,报刊是人民参与政治的重要渠道。意大利共产党的创始人与领导人之一、共产国际卓越活动家葛兰西,他提出了人民文化和文化的人民性的观点,他对文化、报纸的人民性作了富有哲理的阐释。保加利亚共产党总书记、共产国际执行委员会总书记季米特洛夫对文化斗争的国际意义进行了充分的论述,对新闻工作者作为共产主义战士的角色特征提出了独到的见解。南斯拉夫共产党总书记、共产国际卓越活动家铁托,提出了各国党应根据本国特点应用马克思主义原则,让劳动人民直接参加管理国家(人民自治),建立公共宣传系统为更广大的社会公众服务等观点。

卢森堡、葛兰西、季米特洛夫、铁托等人的新闻思想,有一个共同的特点。一方面,他们都赞同并阐发马克思、恩格斯和列宁的新闻思想,另一方面,他们又分别在生产力进一步发展和各国不同的经济与政治特点的科学分析的基础上,把马克思、恩格斯,特别是列宁的新闻思想的某些观点,向前发展和深化了,提出并论证了一些重要的、富有指导意义的新见解,从而使马克思主义新闻学在新的历史条件和不同民族特点的国家里,显得更有生气,更有理论的活力。其中有一些新闻观点,对于今天的社会主义新闻工作实践,还拥有极强的针对性和适用性。特别是在经历了一些社会主义国家由于党的指导思想失误而使新闻事业招致严重损失之后,痛定思痛,再来讨论他们早在几十年前就提出的正确的新闻观点,使人倍感亲切,倍感它们的正确与可贵。所以,在研究和梳理马克思主义新闻学发展的历史进程中,必须肯定地指出,这些人的新闻观点占有光荣的一页。

[思考题]

1. 列宁关于通过创办全俄政治报建党的思想。
2. 列宁关于"党的出版物和党的文学家"的口号及新闻工作的党性原则。
3. 列宁关于报刊是经济教育的工具的论述。
4. 列宁关于社会主义出版自由的思想及政策。
5. 列宁对马克思恩格斯新闻思想的继承和发展。

[阅读书目]

1. 童兵:《马克思主义新闻思想史稿》第七章至第十章,中国人民大学出版社1989年第1版。
2. 赵水福、傅显明:《列宁与新闻事业》,北京广播学院出版社1986年第1版。
3. 夏鼎铭:《马克思恩格斯列宁报刊理论与实践》下篇,复旦大学出版社1991年第1版。
4. 陈力丹:《马克思主义新闻观思想体系》第二篇,中国人民大学出版社2006年版。

第六章

毛泽东新闻论著及其对马克思主义新闻学的发展

> 马克思列宁主义的基本原则,就是要使群众认识自己的利益,并且团结起来,为自己的利益而奋斗。报纸的作用和力量,就在它能使党的纲领路线、方针政策、工作任务和工作方法,最迅速最广泛地同群众见面。
>
> ——毛泽东

毛泽东是中国共产党、中华人民共和国的主要缔造者和领导者,也是社会主义新闻事业的重要开创者。他是在世界的东方继承和发展由列宁加以丰富、完善的马克思主义新闻学的代表,是从中国实际出发学习马克思、恩格斯、列宁、斯大林等前人办新闻事业的经验,移植苏共报刊政策和新闻体制的积极推动者。毛泽东新闻思想是毛泽东思想的重要组成部分。直到今天,毛泽东新闻思想和他所创设的新闻政策仍然是中国共产党和社会主义新闻事业的重要指导思想。

毛泽东作为20世纪继列宁之后又一位杰出的马克思主义理论家,他的学说和观点在国际共产主义运动和在全世界享有崇高的威望。毛泽东新闻思想培育和武装了几代新闻工作者。毛泽东新闻思想不仅对中国,而且对那些同中国情况相似的国家的新闻工作,都具有一定的指导意义。毛泽东新闻思想产生发展于世界的东方,产生发展于社会主义中国,有许多独特的内容和独特的表现形式,充满着中国特色和中国风格。因此,毛泽东新闻思想是马克思主义新闻学在中国的发展,毛泽东为马克思主义新闻学在新时代的发展作出了伟大的贡献。

毛泽东新闻思想是毛泽东依托中国共产党这个坚强的战斗集体发育成长的、他本人关于新闻传播活动的观点和学说的理论体系。

毛泽东新闻思想发轫于20世纪20年代，形成于40年代，新中国成立之后在社会主义革命和社会主义建设的实践中又有了新的重大的发展。具体说，1911年至1920年是毛泽东早期新闻思想形成时期，也是毛泽东新闻思想的准备阶段。他先接受资产阶级新闻知识和新闻观的启蒙教育，后来又接受马克思列宁主义新闻思想的影响，在创办和编辑报刊的过程中，随着向共产主义世界观转变的实现，酝酿、思考自己的新闻理念。1920年至1948年是毛泽东新闻思想形成和初步发展的时期，随着党的新闻事业的发展，他关于党报的实践日益深入，关于报刊的性质、作用、地位、特点和运行规律的认识逐渐萌生、深化和系统化。这个时期，又可分为两个阶段，第一个阶段是毛泽东新闻思想的酝酿阶段，他创建、编辑了一些党领导下的报刊，有了一些关于党报的理论思考，但还停留在现象描述和感性领悟阶段，这个阶段大致在1920年至1938年。第二个阶段是毛泽东新闻思想形成和发展阶段，他领导全党党报、通讯社和广播电台工作，从政策的制定到理论的阐发，对党领导下的新闻事业及其运行规律进行了深入的研究。特别是在延安整风和党报改造中，毛泽东提出了关于加强党报的党性、正确处理党报同党委、党报同实际工作、党报同人民群众等一系列马克思主义的原则，把马克思主义新闻学同中国新闻工作实际紧密地结合起来，系统地提出并论证了中国的党报理论，也就形成了毛泽东新闻思想的核心。这一阶段大致在1938年至1948年。1949年新中国成立至1976年毛泽东逝世，是毛泽东新闻思想在社会主义革命和社会主义建设的广阔背景下深入发展、进一步完善的时期。在这一时期，他把由马克思主义经典作家们开创的马克思主义新闻学，大大地向前推进了。

第一节　思想启蒙和早期新闻思想

1911年至1920年，毛泽东通过大量阅读改良派、革命派的报刊和部分马克思主义报刊，最初接受了先是资产阶级的、后是马克思主义的新闻启蒙教育，初步了解报刊的社会地位、性质、作用和特点，形成早期的新闻思想。

1910年秋,毛泽东到离家50里的湘乡县东山高小学堂读书,看到梁启超主编的《新民丛报》。次年春,他考取湘乡驻省中学,来到长沙。在这里,他第一次看到同盟会会员主办的《民立报》。对此,毛泽东在自传中有这样一段记录:"当我在长沙的中学读书时,我第一次读到报纸,报名《民力》(应为《民立报》),是民族主义派的革命的报刊,里面有反抗满清的广州起义及在一个湖南人领导下的七十二烈士就难的情形。我读了以后,极为感动,同时我也知道了孙中山的名字和同盟会的会纲。"①

从这段自述不难看出,第一,毛泽东是报刊的热心读者,对于天下大事、国家大事,事事关心。他对斯诺说过,"我养成了读报的习惯,从1911年到1927年我上井冈山为止,我从来没有中断过阅读北京、上海和湖南的日报。"②第二,当时毛泽东的思想是杂芜的、混乱的。他在自传中说,"在这个时期,我的头脑是自由主义、民主改良主义及空想社会主义的有趣的混合物。我模糊地景仰'十九世纪民主主义'、乌托邦主义和旧式的自由主义,但是我坚决地反对军阀和帝国主义。"③

从阅读报刊开始,有感而发,毛泽东拿起笔来,为报刊撰稿。据目前发现的最早的毛泽东见报稿件,是从1916年开始为《新青年》投稿。当时他23岁,第一篇文章的题目是《体育之研究》。毛泽东曾经这样告诉斯诺:"《新青年》是有名的新文化运动的杂志,……我在师范学校学习的时候,就开始读这个杂志了。我非常钦佩胡适和陈独秀的文章。他们代替了已经被我抛弃的梁启超和康有为,一时成了我的楷模。"④

1918年8月毛泽东第一次到北京,9月底进北京大学图书馆担任图书协理员。在这里,他第一次接触到马克思主义,并于第二年春参加北京大学新闻学研究会听课,使他成为我国第一批系统地学习与研究新闻学理论的人士之一。毛泽东从北京回来,他于1919年7月创办并主编《湘江评论》周刊。《湘江评论》是湖南学生联合会的机关报。由毛泽东撰写的该刊《创刊宣言》写道:"时机到了!世界的大潮卷得更

---

① 史诺录、汪衡译:《毛泽东自传》,解放军文艺出版社2001年第1版,第18页。
② 埃德加·斯诺:《西行漫记》,三联书店1979年第1版,第126页。
③ 史诺录、汪衡译:《毛泽东自传》,解放军文艺出版社2001年第1版,第30页。
④ 埃德加·斯诺:《西行漫记》,三联书店1979年第1版,第125页。

急了！洞庭湖的闸门动了,且开了！浩浩荡荡的新思潮业已奔腾澎湃于湘江两岸了！顺他的生,逆他的死。如何承受他？如何传播他？如何研究他？如何施行他？这是我们全体湘人最切最要的大问题。即是《湘江》出世最切最要的大任务。"①

创刊号上,刊登了毛泽东执笔的《本报启事》,《启事》说:"本报以宣传最新思潮为主旨。"这是毛泽东主编报刊的第一个宗旨,也是他对报刊使命的最初理解。他在《创刊宣言》中表示了这家刊物的追求:将"不受一切传说和迷信的束缚,要寻着什么是真理"。这是毛泽东的心声,那时他自己也正在找寻出路。自然,《创刊宣言》中必然会有一些非马克思主义的观点。如他提出要反对"炸弹革命"和"有血革命",提倡"呼声革命"、"无血革命",这些,表明毛泽东当时的政治观点还不成熟。

1919年8月,《湘江评论》及湖南学生联合会被军阀张敬尧查禁。应湘雅医专学生会邀请,毛泽东接手编辑该校出版的《新湖南》周报。毛泽东接办后,该报进行了改革,他在第7号上发表了《刷新宣言》,提出:"本报第7号以后的宗旨是:1、批评社会;2、改造思想;3、介绍学术;4、讨论问题。"

《新湖南》出至第10号,也被张敬尧蛮横地查禁了。

在编辑《湘江评论》中,毛泽东就反对"鼓吹变法的出版物",因为这些刊物多是空空洞洞,"很少踏着人生社会的实际说话"。1919年11月,长沙发生了一个新娘反对父母包办婚姻而在轿中自刎身亡的事件。毛泽东在长沙《大公报》发表文章指出:"昨日的事件,是一个很大的事件。这事件背后,是婚姻制度的腐败,社会制度的黑暗,意想的不能独立,恋爱不能自由。吾们讨论各种学理,应该傍着活事件来讨论。"②他还启发另一份杂志《女界钟》就此事展开讨论。毛泽东这种"傍着活事件来讨论"的报道方法,是一种就事实表达意见的有效的报道方式,是符合新闻传播规律的一种有效做法。

这一系列读报活动和报刊活动,极大地推动了毛泽东世界观的转变。正是读报和办报,使他得以清理自己的思想,同中国的马克思主义先行者广泛接触,在他们的推荐下阅读了大量马克思主义的书籍。毛

---

① 毛泽东:《〈湘江评论〉创刊宣言》,1919年7月14日《湘江评论》创刊号。
② 毛泽东:《对于赵女士自杀的批评》,1919年11月16日长沙《大公报》。

泽东回忆说,我第二次到北京期间,读了许多关于俄国情况的书,我热心地搜寻那时候能够找到的为数不多的用中文写的共产主义书籍。有几本书特别深地铭刻在我的心中,建立起我对马克思主义的信仰。我一旦接受了马克思主义对历史的正确解释以后,我对马克思主义的信仰就没有动摇过。毛泽东还回忆说,陈独秀谈他自己的信仰的那些话,在我一生中可能是关键性时期,对我产生了深刻的印象。到了1920年夏天,在理论上,而且在某种程度的行动上,我已成为一个马克思主义者了。

毛泽东自1911年接触资产阶级报刊,到1919年7月开始主办《湘江评论》,1919年9月接编《新湖南》,1919年10月支持周南女校学生会编辑校报《女界钟》,同月应长沙《大公报》聘请担任馆外撰述员,12月创办平民通讯社,1920年9月为《湖南通俗报》当参谋,12月主编《新民学会会员通信集》,一年半时间里参加了7项新闻工作。这期间他还先后在北京《新青年》、长沙《通俗教育报》、《湖南教育月刊》、北京《北京大学日刊》、长沙《大公报》、《湘江评论》、《新湖南》、《女界钟》、上海《申报》、《民国日报》、《湖南》月刊、《天问》月刊、《时事新报》、长沙《湖南通俗报》、《新民学会会员通信集》等十几种报刊上发表文章。至此,他参加新闻工作的时间虽然不长,但已经积累了相当丰富的经验。

这些新闻启蒙教育和报刊工作实践,以及大量的阅读与社会活动,使毛泽东萌生了早期报刊思想。这些思想主要有:

第一,为解决社会问题而创办政治报纸。毛泽东的责任心和兴趣在解决社会实际问题,他办报的目的十分明确,即通过报刊揭露社会弊病,针砭时政,追求自己的社会抱负与人生理想。

第二,以广大人民群众为宣传对象,以反映人民生活、启发群众觉悟,当作报刊的主要社会使命。

第三,揭示报刊的阶级性,指出现代报刊是为某一些阶级所掌握,为这些阶级服务的工具。

第二节 毛泽东新闻思想的形成

中国共产党"一大"决议要求:"各地可根据需要出版一种工会杂

志、日报、周报、小册子和临时通讯。"①"二大"之后,毛泽东于1923年4月,以湖南自修大学校刊的名义,创办了《新时代》月刊。以此为始,毛泽东本人和全党创办了一系列党的报刊。进入延安之后,在党的最高领导人的位置上,毛泽东根据形势的需要和他本人的思路,创办了更多的报刊,并为其中的一些报刊撰写了发刊词。也是在党的最高领导人的位置上,他结合形势和党政工作,特别是利用党的整风和党报改造运动,发表了关于新闻工作的许多重要讲话及指示。也还是在党的最高领导人的位置上,他还就通讯社和广播电台以及其他党的新闻宣传工作发表了许多指示与讲话。这些思想资料,包括各个历史时期毛泽东发表的重要的新闻经典论著,最终形成了毛泽东新闻思想,它的核心是中国共产党党报理论。作为中国共产党的党报理论,除毛泽东外,还包括刘少奇、周恩来等党内许多马克思主义理论家和新闻活动家的新闻观点。

一、1938年之前的毛泽东党报理论

《新时代》月刊是毛泽东党报生涯中以校刊名义创办的第一份党的报刊。当时与《新时代》为伍的,还有《向导》、《前锋》、《中国青年》等杂志。

为了办好湖南自修大学和杂志,毛泽东专门从上海聘请李达担任自修大学校长,兼任《新时代》月刊的主编。月刊的发刊词指出:"本刊和普通校刊不同,普通校刊兼收并列,是文字的杂货店,本刊却是有一定主张有一定宗旨的。同仁自信都有独立自强的精神,都有艰苦不屈的志气,只因痛感着社会制度的不良和教育机关的不备,才集合起来,组织这个学问上的亡命之邦,努力研究致用的学术,实行社会改造的准备。虽然自修大学创办伊始,同仁的理想还在试验时期,将来成绩如何,不能预告,但是这出发的目标,自信非常正确,若凭着那种精神和志气做去,必有成功的希望的,本刊便是一个实验的标准了。"发刊词最后谈到《新时代》的使命和任务:"本刊出世的使命实在是非常重要。将来,国家如何改造,政治如何澄清,帝国主义如何打倒,武人政治如何

---

① 《中国共产党的第一个决议》,《中国共产党新闻工作文件汇编》上卷,新华出版社1980年第1版,第1页。

推翻,教育制度如何改革,文学艺术及其他学问如何革命、如何建设等等问题,本刊必有一种根本的研究和具体的主张贡献出来。"①这篇发刊词,由毛泽东所撰还是李达所撰,目前不得而知,但作为主办人的毛泽东,完全同意发刊词的主张,当是毫无疑问的。

1924年1月,在国民党第一次全国代表大会上,毛泽东被选为中央候补执行委员,担任国民党中央宣传部代理部长。他主持宣传部工作后,创办了国民党机关刊物《政治周报》。毛泽东亲自撰写了《发刊理由》。在《发刊理由》中,他首先明确地提出了创办《政治周报》的目的:"为什么出版《政治周报》?为了革命。为什么要革命?为了使中华民族得到解放,为了实现人民的统治,为了使人民得到经济的幸福。"毛泽东在列举了革命派在广东工作的成绩和反革命派的倒行逆施之后,旗帜鲜明地提出了《政治周报》的具体使命:"我们现在不能再放任了。我们要开始向他们反攻。'向反革命宣传反攻,以打破反革命宣传',便是《政治周报》的责任。"

毛泽东结合自己自1919年起编辑报刊的经验,根据新闻传播的基本规律,规定《政治周报》的主要方法与风格,将是用事实报道,用事实评论。他写道:"我们反攻敌人的方法,并不多用辩论,只是忠实地报告我们革命工作的事实。敌人说:'广东共产',我们说:'请看事实'。敌人说:'广东内哄',我们说:'请看事实'。敌人说:'广州政府勾联俄国丧权辱国',我们说:'请看事实'。敌人说:'广州政府治下水深火热民不聊生',我们说:'请看事实'。"《政治周报》的体裁,十分之九是实际事实之叙述,只有十分之一是对反革命派宣传的辩论。"②

《政治周报》是毛泽东亲自创办和主编的最后一个刊物。他的这篇《发刊理由》是他在中国共产党成立以后公开阐述新闻传播观点的第一篇文章。他提出的"为革命办报"的编辑方针,公开表明了新闻传媒的阶级性,是对在中国发展马克思主义新闻学的一个贡献。

1929年12月,在福建上杭县古田村,召开了中共红军第四军第九次党代表大会,时任红四军政委的毛泽东在会上作政治报告,并通过了《中国共产党红军第四军第九次代表大会决议案》。决议案第一部分《关于纠正党内的错误思想》指出:"中国的红军是一个执行革命的政

---

① 《〈新时代〉发刊词》,1923年《新时代》月刊第1卷第1号。
② 毛泽东:《〈政治周报〉发刊理由》,1925年12月5日《政治周报》第1期。

治任务的武装集团。特别是现在,红军决不是单纯地打仗的,它除了打仗消灭敌人军事力量之外,还要负担宣传群众、组织群众、武装群众、帮助群众建立革命政权以至于建立共产党的组织等项重大的任务。红军的打仗,不是单纯地为了打仗而打仗,而是为了宣传群众、组织群众、武装群众,并帮助群众建设革命政权才去打仗的,离了对群众的宣传、组织、武装和建设革命政权等项目标,就是失去了打仗的意义,也就是失去了红军存在的意义。"①

决议案的第四部分《红军宣传工作问题》,更加明确地指出:"红军宣传工作的任务,就是扩大政治影响,争取广大群众。由这个宣传任务之实现,才可以实现组织群众,武装群众,建立政权,消灭反动势力,促进革命高潮等红军的总任务。所以红军的宣传工作是红军第一个重大的工作。若忽视了这个工作,就是放弃了红军的主要任务,实际上就等于帮助统治阶级削弱红军的势力。"②

针对红军宣传工作中存在的缺点,毛泽东在报告中提出了具体的纠正方法。在内容方面,毛泽东指出,要发布一个具体的政纲,名曰红军政纲。宣传要切合群众的斗争情绪,除一般地发布暴动口号外,还要有适合群众斗争情绪尚低地方的日常生活口号,以发动日常斗争,去联系着那些暴动口号。城市平民、中小商人与学生是民权革命过程中的一个相当的力量,忽视了这个力量之争取,就无疑把这个力量送给豪绅地主资产阶级。以后对城市中小商人及学生群众,要有深入的宣传工作去取得他们。妇女占人口的半数,劳动妇女在经济上的地位和她们特别受压迫的状况,不但证明妇女对革命的迫切需要,而且是决定革命胜败的一个力量,以后对妇女要有切实的口号,做普遍的宣传。劳苦青年群众占人口百分之三十以上,在斗争中他们又是最勇敢最坚决的。因此,对取得青年群众的宣传,是整个宣传工作中的一个重要任务。

在宣传技术方面,毛泽东就宣传队、传单、壁报等提出了十分具体的要求,其中讲到对壁报的要求是:壁报为对群众宣传的重要方法之一。军及纵队各为一单位办一壁报,由政治部宣传科负责,名字均叫做

---

① 毛泽东:《关于纠正党内的错误思想》,《毛泽东选集》第1卷,人民出版社1991年第2版,第86页。

② 毛泽东:《红军宣传工作问题》,《毛泽东新闻工作文选》,新华出版社1983年第1版,第15页。

《时事简报》。内容是：① 国际国内政治消息；② 游击地区群众斗争情形；③ 红军工作情形。每星期至少出一张，一概用大张纸写，不用油印。每次尽量多写几张。政治简报的编印，应注意下列各项：① 要快；② 内容要丰富一点；③ 字要稍大点，要清楚点。

毛泽东对壁报一类群众性通讯小报十分重视。1931年3月，毛泽东以中央革命军事委员会总政治部主任的身份为总政治部起草了《在红色区域普遍地举办〈时事简报〉的通令》，这是红色政权时期毛泽东一个重要的新闻工作文献。

《通令》指出，"《时事简报》是苏维埃区域中提高群众斗争情绪、打破群众保守观念的重要武器，在新争取的区域对于推动群众斗争更有伟大的作用。因此，本部决定要红军和当地政府普遍地举办起来。"①

接着，毛泽东把举办《时事简报》的意义、内容和编写方法，写成题为《怎样办〈时事简报〉》的小册子分发给苏区各地和红军各部，要求在近期内军民一起动手，把《时事简报》普遍地办起来。

毛泽东在这本小册子里，首先讲到办好《时事简报》对于扩大军民的视野，打破保守观念具有重要的意义。他说："农村里头，小市镇里头，小城市里头，都是没有报纸看的。斗争的群众，革命以前和革命以后，在消息不灵通、见闻狭隘这一点上讲，是差不得很远的。井里虾蟆井里跳的现象，依然在群众中保持着。同志们，这种现象是不好的。这种现象引导群众把斗争的热情降低下去，引导群众走向保守局面上去。这是和扩大斗争、争取全国胜利的任务相冲突的。努力地扫除这种现象，是苏维埃和民众团体的责任。扫除的方法，代表大会、群众大会、巡行演说、团体参观等项固然都是好的，举办《时事简报》更是一种好的方法。"②

关于《时事简报》的内容，毛泽东指出，时事简报不做文章，只登消息。登的消息是：群众斗争消息；苏维埃的活动；红军的活动；统治阶级情形。毛泽东又指出，时事简报也不是完全不发议论，要在消息中插句把两句议论进去，使看的人明白这件事的意义。但不可发得太多，一条新闻中插上三句议论就觉得太多了。插议论要插得有劲，疲沓的不插还好些。不要条条都插议论。许多新闻意义已明显，一看就明白，如

---

① 毛泽东：《普遍地举办〈时事简报〉》，《毛泽东新闻工作文选》，新华出版社1983年第1版，第26页。
② 同上书，第27页。

插议论,就像画蛇添足。只有那些意义不明显的新闻,要插句把两句议论进去。

在出版形式上,毛泽东要求:《时事简报》不是印的是写的,不是小字是大字,不是小张是大张。登消息的次序是:本乡的,本区的,本县的,本省的,本国的,外国的,由近及远,看得很有味道。地方出版的《时事简报》要完全用本地的土话。从别处报纸抄下来的那些文字不通俗的新闻,要把原文完全改变。红军出版的《时事简报》,不会写本地的土话,也要用十分浅白的普通话。

在取材上,毛泽东要求,《时事简报》的材料,关于本地的和近地的,那就很容易采取;关于远地和全国的、国际的,从总政治部所出的《红军报》采取或从别的报上采取。文字和材料都要是有鼓动性的。《时事简报》的新闻,特别是本地的和近地的新闻,一定要是与群众生活紧密地联系着的。

毛泽东要求《时事简报》上面的东西必须完全真实。他说,要严禁扯谎,例如,红军缴枪一千说有一万,白军本有一万说只一千。这种离事实太远的说法,是有害的。《时事简报》不靠扯谎吃饭。

毛泽东还对《时事简报》的用纸、抄写、出版周期、如何引动群众阅读等问题,作了极为全面的规定。

就像当年列宁一样,有了出版铅印定期报刊条件的时候,仍然强调要编写和散布传单;到了延安后具备了出版铅印报纸的条件,毛泽东仍然要求各单位继续办好壁报。1944年3月在陕甘宁边区文化教育工作座谈会上,毛泽东说:"古时也开会,叫做宫廷会议,但那时还没有学会用广播、报纸做工作。现在我们要学会这种工作方式。现在我们边区,开会是最重要的工作方式,报纸发出去可以省得开许多会,所以报纸也可以当做重要的工作方式,教育方式。不但发行的报纸可以当做工作方式,墙报也可以当做工作方式。这也算是报,是墙报。但是,我们还不会使用它,还拿不出一种轰动全城的革命墙报,吸引全延安的人来看。……要把墙报办得又有革命的内容,又生动活泼,成为组织各机关工作的一种工作方式。"①

1930年5月,为了反对当时红军中的教条主义思想,毛泽东写了

---

① 毛泽东:《报纸是指导工作教育群众的武器》,《毛泽东新闻工作文选》,新华出版社1983年第1版,第114页。

题为《反对本本主义》的文章,本本主义也是教条主义。毛泽东要求党、政府和军队中的一切共产党员,包括做经济工作和社会科学研究的人,都要进行调查研究。他说,"没有调查,没有发言权"。后来他又把这句话改为"一,不做调查没有发言权。二,不做正确的调查同样没有发言权"①。他在这篇文章中提出:注重调查!反对瞎说!11年以后,毛泽东为他的《农村调查》一书出版写了序言和跋,他在序言里说:"一切实际工作者必须向下作调查。对于只懂得理论不懂得实际情况的人,这种调查工作尤有必要,否则他们就不能将理论和实际相联系。'没有调查就没有发言权',这句话,虽然曾经被人讥为'狭隘经验论'的,我却至今不悔;不但不悔,我仍然坚持没有调查是不可能有发言权的。"②这里讲得很明确,深入调查,不仅是对党的干部的要求,也是对从事实际采写任务的新闻工作者的一个要求。

1934年1月,毛泽东向第二次全国苏维埃代表大会作报告,其中讲到苏维埃文化教育的方针和任务。此时,毛泽东任中华苏维埃共和国临时中央政府主席。他说:"苏区群众文化运动的迅速发展,我们看报纸的发行也可以知道。中央苏区现在已有大小报纸三十四种,其中如《红色中华》,从三千份增至四万份,《青年实话》发行二万八千份,《斗争》二万七千一百份,《红星》一万七千三百份,证明群众的文化水平是迅速地提高了。"③报告中讲到的《红色中华》报和《红星报》,是同一天,即1931年12月11日在江西瑞金创办的。一天创刊两家中央级铅印报纸,说明红色区域新闻事业的新发展。

《红色中华》报是中华苏维埃共和国临时中央政府的机关报。报纸创刊的时候,毛泽东正好当选为临时中央政府的主席,他自然会十分重视这张政府机关报。遗憾的是,这方面的史料很少,以至难以确认这张报纸的《发刊词》是何人执笔写就的。但作为政府主席,毛泽东认同《发刊词》的主要观点应该是不成问题的。《发刊词》重点讲到报纸目前的三件工作是:"第一,要组织苏区广大工农劳苦群众积极参加苏维

---

① 毛泽东:《反对本本主义》注(1),《毛泽东选集》第1卷,人民出版社1991年第2版,第118页。

② 毛泽东:《〈农村调查〉的序言和跋》,《毛泽东选集》第3卷,人民出版社1991年第2版,第791页。

③ 毛泽东:《苏维埃文化教育的方针和任务》,《毛泽东新闻工作文选》,新华出版社1983年第1版,第34页。

埃政权。这不但要引导工农群众对于自己的政权,尽了批评、监督、拥护的责任,还要能热烈的参加苏维埃政权的工作,了解苏维埃新国家的政策、法律、命令及一切决议,能运用自己的政权,达到镇压反革命的阶级,实现自己阶级的利益与要求。第二,要指导各级苏维埃的实际工作,纠正各级苏维埃在工作中的缺点与错误。……第三,要尽量揭破帝国主义与国民党军阀及一切反动政治派别进攻革命,欺骗工农的阴谋,与反动统治的内部冲突崩溃,及一切政治内幕,介绍苏区非苏区红军斗争,工农革命运动的消息,使工农劳苦群众,懂得国际国内的政治形势与必要采取的斗争的方法,而成为扩大苏维埃运动的勇敢的战士。"[1]

《红色中华》报从 1931 年 12 月 11 日创刊,到 1934 年 10 月 3 日出至第 240 期后,因长征转移而暂时停刊。长征结束后不久改为《新中华报》出版。这份报纸对于中央苏区的发展是作出了贡献的。

1938 年 9 月 29 日至 11 月 6 日,在延安召开了扩大的党的六届六中全会,毛泽东被正式选举为党的最高领导人,从此开始了毛泽东领导全党新闻事业的新时期。

从 1920 年至 1938 年,是毛泽东党报理论酝酿和开始形成的阶段。这一时期毛泽东发表的有关报刊工作的论文,如《新时代》的发刊词,《政治周报》的发刊理由,举办《时事简报》的一系列指示,关于调查研究的论述,为他在 20 世纪 40 年代后期最终形成自己的党报理论和新闻思想,作了很好的准备。

二、毛泽东新闻思想的形成

延安《解放日报》的创办及出版,以《解放日报》改版为代表的根据地党报改造,有力地推动了毛泽东党报理论的形成。在领导党报改造的同时,毛泽东对广播电台和新华通讯社的调整及改革也提出了许多新的见解,对其运作的规律与特点进行了全面深刻的阐发,至 1948 年,以党报理论为核心,毛泽东的新闻思想已全面形成。

毛泽东是高度重视新闻宣传工作的。还在红军经过长征到达延安前,他于 1935 年 11 月 25 日就恢复了《红色中华》报的出版。进延安之后,为适应国共合作的新形势,报名改为《新中华报》。这家报纸当时

---

[1] 《〈红色中华〉发刊词》,1931 年 12 月 11 日《红色中华》报创刊号。

一身两任,既是中央机关报,又是陕甘宁边区政府机关报。1939年2月10日,毛泽东为该报题词:"把新中华报造成一支抗战的生力军!"不久又为该报题词:"多想。"《新中华报》新刊出版一周年时,毛泽东为它写了一篇题为《必须强调团结和进步》的文章,为报纸指出了正确的方向。他在文章中称赞该报是全国报纸中办得最好的一个,他说:"其主要的原因,一是共产党办的,二是在民主政治下。没有这两个同时具备的条件,要办得这样好,是不可能的。报馆诸同志的直接努力,亦是一个重要条件,没有他们的积极性、创造性,要办好也是不可能的。"①

党中央1937年4月在延安还创办了中央机关刊物《解放》周刊。毛泽东在上面发表了许多文章。《解放》还刊登了毛泽东在六届六中全会上的报告的第四部分第一节《高度发扬民族自尊心和自信心》,报告指出:"必须动员报纸、刊物、学校、宣传团体、文化艺术团体、军队政治机关、民众团体,及其他一切可能力量,向前线官兵、后方守备部队、沦陷区人民,作广大之宣传鼓动,坚定地有计划地执行这一方针,主张抗战到底,反对投降妥协,清洗悲观情绪,反复地指明最后胜利的可能性与必然性,指明妥协就是灭亡,抗战才有出路,号召全民族团结起来,不怕困难,不怕牺牲,我们一定要自由,我们一定要胜利,用以达到全国一致继续抗战之目的。"②这些论述,不仅为全党和全国指明了方向,也为党的报刊指出了主导舆论的航向。

继《解放》周刊之后,党中央及各部门在延安创办了一系列杂志,毛泽东都为之撰写了发刊词。

1939年1月2日,八路军政治部创办《八路军军政杂志》,毛泽东担任编委会委员,并为之写了发刊词。他在发刊词中说:"当抗日战争向着新阶段发展的时候,八路军同人出版这个军政杂志,其意义是明显的:为了提高八路军的抗战力量,同时也为了供给抗战友军与抗战人民关于八路军抗战经验的参考资料。""发扬成绩,纠正缺点,是八路军全体将士的任务,也是军政杂志的任务。抗战是长期的与残酷的,发扬八路军的成绩,纠正八路军的缺点,首先对于提高八路军的抗战力量是

---

① 毛泽东:《纪念〈新中华报〉新刊一周年》,《毛泽东新闻工作文选》,新华出版社1983年第1版,第49页。
② 毛泽东:《高度发扬民族自尊心和自信心》,《毛泽东新闻工作文选》,新华出版社1983年第1版,第39—40页。

迫切需要的;同时对于以八路军经验贡献抗战人民与抗战友军,也属需要。《八路军军政杂志》应该为此目的而努力。"①

1939年10月4日,党中央创办党内刊物《共产党人》,毛泽东在为之撰写的《〈共产党人〉发刊词》中说:"这个党内刊物定名为《共产党人》。它的任务是什么呢?它将写些什么东西呢?它和别的党报有些什么不同呢?它的任务就是:帮助建设一个全国范围的、广大群众性的、思想上政治上组织上完全巩固的布尔什维克化的中国共产党。为了中国革命的胜利,迫切地需要建设这样一个党,建设这样一个党的主观客观条件也已经大体具备,这件伟大的工程也正在进行之中。帮助进行这件伟大的工程,不是一般党报所能胜任的,必须有专门的党报,这就是《共产党人》出版的原因。"②

1940年2月,中共中央职工运动委员会主办的《中国工人》月刊出版,毛泽东为它写了发刊词,他在文中指出:"《中国工人》的出版是必要的。中国工人阶级,二十年来,在自己的政党——中国共产党领导之下展开了英勇的斗争,成了全国人民中最有觉悟的部分,成了中国革命的领导者。中国工人阶级联合农民和一切革命的人民反对帝国主义和封建主义,为建立新民主主义的中国而斗争,为驱逐日本帝国主义而斗争,这个功劳是非常之大的。但是中国革命尚未成功,还须付出很大的气力,团结自己,团结农民和其他小资产阶级,团结知识分子,团结一切革命的人民。这是极大的政治任务和组织任务。这是中国共产党的责任,这是工人阶级先进分子的责任,这是整个中国工人阶级的责任。工人阶级和全体人民的最后解放,只能在社会主义实现的时代,中国工人阶级必须为此最后目的而奋斗。但是必须经过反帝反封建的民主革命的阶段,才能进到社会主义的阶段。所以,团结自己和团结人民,反对帝国主义和封建主义,为建立新民主主义的新中国而奋斗,这就是中国工人阶级的当前的任务。《中国工人》的出版,就是为了这一个任务。"③

毛泽东对《中国工人》寄予很大的希望,也提出了切实的要求。他

---

① 毛泽东:《〈八路军军政杂志〉发刊词》,《毛泽东新闻工作文选》,新华出版社1983年第1版,第42页。
② 毛泽东:《〈共产党人〉发刊词》,《毛泽东选集》第2卷,人民出版社1991年第2版,第602页。
③ 毛泽东:《〈中国工人〉发刊词》,《毛泽东选集》第2卷,人民出版社1991年第2版,第727页。

说:"《中国工人》将以通俗的言语解释许多道理给工人群众听,报道工人阶级抗日斗争的实际,总结其经验,为完成自己的任务而努力。""《中国工人》应该成为教育工人、训练工人干部的学校,读《中国工人》的人就是这个学校的学生。工人中间应该教育出大批的干部,他们应该有知识,有能力,不务空名,会干实事。没有一大批这样的干部,工人阶级要求得解放是不可能的。""我希望这个报纸好好地办下去,多载些生动的文字,切忌死板、老套,令人看不懂,没味道,不起劲。""一个报纸既已办起来,就要当作一件事办,一定要把它办好。这不但是办的人的责任,也是看的人的责任。看的人提出意见,写短信短文寄去,表示欢喜什么,不欢喜什么,这是很重要的,这样才能使这个报办得好。"①

1940年3月25日,由延安大众读物社主办的《边区群众报》问世,这是一张为农民和农村基层干部办的通俗小报。毛泽东为这张报纸题写了报头,还希望这张报纸要编得让识字的农民能看懂,不识字的农民能听懂,要用农民喜闻乐见的形式。

毛泽东的这些通过发刊词和其他形式表达的对党领导下的报刊的要求,反映他心目中的党的报刊的形象,他对党的新闻工作规范的建构,成为他的党报理论的一部分。

抗日战争初期,由于毛泽东和党中央对新闻宣传工作的重视,在延安和陕甘宁边区,在各抗日根据地,先后共出版400多家报刊,呈现出生气勃勃的景象。

进入1941年以后,抗日战争处于极其艰难的状况,毛泽东决定集中资源,重点办好一些大型的党的报刊。1941年3月26日中共中央发出《关于调整刊物问题的决定》,指出:由于目前技术条件的限制,与某些书籍小册子的急于出版,中央决定《中国青年》、《中国妇女》、《中国工人》,自四月起暂时停刊,《中国文艺》亦停刊4个月。责成中央出版部将各停刊杂志省出的字数,用在书籍及教科书的印刷上。

不久后的1941年5月15日,中共中央又发出由毛泽东亲自起草的《关于出版〈解放日报〉和改进新华社工作的通知》。《通知》指出:

---

① 毛泽东:《〈中国工人〉发刊词》,《毛泽东选集》第2卷,人民出版社1991年第2版,第727—728页。

"五月十六日起,将延安《新中华报》、《今日新闻》合并,出版《解放日报》。新华通讯社事业,亦加改进,统归一个委员会管理。一切党的政策,将经过《解放日报》与新华社向全国宣达。《解放日报》的社论,将由中央同志及重要干部执笔。各地应注意接收延安的广播,重要文章除报纸刊物上转载外,应作为学校内机关部队内的讨论与教育材料,并推广收报机,使各地都能接收,以广宣传,是为至要。"①

这个通知表明,毛泽东意欲集中宣传工具和统一宣传口径,扩大中央直接领导的宣传媒介的影响。证据之一,这个通知下发后10天,1941年5月25日,中共中央又下发了《关于统一各根据地内对外宣传的指示》,指示指出:"一切对外宣传均应服从党的政策与中央决定,各中央局、中央分局、省委、区党委负责同志的公开发言,尤应严格遵守此原则。各军事领袖不得军委许可不准公开发表有关全国性的意见。凡牵涉到全国性意义的重要政治事变,任何中央局、中央分局、省委、区党委负责同志及任何军事首长,在中央未指示前,不得公开发言,以保障全党意见与步调的一致。"②

中共中央宣传部同天(1941年5月25日)还专为电台广播发出通知,对电台广播提出了严格的要求。过了不到一个月,中共中央宣传部还专门拟定、颁发了《关于党的宣传鼓动工作提纲》。《提纲》将宣传鼓动工作的任务规定为:我们党的宣传鼓动工作的任务,是宣传党的马列主义的理论,党的纲领与主张,党的战略与策略,在思想意识上动员全民族与全国人民为革命在一定阶段内的彻底胜利而奋斗这种宣传与鼓动,同时包含有对共同思想进行联合,对敌对思想进行斗争的两个方面。《提纲》要求,全党的宣传鼓动工作必须统一在中央总的宣传政策领导之下。如果各自为政,不履行中央统一的宣传政策的方针,这是非常危险的。只有在中央统一的宣传政策之下,才能在现代的宣传战中,战胜我们的敌人。

《解放日报》根据党中央决定,于1941年5月16日在延安创刊。这是根据地出版的第一张每日发行的大型的中共中央机关报。毛泽东

---

① 毛泽东:《中共中央关于〈解放日报〉等问题的通知》,《中国共产党新闻工作文件汇编》上卷,新华出版社1980年第1版,第97页。
② 《中共中央关于统一各根据地内对外宣传的指示》,《中国共产党新闻工作文件汇编》上卷,新华出版社1980年第1版,第98页。

为报纸题写了报头,撰写了发刊词。他在发刊词中指出:"本报之使命为何?团结全国人民战胜日本帝国主义一语足以尽之。这是中国共产党的总路线,也就是本报的使命。在目前的国际国内形势下,这一使命是更加严重了。""中国共产党的使命就是本报的使命,本报同人完全相信,由于世界人民与中国人民协力斗争的结果,世界必然要变成一个世界人民的光明世界,中国必然要变成一个中国人民独立自主的中国,日本帝国主义的一切企图,我们是能够粉碎的。团结,团结,团结,这就是我们的武器,也就是我们的口号。今当本报发刊之时,愿掬之诚,以告国人。"①

1935年1月遵义会议后,中共中央逐步纠正了"左"倾错误,但"左"倾错误的思想影响并没有肃清,抗战以后党又发展了一大批小资产阶级出身的新党员。为了提高全党的马克思主义水平,从1941年5月起,毛泽东先后作了《改造我们的学习》、《整顿党的作风》、《反对党八股》的报告,号召全党反对主观主义以整顿学风,反对宗派主义以整顿党风,反对党八股以整顿文风。1942年6月8日,中共中央宣传部发出《关于在全党进行整顿三风学习运动的指示》,从此开始了全党范围的整风运动。

在中宣部整风指示发出之前,已于1942年3月16日发出《为改造党报的通知》。《通知》指出,"报纸的主要任务就是要宣传党的政策,贯彻党的政策,反映党的工作,反映群众生活,要这样做,才是名副其实的党报,如果报纸只是或者以极大篇幅为国内外通讯社登载消息,那末这样的报纸是党性不强,不过为别人的通讯社充当义务的宣传员而已,这样的报纸是不能完成党的任务的。如果各地党报犯有这样毛病,就须立即加以改正。""要使各地的党报成为真正的党报,就必须加强编辑部的工作,各地高级党的领导机关,必须亲自注意报纸的编辑工作,要使党报编辑部与党的领导机关的政治生活联成一气,要把党的政策,党的工作,抗日战争,当地群众运动和生活,经常在党报上反映,并须登在显著的重要的地位,要有与党的生活与群众生活密切相联系的通讯员或特约撰稿员,要规定党政军民各方面的负责人经常为党报撰稿";"党报要成为战斗性的党报,就要有适当的正确的自我批评,表扬工作

---

① 毛泽东:《延安〈解放日报〉发刊词》,《毛泽东新闻工作文选》,新华出版社1983年第1版,第55、56—57页。

中的优点，批评工作中的错误，经过报纸来指导各方面的工作。在党报上可以允许各种不同的观点的论争，可以容许一切非党人士站在善意的立场上对我们各方面工作的批评或建议的言论发表。另一方面，要有对于敌人的思想的批判。"①

《通知》中指出的党报工作的缺陷，《解放日报》也是存在的。《解放日报》的一个主要问题，是忽视边区和延安本市的新闻报道，而让外国通讯社的东西占领主要版面，以至被人批评为当了外国通讯社的义务通讯员。《解放日报》的另一个缺点，就是每天发表的社论大部分是就国际事件而写的，一些不是很重要、广大读者不关心的问题，却连篇累牍，写了又写，论了又论。《解放日报》还有一个缺点是，一些文章不能准确地宣传党的政治主张和方针政策，造成很坏的政治影响。

毛泽东对上述缺点经常地提出批评，他还主动地为报社提供好的稿件和好的材料，并于1942年初向政治局提出整顿报社工作的建议，中央政治局同意毛泽东的提议，并于1942年1月24日作出了决议。决议说，同意毛主席指出今后《解放日报》应从社论、专论、新闻及广播等方面贯彻党的路线与党的政策，文字须坚决废除党八股。并决定由中央各部委（中央同志在内）及西北局每月供给广播新闻消息一件，写社论或专论一篇。同时中央各部委局及西北局每月供给党务广播材料一篇，交书记处办公厅。

毛泽东还在1942年3月8日为《解放日报》题词："深入群众，不尚空谈"，语重心长地批评了报纸存在的缺陷，并勉励报社同志改进工作，把报纸办好。

中央改造党报的通知颁发后，决定《解放日报》从4月1日起实行改版。3月31日，毛泽东亲自在杨家岭中共中央办公厅召开《解放日报》改版座谈会，请延安各部门党内外代表及作家70多人参加，毛泽东在会议结束前发表了讲话。他说："利用《解放日报》，应当是各机关经常的业务之一。经过报纸把一个部门的经验传播出去，就可推动其他部门工作的改造。我们今天来整顿三风，必须要好好利用报纸。"②

---

① 《中宣部为改造党报的通知》，《中国共产党新闻工作文件汇编》上卷，新华出版社1980年第1版，第126—127页。
② 毛泽东：《在〈解放日报〉改版座谈会上的讲话》，《毛泽东新闻工作文选》，新华出版社1983年第1版，第90页。

1942年4月1日,《解放日报》以崭新面貌同读者见面。报纸为改版发了社论《致读者》。社论首先提出:"什么是党报?一提起这个问题的时候,大家必然会想起'报纸不仅是集体的宣传员和集体的鼓动员,而且还是集体的组织者'(列宁)、'报纸是我们最锐利和最有力的武器'(斯大林)这一类名言。但是试问报纸到底如何才能成为集体宣传者集体鼓动者集体组织者呢?究竟怎样才能成为党手中最锐利和最有力的武器呢?那末,必须:第一,贯彻着坚强的党性。……第二,密切地与群众联系、反映群众情绪、生活需求和要求,记载他们的可歌可泣的英勇奋斗的事迹,反映他们身受的苦难和惨痛,宣达他们的意见和呼声。……第三,洋溢着战斗性。"①社论接着指出:"在检讨我们过去的工作之后,我们认为需要使我们的工作有一个彻底的改革。改革的目的,就是要使解放日报能够成为真正战斗的党的机关报。要达到这个目的主要的环节,就是要使我们整个篇幅贯彻党的路线,反映群众情况,加强思想斗争,帮助全党工作的改进。这样来贯彻我们报纸的党性、群众性、战斗性和组织性!"②

社论最后表示:"十个月来,我们在工作中,曾受到读者的许多鼓励和批评。鼓励增加我们的勇气,批评促使我们反省,我们统致无限的感谢!当此改革之始,我们愿引一句俄共第八次代表大会关于报纸的决议,以为自励:'如果没有办得很好的报刊,那末健康的、巩固的党和苏维埃的建设,便是不可想象的。'并且愿意,模仿地添一句:'没有广大的读者的赞助和鞭策,这报纸要办得好,是不能设想的。'我们诚恳地期望着,读者给我们一切援助和批评,使我们的报纸能够成为真正的集体宣传者、集体鼓动者和集体组织者。"③

《解放日报》改版之后,各方面有了明显的改进。首先,版面安排和新闻排序有了根本的改变,由过去一国际二国内三边区四本市换成了一本市二边区三国内四国际,根据地的重要新闻取代西方通讯社的新闻上了头版头条。其次的一个大变化是精心设计和写作社论。再次,报纸坚持经常传播马克思主义新闻观,介绍列宁等人的新闻理论和新闻实践。就这样,《解放日报》以改版为突破口,沿着中央"完全的党

---

① 《致读者》,1942年4月1日《解放日报》社论。
② 同上。
③ 同上。

报"的要求坚持下去,不断突破,不断创新。

1944年2月16日《解放日报》发表社论《本报创刊一千期》。社论指出:"在新闻事业的业务方面,一千期来,我们是在学习的过程中,在创造的过程中。我们现代报纸的历史,虽较欧美各国为短,亦已百数十年,然而属于人民大众的报纸,则仍寥寥可数,其中大半未到成熟即遭夭折,或则横被摧残,或则中途变质。广大的中国人民大众,要建立作为自己喉舌的报纸,报道自己的活动,畅谈自己的意见,真是历尽了千辛万苦,求之而不可多得。本报是中国共产党的党报,当然义不容辞,要坚持一个方针,这个方针即是,使本报成为抗日人民大众的报纸,成为鼓吹抗战,鼓吹民主,鼓吹进步的号角。我们要把人民大众的生活,人民大众的抗战活动,人民大众的意见,在报纸上反映出来。""改版之后,本报依照中央方针,实行改革。从那时到现在,已经有一年又十个月了。这一年又十个月中间,我们的重要经验,一言以蔽之,就是'全党办报'四个字。由于实行了这个方针,报纸的脉搏就能与党的脉搏呼吸相关了,报纸就起了集体宣传者和集体组织者的作用,报纸就能经过党的组织组成了在边区包含六百余人的广大通讯网,并能改革了文风,改进了技术。"①

《解放日报》改版之后,十分注意用马克思主义新闻观指导和检验自己的工作。改版当天,就在第2版以《怎样办党报》为总标题,刊登一组文章:《中共中央宣传部为改造党报的通知》、《列宁论报刊》、《联共党史论〈真理报〉》、《联共八次大会关于报纸的决议》。以后,经常就党报的重大理论问题发表社论和论文。1942年9月22日发表社论《党与党报》。这篇社论论述的主要观点是:"所谓集体宣传者集体组织者,决不是指报馆同人那样的'集体',而是指整个党的组织而言的集体。党经过报纸来宣传,经过报纸来组织广大人民进行各种活动。报纸是党的喉舌,是这一巨大集体的喉舌。在报社工作的同志,只是整个党的组织的一部分。一切要依照党的意志办事,一言一动,一字一句,都要顾到党的影响。""党报的每一个工作人员,必须时时警惕,看重自己的责任。党报不但要求忠实于党的总路线、总方向,而且要与党的领导机关的意志呼吸相关,息息相通;要与整个党的集体呼吸相关,息息相通,这是党报工作人员的责任。这是办好党报的必要条件之一。

---

① 《本报创刊一千期》,1944年2月16日《解放日报》社论。

这是报馆工作人员一方面的事情。但是要办好党报,要使党报成为集体宣传者与集体组织者,光有上述的一方面还是不够的,还要有另一个方面,还有另一个重要条件,这就是党必须动员全党来参加报纸的工作。如不这样做,党报也同样不会成为真正的集体宣传者和集体组织者。"①

1943年9月1日,《解放日报》发表了陆定一的文章《我们对于新闻学的基本观点》,这是一篇以马克思主义哲学为指导,针对资产阶级、小资产阶级新闻观在延安新闻界的反映,总结《解放日报》改版的新鲜经验而写的一篇新闻学论文。因此,也可以说,这篇论文是对毛泽东党报思想的一种理论上的阐释。直至今天,这篇论文还有着广泛的影响。

陆定一的这篇论文讲两个问题。第一个问题是:新闻的本源。他说:"唯物论者认为,新闻的本源乃是物质的东西,乃是事实,就是人类在与自然斗争中和在社会斗争中所发生的事实。因此,新闻的定义,就是新近发生的事实的报道。新闻的本源是事实,新闻是事实的报道,事实是第一性的,新闻是第二性的,事实在先,新闻(报道)在后。这是唯物论者的观点。因此,唯物主义的新闻工作者,必须尊重事实,无论在采访中,在编辑中,都要力求尊重客观的事实。""新闻学理论中的唯心论,是很早就有的。唯心论者对于新闻的定义,认为新闻是某种'性质'的本身,新闻的本源乃是某种渺渺茫茫的东西。这就是资产阶级新闻理论中的所谓'性质说'。"②

陆定一根据上面的分析,提出:"所以,事实与新闻政治性,二者之间的关系,万万颠倒不得。一定要认识事实是第一性的,一切'性质',包括'政治性'在内,与事实比起来都是派生的、被决定的、第二性的。一定要认识我们革命的新闻工作者必须尊重事实,而且尊重事实是与政治上的革命性密切结合不可分离的。反之,凡是不尊重事实的,那怕装得像很'革命',实际上一定是反动的家伙。""总结上面所说,我们可以明白,唯物论与唯心论在新闻学理论中的一条明确

---

① 《党与党报》,1942年9月22日《解放日报》社论。
② 陆定一:《我们对于新闻学的基本观点》,《中国共产党新闻工作文件汇编》下卷,新华出版社1980年第1版,第188、189页。

的界线,就是是否主张尊重事实,而且是否在实践中真正尊重事实。"①

第二个问题是:新闻如何能真实。陆定一指出:"资产阶级的新闻理论,也讲到怎样求得新闻成为事实的真实报道的问题。例如,最初步的新闻学,就说到每条新闻必须有五要素,即时间、地点、人名、事实的过程与结果,新闻中有了这五个要素,缺一不可,才算是新闻。再例如资产阶级的新闻学主张记者报道新闻时必须亲自到发生事件的地点去踏看,而且主张摄影的报道等。资产阶级新闻学的这些主张,我们认为是对的(理由不必多讲了),但我们同时要指出,要想求得新闻十分真实,这是非常不够的,所谓新闻五要素,所谓新闻记者亲自踏看和摄影报道,还是形式的。这些形式是必要的,但如果以为这便是一切,乃是大错。"②

那么,怎样才能得到真实的新闻呢?陆定一回答说:"只有为人民服务的报纸,与人民有密切联系的报纸,才能得到真实的新闻。这种报纸,不但有自己的专业的记者,而且,更重要的(再说一遍:更重要的!)是它有广大的与人民血肉相联的非专业的记者。它把这二者结合起来,结合的方法就是:一方面,发动组织和教育那些广大的与人民血肉相联的非专业的记者,积极的为报纸工作,向报纸报道他自己亲身参与的事实,因为他们亲身参与这些事实,而且与人民血肉相联,因此他们会报道真实的新闻;另一方面,教育专业的记者,做人民的公仆,对于那些广大的与人民血肉相联的人们,要做学生又做先生。做学生,就是说,要恭敬勤劳,向他们去请教事实的真相,尊重他们用书面或口头告诉你的事实真相,以他们为师来了解事实,来检查新闻的真实性;做先生,就是在技术上帮助他们,使他们用口头或书面报告的事实,制成为完全的新闻,经过这种结合,报纸就与人民密切结合起来了。"③

《解放日报》社长博古的文章《党报记者要注意些什么问题》也是一篇阐发马克思主义新闻观,总结《解放日报》经验的论文,他在文章中提出:"我们是党的机关报,在工作上有很大的责任,作党的喉舌,党

---

① 陆定一:《我们对于新闻学的基本观点》,《中国共产党新闻工作文件汇编》下卷,新华出版社1980年第1版,第191页。
② 同上书,第192页。
③ 同上书,第193—194页。

每天经过报纸向群众讲话,没有别的工具能如报纸这样更紧密的和群众联系;另方面党报又是党的眼睛、耳朵,经过它了解下面的情形,应该说报纸比其他的线索更快更生动。""党报是党的领导工作上重要一环——集中起来,坚持下去——我们两方面都担负:(一)我们收集,分析,批判,提出意见,供给党采用;(二)党决议了的事情,又要报纸宣传下去。但也因为它是党的日常的耳目,如果报道不正确,会影响党的政策。""我们要成为党的喉舌,必须要贯彻党性、群众性、组织性、战斗性。"①

博古在文章中,对党报的党性、群众性、组织性、战斗性的要求作了具体阐释。他说,所谓党性,就是要按党的立场、党的观点去分析问题,每一则新闻评论、报纸编排都围绕着它。所谓群众性,就是要把群众的观点反映到我们的报纸上,我们的报纸要反映工农兵的生活与工作,要依靠广大的通讯员。所谓组织性,就是不单反映现实,而且要指导现实,组织运动,指导一定工作。所谓战斗性,就是要贯彻党的立场,要有斗争性,团结自己的力量,同反对的力量作斗争。

胡乔木发表于1946年9月1日《解放日报》的文章《人人要学会写新闻》,是一篇用新闻规律指导新闻实践的论文。他在文章中说:"学写新闻还叫我们会用叙述事实来发表意见。我们往常都会发表有形的意见,新闻却是一种无形的意见。从文字上看去,说话的人,只要客观地、忠实地、朴素地叙述他所见所闻的事实。但是因为每个叙述总是根据着一定的观点,接受事实的读者也就会接受叙述中的观点,资产阶级的新闻记者们从来不说我以为如何如何,我以为应该如何如何,他们是用他们的描写方法、排列方法、甚至特殊的(表面上却不一定是激烈的)章法、句法和字法来作战的。他们的狡猾,就是当他们偏袒一方面,攻击另一方面的时候,他们的面貌却是又'公正'又'冷静'。我们不要装假,因为我们所要宣传的只是真实的事实,但是既然如此,我们就更加没有在叙述中画蛇添足的必要了。"②胡乔木还指出,新闻是一种时代的科学、时代的艺术,它的发展前途正是辽阔无限。如果人人都

---

① 博古:《党报记者要注意些什么问题》,《中国共产党新闻工作文件汇编》下卷,新华出版社1980年第1版,第203页。

② 胡乔木:《人人要学会写新闻》,《中国共产党新闻工作文件汇编》下卷,新华出版社1980年第1版,第226页。

学会这门科学同艺术,不但对于我们新闻工作有极大好处,而且对于我们的全部工作,甚至每个工作人员的工作品质,一定都有极大好处。

由《解放日报》刊登胡乔木这类研究和阐述新闻传播规律的论文可以看出,《解放日报》对新闻理论的重视,也反映了报纸自身马克思主义水平的提高。

以《解放日报》改版为代表的党报改造运动和全党整风,极大地提高了党的新闻工作者的马克思主义理论水平,极大地推动了毛泽东党报理论的形成和毛泽东新闻思想的发展。

1948年4月2日毛泽东发表了著名的《对晋绥日报编辑人员的谈话》,《谈话》的发表标志着毛泽东以党报理论为核心内容的毛泽东新闻思想的最终形成。

毛泽东在《谈话》中首先强调了党报的作用和力量。他说:"我们的政策,不光要使领导者知道,干部知道,还要使广大的群众知道。有关政策的问题,一般地都应当在党的报纸上或者刊物上进行宣传。我们正在进行土地制度的改革。有关土地改革的各项政策,都应当在报上发表,在电台广播,使广大群众都能知道。群众知道了真理,有了共同的目的,就会齐心来做。这和打仗一样,要打好仗,不光要干部齐心,还要战士齐心。陕北的部队经过整训诉苦以后,战士们的觉悟提高了,明了了为什么打仗,怎样打法,个个摩拳擦掌,士气很高,一出马就打了胜仗。群众齐心了,一切事情就好办了。马克思列宁主义的基本原则,就是要使群众认识自己的利益,并且团结起来,为自己的利益而奋斗。报纸的作用和力量,就在它能使党的纲领路线、方针政策、工作任务和工作方法,最迅速最广泛地同群众见面。"[1]

毛泽东十分强调全党办报方针的意义。他说:"办好报纸,把报纸办得引人入胜,在报纸上正确地宣传党的方针政策,通过报纸加强党和群众的联系,这是党的工作中的一项不可小看的、有重大原则意义的问题。""办报和办别的事一样,都要认真地办,才能办好,才能有生气。我们的报纸也要靠大家来办,靠全体人民群众来办,靠全党来办,而不是只靠少数人关起门来办。""善于把党的政策变为群众

---

[1] 毛泽东:《对晋绥日报编辑人员的谈话》,《毛泽东选集》第4卷,人民出版社1991年第2版,第1318页。

的行动,善于使我们的每一个运动,每一个斗争,不但领导干部懂得,而且广大的群众都能懂得,都能掌握,这是一项马克思列宁主义的领导艺术。"①

毛泽东指出,党报工作者,要好好向群众学习,做人民群众的小学生。他说:"报纸工作人员为了教育群众,首先要向群众学习。""我们练兵的口号是:'官教兵,兵教官,兵教兵。'战士们有很多打仗的实际经验。当官的要向战士学习,把别人的经验变成自己的,他的本领就大了,报社的同志也要经常向下面反映上来的材料学习,慢慢地使自己的实际知识丰富起来,使自己成为有经验的人。这样,你们的工作才能够做好,你们才能担负起教育群众的任务。"②

毛泽东总结了报纸反右和反左的经验教训,提出党的报刊应有鲜明的战斗风格。他说:"我们必须坚持真理,而真理必须旗帜鲜明。我们共产党人从来认为隐瞒自己的观点是可耻的。我们党所办的报纸,我们党所进行的一切宣传工作,都应当是生动的,鲜明的,尖锐的,毫不吞吞吐吐。这是我们革命无产阶级应有的战斗风格。我们要教育人民认识真理,要动员人民起来为解放自己而斗争,就需要这种战斗的风格。用钝刀子割肉,是半天也割不出血来的。"③

《对晋绥日报编辑人员的谈话》全面论述了党报工作的性质和作用,党报同党委及同群众的关系,党报工作的群众路线,党报工作者的素质与修养,无产阶级党报的作风与风格。从为革命办报的思想萌生,经过几十年的实践、思考、深化,到这次《谈话》的发表,标志着毛泽东的党报理论业已形成。

在对党的报刊理论与实践给予许多关注的同时,毛泽东对电台广播和通讯社工作也有不少论述,为缔造和发展党领导下的人民广播事业和通讯社事业作出了伟大的贡献。

还在 1929 年 12 月,毛泽东起草古田会议决议时就指出:无线电是一种进步的通信方法。1931 年 1 月,毛泽东在宁都建立了第一个红色电台,接着便成立了红军无线电大队。正是这个无线电大队,承担了

---

① 毛泽东:《对晋绥日报编辑人员的谈话》,《毛泽东选集》第 4 卷,人民出版社 1991 年第 2 版,第 1319 页。
② 同上书,第 1320 页。
③ 同上书,第 1322 页。

为刚刚成立的红色中华通讯社发布新闻的任务。

红色中华通讯社成立于1931年11月7日,那天,中华苏维埃共和国正式诞生,也是人民通讯社事业问世的日子。

1940年12月30日,由红色中华通讯社改名的新华通讯社下属的语言广播部,组建为新华广播电台。1945年11月,毛泽东视察新华广播电台时给予它很高评价。毛泽东对通讯社和人民广播工作十分重视。他说,新华社工作很重要,一定要把它办好。一切党的政策,要经过《解放日报》和新华社向全国宣达。他对少数部委对通讯社工作关心不够提出批评,批评他们还不认识通讯社是革命政策和革命工作的宣传者组织者这种伟大的作用。

毛泽东在领导人民广播事业时,对广播内容、播音风格、播音情感等也常有指示。

对广播和通讯社事业的观点,加上党报理论,便合成了毛泽东的新闻思想。换言之,到1948年,毛泽东以党报理论为核心的新闻思想已全面形成。现在,我们可以对毛泽东新闻思想作一个较全面的梳理了。毛泽东新闻思想的主要内容有——

(1)唯物主义本源观。

党报理论的哲学基础是辩证唯物主义,其核心是对于新闻的本源的解释和认识。坚持唯物论的新闻观,就必须反对唯心论的新闻观。新闻学理论中的唯心论,是很早就有的。唯心论者对于新闻的定义,认为新闻是某种"性质"本身,新闻的本源乃是某种渺茫的东西。但是,新闻的"性质"是从哪里来的呢?是由什么东西决定的呢?我们回答道:是由新闻所报道的事实决定的。事实决定新闻的"性质",而不是"性质"对于客观事实或新闻(事实的报道)有什么决定作用。唯心论的"性质说",把片面的东西夸大成为全面的东西,把形式当作本质,把附属的当作主要的,把偶然的当作必然的,因而是错误的。

(2)党的新闻事业的性质。

党办的新闻事业,是党的这个巨大集体的宣传者和组织者,党经过报纸来宣传,经过报纸来组织广大人民进行各种活动。报纸是党的喉舌,是这一个巨大集体的喉舌。党应该把报纸拿在自己手里,作为组织一切工作的一个武器,反映政治、军事、经济又指导政治、军事、经济的一个武器,组织群众和教育群众的一个武器。同样,电台广播和通讯社也是党的工具和武器。

（3）党的新闻事业的特性。

新闻事业的特性也是新闻事业的品格、品质。党报所必须具备的品质是：党性、群众性、战斗性和组织性。具体说：党性——按党的立场、党的观点去分析问题，每一则新闻评论、编排都围绕着它。群众性——我们是群众的报纸，要把群众的观点反映到我们的报纸上，我们的报纸要反映工农兵的生活与工作，我们要依靠最广大的通讯员。组织性——不单反映现实，还要指导现实，组织运动，指导一定工作。团结自己的力量，反对敌对的力量。战斗性——要贯彻党的立场，要有战斗性，赞扬新事物，批评旧事物。同样，广播电台和通讯社，也具有这四种特性。

（4）全党办报方针。

依靠谁来办党报？也即新闻事业实行怎样的组织路线？对这个问题的回答是这样几个字：全党办报。所谓全党办报，一是加强全党对报纸的领导，全党的每一个成员，都要关心和阅读党报，讨论党报的重要言论和新闻，积极为党报和电台写稿写信，党报和电台通讯社不但要忠实于党的总路线总方针，而且要与党的领导机关的意志和活动呼吸相关，息息相通。二是加强报纸电台和通讯社的群众工作，开展通讯员网的建设与活动。

（5）党的新闻工作作风。

党的作风就是党报和电台、通讯社的作风。党的三大作风：理论与实践结合，密切联系群众，批评与自我批评，也是党报和电台、通讯社的作风。

（6）党的新闻事业的三个关系。

党报运作中，存在三个关系，即党报与党委、党报与群众、党报与实际工作的关系。在认识与处理这三个关系问题上取何种原则，有何种规范，也是党报理论的一个重要方面。电台和通讯社工作也要正确处理这三个关系。

关于党报与党委的关系：首先，由党报性质所决定，党报作为党委的喉舌，作为党这个巨大集体的宣传者与组织者，必须被置于党的绝对领导之下。其次，党的机关有责任向党报供给消息，供给文章，提供意见等等。最后，党的各级机关和各级组织，以至于每个党员，都对党报负有责任，即不要对党报漠不关心，而要阅读党报,讨论党报上的重要文章、消息和谈话,推销党报,向党报提供通讯等等。

关于党报与群众的关系:一是党报既要反映群众,又要由群众自己反映自己,所谓写群众,群众写。二是对党报工作者来说,既要当学生,又要当先生,在学习上,工作上,在了解事实和反映事实上,拜群众为师,向他们请教;在文字上,在技术上,在写稿业务上,做群众的先生,或者"理发员",帮助整理修饰群众的来稿。

关于党报与实际的关系:要求新闻工作者要尊重实际,无论在采访中,在编辑中,都要力求尊重客观的事实。

电台和通讯社也要处理好这三种关系。

(7)党的新闻工作的业务指导思想。

新闻业务最重要的一个指导思想,是摆正政治与技术的位置。办报需要必要的技术修养,这是毫无问题的,但技术,不管是写论文、通讯和消息的技术,或者是编排的技术,或者是校对的技术,其作用只在于表现报纸的政治内容,好的技术能把正确的政治内容最完善地表达出来,坏的技术则不能做到这点,甚至会起相反的作用。技术的作用,技术的可贵,就在这个意义上。因此,我们必须反对"技术第一"的观念,采取"政治第一"的口号。

新闻业务的又一个指导思想,是新闻必须完全真实。旧型的新闻事业,目的是做生意,虽然有广告上写着"消息翔实"的招牌,然而决不能完全实事求是。共产党人不靠吓人吃饭,而是靠马克思列宁主义的真理吃饭,靠实事求是吃饭,靠科学吃饭。这才是真正的我们的新闻事业的方针。

新闻业务还有一个指导思想,即多写新闻,写好新闻。因为新闻是今天最主要、最有效的报道和宣传形式。人人都要学会写新闻,是理所当然的。

(8)党的新闻工作的文风和风格。

党所进行的一切宣传工作,都应当是生动的、鲜明的、尖锐的,毫不吞吞吐吐。必须坚持真理,而真理必须旗帜鲜明。共产党人从来认为隐瞒自己的观点是可耻的。党领导的新闻工作应有战斗的风格。

(9)党的新闻工作者的修养。

党报是党的机关报,党报和党领导的电台、通讯社,是党的喉舌,但是党报和电台广播的每条消息,每个标题,都是从新闻工作者的笔下写出来的。没有新闻工作者对党的事业的绝对忠诚,对于人民的利益的极度尊重,对于工作的非常认真,则不可能有完全的党性。新闻工作者,决不能像资产阶级报纸的记者那样,自称为"无冕之王",而是老老实实自称为公仆,是党和人民这个大集体的公仆。新闻工作者为党工作,为人民工作,把自己个人融化在党和人民的大集体之中,使自己个人的利益、兴趣等等服从于这个大集体的利益,在党和人民的事业发展中求得自己的发展。

上面就是我们对毛泽东以党报理论为核心的新闻思想主要内容的简要概括。

第三节 新中国成立后毛泽东新闻思想的演变

以毛泽东为领袖的中国共产党缔造了中华人民共和国,也建构了社会主义新闻事业。从1949年新中国成立,到1976年毛泽东逝世,毛泽东为新中国新闻事业的腾飞贡献了自己的智慧和才华,也为马克思主义新闻学的新发展拓展了更为广阔的研究领域,进一步提升了新闻学研究的科学水平。

一、新举措开启了新思路

新中国成立前夕的1949年3月5日,中国共产党第七届中央委员会第二次全体会议在河北省平山县西柏坡村召开,毛泽东在会上作报告,指出:从1927年到现在,我们的工作重点是在乡村,在乡村聚集力量,从乡村包围城市,然后取得城市。采取这样一种工作方式的时期现在已经完结。从现在起,开始了由城市到乡村并由城市领导乡村的时期。党的工作重心由乡村移到了城市。必须用极大的努力去学会管理城市和建设城市。必须学会在城市中向帝国主义者、国民党、资产阶级作政治斗争、经济斗争和文化斗争,并向帝国主义者作外交斗争。

从1949年10月新中国成立,到1957年整风反右,新中国的领导者毛泽东和中国共产党,除改造旧中国新闻事业,建立党和人民监管新闻事业的体制和机构外,还采取了几项重大的新闻工作决策。

1. 关于利用报刊开展批评的决定

1950年4月19日,在毛泽东的要求和领导下,由毛泽东亲自改定,中共中央颁布了《关于在报纸刊物上展开批评和自我批评的决定》。决定共5条,其中第1条鲜明地指出共产党成为执政党以后,开展批评与自我批评的必要性与重要性,说:"吸引人民群众在报纸刊物上公开地批评我们工作中的缺点和错误,并教育党员、特别是党的干部在报纸刊物上作关于这些缺点和错误的自我批评,在今天是更加突出地重要起来了。因为今天大陆上的战争已经结束,我们的党已经领导着全国的政权,我们工作中的缺点和错误很容易危害广大人民的利益,而由于政权领导者的地位,领导者威信的提高,就容易产生骄傲情绪,在党内党外拒绝批评,压制批评。由于这些新的情况的产生,如果我们对于我们党的人民政府的及所有经济机关和群众团体的缺点和错误,不能公开地及时地在全党和广大人民中展开批评与自我批评,我们就要被严重的官僚主义所毒害,不能完成新中国的建设任务。由于这样的原因,中共中央特决定:在一切公开的场合,在人民群众中,特别在报纸刊物上展开对于我们工作中一切错误和缺点的批评与自我批评。"①

2. 关于改进报纸工作的决议

1954年7月17日,中共中央颁布了经全国第二次新闻工作会议讨论、由毛泽东审定的决议,要求切实改进报纸工作。决议共六个部分。第一部分对新中国成立以来报纸工作的成绩与不足作了估计,指出,"全国的报纸工作在最近几年内有很大成绩,在各种斗争和建设事业中已成为党在全国范围内宣传和贯彻党的路线、方针和政策,指导实际工作,联系和教育广大人民群众的有力武器。但是,目前许多报纸的党性和思想性仍然不强,联系实际和联系群众不够密切,报纸上的批评和自我批评还没有经常的充分的开展,部分的批评不严肃不正确,关于马克思列宁主义的理论宣传和关于党的生活的宣传都很薄弱,报纸上的经济宣传存在许多缺点,关于国际问题的宣传也注意得不够。大多

---

① 《中共中央关于在报纸刊物上展开批评和自我批评的决定》,《中国共产党新闻工作文件汇编》中卷,新华出版社1980年第1版,第5页。

数报纸的评论工作非常薄弱,在新闻报道方面也存在着反映人民群众的多方面的活动不够,以及公式化、概念化、迟缓、冗长、不通俗等严重缺点。这些缺点,是和各级党委对报纸工作缺乏经常领导的状况分不开的。"①

3. 制定规范新闻批评的规定

1953 年中宣部发出关于党报不得批评同级党委问题给广西省委宣传部的复示。复示指出,"关于《宜山农民报》在报纸上批评宜山地委一事,我们认为广西省委宣传部的意见是正确的。党报是党委会的机关报,党报编辑部无权以报纸与党委会对立。党报编辑部如有不同的意见,它可在自己权限内向党委会提出,必要时并可向上级党委、上级党报直至中央提出,但不经请示不能擅自在报纸上批评党委会,或利用报纸来进行自己与党委会的争论,这是一种脱离党委领导的作法,也是一种严重的无组织无纪律现象。党委会如犯了错误,应由党委会用自己的名义在报纸上进行自我批评。报纸编辑部的责任是:一方面不应在报纸上重复这种错误,另一方面可在自己权限内向党委会直至上级党组织揭发这些错误。报纸编辑部即在上述情况下亦无权以报纸与党委会对立。这是党报在其和党委会的关系中必须遵循的原则。"②

而在复示之前的 1950 年 8 月 14 日,中央广播事业局在就利用广播进行批评与自我批评工作的指示中规定,"在进行具体的批评与自我批评这一工作上,大行政区台与中央台一般地不是一个适当的武器。因为它的电波发射出去的范围可以远及国外,而向国外听众去播送我国人民内部的批评和自我批评,在大多数情形下是不适宜的。除了影响全区的、带总结性的不妨为敌人听到的问题与事件外,均不宜在区台广播。""省台不像市台一样,它的范围扩及全省,所以省台进行批评与自我批评工作时,只能选择结论性的和省各级政府机关团体部队有普遍教育意义的播送,如果在确有必要批评到某一个人或某一个组织时,要与被批评者的检讨反省同时播送。在省台不应进行枝枝节节的批评。"③

---

① 《中共中央关于改进报纸工作的决议》,《中国共产党新闻工作文件汇编》中卷,新华出版社 1980 年第 1 版,第 319 页。

② 《中宣部关于党报不得批评同级党委问题给广西省委宣传部的复示》,《中国共产党新闻工作文件汇编》中卷,新华出版社 1980 年第 1 版,第 279 页。

③ 《中央广播事业局关于广播台如何进行批评与自我批评工作的指示》,《中国共产党新闻工作文件汇编》中卷,新华出版社 1980 年第 1 版,第 94 页。

1954年4月,毛泽东在对胡乔木等人的谈话中还提出了报纸批评的三字方针:"关于报纸上的批评,要实行'开、好、管'的三字方针。开,就是要开展批评。不开展批评,害怕批评,压制批评,是不对的。好,就是要开展得好。批评要正确,要对人民有利,不能乱批一阵。什么事应指名批评,什么事不应指名,要经过研究。管,就是要把这件事管起来。这是根本的关键。党委不管,批评就开展不起来,开也开不好。"①

4. 向苏联新闻界学习

新中国外交路线的基点之一,是向苏联"一边倒"。在《论人民民主专政》中,毛泽东明确宣布:"在国外,联合世界上以平等待我的民族和各国人民,共同奋斗。这就是联合苏联,联合各人民民主国家,联合其他各国的无产阶级和广大人民,结成国际的统一战线。""'你们一边倒。'正是这样。一边倒,是孙中山的四十年经验和共产党的二十八年经验教给我们的,深知欲达到胜利和巩固胜利,必须一边倒。积四十年和二十八年的经验,中国人不是倒向帝国主义一边,就是倒向社会主义一边,绝无例外。"②在既定的基本国策下,向苏联新闻界学习,成为新中国成立后中国新闻界的必然方针。加上我们对新的历史时期从事新闻传播没有经验,"向老大哥学习"也就更迫切了。

"北方吹来十月的风",新闻界学习苏联新闻界的理论和经验,早在抗日战争时期就开始了。毛泽东在《反对党八股》中说,苏联进行那么大的反侵略战争,斯大林发表了一篇演说,只有我们《解放日报》一篇社论那样长,要是我们的老爷写起来,起码得有几万字。1942年重庆《新华日报》改版,以《真理报》为参考模式。共和国成立不久,1950年1月4日,《人民日报》即开设《新闻工作》专栏,旨在"介绍苏联新闻工作经验",从此开始系统学习以《真理报》、塔斯社为代表的苏联新闻工作的理论和经验。1954年至1955年,中苏新闻界多次互访,向苏联新闻界学习的活动达到高潮。

---

① 毛泽东:《报纸上的批评要实行"开、好、管"的方针》,《毛泽东新闻工作文选》,新华出版社1983年第1版,第177页。

② 毛泽东:《论人民民主专政》,《毛泽东选集》第4卷,人民出版社1991年第2版,第1472—1473页。

向苏联新闻界学习,是年轻的中国新闻工作者得以有机会系统了解马克思、恩格斯、列宁、斯大林,特别是列宁的马克思主义新闻理论观点,全面了解无产阶级新闻工作的传统,这方面的收获是极其珍贵的。

党领导下的社会主义新闻事业应该实行何种体制?这是共和国成立后亟待解决的问题。当然,延安清凉山时期的新闻体制基本搬到了新中国,但新的体制中也有《真理报》、塔斯社、全苏广播体系的广泛影响。1954年赴苏访问《真理报》代表团,访问塔斯社代表团,访问全苏广播系统代表团,系统考察了相关的苏联新闻界的经验,回国后分别整理出版了《真理报的工作经验》、《塔斯社工作经验》、《苏联广播经验》,以后又根据苏联报刊工作者代表团访华所作的报告编成《苏联报刊工作经验》,这四本书全面提供了苏联报刊、广播和通讯社经验,极其详尽地介绍了他们的领导体制和管理体制,我国不少新闻单位,包括《人民日报》和新华社,都以其为样本,调整和重组了自己的内部管理体制。

向苏联新闻界学习活动也存在着一些问题,有的问题还是十分严重的,学习中的不足有这样几个方面——

第一,教条主义,形式主义。不看具体条件,不分中国外国,只要是苏联的经验,是《真理报》、塔斯社的经验,都机械地照抄照搬。

第二,绝对化。学习过程中,绝对化、一切唯苏联是从,唯《真理报》、塔斯社是从的倾向相当严重。

第三,"一切向苏联看齐",迷信苏联,盲目依赖。在学习中,割断中国新闻事业的历史,忘却延安清凉山(延安新闻机构所在地)的传统,对苏联经验不作历史的批判的分析,一切以《真理报》、塔斯社为转移,实际上,这也是一种"全盘西化"。

这三方面的毛病,到1956年初,已十分严重,稍有见识的人都已发现它的危害。问题已到了非克服不可的程度。毛泽东指出,对苏联和人民民主国家的经验要有批判地接受,不能无条件地接受。之后,情况有所好转。

7年间,在毛泽东领导下,我们初步构建了社会主义新闻事业的全国布局,形成了同国家经济政治结构基本适应的新闻体制和新闻政策,总结出一套行之有效的新闻业务指导思想,建立了一支立场、观点、作风和业务素质各方面符合要求的新闻工作队伍。借鉴苏联《真理报》和塔斯社等新闻传媒的经验,提高了马克思主义新闻学的理论水平。

这期间，新闻界还有一件大事，毛泽东批示支持《人民日报》进行改版。

党的新闻事业的第二次改革、共和国新闻事业的首次改革，是以1956年7月1日《人民日报》发表改版社论《致读者》为开端的。社论说："《人民日报》是党的报纸，也是人民的报纸，从它创刊到现在，一直是为党和人民的利益服务的。正因为这样，《人民日报》在创刊八年多以来，备受广大读者的令人心感的支持，工作也逐年得到进步。但是我们工作中仍然有很多缺点。在最近，我们将着重从以下三方面改进我们的工作。

第一，扩大报道范围。我们是生活在一个充满着变化的世界。各种不同的读者要求从不同的方面了解这个变化着的世界。尽量满足读者的多方面的要求，这是我们的天职。在过去，我们的篇幅比较小，不能容纳很多材料，这是一个困难。我们所以在目前纸张供不应求的情况下扩大篇幅，正是为了解决这个困难。但是问题并不尽在于此。我们没有努力在有限的篇幅中多发新闻，发多方面的新闻。生活里的重要的、新的事物——无论是社会主义阵营的，或者是资本主义国家的，是通都大邑的，或者是穷乡僻壤的，是直接有关于建设的，或者是并不直接有关于建设的，是令人愉快的，或者是并不令人愉快的，人民希望在报纸上多看到一些，我们也应该多采集、多登载一些。在报纸改出八个版以后，我们的新闻在数量上将增加一倍半左右，在题材上也将尽量扩大范围，力求适应读者的需要。

第二，开展自由讨论。报纸是社会的言论机关。在任何一个社会里，社会的成员不可能对于任何一个具体问题都抱有同一种见解。党的和人民的报纸有责任把社会的见解引向正确的道路，但是为了达到这个目的，不应该采取简单的、勉强的方法。首先，报纸的编辑部无论凭着什么名义，总不能设想自己是全知全能的，或者故意摆出这样一副神气，活像对于任何问题可以随时作出绝对正确的结论。不是的，事实决不是如此。有许多问题需要在群众性的讨论中逐渐得到答案。有一部分问题甚至在一个时期的讨论以后暂时也还不能得到确定的答案。有许多问题，虽然已经有了正确的答案，应该在群众中加以广泛的宣传，但是这种宣传也并不排斥适当的有益的讨论。相反，这种讨论可以更好地帮助人们认识答案的正确性。而且就是正确的答案也经常需要在群众的实践中加以补充和修正。我们不提倡无休止的讨论,报纸的篇幅也不允许对于任何问题都去讨论,但是无论如何,害怕讨论的人总是可笑的人。在开展讨论方面,过去我们的报纸是做得很不好的,因而也减少了报纸的生气。今后我们希望力求改进。为了便于开展自由讨论,我们希望读者注意:在我们的报纸上发表的文章,虽然是经过编辑部选择的,但是并不一定都代表编辑部的意见,——这不是说代表编辑部的意见就不可以讨论,而是说,我们发表的某些文章的某些观点跟编辑部的有所不同,这些文章的作者的观点彼此也不同,这种情形希望读者认为是正常的。这种情形不但不妨碍而且有助于问题的解决,无论问题是由于一种观点战胜了其他的观点而解决,或者是由于不同观点在争论中互相接近而解决。在我们的报纸上发表的事实,编辑部都力求经过调查证实,但是有时某些问题(特别是读者来信中提出的问题)在个别细节上不容易很快地查得一清二楚,却有必要及时地发表出来,以求迅速解决,那么编辑部也将加以发表,而让它们的某些细节在实事求是的讨论的过程中弄清。这也是希望大家谅解的。

第三,改进文风。报纸是每天出版的,它每天都要用几万字去影响几百万读者,因此,报纸上的文字应该力求言之有物,言之成理,而且言之成章。古人说得好:言之无文,行而不远。实际上,文风不好,不但读者不愿意看,而且还会造成有害的风气,不利于思想文化,也不利于政治经济。在过去,我们的报纸上虽然也登过不少好文章,报纸上的文字虽然也逐渐有些进步,但是整个说来,生硬的、枯燥的、冗长的作品还是很多,空洞的、武断的党八股以及文理不通的现象也远没有绝迹。我们希望努力改变这种状况。除了编辑部自己努力以外,我们请求作者们在给我们稿件的时候,也务必注意到广大读者的呼声,尽量把文章写得有条理、有兴味、议论风生,文情并茂,万不要让读者看了想打瞌睡。报纸是给几百万人看的,他们中间的绝大多数人很难有时间看长文章,因此除了很少的例外,报纸上的文章总是越短越好,这一点也特别希望作者们能跟我们合作。"①

1956年8月,毛泽东和党中央批转《人民日报》编委会就七月改版向中央的报告,中央的批复,肯定了改革的方向与重点,强调党中央的机关报又应该同时是人民的报纸,指出:"为了便于今后在报纸上展开

---

① 《致读者》,1956年7月1日《人民日报》社论。

各种不同意见的讨论,《人民日报》应该强调它是党中央的机关报又是人民的报纸。过去有一种论调说:'《人民日报》的一字一句都必须代表中央','报上发表的言论都必须完全正确,连读者来信也必须完全正确'。这些论调显然是不实际的,因为这不仅在事实上办不到,而且对于我们党的政治影响也不好。今后《人民日报》发表的文章,除了少数的中央负责同志的文章和少数的社论以外,一般地可以不代表党中央的意见,而且可以允许一些作者在《人民日报》上发表同我们共产党人的见解相反的文章。这样做就会使思想界更加活跃,使马克思主义的真理越辩越明。各地党委今后也要强调地方党报是地方党委的机关报又是人民的报纸。我们党的各种报纸,都是人民群众的报纸,它们应该发表党的指示,同时尽量反映人民群众的意见;如果片面强调它们是党的机关报,反而容易在宣传上处于被动地位。《人民日报》和各地方报纸还应该多登新闻,扩大报道的范围。新华通讯社发出的新闻,《人民日报》应该首先尽量采用。但是,各地方报纸收到新华社的国内外新闻,除了最重要的以外,不必完全同《人民日报》一样重复刊登,可以摘要改写,也可以不登,以便留出篇幅登载本地新闻。全国性的重大政治会议,除全国人民代表大会会议、政协全国委员会会议、党的全国人民代表大会等的发言,凡是决定公布的,《人民日报》必须一律发表全文,各地方报纸却不必全文发表,只要刊登发言的摘要,或者选登有关本地问题的个别代表的发言。其它如各民主党派的会议,青年、妇女的会议,工业、农业、商业、科学、文化、教育等各方面的会议,无论是全国性的或者是国际性的,《人民日报》和各地方报纸都只要选登有关这些会议的重要消息和重要决议,至于这些会议的报告和发言等应该由其它有关的全国性报纸分别发表。"①

中央的批示态度明确,支持有力。毛泽东在报告上画了圈,表示同意《人民日报》就上述三方面实施改革。这一目标给了《人民日报》和全国其他报纸以很大的鼓舞。

新中国成立后最初7年,毛泽东和中国共产党采取的新闻工作新举措,反映出毛泽东新闻思想上的创新和管理上的新思路。这些创新和新思路主要是:利用新闻媒介推动党和国家政治生活民主化,对兄

---

① 《中共中央批转〈人民日报〉编辑委员会向中央的报告》,《中国共产党新闻工作文件汇编》中卷,新华出版社1980年第1版,第483—484页。

弟党的经验采取具体分析具体对待的政策。在舆论监督理论上的进步,对丰富马克思主义新闻学是有重大的积极意义的。

二、反右前后毛泽东的新闻观点

1957年全党开展整风运动,发动群众向党提出批评建议,是发扬社会主义民主的正常步骤。不幸,反右斗争被扩大化了。

由于新闻界在整风鸣放、反右斗争中的特殊作用,致使新闻界在运动中成为最早受到触及和冲击的对象。

反思反右斗争扩大化的错误,有许多教训值得记取。但毛泽东在反右前后公开发表的一些文章、讲话、批示,却有许多振聋发聩、启人心智的观点和见解,其中的一些观点和见解,是对马克思主义新闻学的发展和贡献。

1957年6月14日,毛泽东在以《人民日报》编辑部名义发表的题为《文汇报在一个时间内的资产阶级方向》的文章中,提出了两种社会制度两种新闻事业的观点。他说:"在社会主义国家,报纸是社会主义经济即在公有制基础上的计划经济通过新闻手段的反映,和资本主义国家报纸是无政府主义状态的和集团竞争的报纸通过新闻手段的反映不相同。在世界上存在着阶级区分的时期,报纸又总是阶级斗争的工具。"[①]提出从经济基础决定上层建筑的性质这一研究新闻事业的新方法,提出新闻手段这一新的命题,是毛泽东对马克思主义新闻学的新贡献。

1957年3月10日,毛泽东利用在北京召开中国共产党全国宣传工作会议的机会,同新闻出版界部分代表有一次谈话,谈话涉及多个主题,其中讲到新闻工作者的马克思主义修养、文学和电影批评、新闻宣传效果、报纸批评、新闻业务等。讲到新闻传播效果和党的领导的关系时,毛泽东说:"报纸是要有领导的,但是领导要适合客观情况,马克思主义是按情况办事的,情况就包括客观效果。群众爱看,证明领导得好;群众不爱看,领导就不那么高明吧?有正确的领导,有不正确的领导。正确的领导按情况办事,符合实际,群众欢迎;不正确的领导,不按情况办事,脱离实际,脱离群众。使编报的人感到不自由,编出来的报

---

① 《文汇报在一个时间内的资产阶级方向》,1957年6月14日《人民日报》。

纸群众不爱看，这个领导一定是教条主义的领导。我们要反对教条主义。我们过去用整风方式搞了十多年，批判了教条主义，独立自主地按马克思主义的精神实质办事，才取得中国革命的胜利。"

毛泽东从多个角度谈到新闻业务问题。谈到专业性，他说："报纸有一些专业化也好。好像《大公报》那样，开放自由市场的时候，我就爱看它，因为它登这一类的东西多，又登得快。但是，太过于专业化有时很枯燥，人家看的兴趣就少。搞专业的人也要看专业之外的东西。"

谈到新闻的软和硬以及报纸批评时，毛泽东说："社会主义国家的报纸总比资本主义的报纸好。香港的一些报纸虽然没有我们说的思想性，但也没有什么意思，说的话不真实，好夸大，传播毒素。我们的报纸毒少，对人民有益。报上的文章'短些，短些，再短些'是对的，'软些，软些，再软些'要考虑一下。不要太硬，太硬了人家不爱看，可以把软和硬两个东西统一起来。文章写得通俗、亲切，由小讲到大，由近讲到远，引人入胜，这就很好。你们赞成不赞成鲁迅？鲁迅的文章就不太软，但也不太硬，不难看。有人说杂文难写，难就难在这里。有人问，鲁迅现在活着会怎么样？我看鲁迅活着，他敢写也不敢写。在不正常的空气下面，他也会不写的，但更多的可能是会写。俗话说得好：'舍得一身剐，敢把皇帝拉下马。'鲁迅是真正的马克思主义者，是彻底的唯物论者。真正的马克思主义者，彻底的唯物论者，是无所畏惧的，所以他会写。"

谈到新闻的快慢问题，毛泽东说："对具体问题要作具体分析，新闻的快慢问题也是这样。有的消息，我们就不是快登慢登的问题，而是干脆不登。比如土改新闻就是这样，我们在报上不宣传，免得传播一些不成熟的、错误的经验。前年年底，北京几天就实现了全行业公私合营，宣布进入社会主义，本来对这样的消息就要好好考虑，后来一广播，各地不顾本身具体条件，一下子都干起来，就很被动。"

谈到报纸内容和如何办得丰富多彩时，毛泽东说："你们的报纸搞得活泼，登些琴棋书画之类，我也爱看。青年不爱看可以不看，各有各的'条件反射'。一种东西，不一定所有的人都爱看。"

谈到报纸组织群众自由讨论的问题，毛泽东说："关于百家争鸣问题，完全学术性的，在报上争来争去不会有影响。至于政策性的，恐怕就要分别一下情况。但是划范围也有困难，因为政策那么多。比如，你们说的节育和晚婚的宣传,报上文章一多了,有人就以为要修改婚姻法,赶快去结婚。这样,报纸也难办。在旧社会,报纸上的东西老百姓看了等于不看,现在报上一登可不同了。如果发现宣传上产生一些不良后果,可以写文章来解释说明,但是我们报上的文章往往不及时。至于范围怎样划法,各报可以自己回去研究。"①

毛泽东对于社论等新闻评论一向十分重视。1958年1月12日,他专门就社论写作问题给广西省委负责同志写信。他指出:"省报问题是一个极重要问题,值得认真研究,同广西日报的编辑们一道,包括版面、新闻、社论、理论、文艺各项。钻进去,想了又想,分析又分析,同各省报纸比较又比较,几个月时间就可以找出一条道路来的。精心写作社论是一项极重要任务,你们自己、宣传部长、秘书长、报社总编辑,要共同研究。第一书记挂帅,动手修改一些最重要的社论,是必要的。一张省报,对于全省工作,全体人民,有极大的组织、鼓舞、激励、批判、推动的作用。"②

1958年1月15日,即给广西省委领导写信后3天,毛泽东又在同《人民日报》社领导谈话时提出,要重视组织大家写好新闻评论。他说:"评论大家写,各版包干是好办法。总编辑是统帅,组织大家写,少数人写不行。组织形式,这种'生产关系'有没有妨碍'生产力'的发展,要研究。各部门,各版可以竞赛。写评论要结合情况和政治形势。转变要快。写得不要刻板,形式要多样化。政论应该像政论,但并不排斥抒情。"③

在同一次谈话中,毛泽东提出记者思想改造和革命化问题。他指示:"报社的人应该经常到下边去,呼吸新鲜空气,同省委关系要搞好。下去又做工作,又当记者。不要长住北京,要活动一些。要经常到外边跑一跑。人民日报社是中央一个部门,同中央组织部、宣传部一样,都应该向地方学习。"④

---

① 毛泽东:《同新闻出版界代表的谈话》,《毛泽东新闻工作文选》,新华出版社1983年第1版,第188—194页。
② 毛泽东:《给刘建勋、韦国清的信》,《毛泽东新闻工作文选》,新华出版社1983年第1版,第202页。
③ 毛泽东:《组织大家写评论》,《毛泽东新闻工作文选》,新华出版社1983年第1版,第203页。
④ 同上书,第203—204页。

毛泽东主持起草《工作方法六十条(草案)》时,就文章的"三性"提出明确要求。他说:"文章和文件都应当具有这样三种性质:准确性、鲜明性、生动性。准确性属于概念、判断和推理问题,这些都是逻辑问题。鲜明性和生动性,除了逻辑问题以外,还有词章问题。现在许多文件的缺点是:第一,概念不明确;第二,判断不恰当;第三,使用概念和判断进行推理的时候又缺乏逻辑性;第四,不讲究词章。看这种文件是一场大灾难,耗费精力又少有所得。一定要改变这种不良的风气。做经济工作的同志在起草文件的时候,不但要注意准确性,还要注意鲜明性和生动性。不要以为这只是语文教师的事情,大老爷用不着去管。重要的文件不要委托二把手、三把手写,要自己动手,或者合作起来做。"①

毛泽东上面一系列论述,结合中国社会主义建设中新闻界碰到的新问题新情况展开,在许多细节问题上把由列宁提出的社会主义报刊活动的理论问题深化了、拓宽了。这样,毛泽东利用中国的新鲜经验,把马克思主义新闻学向前发展了。

第四节　毛泽东对马克思主义新闻学的发展及评价

什么是毛泽东新闻思想,人们有几种界定。笔者认为,从本质上看,毛泽东新闻思想是马克思主义新闻学与中国无产阶级和社会主义新闻实践相结合的产物。刘少奇、周恩来、邓小平等中国共产党其他领导人的新闻思想,也各有自己的观点体系。这些观点体系同毛泽东新闻思想共同组成了中国共产党的党报理论。他们的观点体系,对毛泽东新闻思想的丰富与发展有一定影响,但毛泽东新闻思想就其主体而言,应该是毛泽东本人关于新闻传播的观点与学说的理论体系。

---

① 毛泽东:《文章的"三性"和写作方法》,《毛泽东新闻工作文选》,新华出版社1983年第1版,第207页。

一、毛泽东新闻思想的发展

新中国成立后,作为执政党领袖和波澜壮阔的社会主义革命与社会主义建设的设计师,作为中国社会主义新闻事业的伟大指挥者和意识形态领域的权威领导人,使毛泽东有了比以往更为优越的条件与广阔的天地建构自己的新闻思想。从建国前后中共新闻政策的制定,到包括整风反右和后来的"文化大革命"在内的一系列政治运动中传媒方针的确定,从新闻导向的取舍,到报道战役的指挥,从办报原则的定夺,到重大新闻观念是非的评判,都使毛泽东有机会在各个方面把自己的新闻思想推向前进。加上他的刻苦读书、勤奋命笔和长于思索,他的新闻思想同形成时期的20世纪40年代相比,有了重大的发展和进步。同时,他又赋予自己40年代的新闻观点以新的内容和新的表达形式,从而使自己的新闻思想更趋丰满与成熟。

毛泽东新闻思想的主要内容是——

1. 报纸是一定社会经济基础的反映

毛泽东根据人的意识是社会存在的反映的原理,认为报纸属于意识形态范围,是一种上层建筑,是一定社会的经济基础通过新闻手段的反映。他指出,在社会主义国家,报纸是社会主义经济即在公有制基础上的计划经济通过新闻手段的反映;在资本主义国家,报纸则是无政府状态的和集团竞争的经济通过新闻手段的反映。

马克思和恩格斯曾指出,报刊是人类作为主体对社会存在——客体——的反映。毛泽东进一步指出,报刊是运用新闻手段反映社会经济的产物。就社会结构和社会活动(主要是经济活动)来说,毛泽东对报刊本质属性的分析,似乎更加深刻,更加具体,也更能说明现代条件下的报刊及其特征。

毛泽东基于对报刊本质属性的分析,曾正确地指出,首先,报纸、通讯社和广播电台,要围绕着经济工作这一中心,为巩固和发展社会主义经济基础服务。其次,在社会主义国家或者在资本主义国家,通讯社报纸和广播电台,由它们的经济基础所决定,都毫无疑问地具有阶级性,是为一定阶级的利益服务的。

2. 报纸的作用:迅速广泛地宣传党的方针政策

出自对上层建筑作用的深刻认识,毛泽东十分重视报纸的社会功能。

毛泽东高度评价报纸在政治斗争中的作用。毛泽东视报刊为革命之手段,把报刊称作阶级斗争的工具,出于两方面考虑,其一,认为报刊可以扩大群众的视野,增长人们的见识。其二,毛泽东认为可以利用报刊作为政党组织和领导工作的极为重要的工具,特别是利用报刊传达政策和政令。他指出,报纸的作用和力量,就在于它能使党的纲领路线、方针政策、工作任务和工作方法最迅速最广泛地同群众见面。因此,办好报纸,在报纸上正确地宣传党的方针政策,通过报纸加强党和群众的联系,是党的工作中的一项有重大原则意义的问题。

传达政令和宣传政策,是毛泽东一再强调指出的报刊的主要社会功能。他将省报的作用经典地概括为"组织、鼓舞、激励、批判、推动"五个方面,其核心仍然是传播党的政策,通过宣传政策来组织群众,推动斗争和工作。

3. 全党办报群众办报

毛泽东根据群众路线的精神,提出了全党办报的方针。

这个方针的要旨,其一,是动员和组织各级党的组织和全体党员,特别是党的干部,积极关心和参加报刊工作,切实地、有力地加强党对报刊的领导。

其二,毛泽东提出的全党办报和群众办报方针旨在实行"开门办报",面向群众,发挥群众的积极性和创造力。

其三,群众办报、全党办报的方针还包括这样的旨意,即办报人员要有群众观点,实行群众路线的工作方法。毛泽东指出,一切从事宣传工作和报纸工作的人员,要常常想一想自己的文章、演说、谈话、写字是给什么人看的,给什么人听的,"射箭要看靶子,弹琴要看听众"。从事报刊工作的人,心里要想着群众,为他们的福利服务,也为教育和组织群众服务。

报纸工作本身,也要走群众路线。毛泽东举例说,报上常常有错字,如果采取群众路线的方法,报上有了错字,就把全报社的人员集合起来,不讲别的,专讲这件事,讲清楚错误的情况,发生错误的原因,消灭错误的办法,要大家认真注意。这样讲上三次五次,一定能使错误得到纠正。小事如此,大事也是如此。

4. 舆论一律又不一律

毛泽东关于社会主义出版自由的观点,可以用"舆论一律"和"舆论不一律"来概括。

全国解放前夕,毛泽东提出,必须剥夺反动派的出版自由。包括:取消一切帝国主义国家在中国开办的宣传机关,接收属于国民党反动政府及其地方系统下的各机关、各反动党派(如国民党各个反动派系、青年党、民社党等)及反动军队的各组织所出版和发行的报纸,接收他们的通讯社和电台。毛泽东把只许反动分子规规矩矩,不许他们乱说乱动的这种政策形象地叫作"舆论一律",而且指出,这种"一律",不仅指舆论,而且包括法律。这种"一律"体现了"人民在工人阶级和共产党领导之下对于反革命的专政","在这里,不是用的民主的方法,而是用的专政即独裁的方法,即只许他们规规矩矩,不许他们乱说乱动。"①

在人民内部,实行舆论不一律的方针。这个方针提出了人民群众应该享有充分的出版自由权利,体现了人民民主专政包括对人民的民主和对敌人的专政两方面的思想。毛泽东指出,所谓"不一律",就是批评的自由,发表各种不同意见的自由,宣传有神论和宣传无神论(即唯物论)的自由,就是允许先进的人们和落后的人们自由利用我们的报纸、刊物、讲坛等等去竞赛,以期由先进的人们以民主和说服的方法去教育落后的人们,克服落后的思想和制度。

毛泽东指出,人民内部实行舆论不一律的方针,是由社会主义制度所决定的。"在内部,压制自由,压制人民对党和政府的缺点错误的批评,压制学术界的自由讨论,是犯罪的行为。这是我们的制度。而这些,在资本主义国家,则是合法的行为。在外部,放纵反革命乱说乱动是犯罪的行为,而专政是合法的行为。这是我们的制度。资本主义国家正相反,那里是资产阶级专政,不许革命人民乱说乱动,只叫他们规规矩矩。"②

毛泽东把这种舆论不一律的方针,又称为"放"的方针。他指出,所谓"放",就是放手让大家讲意见,使大家敢于说话,敢于批评,敢于争论,不怕错误的议论,不怕有毒的东西,发展各种意见之间的相互争论和相互批评,既容许批评的自由,也容许批评批评者的自由;所谓"放",就是在文艺和学术领域实行"百花齐放,百家争鸣"的方针;所谓

---

① 毛泽东:《驳"舆论一律"》,《毛泽东选集》第5卷,人民出版社1977年第1版,第158页。

② 同上。

"放",就是对于错误意见,不是压服,而是采取说服教育和以理服人的办法,不搞"一棍子打死"。

5. 报刊宣传的策略和艺术

毛泽东指出,无产阶级进行报刊宣传,最尖锐最有效的武器只有一个,那就是严肃的战斗的科学态度,就是实事求是的态度。

毛泽东要求报刊工作者"迈开两脚",学个孔夫子的"每事问",扎扎实实地做调查研究,"没有调查就没有发言权",就没有资格从事报刊工作。因为不了解敌友我三方的状况,就无法正确地决定我们的宣传政策,无法写出有针对性的文章。他对一切宣传工作者提出的口号是:"注重调查!反对瞎说!"

毛泽东要求向人民群众作真实的报道,不仅充分地报道我们的成就,而且"应当经常把发生的困难向他们作真实的说明"①,天灾人祸,如实报道。他提出,新闻要不要新?当然要新。现在新闻太少、太严、太不自由,不好,要改。不要把党的政策保密起来,应尽可能在报纸上公开发表。同时又要注意,新闻不要守旧,也不要赶时髦。新闻有新闻、旧闻、不闻。

毛泽东强调新闻要注重事实,"力戒空谈"。要"十分之九是实际事实之叙述,只有十分之一是对反革命宣传的辩论"。革命报刊是"对于革命工作的忠实报告"②。报道一定要有根据,并注意留有余地。特别是对外宣传,不要夸大,"无论什么时候,都要谦虚谨慎,把尾巴夹紧一些"③。在宣传我们的成绩的时候,要冷热结合。冲天干劲是热,科学分析是冷。报刊工作者要多注意报道我们的困难和不足,做冷静的促进派。

毛泽东提倡典型报道。他要求注意收集和传播经过选择的典型性的经验,用这些典型推动实际工作。

毛泽东强调指出,报刊工作者写文章时不能"神气十足","没有货色"。他说,不要总以为"我多么高明",而要采取和读者处于完全平等

---

① 毛泽东:《关于正确处理人民内部矛盾的问题》,《毛泽东选集》第5卷,人民出版社1977年第1版,第395页。

② 毛泽东:《〈政治周报〉发刊理由》,《毛泽东新闻工作文选》,新华出版社1983年第1版,第5页。

③ 毛泽东:《在省市自治区党委书记会议上的讲话》,《毛泽东选集》第5卷,人民出版社1977年第1版,第345页。

地位的态度。写文章要有说服力,不要靠装腔作势吓人。

关于文章的"短"和"软"的问题,毛泽东认为,短是必要的,软也可以研究。文章不能太硬。文章应该通俗一些,使读者读起来亲切,引人入胜,这种软法就很好。板起面孔办报不好。即便批评,也不能把弓弦拉得太紧。报刊工作者应该懂得"文武之道,一张一弛"的道理。

6. 生动活泼新鲜有力的文风

作为报刊活动家,毛泽东十分重视文风,他身体力行,倡导生动活泼新鲜有力的马克思主义文风,他在为《中国工人》撰写的发刊词中写道,希望《中国工人》多载些生动的文字,切忌死板、老套,令人看不懂,没味道,不起劲。这是他对党领导的宣传和文艺事业的共同要求,即不但内容好,而且表现形式和文字好。毛泽东在延安文艺座谈会上讲话时提出:"我们的要求则是政治和艺术的统一,内容和形式的统一,革命的政治内容和尽可能完美的艺术形式的统一。缺乏艺术性的艺术品,无论政治上怎样进步,也是没有力量的。因此,我们既反对政治观点错误的艺术品,也反对只有正确的政治观点而没有艺术力量的所谓'标语口号式'的倾向。我们应该进行文艺问题上的两条战线斗争。"①

毛泽东的这个要求,也适用于新闻写作。

毛泽东还提出,写文章要讲逻辑。就是要注意整篇文章的结构,开头、中间、尾巴要有一种关系,要有一种内部的联系,不要互相冲突。还要讲文法。就是不要省掉不该省的主语、宾语,也不要把副词当动词用,更不要省掉动词。还要注意修辞,尽量把文章写得生动一点。总之,一个合逻辑,一个合文法,一个较好的修辞,这三点是作文时务必要注意的。

他提倡写短文,写得简明扼要。他说,我们有些同志欢喜写长文章,但是没有什么内容,正是"懒婆娘的裹脚布,又长又臭"。毛泽东提出,我们应该研究一下文章怎样写得短些,写得精粹些。我们应当禁绝一切空话,把那些又长又臭的懒婆娘的裹脚布,赶快扔到垃圾桶里去,把那些"下笔千言,离题万里"的作风扫掉,把那些"夸夸其谈"扫掉。

毛泽东提出向人民群众学习语言的要求。他说:"文字必须在一定条件下加以改革,言语必须接近民众,须知民众就是革命文化的无限

---

① 毛泽东:《在延安文艺座谈会上的讲话》,《毛泽东选集》第 3 卷,人民出版社 1991 年第 2 版,第 869—870 页。

丰富的源泉。"①他要求下苦功学习语言,第一,向人民群众学习语言。人民的语汇是很丰富的,生动活泼的,表现实际生活的。第二,要从外国语言中吸收我们所需要的成分。第三,还要学习古人语言中有生命力的东西。

毛泽东在批评"党八股"时,列举这种文风的八条罪状:空话连篇,言之无物;装腔作势,借以吓人;无的放矢,不看对象;语言无味,像个瘪三;甲乙丙丁,开中药铺;不负责任,到处害人;流毒全党,妨害革命;传播出去,祸国殃民。他提出:"洋八股必须废止,空洞抽象的调头必须少唱,教条主义必须休息,而代之以新鲜活泼的、为中国老百姓所喜闻乐见的中国作风和中国气派。"②

毛泽东还要求报刊要办得尖锐、泼辣、鲜明。他说:"我们必须坚持真理,而真理必须旗帜鲜明。我们共产党人从来认为隐瞒自己观点是可耻的。我们党所办的报纸,我们党所进行的一切宣传工作,都应当是生动的,鲜明的,尖锐的,毫不吞吞吐吐。这是我们革命无产阶级应有的战斗风格。"③

7. 政治家办报

毛泽东提出了"政治家办报"的观点,对党和人民的新闻工作者提出了严格的要求,寄托着殷切的期望。

他说,办好报纸的根本问题是报社人员的思想革命化问题。为此,要学习马克思主义,刻苦改造世界观,学习社会,学习工农群众。作为教育者,新闻工作者要先当被教育者,先做群众的好学生,然后才能成为群众的好先生。为此,要懂得工人农民,热爱他们的生活、工作和学习。一面教,一面学,一面当先生,一面当学生。

毛泽东提出,新闻工作者必须有为人民服务的热忱,要有"俯首甘为孺子牛"的精神。他为纪念邹韬奋所题的词是:热爱人民,真诚地为人民服务,鞠躬尽瘁,死而后已,这就是邹韬奋先生的精神,这就是他之所以感动人的地方。毛泽东用邹韬奋这一精神境界要求和培养新闻工

---

① 毛泽东:《新民主主义论》,《毛泽东选集》第 2 卷,人民出版社 1991 年第 2 版,第 708 页。

② 毛泽东:《中国共产党在民族战争中的地位》,《毛泽东选集》第 2 卷,人民出版社 1991 年第 2 版,第 534 页。

③ 毛泽东:《对晋绥日报编辑人员的谈话》,《毛泽东新闻工作文选》,新华出版社 1983 年第 1 版,第 153—154 页。

作者。

毛泽东特别告诫新闻工作者不要成为只会跑衙门的记者。他指出,衙门没有多少东西,跑不出什么名堂,他要求记者常常到工厂和农村去,呼吸那里的新鲜空气,和工人农民打成一片,反映他们的生龙活虎般的生活。他还指出,只有了解实际和群众的需要,同他们心心相印,呼吸与共,才能写出好东西。

在不同的传播环境下,毛泽东还规定党的传媒和记者要遵守新闻宣传纪律。除前已提及的必须无条件地宣传中央的路线和政策、党和国家重大新闻由新华社统一发布、开展批评和自我批评、党报不得批评同级党委等纪律外,还规定了涉外事件的报道、不得擅自向中外记者发表意见、重要稿件送审、建立内部参考制度、请示报告、重视处理人民来信等方面的纪律。毛泽东指示党的领导机关,要同违反党的纪律的现象作斗争。

对于新闻机构领导人即所谓"记者头子",毛泽东要求他们"多谋善断",不能"多谋寡断",要政治家办报,不要书生办报,更不能死人办报。这是毛泽东提出"政治家办报"的主旨。

毛泽东要求新闻工作者工作一生,学习一生,永不骄傲,不断前进。他指出:"学习的敌人是自己的满足,要认真学习一点东西,必须从不自满开始。对自己,'学而不厌',对人家,'诲人不倦',我们应取这种态度。"①

二、毛泽东新闻思想评价

毛泽东对马克思主义新闻学的贡献,在于他把马克思主义新闻学同中国无产阶级与社会主义新闻工作实践结合起来,使马克思、恩格斯、列宁新闻思想的中国化得到落实,使党和人民的新闻事业在革命与建设的过程中发挥了巨大作用,推动了马克思主义新闻学在中国的普及和发展。

这种发展,主要表现在:毛泽东明确指出,一定社会的报纸,是该社会经济基础通过新闻手段的反映,报纸受社会经济基础的制约,又为

---

① 毛泽东:《中国共产党在民族战争中的地位》,《毛泽东选集》第2卷,人民出版社1991年第2版,第535页。

这种经济基础服务,从而深刻地揭示了新闻事业同社会经济与政治的关系;在马克思、恩格斯、列宁依靠群众办报的传统上,明确地提出了"全党办报"和"群众办报"的方针,把群众路线创造性地运用于新闻工作实践,更大规模地动员和组织全体党员和人民群众,开创了无产阶级和社会主义新闻事业新局面;强调政治家办报原则,指出报刊工作者应是又红又专、坚持实事求是作风、善于调查研究的无产阶级战士,从而对无产阶级新闻工作者的素质和修养,提出了明确的规范和严格的要求;积极倡导为中国老百姓所喜闻乐见的中国风格和中国气派,强调并培育具有民族特色的文体和文风,引导中国新闻事业走出了一条民族化、群众化的发展道路,使毛泽东新闻思想充满着鲜明的中国特色。

毛泽东继承马克思主义新闻学特别是列宁新闻思想,运用苏联报刊工作和通讯社工作经验,结合我国国情和党情,奠定了新中国新闻工作的指导思想、方针原则和体制模式。伴随着新中国新闻事业的发展而不断深化的毛泽东新闻思想,对发展马克思主义新闻学作出了贡献。

[思考题]
1. 毛泽东新闻思想形成的标志和主要内容。
2. 1949年以后毛泽东新闻思想的发展。
3. 毛泽东新闻思想的评价。

[阅读书目]
1. 史诺录、汪衡译:《毛泽东自传》,解放军文艺出版社2001年第1版。
2. 《毛泽东新闻工作文选》,新华出版社1983年第1版。
3. 谭一:《毛泽东新闻活动》,当代中国出版社1993年第1版。
4. 郑保卫主编:《中国共产党新闻思想》第四、五、六章,福建人民出版社2004年第1版。

第七章

中国共产党其他领导人的新闻思想(上)
——刘少奇、周恩来、邓小平的新闻论著及对马克思主义新闻学的创新

> 思想战线上的战士,都应当是人类灵魂工程师。在当前这个转变时期,在社会主义精神文明建设和整个社会主义建设事业中,他们在思想教育方面的责任尤其重大。
>
> ——邓小平

刘少奇、周恩来、邓小平在协同毛泽东领导中国的革命与建设中立下了不朽的功勋。他们在各自分管的领域里又有独立的贡献和鲜明的特色。邓小平在建设有中国特色的社会主义的理论与实践上还有突出的成就和建树。与此同时,他们在从事新闻工作和参与领导党和社会主义新闻事业的实践中,也形成了自己的新闻思想。这些新闻思想,同毛泽东新闻思想一起,共同构建为中国共产党的党报理论。这其中,刘少奇对形成和发展中国共产党的党报理论,以及参与领导中国新闻工作的实践方面,作出的理论贡献尤其重大。邓小平借助中国改革开放的新形势,对传统的中国共产党的党报理论,有所创新和发展。

第一节 刘少奇的新闻论著和新闻思想

中国共产党"七大"之后,刘少奇任中央工作委员会书记,到华北

负责中央委托的工作。他于1947年7月主持召开全国土地工作会议，制定《中国土地法大纲》。有关部门为配合将于1948年9月开始的新解放区土地改革和整党工作，抽调部分华北地区新闻干部培训。刘少奇专门为培训班作了报告，史称刘少奇《对华北记者团的谈话》，谈话时间为1948年10月2日。这篇谈话比较全面、集中地体现了刘少奇对于党的新闻宣传工作的主要观点，是中国共产党领导人新闻思想的权威的代表性文献。

新中国成立后，刘少奇任党的第八届中央委员会副主席，参与党和国家的政治、经济、军事、文化、教育和外交等方针政策的制定。作为党的政治局分管新闻宣传工作的领导人，刘少奇于1956年5、6月间，曾对新华社与广播事业局工作作过三次重要指示，详尽而明确地指出新闻工作要整顿和改革。这些指示对于新华社和广播事业局的发展，包括进入改革开放新时期的思路创新，具有长远意义。有的指示是对传统的党报理论观念的突破，有着深刻的学术与理论价值。

20世纪60年代初，为扭转国民经济困难的局面，刘少奇进行了大量的调查研究，为国民经济的恢复和发展作出了重要贡献。在这广阔的背景下，他对人民日报社等工作也有深刻的反思与总结，并且在当时言论并不很宽松的情况下，以一个共产党人的理论勇气，发表了一些深刻而透彻的看法。这些意见对于以后党报的改革和新闻工作者的教育，是十分珍贵的。

综合分析上述指示、讲话和文稿，刘少奇的主要新闻观点大致有以下几个方面——

1. "报纸存在一个很大的危险性"

对于报纸的功能，刘少奇是从两方面考察的。他高度评价报纸在联系党和人民群众中的作用，指出：列宁说，党要经过千百条线索和群众联系起来。是的，我们要经过千百条线索和群众联系起来，而其中最重要的办法，就是报纸、新华社。它每天和群众见面，每天把党的政策告诉群众。刘少奇的这番论述，同马克思列宁和毛泽东等人谈到报纸功能的言论基本上相同。值得注意的是，他还从另一角度考察报纸的功能。就在上述谈话的后一段，刘少奇又非同寻常地说了这样一段话：报纸要能够密切地联系群众，那是很好的。但是，如果给群众以错误的东西，散布坏影响，散布错误的思想、错误的理论、错误的政策，把群众中的消极因素、落后因素、破坏因素鼓动起来，就要犯大的错误。因此，报纸工作如果做不好,就是最厉害的脱离群众,就要发生很危险的情况。

尤其值得注意的是,在1961年5月,刘少奇再次表达对报纸作用的这种双向的看法。他详细分析《人民日报》过去三年的错误与缺点,指出:"你们《人民日报》上登的新闻,有多少是真的?你们天天用大字登头条新闻,今天说那里生产如何好,昨天说那里的公共食堂办得好,究竟有多少是真的?你们想用这些典型事例来指导实际工作,典型本身就不真,怎么能指导实际工作呢?你们报喜不报忧,只登好的,不登缺点、错误。我就不看你们那些头条新闻,我不看,报纸来了只看七、八版。""《人民日报》应该好好总结一下三年来办报的经验。三年来,报纸在宣传生产建设成就方面的浮夸风,在推广先进经验方面的瞎指挥风,在政策宣传方面的片面性,这些,对实际工作造成了很大恶果。你们宣传了很多高指标,放卫星,在这个问题上使我们党在国际上陷于被动,报纸宣传大办万猪场,结果是祸国殃民。""报纸威信很高,大家都以为《人民日报》代表中央,《人民日报》提倡错误的东西,大家也以为是中央提倡的,所以,这几年很多事情,是中央领导一半,《人民日报》领导一半。《人民日报》搞了这么多错误的东西,影响很坏,可以说,有报纸的害处,比没有报纸的害处还大。"①

2."要根据群众的实际去考察政策"

党的新闻传媒和新闻记者应该抓什么新闻?抓与政策相关的事件与情况报道,无疑是责无旁贷的重要任务之一。毛泽东说过,报纸的作用和力量,就在它能够使党的纲领路线、方针政策、工作任务和工作方法,最迅速最广泛地同群众见面。刘少奇在赞同毛泽东的这一观点的同时,又提出自己醒人耳目的见解。他对记者说,你们不仅要宣传党的政策,还要根据群众的实际去考察政策是不是正确的,有没有缺点,这里就表现你们的创造性了。1961年刘少奇谈到报纸工作的经验与教训时指出,"这几年,你们喜欢搞表面现象,搞形式主义东西,搞耸人听闻的报道,还没有完全摆脱资产阶级新闻观点的影响。报纸是斗争最尖锐的工具,几年来报纸在敌我界限方面分得比较清楚,有敌我观念;但是非界限方面就分不很清楚,是非不分,什么是不正确的,不应该宣传,你们还搞不清楚。"针对这些问题,刘少奇再次强调要深入地进行

---

① 参见北京新闻学会编:《刘少奇同志关于新闻工作的几次讲话》,第26页。

调查研究。他对记者指出,报纸工作人员是什么人?是调查研究的专业工作人员。报上的一切文章都应当是调查研究的结果。调查研究是一门学问①。

3. "新华社还是当老百姓好"

刘少奇对新华社的性质采取了新的视角。他说:"新华通讯社做国家通讯社好,还是当老百姓好。我看,不做国家通讯社,当老百姓好;新华社干部不作为国家干部,不受行政级别限制,记者的薪水也可以比毛主席薪水高,新华社的评论、新华社记者的评论,不是代表国家发言。新华社也不要学习塔斯社那样代表政府辟谣。新华社如果当了老百姓,不搞国家通讯社,国务院可以成立新闻处,发公报新闻、声明、辟谣由它来做。"②

刘少奇的这一主张,并非要新华社完全割断同国家、同政党的联系。他在同一次讲话中指出:"今后不要强调新华社是国家通讯社。比如说,我们国家是无产阶级领导的,虽然已经写入宪法,但并不常常强调,只有在必要时才写一句。"联系前后两段讲话分析,可作这样的引申:新华社常把国家通讯社挂在嘴上,并无必要,平日里以民间通讯社身份出现,反而更好。

新华社改变身份,以"老百姓"出现,并不是不要党的领导,更不是否定立场,完完全全自由化。刘少奇指出,我们的新闻报道,要有利于人民,有利于党,有利于当前斗争。新闻记者要坚持真理,要有斗争性,头上要长角。即使新华社变成了老百姓,也依然会处于党和政府的领导之下,新闻记者也依然是党的新闻宣传队伍中的一员。

刘少奇认为,新华社要走向世界,办成世界性通讯社,也应该放弃国家通讯社的身份,当老百姓。他说,外国记者强调他们的新闻报道是客观的、真实的、公正的报道;客观的、真实的、公正的报道,是他们的口号。如果我们不敢强调客观的、真实的报道,只强调立场,那么,我们的报道就有主观主义,有片面性。如果这样做,就是下决心要片面性。新华社的报道,如果有了片面性,就会丧失一切,对自己不利,对人民不利,就不能成为世界性通讯社。作为国家通讯社,当然未必就不客观不真实,但世界上看新华社,总会认为既然是国家通讯社,首先代表国家

---

① 参见北京新闻学会编:《刘少奇同志关于新闻工作的几次讲话》,第 27 页。
② 同上书,第 15 页。

发言与表态,立场是第一位的。这样的思维定势,自然会影响国外对新华社客观公正报道的打分。而如果以民间通讯社出现,评价则又会不一样。所以世界上主要的通讯社,都是以民间通讯社身份出现的,并且千方百计地表白自己的民间性和非官方性。

4."让人民知道世界上有骂我们的人"

刘少奇主张适当地发表西方通讯社批评中国的报道。他说:"有些报纸刊登国际新闻只登说我们好的,骂我们的或者说一句美国好的都被删去,这种做法是不好的。比如说,美国政府首脑人物骂了我们,这个新闻在我们的报纸上是否可以登?我看可以登。他在骂我们,是一种真实的情况,是客观事实,骂得岂有此理;我们的报纸登一些,让人民知道有人在骂我们,帝国主义在造谣,引起人民反感。这样的新闻,虽然占我国人口总数的百分之几的反革命分子看了会高兴,但是全国百分之九十以上的人民已经有相当高的政治水平,是可以看出是非来的。周恩来总理骂了美国,有的美国资产阶级报纸就刊登出来。为什么资产阶级报纸敢于把我们骂他们的东西登在报纸上,而我们的报纸却不敢发表人家骂我们的东西呢?这是我们的弱点,不是我们的优点。""现在我们的国际报道只有一面:骂美国的,说我们好的。这种片面性的报道,会造成假象,培养主观主义。"①

刘少奇谈到上述观点时,首先十分明确地指出,我们的新闻报道不能超阶级,不能有客观主义,要有坚定的人民立场和阶级立场;新闻报道要客观、真实、公正,同时要考虑利害关系,看看对人民是否有利。刘少奇指出,刊登西方通讯社骂我们的新闻,应该是有选择的,有分析的,是充分考虑到发表时机的。我们记者的报道,一是要把人家说我们好的和骂我们的东西都加以报道,二是注意不能把人家骂我们的东西全部照登出来。他还指出,要学习西方记者的报道手法和技巧。报道西方国家骂我们的东西,同时又令这种报道于我有利,至少不造成过大伤害,正需要这种手法与技巧。刘少奇说,"要学习资产阶级通讯社记者的报道技巧。他们善于应用客观的手法、巧妙的笔调,既报道了事实,又挖苦了我们,他们的立场站得很稳。人们从他们的报道中能够看到一些真实的情况。""新华社的报道要真实、生动、有兴趣,文笔也好。

---

① 参见北京新闻学会编:《刘少奇同志关于新闻工作的几次讲话》,第11页。

这样做了,你们就会建立起威信来的。"①

不仅对于国际报道要做到全面真实,刘少奇还提出,对于国内报道,也要"有好报好,有坏报坏",力求全面客观。他说:"现在的新闻报道有偏向——只讲好的,有片面性。应该好的要讲,不好的也要讲。""当错误从地平线上刚刚冒头的时候,如果不加以揭露和制止,是对人民不利的;应该及时地在新闻报道中提出来,要人民注意。另外,有些事件,如抚顺龙凤矿瓦斯爆炸、火车互撞、轮船沉没等等,显然,事件本身(在苏联、美国都会发生这样的事件)不是重要的,可以报道,也可以不报道,因为它是个别的特殊事件。如果把这些事件和安全生产联系起来,就是一个重要的问题。我们可以报道生产竞赛中对安全问题不注意,举几个有普遍意义的例子加以说明。""对某些问题要及时报道,一定要问题解决了才报道,是不好的。例如,在北京各高等学校能不能搞先进集体,我们可以作为一个问题提出来,不要等待做出结论才报道。报纸上应该有很多问题,对没有做出结论的问题应该有议论,应该有几种不同的意见。这个地方就是'百家争鸣'。"②

刘少奇的上述新闻观点,成为1955年底到1956年中党的历史上第二次新闻改革的指导方针,成为20世纪60年代初新闻界检讨与反思1958年开始的错误宣传的理论支持。可惜,如我们在第六章中所述,由于"左"倾思潮日烈和个人崇拜之风日盛,刘少奇的这些正确的新闻观点并没有得到应有的重视和支持。

第二节　周恩来的新闻论著和新闻思想

人民的好总理周恩来是中国无产阶级革命家、政治家、军事家和外交家,中国共产党和中华人民共和国主要领导人,中国人民解放军的主要创建人和领导人。周恩来也是党和社会主义新闻事业的卓越领导人,一生都极其重视和关心新闻宣传工作,发表过论述新闻宣传工作的

---

① 参见北京新闻学会编:《刘少奇同志关于新闻工作的几次讲话》,第21页。
② 同上书,第12—13页。

文稿,对新闻宣传工作有大量富有理论价值的指示。据新闻史学家方汉奇教授研究,周恩来直接创办或领导办报,主要是从学生时代开始到新中国成立前一段时期,其中有三个亮点——

第一个亮点,周恩来在学生时期从事新闻工作。他1913年15岁时到天津,第二年16岁就开始办报,先后办了《敬业》、《觉悟》和《校风》等三个刊物。前两个是南开学校学生社团的刊物,后一个则是学校的校刊。周恩来担任前两个刊物的主编和后一个刊物的总经理。这是他从事办报活动的开始。这一时期他所办的最有影响的一家报纸,是《天津学生联合会报》。这家报纸创刊于五四运动爆发后的1919年7月21日,是一张对开日报,先后出版100多期。这家报纸最高发行量曾达2万份,超过当时当地的《大公报》和后来国民党的中央党报《中央日报》。在编辑出版这家报纸过程中,周恩来从编辑、写稿、校对到卖报,各个环节都亲力亲为,有时还和印刷工人一起劳动。他在《南开日刊》上发表的《〈南开学生联合会报〉发刊旨趣》写到为什么办这张报纸。他说:"我们学生联合会在求社会同情的时候,不能不有两个利器:一个是演讲,一个是报纸。'演讲、报纸'全是表现我们学生思潮的结晶。"

讲到《天津学生联合会报》的宗旨,周恩来说:

—— 本日刊是学生联合会的舆论机关,所以必须同联合会一致终始。

—— 本"革心"同"革新"的精神立为主旨。

—— 本日刊完全是学生自动的组织。

—— 本民主主义的精神发表一切主张。

—— 学术研究的发表不分派别,但以稿件合于社会的生活作标准。

—— 对于政府的政策有指导同监督的责任。

—— 对于联合会有建议的责任。

—— 文字以浅白为主。

—— 新闻的记载以有关于社会生活、人类进步为范围,并且力求敏捷。

—— 对于社会生活同各种学术用哲学的眼光科学解析,公允正确的批评。

—— 介绍国民必须的常识于社会。

—— 介绍现在最新思潮于社会。

—— 文艺的登载以切合人生为范围。
—— 报中职员共同工作一切组织守合议的制度。
—— 联络各新闻纸同各通信社交换新闻消息。
—— 联络各地团体同个人征求各种稿件。
—— 联络各地学者求其学术上的辅助。
—— 代表全津学生的舆论。
—— 职员由学生联合会新闻科随时聘请,额数不加限制。
—— 职员的学业仍积极的研究,不加间断①。

在周恩来的新闻论著中,这是最早系统表达他对报刊思想的一段文字。

第二个亮点,是周恩来在法国勤工俭学,和旅欧时期所从事的新闻工作。主要是他给天津的《益世报》写旅欧通讯。他给《益世报》写的旅欧通讯开始叫《伦敦通讯》,后来叫《西欧通讯》,接着改称《欧洲通讯》,最后是《旅欧通讯》。前后发表56篇通讯,约有20余万字,内容丰富,包括留法学生的勤工俭学活动、战后的中法大借款、中英联盟、英国矿工罢工、华盛顿会议、战后欧洲社会主义思潮的发展等。他还给天津的《新民意报》写过11篇通讯。此后,周恩来领导创办了旅欧中国少年共产党的机关刊物《少年》,该刊后来易名《赤光》,从1922年8月一直办到1924年,他用飞飞、伍豪等笔名,在这家刊物上发表文章。

第三个亮点,是周恩来领导《新华日报》期间的办报活动。《新华日报》创刊于武汉,后迁重庆出版,是中国共产党在抗日战争时期在国民党统治区公开出版的重要机关报。作为党的副主席和南方局的负责人,周恩来从1938年1月11日这家报纸创刊起,到1946年他离开国统区,对这家报纸的工作始终全力支持,精心指导。报纸的社论、评论、专论和其他重要稿件的处理,他无不殚精竭虑,呕心沥血。他经常出席报社的编委会议和全体工作人员大会,对报纸工作从编辑、出版、发行到财务都给予全面而具体的指导②。

---

① 周恩来:《〈天津学生联合会报〉发刊旨趣》,1919年7月12日《南开日刊》第35号。
② 关于周恩来办报三个亮点的史料和分析,参考并录用了方汉奇教授2008年3月5日在"周恩来与新闻工作"座谈会上的发言记录,记录稿载《新闻春秋》2008年总第9期,第11—13页。

周恩来一生为党的建设、政府事务和军事工作操劳,花费大量心血和精力,加上其他的一些原因,没能为我们留下更多专门论述新闻学理论的著述。但作为一位大国总理,他对新闻事业高度重视和关注。在日理万机的同时,他仍为我们留下了数以千计的经他严格审阅与精心修改的新闻和评论手稿。透过这些手稿,我们看到了人民的好总理充溢于字里行间熠熠闪光的政治智慧,以理服人的宣传风格,严谨务实的工作作风。

人民日报社现存的周恩来手稿,始自1950年3月5日他对一篇文章的批示,终于1974年5月28日(即他6月1日住进医院的前夕)对一篇社论的审阅批示,总计864件。但据知情人估计,仅仅经周恩来审阅的有关国际问题方面的稿件实际上就超过千篇[①]。如果加上新华社和广播电视媒体,以及对外报道宣传部门送审的稿件,则肯定是一个很大的数目。正是这数以千计的手稿,和无法统计的其他批示、讲话、信函,较为全面地构成了周恩来深刻、全面和务实的新闻思想。本书作者由于无法读到这众多的手稿,难以全面勾勒周恩来的新闻思想。这里只能挂一漏万,简述他的新闻思想的若干层面。

1963年5月23日,《人民日报》刊登了国家主席刘少奇和副总理兼外长陈毅出访印尼等四国归来受到热烈欢迎的照片。这是《人民日报》记者拍摄的照片,事先未送审,发表时裁去了一些民主人士和女士的形象,并用剪贴的办法移动了某些人的站立位置。周恩来对此非常生气。他指出,刘少奇出访四国意义重大,中央安排各方面的代表人物去欢迎,在机场的大合照可以充分体现对这次出访成功的支持。而《人民日报》的照片任意裁去了一些民主人士,就违背了这种精神,缺乏政治敏感;照片还把特意安排的女同志裁去,有大男子主义味道;照片擅自挪动现场各人站的位置,这是弄虚作假,"客里空"作风;照片没送中央领导同志审看,是严重的无组织无纪律行为。周恩来的批评鞭辟入里,尖锐深刻,使人牢记忠于事实是新闻宣传工作的基本职责,也是对新闻从业人员的起码要求,任何时候任何条件下都不能背弃。

1960年10月12日《人民日报》的一篇社论送审稿中提到:"我国人民向来对美国操纵下的联合国组织,决不抱任何不切实际的幻

[①] 舒小骅、高石:《周恩来和〈人民日报〉》,《新闻春秋》2008年总第9期,第41页。

想。"周恩来将后半句改为"是有足够认识的"。绵里藏针,道破实质,含蓄机智。1972年5月10日周恩来看了《人民日报》送审的关于越南问题的评论后指出:"你们的评论说美国表示要从越南撤军是骗人的鬼话。这样讲话没有留有余地,不能这样讲。这是极左的话。现在看,它是要撤一点的。"周恩来要求《人民日报》评论在重大国际问题上除了正确阐明我国的立场态度外,还应切实掌握宣传分寸,不说任何过头话①。

周恩来从红中社开始——新华社前身,1931年11月7日成立于江西瑞金——就始终关心、支持和指导新华社的工作。1949年4月,新华社随党中央进驻北平西郊的香山。关于新华社进城后的性质,周恩来在香山对新华社的负责人说,"新华社是党的通讯社(人民共和国成立后也是国家的通讯社),同时也是人民的通讯社。新华社的所有编辑、记者,都要明确认识新华社是党和人民的耳目和喉舌这个根本性质,无论作报道或写评论,都要记住新华社这个身份,要照顾各个方面,当前特别要照顾你们不熟悉的但在国内政治生活中地位越来越重要的各民主党派、民主人士。你们的宣传报道要充分体现党的统一战线政策,要充分尊重各民主党派和民主人士。"②

新中国成立后,周恩来对新华社工作的指示全面、及时、深刻。1958年7月中旬,他在上海参观视察,在宾馆和参观活动中,他先后五次对跟同采访的新华社记者谈新闻报道工作,提出许多重要指示。他说,"现在,农业方面的报道比较清楚些,大概是比较熟悉;工业的发展如雨后春笋,报道就比较粗糙。新闻工作者很忙,还要比较快的发出去,忙就不免粗糙一些。""新闻报道要准确、鲜明、生动;报道要让群众看得懂,要使群众开口就谈建设,就要让群众看得懂报道。群众要从报纸上学到知识,毛主席年轻的时候看报纸从头看到尾,广告也要读,他的很多知识就是从报纸上得来的。"1965年9月24日周恩来还就新华社农业生产报道提出了较为详细的意见,大致是:

第一,强调农业生产不平衡,农业不平衡比工业厉害,要写出这种

---

① 舒小骅、高石:《周恩来和〈人民日报〉》,《新闻春秋》2008年总第9期,第44—45页。

② 周恩来的这一指示和以下关于新华社工作的指示,均引自郑德金:《伟大的公仆 宝贵的财富——周恩来指导新华社工作纪实(1931—1976年)》,《新闻春秋》2008年总第9期,第47—57页。

不平衡性。"巨大"、"丰富"等字眼可去掉,这些话都太绝对。

第二,不要强调指标,要考虑到有利和不利的两方面。

第三,要批判为水利而水利的思想,搞水利是为了发展生产。办水利要有长期打算、长期观点,几十年上百年。在林业、农业现代化等方面都是这样。过去说旱涝保收农田五亿亩,现在落实为四亿亩。

第四,提倡艰苦奋斗,不要稍稍富裕一点就不讲艰苦奋斗。

第五,提"科学排灌"不如提"合理排灌"。

第六,应该首先是"好"字当头,不要"大"字当头,不要什么事都提"大办"。

周恩来对广播事业十分关心,对广播工作的指导也及时、具体。1946年11月30日,他就广播新闻的特点,专门给时任新华社社长的廖承志、总编辑余光生写了一封长信。信中说:

"送还胡若木起稿的广播新闻,大致可用,但我还看不出它的特点在那里。据我想,它的特点应为:

一、带综合性报道各地战况,要具体生动,但重要捷报,又必须成为头条独立新闻。

二、带综合性报道各地动员参战实况,更要生动具体,但也不取消个别典型故事,毋宁说更重要。

三、报道各地政治、经济、文化、社会改革和建设情况,尤其在事实的描写。

四、后方不易得或不被注意的国际消息,但非每天都有,这与对解放区广播不同。

五、解放社论、评论及至发言人谈话或记者评论,甚重要。

六、每周或半月军事、政治、国际述评甚为重要,须指人撰述。

七、军事上各种统计,每月须有几次,可与尚昆同定货,要他指定童陆生局长编制。

八、解放区文艺动向或短作品,每周有一两次报道,也有必要。

综合这些内容,其特点便为以解放区的情况、中共的意见,有系统的教育大后方人民。

究竟如何编法为好,请你们约集俊瑞、长江、若木诸同志一道谈谈,以便十二月五号开始广播。

广播时间是否定妥上海时间二十三时至次日一时?波长与何种广

播相同?并望将波长见告,以便通知各方,至要!"①

新中国成立后,周恩来十分重视国际广播事业发展。在制定第一个五年计划时,明确规定了"先中央台,后地方台,先对国外广播,后对国内广播"的建设方针,并开始建设大功率发射台,以适应国内国际形势发展的需要。

周恩来强调广播宣传一定要坚持实事求是。"文革"期间,宣传上颠倒是非,弄虚作假,"假大空"盛行。针对这种情况,他反复强调,"讲成绩不要过头,要留有余地,要实事求是。""说话要有依据。"1971年3、4月份,周恩来两次谈到体育实况转播。他说,体育实况转播要"怎么打就怎么说",我们的宣传不能老是说好。评价一个球,什么精湛的球艺,什么流星、闪电似的。本来那里打得不好,还一个劲地说好,不切实际地吹嘘,把群众引入迷魂阵。他还说,转播词少一点,不要那么多形容词,怎么打就怎么说。

在对外宣传上,周恩来最早提出要内外有别。1967年5月,他谈到对外宣传时指示,"有个问题,把国内硬搬来对国外,不动脑筋,不管对象,人家需要什么不管,只管我们自己。应研究一下,对外既不丧失原则,又要有效果和不同特点。"

"文革"中受极"左"思潮影响,播出了号召日本人民拿起枪杆子夺取政权,"农村包围城市"等内容的节目,致使听众越来越少。周恩来对此十分关心,多次作出指示。1971年1月在接见日本外宾时,他在谈到对日广播时说:"对日广播内容怎么样,恰当不恰当,日本广大人民能不能接受,有没有把我们的主张强加给日本人民,在文风上,适不适合日本人民现在的语言程度?""中日两国人民所处的环境不同,政治、经济等都不同。实际上,应该说我们的编辑要适合你们那里的情况。"②

周恩来对于新闻工作者的素质有许多具体而亲切的指示。他在谈到记者职责时强调,"特派员对本报采访之职责,不单限于写通讯稿,而应将通讯、搜集参考材料、供给编辑材料、建议等定为特派员之一般的职责";"特派员在出勤期中,尚应为本报向预定的及同情我们的社

---

① 见《周恩来书信选集》,中央文献出版社1988年版,第360—361页。
② 广播方面的史料来自温秋阳:《周恩来与中央人民广播电台》,陈敏毅:《周总理关怀国际广播》,均载于《新闻春秋》2008年总第9期,第62—67页。

会闻人代约投稿与写专论等,尤其在'七七'及'八一三'二周年纪念刊中,应有各战线有名将军之论文或意见,如其不愿写稿,能发表意见代其记下亦所欢迎,请即预定此计划。周恩来还特别指示新华日报社采访科应规定收集处理稿件办法,如登记、分类、送阅、发表或不发表、收回、类存等,并规定此项工作应由采访科正副主任负责处理,而采访科应设专人保管材料。"①

周恩来要求记者,尤其鼓励驻外记者多做调查研究工作。20世纪70年代初,新华社驻波恩记者王殊为促进中国和联邦德国建交做了很多卓有成效的工作,周恩来对他说,"你写的一些报告和报道,我都看过了,毛主席也看过了。你调查研究做得不错,把西德的情况摸深摸透了。调查研究很重要,所有外交外事的工作人员都要这样做。""你们记者都喜欢跑热门新闻,这当然是要做好的,可是那些当前并不热门但今后可能成为重要的或热门的问题,也要注意研究,既要深入又要广泛。"②

周恩来反对在新闻稿中使用刺激性用语,提倡多用事实表明我方的立场与观点。他指出,我们的发言人和新闻稿件中所用刺激性的词语,如"匪类"、"帝国主义"、"恶魔"、"法西斯"等甚多,以致国外报刊和广播方面不易采用。各国友人特别是世界和大朋友们对此均有反应。他要求发言起草人和记者注重简短扼要地揭发事实,申述理由,暴露和攻击敌人的弱点,避免或少用不必要的刺激性语句。他要求国内方面也采取同样的方针。

周恩来在领导党和人民新闻事业中虽然没有为我们留下很多专门的新闻论著,但他几十年来通过对一件件新闻作品的审阅修改,对一位位新闻工作者的谆谆教导,为我们从理论同实践的结合上构建了既有马克思主义新闻学理论深度,又充溢着革命者务实精神的周恩来新闻思想。这是这位人民的好总理留给我们最为宝贵的精神财富和理论遗产,它将永远指引和鼓舞我们踏踏实实地去创建有中国特色的社会主义新闻事业。

---

① 见周恩来1937年5月27日致吴克坚、陆诒信,《周恩来书信选集》,中央文献出版社1988年版,第174—175页。

② 转引自万京华:《周恩来与新华社驻外记者》,《新闻春秋》2008年总第9期,第59页。

第三节 邓小平的新闻论著和新闻思想

中国伟大的改革开放事业总设计师和权威领导人邓小平是无产阶级革命家、政治家、军事家,中国共产党和中华人民共和国主要领导人,中国人民解放军创建人和领导人,邓小平理论的主要创立者。邓小平又是党和社会主义新闻事业的卓越领导人。

邓小平处于承上启下的历史方位。党的十一届三中全会之后,他既要拨乱反正,清理被林彪、"四人帮"搞乱的党报理论,还毛泽东思想的本来面目,又要破除"两个凡是"的禁锢,坚持改革开放,为中国的现代化建设创造良好的舆论环境。为此,他在恢复和坚持党的新闻工作的基本原理、传统作风方面做了大量工作,包括理论上的清理与创新。因此,梳理和开拓,成为邓小平新闻经典论著的主题,改革和开放是邓小平新闻思想的特色。

邓小平参加过新闻工作,他赴法勤工俭学时在周恩来、陈延年主编的《赤光》编辑部担任编务工作,还负责刻蜡版和油印,人称"油印博士"。长征开始后,中共中央和中央军委唯一的报纸《红星报》由邓小平担任主编。邓小平更多的时候是领导新闻工作,他在指导新闻工作中发表了大量关于新闻事业的性质、作用、特点等论述。邓小平对党和政府的宣传教育工作、政治思想工作,有更多的言论、著作和批示。尤其在改革开放时期,他对国内外新闻传播的大环境,党和政府领导新闻工作的方针政策,对作为政治思想战线战士的新闻工作者的素质与修养,发表了许多远见卓识,并渐成体系,形成了完整的邓小平新闻思想。邓小平新闻思想是以建设有中国特色社会主义为核心的邓小平理论的重要组成部分。

一、邓小平的新闻经典论著

1941年5月,邓小平以一二九师政治委员的身份在全师模范宣传队初赛会上作报告,题为《一二九师文化工作的方针任务及其努力方向》。这篇文章讲了三个问题,即文化工作服从政治任务,一二九师文化工作的方针、任务及其努力方向,关于宣传队工作。当时,宣传队除组织部队文化娱乐活动外,还负责日常及战时宣传鼓动工作。因此,邓小平论述的内容包括部队的新闻宣传工作。

邓小平首先揭露日本帝国主义和汉奸亲日派文化侵略的目的和方法。他指出:"日本帝国主义和汉奸亲日派的政治目的是要把中国变为日本帝国主义的殖民地,其文化工作方针是施行奴化政策,以奴化活动和奴化教育来腐蚀我们的民族意识,消灭民族爱国思想,摧残民族气节。他们毁灭中国的文化机关,焚毁中国的民族典籍,屠杀与监禁爱国的文化人、知识分子和青年学生,建立汉奸文化机关,豢养一批汉奸文人,鼓吹东洋文化,灌输'中日亲善'、'共存共荣'、'东亚新秩序'等奴化思想,培养奴化人才。他们提倡旧文化、旧道德、旧制度,提倡复古、迷信、盲从、落后,组织封建迷信团体等,以实施其诲淫诲盗、毒化奴化政策。他们还制造谣诼流言,散布失败情绪,推行怀柔政策,破坏我抗战法令,妄图摧毁我抗日根据地。""敌人文化侵略的方法是多样的,其特点是善于迎合落后群众与农民的心理,善于以数量掩盖其质量上的(即政治上的)基本弱点,善于不厌其烦地重复宣传某几个中心口号,善于利用时机,抓住某些具体问题来进行欺骗宣传。我们应足够估计其危险性和毒辣性,与敌展开激烈的思想战是今天的严重任务。"[①]

邓小平认为,部队的文化工作是政治工作的一部分,政治工作的内容也就是文化工作的内容。他指出,文化工作的内容包括7项,即:第一,加强对敌的文化斗争,展开激烈的思想战。要经常地了解与研究敌人,及时地不懈地驳斥敌人,开展我们的政治攻势。第二,加强民族的爱国的宣传教育。无论对本军、友军、根据地和敌占区的人民,以及伪军,都需要灌输以民族的爱国的思想,提高其民族自信心与自尊心,随时给敌人的奴化政策以有效的打击。第三,积极会同地方党组织、政权机关、群众团体及地方文化机关,宣传共产党的政策和主张,解释抗战法令,推行民主政治;向敌占区人民宣传根据地的一切善政和进步设施。第四,提倡科学,宣传真理,反对愚昧无知、迷信落后,加强马列主义的宣传。第五,与人民打成一片,同人民建立血肉不可分离的关系。

---

① 邓小平:《一二九师文化工作的方针任务及其努力方向》,《邓小平文选》第1卷,人民出版社1994年第2版,第22—23页。

要了解人民大众的问题,并帮助他们解决这些问题;要帮助地方文化教育工作的推行;要启发指战员对文化宣传工作的热忱,使其成为新民主主义的宣传者与组织者;宣传教育部门应协同统战部门,进行文化统一战线工作。第六,必须用一切办法和尽一切可能供给友军以文化食粮即书报和宣传品,考察输送的技巧。设法组织互相参观互相观摩,融洽与友军的感情,扩大交朋友工作。第七,大大地加强对外宣传工作。要通过文艺作品、报告文学、新闻通讯、摄影、绘画等,把我们真实的战斗生活反映到国际上去,流传到华侨中去,传播到大后方去。

邓小平在报告中分析了当时文化工作中存在的缺点,针对这些缺点,他提出了4点改进措施:第一,要同一切轻视文化工作的倾向作斗争,并应克服文化工作不大众化的现象。要经常鼓励文化工作者的工作热忱,大大发挥他们的积极性和创造性,使文化运动普及到连队中去,深入到群众中去,真正做到大众化。第二,要造就大批的青年文化工作者,同时要提高原有文化工作者的素质。加强他们在文艺方面的修养和政治学习,给以必需的可能的工作条件,帮助他们渗透到现实的底层里去,更充分地发挥其才干,使他们能够真正担负起部队文化运动的组织和领导工作。第三,文化工作者要不断增强自己在政治、文艺方面的修养和实际工作的锻炼,以提高自己,充实自己。第四,文化工作者要具有虚心学习、认真探讨的态度。要将自己的作品求教于大众,倾听大众的意见。

新中国成立后,邓小平最初主持中共中央西南局工作。1950年5月16日,他在西南区新闻工作会议上作报告,就新闻报道这个"笔杆子工作"发表了许多重要的论述。

《在西南区新闻工作会议上的报告》一文中,邓小平首先强调了新闻工作的重要性与必要性。他指出:"拿笔杆是实行领导的主要方法。领导同志要学会拿笔杆。开会是一种领导方法,是必需的,但到会的人总是少数,即便做个大报告,也只有几百人听。个别谈话也是一种领导方法,但只能是'个别'。实现领导最广泛的方法是用笔杆子。用笔写出来传播就广,而且经过写,思想就提炼了,比较周密。所以用笔领导是领导的主要方法,这是毛主席告诉我们的。凡不会写的要学会写,能写而不精的要慢慢地精。""拿笔有多种。党和政府写决议、指示、计划,发电报,这是很重要的,但指示、电报只能传达到一定范围的干部。任何政策如果只同干部见面,不同群众见面,是不能发生效果的。拿笔杆子中,作用最广泛的是写文章登在报纸上或出小册子,再就是写好稿子到广播电台去广播。出报纸、办广播、出刊物和小册子,而又能做到密切联系群众,紧密结合中心任务,这在贯彻实现领导意图上,就比其他方法更有效、更广泛,作用大得多。"①

针对部分领导人以种种借口不重视新闻工作的情况,邓小平作了具体分析之后,指出:办好报纸,关键在领导。他说:"办好报纸有三个条件:结合实际、联系群众、批评与自我批评。这三条离开了领导也搞不好,报纸就没有力量,容易变成'有闻必录'。所以办好报纸的前提在领导。"②

作为中央西南局的领导,邓小平就重视地方报纸和如何办好地方报纸发表了重要论述。他说:"要办好地方报纸。《新华日报》(中共中央西南局机关报)最近有进步。我们的报纸要登中央发的一般新闻,但作为地方报纸,新华社总社的广播稿不一定全用,要适当选择、改编、压缩、提炼,要考虑对象,能不能看那么多,看了懂不懂。有的小报就比大报办得更结合实际,更切合群众需要,更通俗活泼。当然,需要办大报的地方(大城市)必须办大报,但不是都要办大报。"③

对于如何办好地方报纸,邓小平强调报纸要结合实际,结合当时当地的中心任务。报纸要抓住每个地方的特点,他说这就是报纸的指导性。

邓小平提出,现在干部群众都重视报纸,我们办报纸也就要很慎重。他说,有的事情不应该报道,如开荒就不要鼓励,开荒要砍树,现在四川最大的问题是树林少。生产中主要的一条方针是不要乱动。凡是无把握的事要慎重些,先研究一番,或者写个东西,说这个好,但也存在哪些危险性,使群众从另一方面再考虑,这就是领导。

邓小平还指出,对于领导部门重点抓的工作,报纸也要下大力气。他说:"报纸要实现领导的任务。在突出的方面要集中力量,有的时候用整版来登,用一个月时间,发表一连串的评论、社论来宣传和贯彻。这样人们就注意了。有没有力量,不仅是质,也有量的问题。质是要准

---

① 邓小平:《在西南区新闻工作会议上的报告》,《邓小平文选》第1卷,人民出版社1994年第2版,第145页。

② 同上书,第146页。

③ 同上。

确性,量也要加大,各方面围绕于此,才有力量。"①

邓小平十分重视报纸开展监督批评的问题。他说:"开展批评与自我批评,《新华日报》最近做得好一些。过去报喜不报忧,现在也报忧了,这就可以医治自满和麻痹。报纸最有力量的是批评与自我批评。中央过去表扬了几个报,主要因为他们实现了批评与自我批评,是非弄得很清楚,应该做的和不应该做的弄得很明确。报纸搞批评,要抓住典型,有头有尾,向积极方面诱导,有时还要有意识地作好坏对比。这样的批评与自我批评才有力量,才说明是为了改进工作,而不是消极的。什么叫生动活泼?不在文字长短,而是要写出生动的过程,而且有结果。我们有的批评往往只是把问题摆出来了,没有下文。描写过程也不能冗长。批评与自我批评要大大发扬,我们还很不够。领导上,党委和政府,要全力支持通讯员写批评稿,现在敢说话的人太少,要鼓励说话。对有些与事实不符的批评,必要时也要提醒和说明。"②

邓小平提出"大家办报"的口号。他说:"从领导来看,办报是大家办报,从新闻工作者自己来看,也是大家办报。报纸真的同实际、同群众联系好了,报纸办好了,对领导是最大的帮助。常常有这样的情况:党和政府听不到的,报纸能听到,它能摸到社会的脉搏。目前最突出的问题是什么,把读者来信加以综合研究,常常就能看出来。""任何一个任务不是一家报纸所能完成的。各家报纸接触面不同,要各方面努力,才能把党和政府的声音普遍传播到各阶层群众中去。"③

1956年9月,中国共产党第八次全国代表大会召开。9月16日,邓小平在会上作《关于修改党的章程的报告》。从新闻工作角度看,他这篇文章的重点之一是论述民主监督的问题。

邓小平首先指出,中国共产党作为执政党,正面临着新的考验。他说:"执政党的地位,使我们党面临着新的考验。过去七年,一般说来,我们党经受住了这种考验,我们国家在各方面的进步是很显著的,我们绝大多数党员在自己的工作岗位上是努力的,工作是有成绩

---

① 邓小平:《在西南区新闻工作会议上的报告》,《邓小平文选》第1卷,人民出版社1994年第2版,第149页。

② 同上书,第149—150页。

③ 同上书,第150页。

的。但是,七年的经验同样告诉我们,执政党的地位,很容易使我们同志沾染上官僚主义的习气。脱离实际和脱离群众的危险,对于党的组织和党员来说,不是比过去减少而是比过去增加了。而脱离实际和脱离群众的结果,必然发展主观主义,即教条主义和经验主义的错误,这种错误在我们党内也不是比前几年减少而是比前几年增加了。""执政党的地位,还很容易在共产党人身上滋长着一种骄傲自满的情绪。有一些党员,稍稍有点工作成绩,就自以为了不起,就看不起别人,看不起群众,看不起党外人士,似乎当了共产党员,就比非党群众高出一头,有的人还喜欢以领导者自居,喜欢站在群众之上发号施令,遇事不愿意同群众商量。这实际上是一种狭隘的宗派主义倾向,也是一种最脱离群众的危险倾向。""针对着这种情况,党必须经常注意进行反对主观主义、官僚主义和宗派主义的斗争,经常警戒脱离实际和脱离群众的危险。为此,党除了应该加强对于党员的思想教育之外,更重要的还在于从各方面加强党的领导作用,并且从国家制度和党的制度上作出适当的规定,以便对于党的组织和党员实行严格的监督。"①邓小平强调指出,我们需要实行党的内部的监督,也需要来自人民群众和党外人士对于我们党的组织和党员的监督。无论党内的监督还是党外的监督,其关键都在于发展党和国家的民主生活,发扬我们党的传统作风。

邓小平指出,我们的党必须贯彻群众路线。他说:"什么是党的工作中的群众路线呢?简单地说来,它包含两方面的意义:在一方面,它认为人民群众必须自己解放自己;党的全部任务就是全心全意地为人民群众服务;党对于人民群众的领导作用,就是正确地给人民群众指出斗争的方向,帮助人民群众自己动手,争取和创造自己的幸福生活。因此,党必须密切联系群众和依靠群众,而不能脱离群众,不能站在群众之上;每一个党员必须养成为人民服务、向群众负责、遇事同群众商量和同群众共甘苦的工作作风。在另一方面,它认为党的领导工作能否保持正确,决定于它能否采取'从群众中来,到群众中去'的方法。""党的工作中的群众路线,具有极深刻的理论意义和实际意义。马克思主义向来认为,归根结底地说来,历史是人民群众创造的。工人阶级必须

---

① 邓小平:《关于修改党的章程的报告》,《邓小平文选》第1卷,人民出版社1994年第2版,第215页。

依靠本阶级的群众力量和全体劳动人民的群众力量,才能实现自己的历史使命——解放自己,同时解放全体劳动人民。人民群众的觉悟性、积极性、创造性愈是发达,工人阶级的事业就愈是发展。因此,同资产阶级的政党相反,工人阶级的政党不是把人民群众当作自己的工具,而是自觉地认定自己是人民群众在特定的历史时期为完成特定的历史任务的一种工具。"①

1957年4月8日,邓小平在西安干部会上作了一个报告,他十分强调的一个问题是:今后的主要任务是搞建设。他说:"我们前一个阶段做的事情是干革命。从去年农业、手工业和资本主义工商业的社会主义改造基本完成时起,革命的任务也就基本上完成了。今后的任务是什么呢?革命的任务还有一部分,但是不多了。今后的主要任务是搞建设。我们党的第八次全国代表大会提出的任务,就是要调动一切积极因素,调动一切力量,为把我国建设成为一个伟大的社会主义工业国而奋斗。这就是我们今后很长时期的任务。这个任务不知道要多少年才能完成。搞建设这件事情比我们过去熟悉的搞革命那件事情来说要困难一些,至少不比搞革命容易。在这个问题上,我们全党还是小学生,我们的本领差得很。搞革命不能说我们没有本事,我们把革命干成功了,搞建设我们还说不上有多大的本领。"②

邓小平在报告中还指出,宣传成绩时不能过满。他说:"切不可过分夸张自己的成就,切不可把我们的事情说得太美满了。说得太美满,看得太简单,这一点反映到了我们的宣传工作上,就是把我们的国家描绘得如何漂亮,好像现在什么困难也没有了,剩下的就是享福了。"③

邓小平在4月8日西安干部会上作报告时另一个重点是党要接受监督。他指出:"党要受监督,党员要受监督,八大强调了这个问题。毛主席最近特别强调要有一套章程,就是为了监督。毛主席说,要唱对台戏,唱对台戏比单干好。我们党是执政的党,威信很高。我们大量的

---

① 邓小平:《关于修改党的章程的报告》,《邓小平文选》第1卷,人民出版社1994年第2版,第217—218页。

② 同上书,第261页。

③ 同上书,第262页。

干部居于领导地位。在中国来说,谁有资格犯大错误? 就是中国共产党。犯了错误影响也最大。因此,我们党应该特别警惕。宪法上规定了党的领导,党要领导得好,就要不断地克服主观主义、官僚主义、宗派主义,就要受监督,就要扩大党和国家的民主生活。如果我们不受监督,不注意扩大党和国家的民主生活,就一定要脱离群众,犯大错误。因为我们如果关起门来办事,凭老资格,自以为这样就够了,对群众、对党外人士的意见不虚心去听,就很容易使自己闭塞起来,考虑问题产生片面性,这样非犯错误不可。所以毛主席在革命胜利之后再三强调这个问题,这是看得很深很远的。"①

邓小平指出,当前对党的监督来自三个方面。他说:"第一,是党的监督。对于共产党员来说,党的监督是最直接的。要求党的生活严一些,团的生活也严一些,也就是说,党对党员的监督要严格一些,团对团员的监督要严格一些。第二,是群众的监督。要扩大群众对党的监督,对党员的监督。第三,是民主党派和无党派民主人士的监督。要扩大他们对共产党的监督,对共产党员的监督。有了这几方面的监督,我们就会谨慎一些,我们的消息就会灵通一些,我们的脑子就不会僵死起来,看问题就会少一些片面性。共产党员谨小慎微不好,胆子太大了也不好。一怕党,二怕群众,三怕民主党派,总是好一些。谨慎总是好一些。"②

邓小平主张避免大民主,实行小民主。所谓"大民主",就是大规模的风潮和闹事;所谓"小民主",就是认真执行我国宪法所规定的民主制度,使人民自由发表意见的权利和其他民主权利受到应有的尊重和保障。邓小平说:"如果没有小民主,那就一定要来大民主。群众有气就要出,我们的办法就是使群众有出气的地方,有说话的地方,有申诉的地方。群众的意见,不外是几种情况。有合理的,合理的就接受,就去做,不做不对,不做就是官僚主义。有一部分基本合理,合理的部分就做,办不到的要解释。有一部分是不合理的,要去做工作,进行说服。总之,要让群众能经常表达自己的意见,在人民代表大会上,政协会议上,职工代表大会上,学生代表大会上,或者在各种场合,使他们有

---

① 邓小平:《共产党要接受监督》,《邓小平文选》第 1 卷,人民出版社 1994 年第 2 版,第 270 页。

② 同上书,第 270—271 页。

意见就能提,有气就能出。"①

  1960年初,正当林彪把学习和宣传毛泽东思想的活动引向庸俗化的时候,邓小平在中共中央天津会议上讲话时,旗帜鲜明地提出,要正确地宣传毛泽东思想。他说:"第一,现在的主要问题是把毛泽东思想用得庸俗了,什么东西都说成是毛泽东思想。例如,一个商店的营业额多一点就说成是毛泽东思想发展了,打乒乓球也说是运用了毛泽东思想。第二,马克思列宁主义很少讲了。这种情况,不少报纸都不同程度地存在。为什么要提出这个问题呢?因为按照我们对毛泽东思想的正确理解,一个是要坚持马克思列宁主义,保卫马克思列宁主义;一个是要发展马克思列宁主义。毛泽东思想同马克思列宁主义是一回事。毛泽东思想坚持了马克思列宁主义的普遍真理,并且在马克思列宁主义的宝库里面增添了很多新的内容。所以,不要把毛泽东思想同马克思列宁主义割裂开来,好像它是另外一个东西。我们在宣传毛泽东思想的时候,一定要按照中央的指示,把'学习马克思列宁主义'和'学习毛泽东同志的著作'并提。当然,也可以单独提毛泽东思想,但是一定不要忘记了马克思列宁主义,不要丢掉这个最根本的东西。""一定要把毛泽东思想这个旗帜掌握得好。光讲毛泽东思想,不提马克思列宁主义,看起来好像是把毛泽东思想抬高了,实际上是把毛泽东思想的作用降低了。"②

  邓小平还提出,宣传毛泽东思想时还要强调党的集体领导。他指出:"还有一个集体领导问题,也要在适当的会议上说一说。我们党是集体领导,毛泽东同志是这个集体领导的代表人,是我们党的领袖,他的地位和作用同一般的集体领导成员是不同的。但是,切不可因此把毛泽东同志和党中央分开,应该把毛泽东同志看成是党的集体领导中的一个成员,把他在我们党里头的作用说得合乎实际。毛泽东同志是尊重集体领导的。他昨天讲,提法要合乎实际,不合实际就站不住脚。我们应该本着这种精神,去做好毛泽东思想的宣传工作。"③

---

  ① 邓小平:《共产党要接受监督》,《邓小平文选》第1卷,人民出版社1994年第2版,第273页。

  ② 邓小平:《正确地宣传毛泽东思想》,《邓小平文选》第1卷,人民出版社1994年第2版,第283、284页。

  ③ 同上书,第284页。

"文革"后邓小平重新出来主持中央工作时,特别强调要解放思想,开动脑筋,实事求是,团结一致向前看。这是一切工作,包括新闻宣传工作的纲。他在 1978 年 12 月 13 日召开的中共中央工作会议闭幕式的讲话中指出,"解放思想,开动脑筋,实事求是,团结一致向前看,首先是解放思想。只有思想解放了,我们才能正确地以马列主义、毛泽东思想为指导,解决过去遗留的问题,解决新出现的一系列问题,正确地改革同生产力迅速发展不相适应的生产关系和上层建筑,根据我国的实际情况,确定实现四个现代化的具体道路、方针、方法和措施。"①

邓小平在文章中强调要充分发扬民主,他指出:"解放思想,开动脑筋,一个十分重要的条件就是要真正实行无产阶级的民主集中制。我们需要集中统一的领导,但是必须有充分的民主,才能做到正确的集中。""我们要创造民主的条件,要重申'三不主义':不抓辫子,不扣帽子,不打棍子。在党内和人民内部的政治生活中,只能采取民主手段,不能采取压制、打击的手段。宪法和党章规定的公民权利、党员权利、党委委员的权利,必须坚决保障,任何人不得侵犯。""群众提了些意见应该允许,即便有个别心怀不满的人,想利用民主闹一点事,也没有什么可怕。要处理得当,要相信绝大多数群众有判断是非的能力。一个革命政党,就怕听不到人民的声音,最可怕的是鸦雀无声。"②

邓小平在一次高级干部会议上谈到报纸舆论的力量。他说:"我们的宣传教育工作是很重要的,也有很大的成绩。但是,最近在有些问题的宣传上,确有考虑不周和片面性的地方,使我们下面工作的同志遇到一些困难。举例来说,《人民日报》对上访问题发表过两篇文章,时间相隔不久。第一篇是九月十七日,文章一出去,上访人员呼噜呼噜地都上来了;第二篇是十月二十二日,文章把道理讲清楚了,上访人员很快就减少了。这说明什么呢?说明单单是报纸的舆论就可以发生这样大的影响。"③基于对舆论作用的这种认识,邓小平在不久后的一次题为《目前的形势和任务》的报告中指出:"为了实现安定团结,宣传、教

---

① 邓小平:《解放思想,实事求是,团结一致向前看》,《邓小平文选》第 2 卷,人民出版社 1994 年第 2 版,第 141 页。
② 同上书,第 144—145 页。
③ 邓小平:《高级干部要带头发扬党的优良传统》,《邓小平文选》第 2 卷,人民出版社 1994 年第 2 版,第 228 页。

育、理论、文艺部门的同志们,要从各方面来共同努力。毫无疑问,这些方面的工作搞好了,可以在保障、维护和发展安定团结的政治局面方面起非常大的作用。但是如果出了大的偏差,也可以助长不安定因素的发展。我们希望报刊上对安定团结的必要性进行更多的思想理论上的解释,这就是说,要大力宣传社会主义的优越性,宣传马克思列宁主义、毛泽东思想的正确性,宣传党的领导、党和人民群众团结一致的威力,宣传社会主义中国的巨大成就和无限前途,宣传为社会主义中国的前途而奋斗是当代青年的最崇高的使命和荣誉。总之,要使我们党的报刊成为全国安定团结的思想上的中心。报刊、广播、电视都要把促进安定团结,提高青年的社会主义觉悟,作为自己的一项经常性的、基本的任务。"①

邓小平历来主张,对错误的思想观点要旗帜鲜明地表示反对和提出批评,他在一次中央工作会议上指出,"我们的宣传工作还存在严重缺点,主要是没有积极主动、理直气壮而又有说服力地宣传四项基本原则,对一些反对四项基本原则的严重错误思想没有进行有力的斗争。"②邓小平在党的十二届二中全会上再次批评了这种情况。他指出:"一些人却同时代和人民对他们的要求背道而驰,用他们的不健康思想、不健康作品、不健康表演,来污染人们的灵魂。精神污染的实质是散布形形色色的资产阶级和其他剥削阶级腐朽没落的思想,散布对于社会主义、共产主义事业和对于共产党领导的不信任情绪。前年党中央召开了思想战线问题的座谈会,批评了某些资产阶级自由化倾向和领导上的软弱涣散现象,那个会收到了一些效果,但没有完全解决问题。领导上的软弱涣散状态仍然存在;资产阶级自由化倾向有的有所克服,有的没有克服,有的发展得更严重了。"③

在改革开放中,如何正确地对待外来文化,邓小平指出:"对于现代西方资产阶级文化,我们究竟应当采取什么态度呢?经济上实行对外开放的方针,是正确的,要长期坚持。对外文化交流也要长期发展,

---

① 邓小平:《目前的形势和任务》,《邓小平文选》第 2 卷,人民出版社 1994 年第 2 版,第 255 页。
② 邓小平:《贯彻调整方针,保证安定团结》,《邓小平文选》第 2 卷,人民出版社 1994 年第 2 版,第 364 页。
③ 邓小平:《党在组织战线和思想战线上的迫切任务》,《邓小平文选》第 3 卷,人民出版社 1993 年第 1 版,第 40 页。

经济方面我们采取两手政策,既要开放,又不能盲目地无计划无选择地引进,更不能不对资本主义的腐蚀性影响进行坚决的抵制和斗争。为什么在文化范围的交流,反倒可以让资本主义文化中对我们有害的东西畅行无阻呢?我们要向资本主义发达国家学习先进的科学、技术、经营管理方法以及其他一切对我们有益的知识和文化,闭关自守、固步自封是愚蠢的。但是,属于文化领域的东西,一定要用马克思主义对它们的思想内容和表现方法进行分析、鉴别和批判。"[1]

这些年来,对于市场经济姓社还是姓资,左和右谁比谁好等问题,始终存在着许多争议。这些问题弄不清,将会影响进一步改革开放,也将成为新闻改革继续深入的障碍。在南方视察中,邓小平对这些要害问题讲得十分清楚和透彻。谈到市场经济,邓小平说:"计划多一点还是市场多一点,不是社会主义与资本主义的本质区别。计划经济不等于社会主义,资本主义也有计划;市场经济不等于资本主义,社会主义也有市场。计划和市场都是经济手段。社会主义的本质,是解放生产力,发展生产力,消灭剥削,消灭两极分化,最终达到共同富裕。就是要对大家讲这个道理。证券、股市,这些东西究竟好不好,有没有危险,是不是资本主义独有的东西,社会主义能不能用? 允许看,但要坚决地试。看对了,搞一两年对了,放开;错了,纠正,关了就是了。关,也可以快关,也可以慢关,也可以留一点尾巴。怕什么,坚持这种态度就不要紧,就不会犯大错误。总之,社会主义要赢得与资本主义相比较的优势,就必须大胆吸收和借鉴人类社会创造的一切文明成果,吸收和借鉴当今世界各国包括资本主义发达国家的一切反映现代社会化生产规律的先进经营方式、管理方法。"[2]

谈到"左"和右的问题,邓小平指出:"现在,有右的东西影响我们,也有'左'的东西影响我们,但根深蒂固的还是'左'的东西。有些理论家、政治家,拿大帽子吓唬人的,不是右,而是'左'。'左'带有革命的色彩,好像越'左'越革命。'左'的东西在我们党的历史上可怕呀!一个好好的东西,一下子被他搞掉了。右可以葬送社会主义,'左'也可

---

[1] 邓小平:《党在组织战线和思想战线上的迫切任务》,《邓小平文选》第3卷,人民出版社1993年第1版,第43—44页。

[2] 邓小平:《在武昌、深圳、珠海、上海等地的谈话要点》,《邓小平文选》第3卷,人民出版社1993年第1版,第373页。

以葬送社会主义。中国要警惕右,但主要是防止'左'。"①

在南方谈话中,邓小平对当时的新闻报道中会议报道太多表示不满意。他说:"现在有一个问题,就是形式主义多。电视一打开,尽是会议。会议多,文章太长,讲话也太长,而且内容重复,新的语言并不很多。重复的话要讲,但要精简。形式主义也是官僚主义。要腾出时间来多办实事,多做少说。"②

邓小平的这些论述,对经济改革以极大的推动,对我们的新闻改革也是一个很大的促进。

二、邓小平新闻思想的主要内容

根据上面我们列出的邓小平新闻经典论著,以及他多年来关于新闻宣传的大量文章、讲话、指示,我们可以将邓小平新闻思想的主要内容作如下简略梳理。在邓小平心目中,他是把新闻工作归入政治思想工作,把新闻工作者视作思想政治战线的战士的,因此,在梳理邓小平新闻思想时不可避免地涉及他的某些同新闻宣传有关的思想政治战线方面的文章和论著。

邓小平新闻思想主要涉及关于新闻宣传的地位、新闻宣传的作用、党的新闻工作的原则、党的新闻工作的作风和文风、新闻工作者的队伍建设等五个方面。

1. 新闻宣传工作的地位

邓小平认为,出报纸、办广播、出刊物的作用大得很。党和政府实施领导的时候有多种办法,写决议、发指示,但只能传达到较小的范围。作用最大的是写文章登报纸,写好稿子到广播电台去广播,这在贯彻领导意图上,比其他方法更有效。邓小平在《党在组织战线和思想战线上的迫切任务》一文中指出,新闻、出版、广播、电视等思想战线各部门的工作必须大力加强,这方面的工作加强了,社会主义思想文化更加繁荣昌盛的新局面就一定会出现。

邓小平指出,新闻宣传对于国家稳定和社会安定起着重要的作用。

---

① 邓小平:《在武昌、深圳、珠海、上海等地的谈话要点》,《邓小平文选》第3卷,人民出版社1993年第1版,第375页。

② 同上书,第381—382页。

正确的新闻宣传对于经济发展至关重要。因此,新闻宣传工作一定要适应经济形势和政治形势的要求。

邓小平十分重视新闻信息资源的开发。他为新华社《经济参考报》的题词是：开发信息资源,服务四化建设。他强调要加强国内外的信息沟通。他在《保持艰苦奋斗的传统》一文中指出,不要关起门来,我们最大的经验就是不要脱离世界,否则就会信息不灵,睡大觉,而世界技术革命却在蓬勃发展。

2. 新闻宣传工作的作用

邓小平指出,新闻宣传工作,包括整个思想政治工作,这条战线在党的整个事业中,起着十分重要的作用。

第一,宣传马列主义毛泽东思想。在战争时期,邓小平强调要通过新闻宣传媒介加强对干部战士的马克思主义教育。他说,提倡科学,宣扬真理,加强马列主义的宣传,不论对人民群众还是对部队,都是非常重要的。在和平时期,也不能忽略对马克思主义的宣传。他在《一靠理想二靠纪律才能团结起来》一文中强调,我们一定要教育我们的人民,尤其是我们的青年,要有理想,要有马克思主义信念,因为我们干的是社会主义事业,最终目的是实现共产主义。新闻宣传工作对此任何时候都不应该忽略。

对于理论界和文艺界,邓小平强调,学习和宣传马克思主义也十分重要和迫切。他指出,当前,理论界和文艺界必须反对一些非马克思主义的倾向,要十分重视马克思主义和社会主义、共产主义的宣传,在一些重大的理论性、原则性问题上,马克思主义者应当站出来说话,思想战线的共产党员,特别是这方面担负领导责任的和有影响的共产党员,必须站在斗争的前列。

第二,引导舆论,成为国家安定团结的思想中心。邓小平指出,新闻舆论可以产生巨大的影响。因此,为了实现安定团结,新闻战线的同志和教育、理论、文艺部门的同志们,要从各方面共同努力,做好新闻舆论工作。舆论工作如果出了大的偏差,可能助长不安定因素的发展。他要求报刊上对安定团结的必要性进行更多的思想理论上的解释,要使我们党的报刊成为全国安定团结的思想上的中心。报刊、广播、电视都要把促进安定团结,提高青年的社会主义觉悟,作为自己的一项经常性的、基本的任务。

邓小平提出,要造成一种舆论,即反复讲中国不能乱,不要怕外国人议论。我们搞四化,搞改革开放,关键是稳定,中国的问题,压倒一切的是需要稳定。凡是妨碍稳定的就要反对,不能让步,不能迁就。

第三,为改革开放创造良好的舆论环境。邓小平指出,要通过新闻宣传引导人民群众正确认识改革开放的必要性,认识"发展才是硬道理",要通过加强对外宣传让中国人正确了解美国等西方国家,在世人面前树立起中国是一个和平力量的形象,从而为改革开放创造良好的国内外舆论环境。他说,要通过新闻宣传和思想教育,让人民懂得什么是社会主义,如何建设社会主义。要让人民懂得,马克思主义的基本原则就是要发展生产力。马克思主义的最高目的就是要实现共产主义,而共产主义是建立在生产力高度发展的基础上的。

邓小平要求,我们的新闻宣传工作者要把改革开放中的新情况和新问题告诉群众,让人们对此有足够的思想准备。只要我们信任群众,走群众路线,把情况和问题向群众讲明白,任何问题都可以解决,任何障碍都可以排除。这样,改革开放就会有一个好的舆论环境。邓小平还要求,为使改革开放顺利进行,新闻宣传要同妨碍现代化建设的思想习惯进行长期有效的斗争。

在对外宣传中,邓小平要求新闻宣传要实事求是,留有余地。过头的话不要讲,过头的事不要做,对重大的国际事变,要冷静观察,稳住阵脚,沉着应付,埋头苦干。西方的一些舆论压我们,我们要泰然处之,不受他们挑动。在世界人民面前,中国应该是一个有力的维持和平的力量,我们的宣传,应该努力塑造这种形象。

第四,实施舆论监督,推进社会主义民主和社会主义法制建设。邓小平强调,党的组织和共产党员必须接受党的监督和群众监督,报刊监督是其中有效的实施途径。如果不接受监督,不注意扩大党和国家的民主生活,就一定会脱离群众,犯大错误。

邓小平指出,要继续发展社会主义民主,健全社会主义法制。要通过发扬小民主的办法来避免大民主,因此要让群众有说话的地方,有出气的地方,有申诉的地方。

邓小平强调报纸批评应该是一种建设性的批评。在什么范围内批评,用什么方式批评,要合乎党的原则,遵守党的决议,有利于保证党的统一和战斗力。批评是为了改进工作,而不是消极的。报纸批评,要抓典型,做到有头有尾,向积极方面诱导,有时还要做一点好坏对比,这样的批评才有力量。批评要采取民主的说理的态度,坚持实行百花齐放、百家争鸣的方针,坚持正确处理人民内部矛盾。但是决不能把批评看成打棍子,这个问题一定要弄清楚。报纸上的批评不要把个别和局部夸大为普遍和整体。我们的宣传,要防止在群众中造成各种不符合实际的印象。

3. 党的新闻宣传工作的原则

党的新闻宣传工作必须在马克思主义指导下,在党的统一领导下,遵循下列各项原则。

第一,党的新闻宣传工作必须坚持党性原则。邓小平指出,党领导的报刊一定要无条件地宣传党的主张。对党的工作中的缺点和错误,党员当然有权利进行批评,但是这种批评,要合乎党的原则,遵守党的决定,必须肃清由"四人帮"带到党内来的无政府主义思潮以及党内新出现的形形色色的资产阶级自由主义思潮。只有坚决保证党的统一和战斗力,才能完成各项任务。

邓小平指出,在当前,有很大的必要来强调宣传四项基本原则,这是因为,一方面,党内有一部分人深受林彪、"四人帮"极"左"思潮的毒害,另一方面,社会上有极少数人散布怀疑或反对四项基本原则的思潮。因此,我们必须一方面继续坚定地肃清林彪、"四人帮"的流毒,另一方面要用巨大的努力同怀疑四项基本原则的思潮作斗争。这两种思潮都是违背马列主义、毛泽东思想的,都是妨碍社会主义现代化建设事业前进的。

邓小平提出,宣传四项基本原则,要积极主动,理直气壮,同时又要有说服力。要讲清楚坚持四项基本原则的核心,是坚持党的领导,没有党的领导,就没有现代中国的一切。坚持党性最重要的是全党服从中央。中央犯过错误,这早已由中央自己纠正了,任何人都不允许以此为借口来抵制中央的领导。

邓小平指出,在新闻界,要正确摆正党性和人民性的关系。他在《党在组织战线和思想战线上的迫切任务》一文中指出,人道主义和异化论,是目前思想界比较突出的问题。其他类似的问题也不少。比如宣传抽象民主,直至主张反革命言论也应当有发表的自由;把民主同党的领导对立起来,在党性和人民性的问题上提出违反马克思主义的说法等等,新闻战线和理论战线的同志,对这些问题必须有自己的正确的看法。邓小平强调,要坚定地反对资产阶级自由化,他指出,自由化本身就是资产阶级的,自由化本身就是对我们现行政策和现行制度的对抗,或者叫反抗,或者叫修改。搞自由化就是要把我们引导到资本主义道路上去。所以,我们要坚定不移地反对资产阶级自由化。

第二,党的新闻宣传工作要坚持实事求是的原则。邓小平指出,解放思想,就是使思想和实际相符合,使主观和客观相符合,就是实事求是。新闻战线,要排除"左"右干扰,当实事求是派。他说,发言和写文章,都要实事求是,不能以势压人,强词夺理,都要进行充分的说理和实事求是的科学分析。他要求,报刊、电视和所有的新闻工作都要拿事实来说话。我们搞的是天翻地覆的事业,是伟大的实验,是一场革命,怎么会没有人怀疑呢?即使在主张和提倡改革的人当中,保留一点怀疑态度也有好处。处理的办法也一样,就是拿事实来说话,让改革的实际进展来说服他们。

邓小平强调,实事求是是马克思主义的精髓,是毛泽东思想的出发点、根本点。这是唯物主义。不然,我们开会就只能讲空话,不能解决任何问题。不要提倡本本,我们改革开放的成功,不是靠本本,而是靠实践,靠实事求是。

第三,党的新闻宣传工作要坚持社会效益为最高准则的原则。邓小平指出,新闻宣传等部门,要以社会效益为最高准则。他说这些部门所属的企业,也要以社会效益为最高准则。思想文化界要多出好的精神产品,要坚决制止坏产品的生产、进口和流传。资产阶级自由化的宣传,也就是走资本主义道路的宣传,一定要坚决反对。他说,对人民负责的思想政治工作者,要始终不渝地面向广大群众,在艺术上精益求精,力戒粗制滥造,认真严肃地考虑自己作品的社会效果,力求把最好的精神食粮贡献给人民。

邓小平指出,思想政治工作者不能不考虑自己作品的社会影响,不能不考虑人民的利益和国家的利益。培养社会主义新人就是政治。要反对"一切向钱看"、把精神产品商品化的倾向。邓小平批评说,精神产品商品化的倾向,在精神生产的一些部门也有表现,有些混迹于艺术界、出版界的人简直成了唯利是图的商人。对此,必须坚决反对。

在对待西方文化的态度和政策上,邓小平指出,我们要学习发达国家的先进科技和经营管理方法,以及其他一切对我们有益的知识和文化,闭关自守和固步自封是愚蠢的。但是,属于文化领域的东西,一定要用马克思主义对它们的内容和表现方法进行分析、鉴别和批判。

第四,党的新闻宣传工作者要坚持讲大局的原则。邓小平提出,新闻宣传工作者要坚持讲大局,经常地、自觉地以大局为重。建设四个现代化的社会主义强国,就是我们的大局。邓小平还说,离开政治的大局,不研究政治的大局,不顾及革命斗争的实际发展,就不可能成为一个马克思主义的思想家和理论家。

邓小平指出,来自"左"的和右的各种思潮,总想用各种形式搞动乱,破坏安定团结的局面,这是违背绝大多数人利益和意愿的错误倾向。对此,我们要保持清醒的头脑,要在全社会范围内造成强大舆论,形成一种合力,引导人民提高觉悟,认识这些倾向的危害性,团结起来,抵制、谴责和反对这些错误倾向。通过我们的努力工作,维护全国人民同心同德建设社会主义现代化国家的大局。

4. 党的新闻宣传工作的作风和文风

邓小平指出,我们要教育人民成为"四有"人民,教育干部成为"四有"干部。"四有"就是有理想、有道德、有文化、有纪律。他还说,干部不是只要年轻,有业务知识,就能解决问题,还要有好的作风。要全心全意为人民服务,深入群众倾听他们的呼声;要敢说真话,反对说假话,不务虚名,多做实事;要公私分明,不拿原则换人情;要任人唯贤,反对任人唯亲。

邓小平说,我们提倡的正确的作风,就是毛主席指出的理论与实际结合的作风,联系群众的作风,自我批评的作风。在新闻宣传工作中,要通过日常的大量的工作实践培养这些作风。我们不能否定在某一个时期要有一个具有一定规模的热闹的形式,有这样热闹的形式,才能把一个歪风打下去,才能把一件事情办好。在全国范围内有这样的问题,在一个区域、一个城市也有这样的问题。但是我们的群众路线,我们的工作作风,不能满足于那个热热闹闹,主要是要做经常的、细致的工作,做人的工作,这是一点一滴的工作,这样的工作积累起来,才有我们伟大的成绩。所以我们要搞得深入一些。我们党的历史,我们党的传统,有热闹的形式,但是归根到底,我们是实事求是地做深入的工作。

邓小平指出,追求表面文章,不讲实际效果、实际效率、实际速度、实际质量、实际成本的形式主义必须制止。说空话、说大话、说假话的恶习必须杜绝。在新闻宣传中,和在经济工作中一样,劲可鼓不可泄,但要强调一点,我们需要的是鼓实劲,不是鼓虚劲。也就是说,工作要扎实,效果要实在。所谓鼓实劲不鼓虚劲,就是按客观规律办事,不能弄虚作假，不能空喊口号。比如青年报发社论，提号召，不要搞一般的号召，而应该扎扎实实地告诉青年应该怎样做。这样的号召才可能产生好的效果。

邓小平说，宣传好典型要讲清具体条件，从当地具体条件和群众意愿出发。我们在宣传上不要只讲一种方法，要求各地都照着去做。宣传典型也不要说什么都好，什么问题都解决了，更不能要求别的地方不顾自己的条件生搬硬套。宣传成就的时候，切不可过分夸张，切不可把我们的事情反映得太美满了。说得太美满，看得太简单，好像现在什么困难也没有了，剩下的就是享清福，这不客观，也有害。

5. 新闻宣传队伍建设

邓小平高度评价新闻宣传工作者肩负的社会使命。他说，思想战线上的战士，都应当是人类灵魂工程师。在当前这个转变时期，在社会主义精神文明建设和整个社会主义建设事业中，他们在思想教育方面的责任尤其重大。

邓小平要求包括新闻工作者在内的思想政治工作者，要树立共产主义世界观。他说，世界观的重要表现是为谁服务。一个人，如果爱我们社会主义祖国，自觉自愿地为社会主义服务，为工农兵服务，应该说这表示他初步确立了无产阶级世界观，按政治标准来说，就不能说他是白，而应该说是红了。他还要求新闻工作者熟悉马克思主义的基本理论，加强工作的原则性、系统性、预见性和创造性。我们现在要建设有中国特色的社会主义，时代和过去不同了，任务也不同了，要学习的新知识确实很多，这就更要求我们努力针对新的实际，掌握马克思主义的基本理论、基本原则和基本方法。

邓小平还要求新闻宣传工作者要不断地增强自己在政治、业务方面的修养和实际工作的锻炼，以提高水平，充实自己。

邓小平要求新闻宣传工作者要具有虚心学习、认真探讨的态度，要求教于大众，倾听大众的意见。他说，现实生活是一天天发展的，为了更有效地开展工作，完成自己的使命，学习是绝对不能少的，而要想学到一些东西，就要虚心，不虚心的人将一无所成。

以上是我们对邓小平新闻思想的初步梳理。从这些内容可以看到，邓小平新闻思想是系统的、全面的，它是对毛泽东新闻思想的丰富和完善，也是在改革开放新的历史条件下，对马克思主义新闻学的新发展。

邓小平新闻思想是邓小平理论重要的、不可缺少的一部分。我们要在全面准确地学习和掌握邓小平理论体系的基础上，认真地学习和领会邓小平新闻思想。以此为武器，进一步做好新时期的新闻宣传工作。

三、邓小平新闻思想评价

邓小平是中国功勋卓著的德高望重的伟大的无产阶级革命家。特别是在党和国家处于危急关头时，他力挽狂澜，为党和人民立下了丰功伟绩。邓小平是中国改革开放的总设计师，他推进了中国和世界的联系和沟通，他把中国的新闻传媒和中国新闻工作者推向现代信息传播第一线，在"让世界了解中国，让中国了解世界"的口号中显示自己的智慧和才干。邓小平是在世纪交替和新技术革命的新时代，继承和发展马列主义、毛泽东思想的伟大理论家，是有中国特色社会主义理论的奠基人。邓小平新闻思想，是邓小平理论的重要组成部分，是邓小平关于新闻传播的观点和学说的理论体系。对邓小平新闻思想，我们试作如下评价。

1. 从党和国家建设的大局考察新闻传媒的地位与作用

邓小平站在中国革命和建设的高度，从党的建设和国家发展的全局出发，考察和论证社会主义新闻传媒的重要地位和巨大作用。他把报纸看作党的工作的一部分，看作党委实施领导意图最有力的渠道和方法，是比开大会、发电报等更有力的"笔杆"工作。他强调，拿笔杆是实行领导的主要方法。在国家建设和社会发展中，他要求报纸成为全国安定团结的思想中心。在衡量新闻产品的价值取向时，他提出要以社会效益为最高准则。他把新闻舆论监督同构建社会主义民主和社会主义法制直接联系起来。他把改善和加强对外宣传，提到为中国建设和社会发展创造良好的国际舆论环境的高度来认识。这一切都说明，邓小平新闻思想立足点高，落脚点实，既有深刻的科学性，又有强烈的针对性。邓小平关于新闻传媒的性质、特点、作用等论述虽不很多，但言简意赅，有很强的震撼力和影响力，原因就在于此。

2. 着眼于"多做少说"、"沟通开放"，引导新闻改革不断深化

邓小平的时代是改革开放的时代。中国的新闻改革，是在邓小平新闻思想指导下实施和深化的，邓小平新闻思想又是中国新闻改革的经验凝聚和理论总结。邓小平对新闻宣传工作始终要求少说空话，多

做实事,克服形式主义。在做和说的关系上,他始终坚持多做少说,并且留有足够的余地。他反对搞一般性的号召,发一般性号召的社论,强调要扎扎实实地多做工作,多做创造性的工作。

鉴于过去几十年的经验教训,邓小平强调不争论。因为一争论,事情就复杂了,把时间都争掉了,什么也干不成。不争论,大胆地试,大胆地闯。在实际工作中,在新闻宣传中,不争论,埋头干。邓小平的这个观点和这个政策,是对马克思主义经典作家新闻思想的一个很有意义的发展。这是针对中国现实,吸取过去教训的一种理论上的创新,是邓小平务实主义的生动表现。

邓小平的"不争论",不是搞调和,更不是不分是非。对于资产阶级自由化,对于各种妨碍四个现代化建设的思想习惯,邓小平始终主张要进行长期的、有效的斗争。因此,邓小平的"不争论",同马克思主义的斗争哲学是一致的,不矛盾的。

邓小平新闻思想本质上是开放的,不断创新与发展的。所以,邓小平敢于承认我国的新闻传媒有落后的地方,我们的对外宣传和国际传播有不如人家的地方。所以邓小平经常要求新闻工作者,解放思想,实事求是,多采取开放的举措,为中国和外国的沟通,为干部和群众的沟通,提供更多的渠道和方便。邓小平主张,要让群众有说话的地方,有出气的地方,有申诉的地方。由此看来,邓小平新闻思想比之毛泽东新闻思想,有所创新和发展之点,就在于邓小平新闻思想更富于开放性,更富于改革精神。

3. 对于新闻传播的论述有独到之处

邓小平对一些新闻论题的分析,着墨不多,含意深刻,论证入木三分,解决问题实在可行。这是邓小平新闻思想方法论的一个十分鲜明的特点。我们在学习和研究邓小平新闻思想时有两点应引起注意:第一,在邓小平心目中,他把新闻宣传看成思想政治战线的一个重要部门,因而他在论述整个思想政治战线工作时,有时会提及报刊之类,有时则完全不提,因此我们不能把这些思想政治战线的论述,完全摒弃在新闻宣传的论述之外。实际上,只要我们仔细研究一下邓小平关于坚持四项基本原则、反对资产阶级自由化、思想战线的拨乱反正、南方谈话等论著,就不难发现,其中不少地方都同新闻宣传密切相关。

第二,目前我们所能见到的、公开发表的邓小平直接论述新闻宣传的论著、讲话、指示,以及经他改动而见报的新闻作品手稿确实较少,那些直接论述新闻学基本范畴和基本原理的著作更少。我们相信,这样的论著、讲话、指示和手稿应该是不少的。他担任《红星报》主编时必然会有一定的言论和作品。他在部队长期担任政治委员,而他那个部队就办有一些报纸,他也必然会有若干指示和作品。他从1954年起担任中共中央秘书长、从1956年起担任书记处总书记也必定会对新闻宣传发表某些意见,比如他对刘少奇提出的"新华通讯社改为民办的好"的意见表示反对,指出新华社的性质不应改变等等。邓小平理论研究的重点放在经济体制改革、政治体制改革和党的建设上,这无疑是正确的,但我们期待,与此同时,对于邓小平新闻思想的研究也给予更多的关注,加快搜集、审订和公布邓小平有关新闻宣传的资料。我们遵奉"以史立论"的原则。我们相信,随着邓小平理论研究的力度加大,史料披露日多,有更多的研究力量投入到邓小平新闻思想的探讨之后,这方面的情况会有所改变,邓小平新闻思想研究的理论系统性和史料丰富性也必将有所加强。

邓小平新闻思想同邓小平理论的其他部分一样,是我们党和国家的一份宝贵的精神遗产。随着改革开放的不断深入,中国新闻传媒的实力、活力和影响力的日益壮大,邓小平新闻思想将不断地显示出它的深刻的科学性和巨大的生命力。

[思考题]

1. 刘少奇新闻思想的主要内容。
2. 周恩来新闻活动的三个亮点和新闻思想的主要内容。
3. 邓小平新闻思想的主要内容及其评价。

[阅读书目]

1. 刘少奇:《对华北记者团的谈话》,《刘少奇选集》(上),人民出版社1981年版,第396—407页。
2. 方汉奇等:《周恩来与中国新闻事业》,中国新闻史学会主办:《新闻春秋》2008年总第9期,第11—40页。
3. 郑保卫主编:《中国共产党新闻思想》第七章,福建人民出版社2004年版。
4. 雷耀捷、哈艳秋主编:《邓小平新闻宣传理论研究》,北京广播学院出版社2002年版。

第八章

中国共产党其他领导人的新闻思想(下)
——江泽民、胡锦涛的新闻论著及对马克思主义新闻学的创新

> 要用时代的要求来审视宣传思想工作,用发展的眼光来研究宣传思想工作,以改革的精神来推动宣传思想工作,努力使宣传思想工作更好地体现时代性、把握规律性、富于创造性。
>
> ——胡锦涛

江泽民和胡锦涛是继毛泽东、刘少奇、周恩来、邓小平之后涌现出来的中国新一代党和国家领导人。他们在毛泽东和邓小平之后,分别较长时间担任党中央总书记、国家主席和中央军委主席,是中国新时期政治、经济、军事、文化和社会发展战略目标及重大政策的提出者和决策者。他们积极推动马克思主义、列宁主义、毛泽东思想、邓小平理论的发展与创新,分别成为"三个代表"重要思想和科学发展观的主要创立者。

江泽民和胡锦涛同他们的前辈一样,高度重视新闻宣传事业和新闻舆论引导工作。他们多次在宣传思想工作会议上就新闻宣传和舆论引导工作发表重要讲话,多次到新闻传媒机构调查考察,多次同专家学者研讨新闻传播理论与实践的新经验新问题。在中国改革开放日益深入,以互联网为核心的信息科技突飞猛进,经济全球化和跨文化传播不断发展的新形势下,针对中国和世界新闻宣传的新态势,就新闻宣传与舆论传播的一系列理论与实践问题,江泽民和胡锦涛提出了许多新的观点和新的政策。他们在全球进入新世纪的今天,用中国新闻传播事

业发展的新成就,中国新闻传播学理论研究的新成果和舆论引导的新经验,继承、发展、创新马克思主义新闻学和毛泽东新闻思想、邓小平新闻思想,为马克思主义新闻学在新世纪的发展作出了中国共产党人新的贡献。

第一节 江泽民的新闻论著和新闻思想

江泽民1989年临危受命,主持中央工作。他以极强的政治意识和很高的政治智慧首先抓意识形态工作,并且把调整和加强新闻舆论战线作为突破口和主要抓手。他于1989年11月在北京举办全国新闻工作研讨班,并在班上发表关于新闻事业性质、特点、使命和当前任务的长篇讲话。江泽民主持党中央工作13年,始终抓紧新闻舆论导向工作不放松,在理论和实践上有一系列创新和发展。

一、江泽民的新闻经典论著

《关于党的新闻工作的几个问题》是江泽民主持党中央工作之后发表的第一篇关于新闻宣传和舆论导向工作的长篇重要讲话。这篇论文,既针对1989年政治风波之后全国新闻界的思想混乱状况,又着眼于马克思主义新闻学基本理论观点,是江泽民全面阐发基本新闻理念的经典论著。全文论述了6个问题。

第一个问题:新闻工作的地位和作用问题。江泽民指出:"我们党历来非常重视新闻工作。始终认为,我们国家的报纸、广播、电视等是党、政府和人民的喉舌。这既说明了新闻工作的性质,又说明了它在党和国家工作中的极其重要的地位和作用。""为什么我们的新闻工作会有这样重要的地位和作用呢?这是因为,它作为现代化的传播手段,能够最迅速、最广泛地把党的路线、方针、政策贯彻到群众中去,并变为群众的实际行动;能够广泛地反映群众的意见、呼声、意志、愿望;能够及时地传播国内国际的各种信息,直接影响群众的思想、行为和政治方向,引导、激励、动员、组织群众为认识和实现自己的利益而斗争。"①

第二个问题：新闻工作的基本方针问题。江泽民说，"社会主义的新闻事业同社会主义的文学、艺术、出版等事业一样，虽然各有自己的特点和具体发展规律，但是它们作为意识形态领域的组成部分，都要为社会主义服务，为人民服务。尽管服务的具体形式、内容、方法不尽相同，但都必须遵循这个基本方针。我们党指导新闻工作，还有许多其他的方针、政策、原则。这些方针、政策、原则，都是体现和服从党的路线和这个基本方针的。""我们常讲，全心全意为人民服务，是党的根本宗旨。我们党领导广大人民群众，在新民主主义革命时期，推翻三座大山，实现人民的民族解放和社会解放；在新中国成立后，进行生产资料私有制的社会主义改造，消灭剥削制度；在社会主义制度建立以后，努力进行经济建设，特别是十一届三中全会以来，集中力量发展社会生产力，完善社会主义制度，不断改善人民的物质文化生活。这些都是在不同的历史阶段，为人民的最高最根本的利益服务。所以，现在为社会主义服务同为人民服务，是完全一致的。离开了社会主义道路，也就从根本上脱离了人民，违背了人民的最高利益。"②

第三个问题：新闻工作的党性问题。江泽民指出，我们的新闻工作是党的整个事业的一个重要组成部分。因此不言而喻，必须坚持党性原则。他对新闻工作的党性原则，提出了三个要求。第一，新闻宣传在政治上必须同党中央保持一致。他说，各级党报要这样，部门的和专业性的报纸也要这样。虽然有许多新闻本身不带政治性质，但是，从任何一个报纸、电台、电视台的总的新闻宣传来说，都不可能脱离政治。这几年新闻界出现了所谓"淡化"政治的提法，但是事实上极少数人并没有"淡化"他们的政治，而是在那里强化资产阶级政治观点，抓紧进行否定四项基本原则的活动。新闻宣传在政治上同党中央保持一致，决不是机械地简单地重复一些政治口号，而是站在党和人民的立场上，采取多种多样的方式，把党的政治观点、方针政策，准确地生动地体现和贯彻到新闻、通讯、言论、图片、标题、编排等各个方面。

---

① 江泽民：《关于党的新闻工作的几个问题》，《新闻工作文献选编》，新华出版社 1990 年第 1 版，第 190 页。
② 同上书，第 192—193 页。

第二，新闻工作者必须同人民群众保持最广泛最深刻的联系，从群众的实践中汲取智慧和力量。江泽民号召新闻工作者，到生活中去，到群众中去。归根到底，物质财富的创造者是群众，精神财富的创造者也是群众。群众进行社会主义现代化建设和改革的伟大实践，是新闻作品写作的原料、灵感、思想和艺术技巧的无尽源泉。我们的新闻工作者要老老实实地向群众学习，学习他们的优秀品质、宝贵经验、丰富知识、生动语言，努力成为深受群众欢迎的新闻工作者。

第三，新闻宣传中必须旗帜鲜明地坚持不懈地反对资产阶级自由化。江泽民指出，意识形态领域，社会主义思想不去占领，资本主义思想就必然去占领。这是一个真理，应该成为我们所有新闻工作者和宣传工作者的座右铭。我们的报刊、广播、电视，今后决不允许再为资产阶级自由化提供阵地。对于这些年来极少数人所散布的资产阶级自由化观点，比如所谓政治多元化、经济私有化、中产阶级论、全盘西化论、马列主义过时论等等，各新闻单位都要认真地积极地组织力量，根据自己的读者对象，写出一批有说服力的高质量的批判文章，以澄清那些反动的错误的观点在人们头脑中造成的思想混乱。

第四个问题："新闻自由"问题。江泽民说，任何自由从来都不是抽象的而是具体的，不是绝对的而是相对的。在任何一个国家中，都不存在绝对的毫无限制的"新闻自由"。在国际上还存在着社会主义和资本主义的对立，在国内阶级斗争还在一定范围内存在的情况下，自由就不能不带有阶级性。西方国家标榜的"新闻自由"，实质就是资产阶级的新闻自由，是为维护资产阶级利益和资本主义制度服务的。西方国家的法律对新闻活动也有许多限制。对劳动群众来说，即使法律条文上有办新闻事业的自由的规定，事实上也是不可能实现的。在那里，说到底，是有钱就有自由，没有钱就没有自由，有多少钱就有多少自由。有时报刊上也登载一些资产阶级内部互相争吵的东西，给人以新闻自由的假象。其实这种自由也不是无限度的，仍然是以不损害资产阶级的整体利益为前提的。对于试图改变资本主义制度的新闻活动，法律从来没有放弃过惩罚。

在社会主义制度下，新闻不再是私有者的事业，而是党的事业，人民的事业。我们的宪法规定，言论、出版自由是中华人民共和国公民的基本权利。广大人民群众享有依法运用新闻工具充分发表意见、表达自己意志的权利和自由,享有对国家和社会事务实行舆论监督的权利和自由。

江泽民还对所谓"透明度"的问题作了具体分析。他说,有些应该透明而且必须透明,有些不能马上透明,要到时机成熟才能透明,有些就是不能透明。这在任何国家都是如此。要求任何事情都透明,以为这样才是民主和自由,不是幼稚无知,就是别有用心。什么可以透明,什么不能透明,什么可以增加一点透明,都要以党的利益、国家利益、民族利益、人民利益为标准,要看是否有利于社会的稳定、政局的稳定、经济的稳定、人心的稳定。

第五个问题:新闻的真实性问题。江泽民指出,"新闻的真实性,就是要在新闻工作中坚持党的一切从实际出发、实事求是的思想路线。我们坦率地指出新闻工作的阶级性和党性原则,因为我们新闻工作的阶级性和党性同新闻的真实性是一致的。"①

江泽民指出,现实生活是复杂的,要找几个事例来证明某个观点并不难。一叶障目,不见泰山,抓住一点,不及其余,尽管这一叶、这一点确实存在,但从整体上来看却违背了真实性。"所以我们的新闻工作者要做到真实地反映生活,就要深入进行调查研究,不仅要做到所报道的单个事情的真实、准确,尤其要注意和善于从总体上、本质上以及发展趋势上去把握事物的真实性。要防止搜奇猎异,防止捕风捉影。要在保证真实、准确的前提下,讲求时效。"②

江泽民说,社会生活中有光明面,也有阴暗面。阴暗面的情况、性质也各不相同。对于企图颠覆我们社会主义共和国、推翻共产党领导的带有阶级斗争性质的问题,必须旗帜鲜明地予以揭露,目的是打击敌对势力;对于人民内部的缺点错误,也应进行揭露和批评,但这种揭露和批评是"恨铁不成钢",目的是以同志式的态度帮助克服缺点,纠正错误。

江泽民指出,我们党和国家的事业是蒸蒸日上的。这就要求新闻宣传从各个方面努力揭示这样一个基本事实。他表示同意李瑞环提出

---

① 江泽民:《关于党的新闻工作的几个问题》,《新闻工作文献选编》,新华出版社1990年第1版,第198页。

② 同上书,第198—199页。

的以正面宣传为主的宣传方针。

李瑞环在题为《坚持正面宣传为主的方针》一文中提出：当前关键的问题是新闻报道必须坚持以正面宣传为主的方针。他说，"坚持这个方针，就是要准确、及时地宣传党的路线、方针、政策，实事求是地反映社会现实生活的主流，让人民群众用创造新生活的业绩教育自己，形成鼓舞人们前进的巨大精神力量，在当前就是要造成一个有利于稳定局面的舆论环境。""我们所说的'正面'，所说的'为主'，就是要着力去宣传报道鼓舞和启迪人们发展社会生产力的东西，鼓舞和启迪人们坚持四项基本原则、坚持改革开放的东西，鼓舞和启迪人们加强社会主义民主和法制建设的东西，鼓舞和启迪人们推进社会主义精神文明建设的东西，鼓舞和启迪人们热爱伟大祖国和弘扬民族文化的东西，鼓舞和启迪人们维护国家统一和民族团结的东西，鼓舞和启迪人们为推动世界和平与发展而斗争的东西。总之，一切鼓舞和启迪人们为国家的富强、人民的幸福和社会的进步而奋斗的新闻舆论，都是我们所说的正面，都应当努力加以报道。"[①]

江泽民说，我们要像李瑞环所说的那样，要以正面宣传为主，要满怀热情地宣传人民群众在社会主义建设和改革开放实践中的新成就、新创造、新经验，让群众看到自己的智慧和力量，提高他们的社会主义积极性。要经常地反映群众的意见和要求，要保持各种民主渠道的畅通，不能堵塞言路。

第六个问题：党对新闻工作的领导问题。江泽民指出，加强党对新闻工作的领导，主要是要抓好新闻宣传的政治方向，抓好新闻改革，抓好新闻工作的经验总结，抓好新闻队伍的建设、特别是领导班子的建设。他要求各级党委要经常研究讨论新闻工作，党委主要负责同志要亲自过问新闻宣传，要帮助新闻单位解决实际困难。

江泽民1994年1月在全国宣传思想工作会议上发表重要讲话。在这次讲话中，他提出了宣传思想工作的基本任务。他说："我们的宣传思想工作，要以科学的理论武装人，以正确的舆论引导人，以高尚的精神塑造人，以优秀的作品鼓舞人，不断培养和造就一代又一代有理想、有道德、有文化、有纪律的社会主义新人，在建设有中国特色社会主

---

① 李瑞环：《坚持正面宣传为主的方针》，《新闻工作文献选编》，新华出版社1990年第1版，第202、206页。

义的伟大事业中发挥有力的思想保证和舆论支持作用。"①

江泽民在这次会议上明确指出,新的形势对宣传思想战线提出了更高的要求。党的理论、路线、方针、政策和我们的奋斗目标,需要更深入更广泛地宣传,为群众所理解和掌握;党和政府所采取的一系列推进改革和建设的新举措,需要向群众做通俗的、有说服力的解释;人民群众创造的新经验,需要总结和推广;各条战线涌现的先进人物和他们的崇高精神,需要讴歌和传播;群众日益增长的精神文化需求,需要努力满足;实践中提出的许多课题,需要认真研究和回答;在改革中由于利益关系调整而出现的思想认识问题,需要疏导和解决;社会生活中存在的消极倾向,需要加以克服;推进改革开放和现代化建设,需要中国更多地了解世界和让世界更多地了解中国。这一切都说明,我们的宣传思想工作很重要,大有可为,只能更加重视,不能有任何忽视;只能大大加强,不能有丝毫削弱;只能改进提高,不能止步不前。

江泽民强调马克思列宁主义、毛泽东思想和邓小平理论是宣传思想工作的根本指针。他说,我们党要领导和团结全国各族人民进行改革开放和现代化建设,需要有正确的理论指导和统一的思想基础。我们党是以马克思列宁主义、毛泽东思想作为指导思想的工人阶级先锋队。马克思主义是深深植根于实践并在实践中不断发展的科学。邓小平同志建设有中国特色社会主义的理论,深刻反映了我国社会主义建设的客观规律,集中体现了党和人民的意志和愿望,是对毛泽东思想的继承和发展,是当代中国的马克思主义。邓小平理论是全党各项工作的根本指导方针。宣传思想战线必须牢牢地把握这一根本指针,用以指导自己的全部工作。只有这样,才能保证宣传思想工作的正确方向,保证各项任务的顺利完成。

江泽民提出当前和今后一个时期宣传思想工作必须抓好的四个方面:第一,坚持用邓小平理论武装全党。要充分运用报纸、广播、电视、出版物等媒体,深入宣传这一理论,教育我们的人民教育我们的青年。第二,坚持贯彻党的基本路线,做好正确引导舆论的工作。在党的基本路线指引下,掌握实际情况,正确引导舆论,是党的思想宣传战线非常重要的工作。舆论导向正确,人心凝聚,精神振奋;舆论导向失误,后果

---

① 江泽民:《在全国宣传思想工作会议上的讲话》,《新闻工作者必读》,文汇出版社2001年第2版,第61页。

严重。正反两方面的经验告诉我们,引导舆论,至关重要。第三,加强思想工作,培养有理想、有道德、有文化、有纪律的新人,促进社会主义精神文明建设。第四,坚持为人民服务、为社会主义服务的方向和百花齐放、百家争鸣的方针,弘扬主旋律,繁荣社会主义文化。

江泽民指出,在做好宣传文化工作、促进社会主义精神文明建设中,要注意以下三个问题:第一,坚持把社会效益放在首位,在这个基本前提下实现经济效益和社会效益的统一。第二,要用科学的态度对待我们民族的传统文化和外来文化。我们民族历经沧桑,创造了人类发展史上灿烂的中华文明,形成了具有强大生命力的传统文化。我们要取其精华,去其糟粕,很好地继承这一珍贵的文化遗产。要认真研究和借鉴世界各国的文明成果,善于从其他国家和民族的文化中汲取营养,发展自己。第三,要坚持精神文明重在建设,重在加强管理。建设包括管理,管理促进建设,加强和改善管理是发展宣传文化事业、繁荣文化市场的有力保证。

1996年1月2日,江泽民到解放军报社调研视察,他在接见该报师以上干部时发表了重要讲话。他在讲话中指出:"我们的报纸办得好,可以对党的路线、方针、政策和任务起到有力的宣传、贯彻作用,对群众起到极大的动员、鼓舞作用,对先进的东西起到积极的倡导弘扬作用,对错误的东西起到及时的制止、纠正作用,还可以对科学知识起到广泛的传播、普及作用。如果办得不好,尤其是政治上出了偏差,那就会像古人所说的'谬误出于口,则乱及万里之外',不仅容易把人们的思想搞乱,有的还可能在国内外造成不良影响。因此,报社的同志,必须讲政治,必须具有良好的政治素质,具有很强的政治鉴别力和政治敏锐性,必须树立高度的政治责任感。每个同志都要自觉地在思想上、政治上与党中央保持一致,在任何复杂多变的形势面前,都要保持清醒的头脑。这是坚持正确的政治方向,始终保持正确的舆论导向的关键所在。"①

在这次讲话中,江泽民还对新闻工作者的素质和修养提出了明确的要求。他说:"新闻工作有很深的学问,涉及方方面面的知识。一个称职的新闻工作者,必须始终保持坚定正确的政治方向,努力做到知识

---

① 江泽民:《在接见解放军报社师以上干部时的讲话》,《新闻工作者必读》,文汇出版社2001年第2版,第64页。

广博,视野开阔,才能在新闻领域里得心应手,纵横驰骋。这里,我要特别强调一下学习高科技知识的问题。现代科学技术的发展日新月异,如果不努力学习和掌握高科技知识,就不能把握新时期军队建设规律,也会影响做好舆论引导工作。再就是要讲究职业道德,树立新闻工作者的良好形象。新闻工作是教育人的,所以新闻工作者应当成为'人类灵魂工程师'。这就要求我们要树立正确的世界观、人生观、价值观,自觉抵制腐朽思想文化的侵蚀与影响。如果我们的记者、编辑自身没有好思想、好作风、好形象,写出来的文章就不会有说服力、感召力,还会损害报纸的形象。

1996年1月24日,江泽民在全国宣传部长会议上就宣传思想战线的任务发表讲话。在这个讲话中,他对早在1994年全国宣传思想工作会议上提出的"以科学的理论武装人,以正确的舆论引导人,以高尚的精神塑造人,以优秀的作品鼓舞人"四项任务,作了明确而具体的诠释。

江泽民首先强调新时期宣传思想工作的意义。他说,我们要充分看到在新的历史时期宣传思想工作的重要性、艰巨性、复杂性。要把党的基本理论、基本路线和方针政策贯彻到各项工作中去,任务还很繁重。在对外开放和发展社会主义市场经济的条件下,宣传思想工作将长期面临十分复杂的局面。实行改革开放政策,国门打开了,就会出现一些新的情况。如何积极吸收世界优秀文明成果,同时有效地抵御国际敌对势力对我国进行西化、分化的政治图谋,帮助人们满怀信心地建设有中国特色的社会主义;如何充分发挥市场机制的积极作用,同时有效地防止拜金主义、享乐主义、极端个人主义的滋长蔓延,帮助人们树立社会主义的理想、信念和道德风尚,这是一个重大的历史课题。全党都要认真对待、认真研究、认真解决,而宣传思想战线负有特别重要的责任。

江泽民明确指出,只有理论上坚定了,政治上才会坚定。他说,以科学的理论武装人,就是全党同志必须坚持不懈地学习马克思列宁主义、毛泽东思想特别是邓小平建设有中国特色社会主义理论。要通过学习,努力掌握解放思想、实事求是这个精髓,提高运用马克思主义这个基本原理解决改革开放和现代化建设中各种实际问题的能力。以科学的理论武装人,还要引导人们树立正确的世界观、人生观、价值观。

谈到以正确的舆论引导人,江泽民指出,坚持正确的舆论导向,首先要把握好报刊、通讯社、广播电台、电视台、出版社的宣传方向,把这些阵地牢牢地掌握在我们党手里,掌握在马克思主义者手里。为此要抓好三项工作：一是要激励人民；二是要服务大局；三是要加强管理。

江泽民认为,以高尚的精神塑造人,首先要充分认识一点：人是要有一点精神的。他说,要在我们这样一个经济文化比较落后的国家实现社会主义现代化,如果没有一批又一批、一代又一代用高尚精神武装起来的先进分子,如果没有这些先进分子团结和带领广大群众共同奋斗,是不可能成功的。我们说的高尚精神,就是指我们党的崇高理想和信念、优良传统和作风,包括中华民族几千年形成、发展起来的文化传统和美德。

谈到以优秀的作品鼓舞人,江泽民指出,宣传文化工作能不能团结人民,鼓舞人民,很大程度上要看有没有一大批好的精神产品。没有优秀作品,就没有正确导向。优秀作品是一个国家、一个时代精神文化水平的集中反映,对精神产品生产具有重要的影响和示范作用。他强调,树立正确的创作思想,是出好作品的关键。宣传文化部门要切实加强对创作思想的引导,首先要解决好为谁服务的问题。他还说,在发展社会主义市场经济的条件下,处理好社会效益和经济效益的关系,是精神产品生产的一个很重要的问题。要进一步研究宣传文化领域的有关政策特别是文化经济政策。要善于运用市场机制增强文化企事业单位的活力,同时要形成有利于把社会效益放在首位的环境和条件。

1996年9月26日,江泽民考察人民日报社时发表了重要讲话,他提出,搞好新闻工作,要打好"五个根底",发扬"六个作风"。

在这篇文章中,江泽民首先强调了舆论导向的重要性。他说："历史经验反复证明,舆论导向正确与否,对于我们党的成长、壮大,对于人民政权的建立、巩固,对于人民的团结和国家的繁荣富强,具有重要作用。舆论导向正确,是党和人民之福；舆论导向错误,是党和人民之祸。党的新闻事业与党休戚与共,是党的生命的一部分。可以说,舆论工作就是思想政治工作,是党和国家的前途和命运所系的工作。因此,我们党一贯强调,要把新闻舆论的领导权牢牢掌握在忠于马克思主义、忠于党、忠于人民的人手里；新闻舆论单位一定要把坚定正确的政治方向放在一切工作的首位,坚持正确的舆论导向。新闻舆论工作要紧紧围绕经济建设这个中心,服从、服务于全党全国工作的大局。这在任何时候都不能模糊,不能动摇。"①

江泽民要求新闻工作者打好"五个根底"。他说,首先,要打好理论路线根底。要坚持马列主义、毛泽东思想和邓小平建设有中国特色社会主义理论,坚持党的基本路线,用以指导自己的思想和工作。理论路线根底打好了,不管情况多么复杂,形势怎样变化,都会保持坚定正确的政治立场和政治方向。

第二,要打好政策法律纪律根底。他说,要牢牢掌握中央的方针政策,牢牢掌握国家的法律法规,严守新闻工作纪律。新闻工作是政治性、政策性极强的工作,新闻工作者如果对党的方针政策和国家的法律法规不懂不熟悉,那就宣传不好,甚至会出现误导,给党和人民的事业带来不应有的损失。

第三,要打好群众观点根底。他说,新闻工作、党报工作,说到底,也是群众工作,是我们党联系群众的重要纽带。密切联系群众,是新闻工作者的必修课和基本功。大家要树立牢固的群众观点,同广大人民群众同呼吸,共命运,善于做调查研究工作,紧扣时代的脉搏,倾听群众的心声,写出更多的反映改革开放和社会主义现代化建设的好作品来。

第四,要打好知识根底。他说,知识就是力量。首先要努力掌握与自己的业务工作直接有关的知识,同时,还要博览群书,哲学、政治、经济、法律、历史、文学等方面的书籍都应读一些,科技知识也应尽可能多学一些。希望在我们的新闻队伍中多出一些既懂政治、学识又渊博的编辑、记者、评论员。

第五,要打好新闻业务根底。他说,新闻工作,无论编辑、采访,都需要有业务能力,特别是要有很好的文字修养。现在,报纸上刊登的许多报道,主题好,内容好,语言也很精彩,使人在受教育的同时,也得到美的享受。但是也有一部分新闻作品,不讲究辞章文采,文字干巴巴的,翻来覆去老是那么几句套话,也有的哗众取宠,乱造概念,词句离奇,使人看不懂,这种不良文风应加以纠正。要大力提倡新闻工作者苦练基本功。

江泽民最后讲到新闻工作者要培养"六个作风"。一是敬业的作风,热爱党的新闻事业,献身党的新闻事业。二是实事求是的作风,报

---

① 江泽民:《视察人民日报社时的讲话》,《新闻工作者必读》,文汇出版社 2001 年第 2 版,第 65—66 页。

实情、讲真话。三是艰苦奋斗的作风，不怕苦、不怕累，有时还要不怕危险、不怕牺牲。四是清正廉洁的作风，自觉抵制拜金主义、享乐主义、个人主义思想的侵蚀，恪守职业道德，坚决反对搞有偿新闻。五是严谨细致的作风，一丝不苟，精益求精，严防差错。六是勇于创新的作风，新闻事业是常干常新的事业，是有着广阔的驰骋空间的事业，在坚持党的新闻工作的基本方针和原则的前提下，新闻工作者应当不断开拓新的报道领域，不断探索新的报道形式，不断采用新的报道方法，不断写出富有新意的优秀作品。

2000年6月28日，江泽民在中央思想政治工作会议上作重要报告，他指出，必须主动出击，增强我们在网上的正面宣传和影响力。他说："信息技术特别是信息网络技术的发展，为我们开展思想政治工作提供了现代化手段，拓展了思想政治工作的空间和渠道。要重视和充分运用信息网络技术，使思想政治工作提高时效性、扩大覆盖面、增强影响力。互联网是开放的，信息庞杂多样，既有大量进步、健康、有益的信息，也有不少反动、迷信、黄色的内容。互联网已经成为思想政治工作的一个新的重要阵地。国内外的敌对势力正竭力利用它同我们党和政府争夺群众、争夺青年。我们要研究其特点，采取有力措施应对这种挑战。要主动出击，增强我们在网上的正面宣传和影响力。各级领导干部要密切关注和研究信息网络发展的新动向，抓紧学习网络知识，善于利用网络开展工作，努力掌握网上斗争的主动权。"[①]

2001年1月10日，江泽民在全国宣传部长会议上发表讲话，指出，宣传教育工作要注意把依法治国与以德治国结合起来。他说，我们的宣传教育工作面临两个重要问题：一是必须努力把马克思主义理论、建设有中国特色社会主义的思想道德观念宣传教育的一致性，同社会不同群体的特点和要求的多样性统一起来；二是必须努力把理想观念和道德观念的宣传教育的理论性，同人民群众日常工作和生活的实践性统一起来。也就是说，理论武装也好，思想政治工作也好，道德教育也好，都不能脱离我国社会经济和社会发展的现实，都不能脱离广大人民群众的实际生活，而应该努力做到形式多样，生动活泼，为群众所乐于接受，能够回答群众中存在的思想认识问题，能够在群众的工作和

---

① 江泽民：《在中央思想政治工作会议上的讲话》，《新闻工作者必读》，文汇出版社2001年第2版，第78页。

奋斗中不断发挥精神支柱的巨大作用。

江泽民在会上说,我们在建设有中国特色社会主义、发展社会主义市场经济的过程中,要坚持不懈地加强社会主义法制建设,依法治国,同时也要坚持不懈地加强社会主义道德建设,以德治国。对一个国家的治理来说,法治与德治,从来都是相辅相成、相互促进的。二者缺一不可,也不可偏废。法治属于政治建设、属于政治文明,德治属于思想建设、属于精神文明。二者范畴不同,但其地位和功德都是非常重要的。我们要把法制建设与道德建设紧密结合起来,把依法治国与以德治国紧密结合起来。宣传思想战线的同志在宣传教育中也要把这两者结合起来都宣传好。

江泽民主持党中央工作期间,以互联网为核心的信息革命发展异常迅猛。他对此十分重视,多次谈到这个问题。2001年7月11日,在中共中央举办的法制讲座上,他专门就推动我国信息网络快速健康发展问题发表了重要看法。他说,当今世界,科技进步突飞猛进,特别是信息技术和网络技术发展迅速,对世界政治、经济、军事、科技、文化、社会等领域产生了深刻影响。这必须引起我们高度关注。他强调,对信息网络化问题,我们的基本方针是:积极发展,加强管理,趋利避害,为我所用,努力在全球信息网络化的发展中占据主动地位。为此,他提出五点意见:第一,要充分认识依法保障和促进信息网络健康发展的重要性;第二,要加强和完善信息网络立法;第三,要加强信息网络方面的执法和司法;第四,要积极参与国际信息网络方面规则的制定;第五,要加强信息网络管理人才的培养。

江泽民高度重视包括新闻学在内的哲学社会科学的发展。2001年8月7日,江泽民在北戴河同部分国防科技专家和社会科学专家座谈时指出:一个民族要兴旺发达,要屹立于世界民族之林,不能没有创新的理论思维。哲学社会科学的研究能力和成果,也是综合国力的重要组成部分。在认识和改造世界的过程中,哲学社会科学与自然科学同样重要;培养高水平的哲学社会科学家,与培养高水平的自然科学家同样重要;提高全民族的哲学社会科学素质,与提高全民族的自然科学素质同样重要;任用好哲学社会科学人才并充分发挥他们的作用,与任用好自然科学人才并发挥他们的作用同样重要。2002年4月28日,江泽民考察中国人民大学时再次强调:我们要始终高度重视哲学社会科学在治党治国和建设有中国特色社会主义事业中的巨大作用,高度重视哲学社会科学领域高等教育的改革和发展,高度重视改善哲学社会科学研究和人才培养的条件,高度重视哲学社会科学研究领域重大课题的攻关,高度重视为哲学社会科学发展作出杰出贡献的学者的成就和作用。

2002年7月16日,江泽民在中国社会科学院建院25周年座谈会上发表讲话,又一次强调要重视和推进我国哲学社会科学的发展。他说,我们要推进改革开放和现代化建设,要把建设有中国特色社会主义事业不断朝向前进,就必须深入了解社会,不仅要深入了解中国社会,还要全面了解世界这个大社会;不仅要了解社会发展的历史,而且更重要的是要研究当今社会发展的现实问题。这就需要我们加强理论研究和理论创新,加强哲学、经济学、政治学、国际政治和经济、法学、历史学、民族学、新闻学、人口学、社会学、文学、语言学、考古学等各学科的研究。要大力加强对各门传统学科的研究,大力加强对各门新兴学科和交叉学科的研究,大力加强各门学科的理论和体系的建设,大力加强各门学科的方法和手段的建设。在科学技术迅速发展的今天,哲学社会科学尤其要加强对信息技术等先进手段的运用。总之,要努力使我国哲学社会科学的发展,成为我们正确认识世界和改造世界,推动理论创新和先进文化发展,促进党和国家决策的科学化、民主化,推进改革开放和现代化建设的重要力量。我国哲学社会科学界要努力担负起认识世界、传承文明、创新理论、咨政育人、服务社会的职责。为此,江泽民提出五点要求:第一,要坚持以马克思主义为指导;第二,要坚持解放思想、实事求是;第三,要坚持"两为"方向和"双百"方针;第四,要坚持优良的学风;第五,要坚持和改善党对哲学社会科学事业的领导。

二、江泽民新闻思想的主要内容

江泽民新闻思想的主要内容有:
1. 社会主义新闻事业的"喉舌"性质和基本方针

江泽民指出,社会主义国家的报纸、广播、电视等是党、政府和人民的喉舌。这既说明了新闻工作的性质,又说明了它在党和国家工作中的极其重要的地位和作用。这主要是因为,新闻事业作为现代化传播手段,它在宣达党和政府的方针政策、反映人民群众的意见呼声、传播国内外信息、影响人们的思想和行为等方面,具有重要的、不可缺少的作用。

江泽民指出,新闻工作必须遵循为社会主义服务、为人民服务的基本方针。

党指导新闻工作,还有许多其他的方针、政策、原则,这些方针、政策、原则,都是体现和服从党的路线,以及为社会主义服务、为人民服务这个社会主义新闻工作基本方针的。

2. 新闻宣传的党性原则

江泽民强调,社会主义新闻工作是党的整个事业的一个重要组成部分,因此,必须坚持党性原则。这是新闻工作的根本性问题。新闻工作的党性原则,要求新闻宣传在政治上必须同党中央保持一致,新闻工作者必须同人民群众保持最广泛的联系,必须在新闻宣传中旗帜鲜明地反对资产阶级自由化。

坚持党性,必须讲政治,搞新闻工作,要坚持政治家办报。

坚持党性,就要用马克思主义观点正确对待党性与人民性的关系问题,不允许用"人民性"否定党对新闻事业的领导,"人民性高于党性"的论点是错误的。

在社会主义市场经济条件下,新闻事业仍要坚持党性原则。认为现在发展市场经济,可以不讲党性,这是一种误解。

3. 舆论导向的重要性

江泽民指出,正确的舆论导向极端重要。舆论导向正确,是党和人民之福;舆论导向错误,是党和人民之祸。

党领导的新闻传媒,必须按照党和人民的意愿、利益正确地引导舆论,要用正确的舆论引导人。

江泽民指出了坚持正确舆论导向的标准,这就是"五个有利于":有利于进一步改革开放,建立社会主义市场经济体制,发展社会生产力;有利于加强社会主义精神文明建设和民主法制建设;有利于鼓舞和激励人们为国家富强、人民幸福和社会进步而艰苦创业、开拓创新;有利于人们分清是非,坚持真善美,抵制假恶丑;有利于国家统一、民族团结、人民心情舒畅、社会政治稳定。

坚持正确舆论导向的关键是坚定不移地宣传贯彻党的基本理论、基本路线、基本方针和政策,增强政治意识、大局意识与责任意识,坚持鲜明的党性原则,在政治上、思想上与党中央保持高度一致。

坚持正确舆论导向,同坚持不懈地进行舆论监督,方向是完全一致的。

4. 新闻自由的本质

江泽民指出,世界上没有绝对的自由和抽象的自由。在阶级社会里,没有超阶级的新闻自由。

西方国家的新闻自由具有极大的虚伪性和欺骗性。在那个社会里,谁有钱谁就有自由,钱多自由多,钱少自由少。自由是和资本联系在一起的。法律规定的新闻自由,和实际生活中的新闻自由是两回事。

在社会主义制度下,新闻事业不再是私有者的事业,而是党和人民的事业。社会主义国家的宪法保障公民享有言论出版自由,公民享有依法运用新闻传媒表达意见和意志的自由,享有对国家和社会事务实行舆论监督的权利。

5. 新闻真实性的认识和把握

江泽民指出,新闻的真实性,就是要在新闻工作中坚持党的一切从实际出发、实事求是的思想路线。

新闻的真实性,同新闻工作的阶级性和党性是一致的。

在新闻实践中,不仅要做到所报道的单个事情的真实和准确,尤其要注意和善于从总体上、本质上以及发展趋势上把握新闻的真实性。

对"透明度"要作具体分析,应透明的必须透明,不能马上透明的等待时机透明,不能透明者不透明。

在坚持新闻真实性时,要坚持以正面宣传为主的方针,热情宣传人民群众的新成就、新创造和新经验。

6. 处理经济效益和社会效益的关系准则

江泽民指出,要坚持把社会效益放在首位,在这个基本前提下实现经济效益和社会效益的统一。要始终把社会效益作为最高准则。当经济效益同社会效益发生矛盾时,自觉服从社会效益。

要反对"一切向钱看"的歪风,反对搞有偿新闻,恪守新闻职业道德,发扬党的新闻工作优良作风。

7. 外宣工作的目的和要求

江泽民强调,要站在高起点做好对外宣传工作,要在国际上形成同我国地位和声望相称的强大宣传舆论力量,更好地为改革开放和现代化建设服务。

要切实改变我们在世界上声音比较弱小、宣传手段比较落后、宣传办法不多的状况。要从运用互联网和高新信息技术,改善宣传手段;树立坚定的国家意识;全党动手加强外宣工作三个方面改进我国的对外宣传工作。

8. 重视和发展现代传播手段

江泽民指出,信息传播业正面临一场深刻革命,我们必须适应这一趋势,加强信息传播手段的更新改造,积极掌握和运用现代传播手段。

江泽民在高度评价网络媒体巨大积极作用的同时,还指出互联网可能带来的负面影响。指出,对此我们要加强研究和引导。

9. 新闻队伍建设

江泽民强调要抓好新闻队伍的建设,特别是领导班子的建设。新闻事业能不能办好,关键在有没有一支高素质的新闻队伍。

为适应新时期新闻舆论工作的需要,需要有一支政治强、业务精、纪律严、作风正的新闻队伍。为此,新闻工作者要学习、学习、再学习,深入、深入、再深入。要打好五个根底,即:理论路线根底,政策法律纪律根底,群众观点根底,知识根底,新闻业务根底。要坚持和发扬党的新闻工作的六个优良作风,即:敬业,实事求是,艰苦奋斗,清正廉洁,严谨细致,勇于创新。

抓新闻事业领导班子建设,目的在于要把新闻舆论的领导权牢牢掌握在忠于马克思主义、忠于党、忠于人民的人的手里。

从以上对江泽民新闻思想的主要内容的梳理可以发现,江泽民在短短十几年时间里,紧密联系这一时期新闻宣传的新情况、新经验、新问题,进行深入的考察、研究和阐发,在许多基本的理论问题上得出了既有深刻的科学性、又有强烈的现实意义的新认识和新见解。这些新认识新见解,是对毛泽东新闻思想和邓小平新闻思想的继承和发展,也为马克思主义新闻学增添了一系列新的内容。

三、江泽民新闻思想评价

江泽民是中国共产党第三代中央领导集体的核心。邓小平早在1989年11月就指出,确定以江泽民同志为核心的党中央,是我们全党做出的正确的选择。

江泽民长期从事党和政府的领导工作,又有很高的中国传统文化的修养,所以他高度重视新闻舆论工作,多次就新闻宣传、舆论传播、思想文化等问题发表重要讲话。他到中央和地方多个新闻机构视察和调研,针对新闻宣传工作和新闻队伍建设实际发表多次讲话。他在多次宣传、新闻、出版主管部门会议上,围绕社情民意、新闻政策、管理改革等主题,发表一系列指示和采取许多重大举措。在新的历史时期,江泽民以马列主义、毛泽东思想、邓小平理论为指针,提出了"三个代表"的重要思想。这些年来,江泽民全面地、系统地阐述和论证了新时期新闻宣传工作的一系列理论和实践问题,形成了江泽民新闻思想。

　　1. 体现了与时俱进精神,具有鲜明的时代特色

　　20世纪最后10年,经济全球化态势日趋显明,新的科技革命步伐加快,知识经济初见端倪。围绕经济全球化和中国建构社会主义市场经济体系,针对互联网传播的新特点及正负面影响,江泽民提出了新闻传播的新体制、科技知识和科技信息的传播、新闻工作者的科技素质的培养、我国新闻政策的调整等新观点和新决策。结合1989年政治风波的历史教训,江泽民以邓小平理论为指针,阐述了坚持新闻工作党性原则、坚持四项基本原则、反对资产阶级自由化的许多理论问题与实践问题。他借助历史提供的新机遇和社会发展的新动向,提出了"三讲"等新要求。

　　2. 直接围绕新闻传播的基本范畴和基本原理展开,具有理论的系统性和完整性

　　江泽民发表的《关于党的新闻工作的几个问题》,是一篇涵盖新闻传播重要原理和基本范畴的新闻论著,处处联系当时的社会现实和新闻界实际,具有极强的针对性和指导性。他关于新闻工作者的素质和修养的论述,诸如人类灵魂工程师,五个功底,六个作风,既全面又深刻,条条针对中国新闻记者与编辑的不足,具有很强的感召力和说服力。应该指出,江泽民新闻思想在新的历史条件下发展了中国共产党党报理论,并为推动马克思主义新闻学的新发展,作出了出色的贡献。

　　3. 高度重视舆论导向的作用

　　关于社会舆论和舆论导向的论述,成为江泽民新闻思想的重要内容和鲜明特点。他的"舆论导向正确,是党和人民之福;舆论导向错

误,是党和人民之祸",成为新闻宣传工作者的座右铭。新闻宣传的出发点和归宿,无非是确保舆论导向的正确,从而引导人民群众为实现自己的根本利益而奋斗。江泽民把舆论工作提到这样的原则高度来认识,并为之建构了一系列实现正确舆论导向的机制、政策、方法,可以说,抓住了党报工作的核心。江泽民关于舆论导向的论述,拓展了马克思主义新闻学的研究领域,丰富了毛泽东新闻思想、邓小平新闻思想的理论内涵。

4. 应对时代的新挑战

在21世纪,中国共产党和中国人民面临着一系列新的挑战和新的问题。社会主义市场经济建设过程中市场特性的驾驭,中国传媒走向市场后的变异,中国加入WTO以后国际传媒集团的进入和中国传媒走向世界,互联网及更多的新媒体的发展以及因此而带来的传播观念、方法、效果、调控的新变化,国际传媒格局的调整和中国传播政策的变换等等,都需要党和政府以及广大新闻工作者作出及时的、积极的、有效的应对和回答,也等待江泽民新闻思想对之作出理论上的解析与论证。这些解析和论证,将进一步检验江泽民新闻思想的真理性,不断丰富充实这种真理性。时代和中国都期待着江泽民新闻思想有新的建树和新的发展。

江泽民在世纪之交提出了"三个代表"重要思想。2000年2月25日,他在广东省考察工作时提出,总结我们党70多年的历史,可以得出一个重要结论,这就是:我们党所以赢得人民的拥护,是因为我们党在革命、建设、改革的各个历史时期,总是代表着中国先进生产力的发展要求,代表着中国先进文化的前进方向,代表着中国最广大人民的根本利益,并通过制定正确的路线方针政策,为实现国家和人民的根本利益而不懈奋斗。2000年5月14日,他在上海主持召开江苏、浙江、上海党建工作座谈会时,再次强调:始终做到"三个代表"是我们党的立党之本、执政之基、力量之源。他指出,在迈向新世纪的征途上,要解决好诸多复杂矛盾和困难,经受住新的考验和锻炼,继续推进社会主义伟大事业,都要求我们党必须始终坚持"三个代表",进一步提高领导水平和执政水平。这个极其重大的问题,已经紧迫地提到了全党面前。只有解决好这个问题,我们党才能永远得到人民的衷心拥护并带领人民不断前进。

如何在江泽民"三个代表"重要思想的指引下,做好意识形态工作，做好宣传思想工作，是放在我们面前的一个新的重要的课题。

第二节 胡锦涛的新闻论著和新闻思想

胡锦涛从2002年党的十六大开始主持党中央工作。十六大上，江泽民代表第十五届中央委员会向大会作报告。胡锦涛称这篇报告是"马克思主义的纲领性文献"，对江泽民主政的十三年给予很高评价。他说，"十三届四中全会以来这十三年，国际形势风云变幻，国内建设和改革任务繁重，可以说是外有压力，内有困难，考验不断。以江泽民同志为核心的第三代中央领导集体，高举邓小平理论伟大旗帜，团结带领全党和全国各族人民，坚持党的十一届三中全会以来的路线不动摇，从容应对来自各方面的困难和风险，改革开放和现代化建设取得历史性突破，我国的综合国力大幅度跃升，祖国和平统一大业取得重大进展，人民生活总体上实现了由温饱到小康的历史性跨越，开创了中国特色社会主义事业的崭新局面。"①以此为起点，胡锦涛领导全党和全国各族人民开始了新的征程。他从这个高度上，考察、论述和指导中国的新闻传播事业和党的舆论宣传工作。

一、胡锦涛的新闻经典论著和相关文献

胡锦涛曾分管宣传思想工作。所以，列为他的新闻经典论著第一篇的，是他主政之前的2002年1月11日在全国宣传部长会议上的讲话。

在这次讲话中，胡锦涛首先强调统一思想的重要性。他说，"统一思想是统一行动的前提，是凝聚人心，凝聚力量，调动一切积极因素，为实现共同目标而奋斗的重要保证。我们党历来重视并善于做好统一思想的工作，这是我们党的一大政治优势。"

胡锦涛强调指出，要进一步唱响主旋律、打好主动仗，充分发挥舆

---

① 胡锦涛：《一篇马克思主义的纲领性文献》，《十六大报告辅导读本》，人民出版社2002年版，第57页。

论宣传在统一思想中的重要导向作用。他说,"现代社会,舆论对人们思想和行为的影响越来越大。做好统一思想的工作,必须高度重视并充分发挥舆论引导的作用。我们的新闻媒体是党和人民的喉舌,一定要坚持新闻工作的党性原则,坚持团结稳定鼓劲、正面宣传为主的方针,牢牢把握正确的舆论导向,努力为召开党的十六大营造昂扬向上、团结奋进、开拓创新的良好氛围。"

胡锦涛对当时社会的思想状况作了深入的分析。他说,"应该看到,随着改革的不断深化、对外开放的不断扩大,随着社会经济成分、组织方式、就业方式、利益关系和分配方式的日益多样化,随着各种媒体特别是信息网络化的迅速发展,人们思想活动的独立性、选择性、多变性、差异性明显增强,影响干部群众思想的因素和渠道越来越复杂多样,统一思想的工作比过去要艰巨得多。对错误的消极的思想和言论,单靠封堵是不能解决问题的,重要的是要唱响主旋律,大力弘扬先进思想文化,用一切有利于人们身心健康的东西占领思想文化阵地。还应该看到,积极的与消极的、正确的与错误的思想常常相互交织,真理总是在同谬误的斗争中确立、发展和深入人心的。如果对错误的思想言论听之任之、对腐朽没落的思想文化任其泛滥,发展下去就会搞乱党心民心,危害大局。因此,我们必须运用马克思主义的立场、观点、方法,通过摆事实、讲道理,开展积极的思想斗争和批评,教育引导干部群众不断克服和抵制各种错误的东西,保持正确思想舆论在我们社会政治生活中的主导地位。只有这样,才有利于统一思想,才能巩固和发展全国人民同心奋斗的思想基础。"

怎样才能唱响主旋律、打好主动仗?胡锦涛强调三点——

首先,要大力宣传和弘扬一切有利于国家统一、民族团结、经济发展、社会进步的思想和精神。

其次,要尊重舆论宣传的规律,讲求舆论宣传的艺术,不断提高舆论引导的水平和效果。为此,胡锦涛提出,"要全面宣传中央精神,及时反映社情民意,真正使我们的宣传报道贴近群众,打动人心,赢得人心。要善于用事实说话,用实践的结果说服人、教育人,使广大干部群众通过经济发展和社会进步的巨大变化来认识党的路线方针政策的正确性,进一步增强对我们国家未来发展的信心。要重视对社会热点问题和敏感问题的引导,自觉地从大局出发考虑问题,掌握好政策,把握好尺度,做好理顺情绪、平衡心理、化解矛盾的工作。要正确开展舆论监督,注意区分社会生活中的主流和支流,既大胆揭露和批评各种社会不良现象,又防止人为炒作带来的消极影响,使舆论监督真正起到扶正祛邪、激浊扬清的作用。要切实加强互联网上的舆论宣传,进一步办好新闻网站,不断增强网上宣传的影响力和战斗力。各类新闻媒体都要发挥自己的优势,办出自己的特色,同时又要加强协调,形成积极健康的主流舆论,更好地发挥舆论引导的作用。"

再次,要严格宣传纪律,加强对舆论宣传阵地的管理。新闻宣传是一项政治性、政策性很强的工作,必须讲大局、讲原则、讲纪律。任何面向社会大众的媒体,都必须自觉地、积极地宣传党的主张,宣传先进的思想文化,不允许同党的路线方针政策唱反调,不允许发表违反四项基本原则和中央精神的言论,不允许传播混淆视听的政治谣言。新闻媒介的主管部门要认真负责,严格把关,坚决按规矩办,牢牢掌握舆论宣传的主动权。要加强调研,加强管理,防微杜渐,堵塞漏洞,防止因工作疏忽和把关不严造成重大失误而影响社会稳定的现象发生。

胡锦涛在讲话中十分强调要切实增强思想政治工作的针对性和实效性。为加强针对性,他要求"向干部群众讲清楚深化改革、推进经济结构调整的重要性和必要性,讲清楚前进中面临的困难和问题只能通过深化改革和加快发展来解决的道理,讲清楚党和政府解决困难和问题的有关政策措施,帮助他们释疑解惑,引导他们正确对待改革中利益关系的调整,进一步增强信心,更加自觉地支持改革、投身建设"。为加强实效性,他要求注重把解决思想问题同解决实际问题结合起来。因为"我们党从来就是靠实实在在为群众谋利益,而不是靠空洞的说教来赢得人民群众的拥护和爱戴的。从这个意义上说,为群众排忧解难,多办实事好事,就是最直接、最生动、最有说服力的思想政治工作"①。

2008年6月20日,胡锦涛到人民日报社考察,发表了重要讲话。通篇讲话充满着思维创新、视角创新、理论创新和机制创新,是一篇马克思主义新闻经典文献。

胡锦涛开篇就强调新的历史条件下新闻宣传工作的极端重要性。他说,新闻舆论处在意识形态领域的前沿,对社会精神生活和人们思想

---

① 胡锦涛2002年1月11日在全国宣传部长会议上的讲话,全文参见《十五大以来重要文献选编》(下),人民出版社2003年版,第2208—2224页。

意识有着重大影响。当今社会,随着经济社会快速发展和科技不断进步,信息传递和获取越来越快捷,新闻舆论的作用越来越突出。做好新闻宣传工作,关系党和国家工作全局,关系改革和经济社会发展大局,关系国家长治久安。他又说,在前进道路上,我们面临着难得的机遇,也面临着严峻的挑战。我们既要抓住机遇、乘势而上,不断推动经济社会又好又快发展,又要迎接挑战、居安思危,时刻准备应对各方面的困难和风险。特别值得注意的是,当前,世界范围内各种思想文化交流、交融、交锋更加频繁,"西强我弱"的国际舆论格局还没有根本改变,新闻舆论领域的斗争更趋激烈、更趋复杂。在这样的情况下,新闻宣传工作的任务更为艰巨、责任更加重大。

胡锦涛特别强调,要把提高舆论引导能力放在突出位置。他要求,新形势下,新闻宣传工作要高举旗帜、围绕大局、服务人民、改革创新,坚持正确舆论导向,提高舆论引导能力,营造良好舆论环境,更好地发挥宣传党的主张、弘扬社会正气、通达社情民意、引导社会热点、疏导公众情绪、搞好舆论监督的重要作用。为了把提高舆论引导能力放在突出位置,进行深入研究,拿出切实措施,取得新的成效,胡锦涛提出要着力做好下面五项工作:

第一,必须坚持党性原则,牢牢把握正确舆论导向。

第二,必须坚持以人为本,增强新闻报道的亲和力、吸引力、感染力。

第三,必须不断改革创新,增强舆论引导的针对性和实效性。

第四,必须加强主流媒体建设和新兴媒体建设,形成舆论引导新格局。

第五,必须切实抓好队伍建设,增强凝聚力和战斗力。

胡锦涛在对以上五方面工作的论述中,有重点地展示了新的思维、视角,提出了新的观点、机制、要求。

胡锦涛对舆论引导重要性提出了新的看法:舆论引导正确,利党利国利民;舆论引导错误,误党误国误民。他要求在重大问题、敏感问题、热点问题上把好关、把好度。

在坚持以人为本,增强新闻报道的亲和力、吸引力、感染力方面,胡锦涛提出,要坚持把实现好、维护好、发展好最广大人民的根本利益作为新闻宣传工作的出发点和落脚点,坚持贴近实际、贴近生活、贴近群众,把体现党的主张和反映人民心声统一起来,把坚持正确导向和通达社情民意统一起来,尊重人民主体地位,发挥人民首创精神,保证人民的知情权、参与权、表达权、监督权。要注重在报道新闻事实中体现正确导向,在同群众交流互动中形成社会共识,在加强信息服务中开展思想教育,用事实说话、用典型说话、用数字说话,化解矛盾,理顺情绪,引导各方面群众共同前进。

胡锦涛提出,新闻宣传工作必须不断发展创新,增强舆论引导的针对性和实效性。要坚持用时代要求审视新闻宣传工作,按照新闻传播规律办事,创新观念、创新内容、创新形式、创新方法、创新手段,努力使新闻宣传工作体现时代性、把握规律性、富于创造性,不断提高舆论引导的权威性、公信力、影响力。要认真研究新闻传播的现状和趋势,深入研究各类受众群体的心理特点和接受习惯,加强舆情分析,主动设置议题,善于因势利导。要完善新闻发布制度,健全突发公共事件新闻报道机制,第一时间发布权威信息,提高时效性,增加透明度,牢牢掌握新闻宣传工作的主动权。

如何形成舆论引导新格局?胡锦涛提出,要从社会舆论多层次的实际出发,把握媒体分众化、对象化的新趋势,以党报党刊、电台电视台为主,整合都市类媒体、网络媒体等多种宣传资源,努力构建定位明确、特色鲜明、功能互补、覆盖广泛的舆论引导新格局。他主张,要把发展主流媒体作为战略重点,加大支持力度,扩大覆盖面和影响力。但同时要重视新兴媒体,充分发挥互联网的作用。他说,互联网已成为思想文化信息的集散地和社会舆论的放大器,我们要充分认识以互联网为代表的新兴媒体的社会影响力,高度重视互联网的建设、运用、管理,努力使互联网成为传播社会主义先进文化的前沿阵地、提供公共文化服务的有效平台、促进人们精神生活健康发展的广阔空间。

谈到队伍建设,胡锦涛特别提到要加强对中青年骨干的培养锻炼,采取多种措施,造就人民群众喜爱的名记者、名编辑、名评论员、名主持人。他要求广大新闻工作者要加强自身思想道德修养,带头实践社会公德,恪守职业道德,做积极实践社会主义荣辱观的表率①。

胡锦涛主政党中央以来,始终着力于制度建设。在他的领导下,党中央颁布的一系列决议、决定和规定中,有许多内容同新闻宣传和舆论导向密切相关。这里,我们大致以颁布时间为序,择其要者作一些

---

① 胡锦涛2008年6月20日考察人民日报社讲话,引自《新闻战线》2008年第7期。

阐释。

2004年9月19日，党的第十六届四中全会通过《中共中央关于加强党的执政能力建设的决定》。这个文件首先指出，党的执政能力，就是党提出和运用正确的理论、路线、方针、政策和策略，领导制定和实施宪法和法律，采取科学的领导制度和领导方式，动员和组织人民依法管理国家和社会事务、经济和文化事业，有效治党治国治军，建设社会主义现代化国家的本领。中央在这个文件中清醒地指出，党的执政地位不是与生俱来的，也不是一劳永逸的。我们必须居安思危，增强忧患意识，深刻汲取世界上一些执政党兴衰成败的经验教训，更加自觉地加强执政能力建设，始终为人民执好政、掌好权。这个文件的第六、七、八部分的许多论述，同新闻传播有密切关联。比如——

"党要带领人民推进中国特色社会主义伟大事业，必须大力发展社会主义文化，不断巩固全党全国人民团结奋斗的共同思想基础。要牢牢把握先进文化的前进方向，坚持为人民服务、为社会主义服务的方向和百花齐放、百家争鸣的方针，贴近实际、贴近生活、贴近群众，创新内容、创新形式、创新手段，努力铸造中华文化的新辉煌，为激励人民奋勇前进提供强大的精神动力和智力支持。"

"深化文化体制改革，解放和发展文化生产力。根据社会主义精神文明建设的特点和规律，适应社会主义市场经济的要求，进一步革除制约文化发展的体制性障碍。坚持把社会效益放在首位，实现社会效益和经济效益的统一，把文化发展的着力点放在满足人民群众精神文化需求和促进人的全面发展上。以体制机制创新为重点，增强微观活力，健全文化市场体系，依法加强管理，促进文化事业全面繁荣和文化产业快速发展，增强我国文化的总体实力。推动中华文化更好地走向世界，提高国际影响力。抓好队伍建设，引导文化工作者深入实际、深入生活、深入群众，为人民奉献更多无愧于时代的精神文化产品。加强文化发展战略研究，抓紧制定文化发展纲要和文化体制改革总体方案。"

"牢牢把握舆论导向，正确引导社会舆论。坚持党管媒体的原则，增强引导舆论的本领，掌握舆论工作的主动权。坚持团结稳定鼓劲、正面宣传为主，引导新闻媒体增强政治意识、大局意识和社会责任感，进一步改进报刊、广播、电视的宣传，把体现党的主张和反映人民心声统一起来，增强吸引力、感染力，重视对社会热点问题的引导，积极开展舆论监督,完善新闻发布制度和重大突发事件新闻报道快速反应机制。高度重视互联网等新型媒体对社会舆论的影响,加快建立法律规范、行政监管、行业自律、技术保障相结合的管理体制,加强互联网宣传队伍建设,形成网上正面舆论的强势。"

"建立健全社会利益协调机制,引导群众以理性合法的形式表达利益要求,解决利益矛盾,自觉维护安定团结。"

"建立社会舆情汇集和分析机制,畅通社情民意反映渠道。建立健全社会预警体系,形成统一指挥、功能齐全、反应灵敏、运转高效的应急机制,提高保障公共安全和处置突发事件的能力。"

"全面认识和把握国际因素对我国的影响,不断提高同国际社会交往的本领。"

"加强和改进对外宣传工作,积极开展对外文化交流,进一步推动形成有利于我国发展的国际舆论环境。"

2005年1月3日,中共中央颁布《建立健全教育、制度、监督并重的惩治和预防腐败体系实施纲要》。其中第九条规定:坚持党管媒体的原则,坚持正面宣传为主,掌握反腐倡廉舆论工作的主动权。大力宣传我们党反对腐败的坚定决心、方针政策和取得的重大成果,引导广大干部群众正确看待反腐败斗争的形势。大力宣传各条战线立党为公、执政为民的先进典型,弘扬主旋律。建立健全新闻发布制度,适时通报反腐倡廉工作情况,加强对热点问题的引导。党报党刊、电视台、电台要开设廉政专栏或专题节目。加强反腐倡廉网络宣传教育,开设反腐倡廉网页、专栏。正确引导网上舆论。加强对互联网站反腐倡廉教育的指导和管理。其中第十五条又规定,各级党委和政府应当重视和支持舆论监督,听取意见,改进工作。新闻媒体要坚持党性原则,遵守新闻纪律和职业道德,把握舆论监督的正确导向,注重舆论监督的社会效果。

2005年10月11日,党的十六届五中全会通过《中共中央关于制定国民经济和社会发展第十一个五年计划的建议》,其中第五部分第36节规定,丰富人民群众精神文化生活,积极发展文化事业和文化产业。加大政府对文化事业的投入。逐步形成覆盖全社会的比较完备的公共文化服务体系。深化文化体制改革,建立党委领导、政府管理、行业自律、企事业单位依法运营的文化管理体制和富有活力的文化产品生产经营机制。繁荣新闻出版、广播影视、文化艺术,创造更多更好适应人民群众需求的优秀文化产品。完善文化产业政策,形成以公有制为主体、多种所有制共同发展的文化产业格局和以民族文化为主体、吸收外来有益文化的文化市场格局。加强文化市场管理,营造扶持健康文化、抑制腐朽文化的社会环境。

2006年5月19日,中央精神文明建设指导委员会颁布《关于深入学习实践社会主义荣辱观大力加强思想道德建设的意见》。这个文件的第一部分指出,胡锦涛总书记提出要引导广大干部群众特别是青少年树立社会主义荣辱观,坚持以热爱祖国为荣、以危害祖国为耻,以服务人民为荣、以背离人民为耻,以崇尚科学为荣、以愚昧无知为耻,以辛勤劳动为荣、以好逸恶劳为耻,以团结互助为荣、以损人利己为耻,以诚实守信为荣、以见利忘义为耻,以遵守纪律为荣、以违法乱纪为耻,以艰苦奋斗为荣、以骄奢淫逸为耻。以"八荣八耻"为主要内容的社会主义荣辱观,是继科学发展观、构建社会主义和谐社会、加强党的执政能力建设和先进性教育、建设创新型国家、建设社会主义新农村之后,我们党从全面建设小康社会、加快推进社会主义现代化建设的高度,把发展社会主义先进文化放到十分突出的位置,为提高人的素质、促进人的全面发展,加强思想道德建设,培育有理想、有道德、有文化、有纪律的社会主义公民而提出的重要指导思想。

这个文献的第三部分提出,报纸、广播、电视等大众传媒和互联网、手机短信、移动电视等传播工具,要始终坚持正确舆论导向,在新闻报道中体现社会主义荣辱观的要求,成为"八荣八耻"的自觉实践者和积极推动者。要加大宣传教育力度,运用言论评论、理论文章、通讯报道、专家访谈、群众讨论等多种形式,深入阐释社会主义荣辱观的深刻内涵和精神实质,充分报道学习贯彻社会主义荣辱观取得的进展和实效,及时宣传推广各地各部门富有成效的做法和经验。要认真总结和宣传践行社会主义荣辱观的先进典型,注意发现和宣传普通人群中的道德楷模,发现和宣传人们身边的好人好事,广泛开展向先进典型学习活动,激励人们见贤思齐、积极向上。要制作播出一批以"八荣八耻"为内容的电视公益广告。在城市社区、乡村集市、公园广场、车站机场、港口码头等公共场所设立宣传荣辱观的标识,让人们耳濡目染,受到熏陶。要充分发挥舆论监督在树立社会主义荣辱观方面的作用,切实加强对社会普遍关注的道德热点问题的引导,褒扬高尚品德,谴责不良行为。

文献的第六部分提出,要扎实推进以社会主义荣辱观为导向的

"文明办网、文明上网"活动,使网络成为传播社会主义先进文化的阵地。要推动参加"文明办网、文明上网"倡议活动的各类网站切实履行承诺,自觉对照倡议内容,自查自纠不良网络行为,带头净化网络环境,带头倡导网络文明。要进一步扩大"文明办网、文明上网"的参与面,把各级政府网站、新闻网站,各类商业网站以及个人网站、博客等都吸引到"文明办网、文明上网"活动中来,根据各自特点,发挥各自优势,增强自律意识,自觉抑制不文明行为。要积极引导广大网民自我约束,相互监督,做到文明上网。

2006年1月8日,《国家突发公共事件总体应急预案》正式颁布,并自发布之日起实施。这个法律规定,突发公共事件的信息发布应当及时、准确、客观、全面。事件发生的第一时间要向社会发布简要信息,随后发布初步核实情况、政府应对措施和公众防范措施等,并根据事件处置情况做好后续发布工作。信息发布形式主要包括授权发布、散发新闻稿、组织报道、接受记者采访、举行新闻发布会等。《预案》还规定,对迟报、谎报、瞒报和漏报突发公共事件重要情况或者应急管理工作中有其他失职、渎职行为的,依法对有关责任人给予行政处分;构成犯罪的,依法追究刑事责任。

《预案》的出台,同2003年春天那场突如其来的非典型肺炎疫情直接有关。疫情初期,应急准备不足,信息渠道不畅。面对疫情,党中央、国务院采取果断措施,紧急颁布《突发公共卫生事件应急条例》。那年7月,胡锦涛在全国防治"非典"工作会议上指出,我们突发事件应急机制不健全,处理和管理危机能力不强;一些地方和部门缺乏应对突发事件的准备和能力。我们要高度重视存在的问题,采取切实措施加以解决。10月,党的十六届三中全会提出,必须提高公共卫生服务水平和突发公共卫生事件应急能力。一年后,在党的十六届四中全会上,进一步提出要建立健全全社会预警体系,形成统一指挥、功能齐全、反应灵敏、运转高效的应急机制,提高保障公共卫生和处置突发事件的能力。于是,经过两年努力,有了现在这个《预案》。在这个文件起草、论证、修改、颁布的过程和以后一段时间里,各部门齐心协力,出台了许多相关的规定。比如,国家保密局首次举行新闻发布会,指出自然灾害死亡人员总数"不再是国家秘密"。卫生部规定,法定传染病疫情必须定期发布。相关部委就安全生产事故灾难、铁路行车事故灾难、海上事故灾难、城市地铁事故灾难、电网大面积停电事件、核电厂严重核事故、突发环境事件等一系列突发事件分别发布专项应急预案。国务院新闻办还就突发事件处置中如何同新闻传媒配合等为主题举行一系列培训班。

2006年5月,中共中央办公厅、国务院办公厅印发了《2006—2020年国家信息化发展战略》。党中央和国务院把信息化提到国家战略的高度。这一文件首先明确指出了全球信息化发展的基本趋势:

"信息化是充分利用信息技术,开发利用信息资源,促进信息交流和知识共享,提高经济增长质量,推动经济社会发展转型的历史过程。20世纪90年代以来信息技术不断创新,信息产业持续发展,信息网络广泛普及,信息化成为全球经济社会发展的显著特征,并逐步向一场全方位的社会变革演进。进入21世纪,信息化对经济社会发展的影响更加深刻。广泛应用、高度渗透的信息技术正孕育着新的重大突破。信息资源日益成为重要生产要素、无形资产和社会财富。信息网络更加普及并日趋融合。信息化与经济全球化相互交织,推动着全球产业分工深化和经济结构调整,重塑着全球经济竞争格局。互联网加剧了各种思想文化的相互激荡,成为信息传播和知识扩散的新载体。电子政务在提高行政效率、改善政府效能、扩大民主参与等方面的作用日益显著。信息安全的重要性与日俱增,成为各国面临的共同挑战。信息化使现代战争形态发生重大变化,是世界新军事变革的核心内容。全球数字鸿沟呈现扩大趋势,发展失衡现象日益严重。发达国家信息化发展目标更加清晰,正在出现向信息社会转型的趋向;越来越多的发展中国家主动迎接信息化发展带来的新机遇,力争跟上时代潮流。全球信息化正在引发当今世界的深刻变革,重塑世界政治、经济、社会、文化和军事发展的新格局。加快信息化发展已经成为世界各国的共同选择。"

这个文件把建设先进网络文化作为我国信息化发展战略的一个重点。指出,加强社会主义先进文化的网上传播,要牢牢把握正确的前进方向,支持健康有益文化,加快推进中华民族优秀文化作品的数字化、网络化,规范网络文化传播秩序,使科学的理论、正确的舆论、高尚的精神、优秀的作品成为网上文化传播的主流。为改善公共文化信息服务,要鼓励新闻出版、广播影视、文学艺术等行业加快信息化步伐,提高文化产品质量,增强文化产品供给能力。加快文化信息资源整合,加强公益性文化信息基础设施建设,完成公共文化信息服务体系,将文化产品送到千家万户,丰富基层群众文化生活。为加强互联网对外宣传和文化交流,要整合互联网对外宣传资源,完善互联网对外宣传体系建设,不断提高互联网对外宣传工作整体水平,持续提升对外宣传效果,扩大中华民族优秀文化的国际影响力。为建设积极健康的网络文化,要倡导网络文明,强化网络道德约束,建立和完善网络行为规范,积极引导广大群众的网络文化创作实践,自觉抵御不良内容的侵蚀,摈弃网络滥用行为和低俗之风,全面建设积极健康的网络文化。

2006年10月11日,党的十六届六中全会通过了《中共中央关于构建社会主义和谐社会若干重大问题的决定》。这个文献强调,社会和谐是中国特色社会主义的本质属性,是国家富强、民族振兴、人民幸福的重要保证。构建社会主义和谐社会,是从中国特色社会主义事业总体布局和全面建设小康社会全局出发提出的重大战略任务。早在2005年2月19日,胡锦涛在省部级主要领导干部提高构建社会主义和谐社会能力专题研讨班的讲话就强调了这一战略任务的意义。在那个讲话中胡锦涛指出,一些国家和地区的发展历程表明,在人均国内生产总值突破1 000美元之后,经济社会发展就进入了一个关键阶段。在这个阶段,既有因为举措得当从而促进经济快速发展和社会平衡进步的成功经验,也有因为应对失误从而导致经济徘徊和社会长期动荡的失败教训。因此,我们提出构建社会主义和谐社会,既是对我国改革开放和现代化建设经验的科学总结,也是在新的国内外形势下提高党的执政能力、贯彻落实科学发展观、更好地推进我国经济社会发展的战略举措。

经过几年的调查研究和反复修改,十六届六中全会出台的《决定》更加深刻、全面、系统和更具可操作性。《决定》提出构建社会主义和谐社会必须遵循的六个原则是:必须坚持以人为本,必须坚持科学发展,必须坚持改革开放,必须坚持民主法治,必须坚持正确处理改革发展稳定的关系,必须坚持在党的领导下全社会共同建设。

《决定》对新闻传媒和舆论导向的要求集中在第五部分第三点。文献说正确的思想舆论导向是促进社会和谐的重要因素。新闻出版、广播影视、文学艺术、社会科学,要坚持正确导向,唱响主旋律,为改革发展稳定营造良好思想舆论氛围。新闻媒体要增强社会责任感,宣传党的主张,弘扬社会正气,通达社情民意,引导社会热点,疏导公众情绪,搞好舆论监督。健全突发事件新闻报道机制,及时发布准确信息。

加强对互联网等的应用和管理,理顺管理体制,倡导文明办网、文明上网,使各类新兴媒体成为促进社会和谐的重要阵地。哲学社会科学要坚持以马克思主义为指导,以重大现实问题研究为主攻方向,发挥认识世界、传承文明、创新理论、咨政育人、服务社会的作用。文学艺术要弘扬真善美,创作生产更多陶冶情操、愉悦身心的优秀作品,丰富群众文化生活。坚持不懈地开展"扫黄打非"。

胡锦涛主持党中央工作以来,不仅坚持正面说理,着力理论创新,在新形势下推进马克思主义新闻学发展;而且通过一个又一个法律文件和制度规定,把新闻学新观点、新闻传播新机制制度化、法律化,使新的理论同新的实践紧密结合起来;他还借助党内监督条例、纪律处分条例等新的规范中的相关条文,保障这些新观点的传播和新机制的贯彻。

二、胡锦涛新闻思想的主要内容

分析、梳理胡锦涛的新闻经典论著和在他主持下出台的文献的相关内容,可以对胡锦涛新闻思想的主要内容作如下归纳和总结。

1. 以人为本的新闻舆论宗旨

以人为本,立党为公,执政为民,是胡锦涛主政党中央工作的核心理念,也是他规范和指导新闻舆论工作的最高宗旨。

胡锦涛认为,思想政治工作、新闻舆论工作,说到底是做人的工作,必须坚持以人为本。既要坚持教育人、引导人、鼓舞人、鞭策人,又要做到尊重人、理解人、关心人、帮助人。新闻传媒要大力宣传立党为公、执政为民的要求,着力营造权为民所用、情为民所系、利为民所谋的良好氛围,深刻阐述群众利益无小事的道理,多办得人心、暖人心、稳人心的好事实事,把党和政府的温暖送到群众心坎上。

胡锦涛认为,新闻舆论工作坚持以人为本的宗旨,就必须把实现好、维护好、发展好最广大人民的根本利益作为新闻宣传工作的出发点和落脚点,尊重人民主体地位,发挥人民首创精神。同时,要努力增强新闻报道的亲和力、吸引力和感染力。新闻传播对于人民群众的尊重与依靠,必须注重在报道新闻事实中体现正确导向,在同群众交流互动中形成社会共识,在加强信息服务中开展思想教育,用事实说话,用典型说话,用数字说话,化解矛盾,理顺情绪,引导各方面群众共同前进。

贯彻执行以人为本的新闻舆论工作宗旨,胡锦涛处处、时时强调新闻舆论工作必须有利于人的全面成长、全面发展。为此,他要求党和政府不仅要使广大人民群众在物质生活上有充分保障,在精神文化生活上也要有充裕的资源。新闻传媒应努力满足广大人民群众不断增长的精神文化生活上的需求。他要求党和政府领导文化工作时,必须把发展文化的着力点,放在满足人民群众精神文化需求和促进人的全面发展上。

2. "三贴近"——新闻传播的价值取向

胡锦涛指导新闻传播工作时,始终强调一切新闻报道,必须贴近实际、贴近生活、贴近群众。他把"三贴近"方针作为新闻传播工作乃至整个文化工作的价值取向。

胡锦涛要求新闻工作者牢固树立党的群众观点,努力把马克思主义理论和社会主义思想道德教育的一致性,与社会不同群体的特点和要求的多样性统一起来,努力把理想信念和道德观念宣传教育的理论性,与人民群众日常工作和生活的实践性统一起来,使宣传教育工作做到形式多样、生动活泼、为群众所乐于接受、能够回答群众中存在的思想认识问题。他对思想政治工作的要求是:思想政治工作必须结合经济工作和其他实际工作一道去做,把解决思想问题同解决实际问题紧密结合起来。他提出,新闻传媒要坚持正确的舆论导向,大力宣传党的路线方针政策,多报道对工作有指导意义、群众关心的内容,力求准确、鲜明、生动,努力使新闻报道贴近实际、贴近生活、贴近群众,努力地为人民服务、为社会主义服务。

新闻报道要坚持"三贴近"方针,新闻工作者就必须坚持"三深入"。他要求包括新闻工作者在内的精神文化工作者,深入实际、深入生活、深入群众,为人民奉献更多无愧于时代的精神文化产品。他要求全面宣传中央精神,及时反映社情民意,真正使我们的新闻报道贴近群众,打动人心,赢得人心。要善于用事实说话,用实践的结果说服人、教育人,使广大群众通过经济发展和社会进步的巨大变化来认识路线方针政策的正确性,进一步增强对我们国家未来发展的信心。

胡锦涛强调,要坚持"三贴近"方针,当前就要进一步改进会议报道和领导同志活动的报道。他指出,进一步改进会议和领导同志活动的新闻报道,对全面贯彻"三个代表"重要思想和十六大精神,促进和带动全党同志特别是各级领导干部进一步改进思想作风、工作作风和领导作风,密切党同人民群众的关系,具有十分重要的意义。他主持政治局召开专门会议,就改进工作作了具体规定,大致内容有:中央领导同志出席部门召开的会议,一般不作报道。中央领导同志题词、作序、写贺信、发贺电、参观展览、观看演出、给部门或地方的指示或批示、出席地方和部门举办的颁奖、剪彩、奠基、首发、首映等仪式和接见、照相、联欢、探望、纪念会、联谊会、研讨会等活动,一般不作公开报道。除了具有全局性的重大会议外,会议报道不应把中央领导同志是否出席作为报道与否和报道规格的唯一标准,不应完全依照职务安排报纸版面和电视时段。规定地方党报关于地方领导的报道规格,不得简单比照中央领导,因为中央领导同志担负着国务活动的任务。此外,还规定新闻传媒在遵守上述规定之外,如觉得有些领导同志活动或他所出席的会议有新闻价值,可自主决定在海外报道或在新闻网站上报道。

3. 按新闻规律充分发挥新闻传媒社会功能

高度重视新闻舆论和新闻传媒,按客观规律用好管好新闻传媒和舆论导向,是胡锦涛新闻思想的重要内容。

胡锦涛强调新形势下新闻舆论工作的重要性。新闻舆论处于意识形态领域前沿,对社会精神生活和人们思想意识有着重大影响。当今社会,随着经济社会快速发展和科技不断进步,信息传递和获取越来越快捷,新闻舆论作用越来越突出。做好新闻宣传工作,关系党和国家工作全局,关系改革和经济社会发展大局,关系国家长治久安。

胡锦涛指出,党的执政地位不是与生俱来的,也不是一劳永逸的。要深刻汲取世界上一些执政党兴衰成败的经验教训,更加自觉地加强执政能力建设。他认为,执政党的执政能力具体表现为驾驭社会主义市场经济、发展社会主义民主政治、建设社会主义先进文化、构建社会主义和谐社会和应对国际局势、处理国际事务的能力等五种。经验表明,这五种能力都离不开对新闻传媒的有效使用和灵活驾驭,而有实力和有效率的新闻传媒,本身就是社会主义先进文化的一部分,是一个国家综合国力的一部分。

胡锦涛指出,我们必须运用马克思主义的立场、观点、方法,通过摆事实、讲道理,开展积极的思想斗争和批评,教育引导干部群众不断克服和抵制各种错误的东西,保持正确的思想舆论在我们社会政治生活中的主导地位。但是怎样才能巩固和发展这个全国人民团结奋斗的思想基础呢?也就是说,怎样才能唱响主旋律,打好主动仗?重要的是要尊重舆论宣传的规律,讲究舆论宣传的艺术,不断提高舆论引导的水平和效果。除了前面提到的要坚持"三贴近"方针搞好日常的新闻报道外,还要重视对社会热点问题和敏感问题的引导,自觉从大局出发考虑问题,掌握好政策,把握好尺度,做好理顺情绪、平衡心理、化解矛盾的工作。

按规律办事,首先要对党提出的各种目标、各种理论,有一种正确的定位,要摆正各项目标和各种理论之间的位置。胡锦涛说,中国特色社会主义伟大旗帜是当代中国发展进步的旗帜,是全党和全国各族人民团结奋斗的旗帜。解放思想是发展中国特色社会主义的强大动力。科学发展和社会和谐是发展中国特色社会主义的基本要求。全面建设小康社会是党和国家到2020年的奋斗目标,是全国各族人民的根本利益所在。对于科学发展观的各个要素如何理解和把握?胡锦涛说,科学发展观的第一要义是发展,核心是以人为本,基本要求是全面协调可持续,根本方法是统筹兼顾。对于"以人为本"的理解和把握,胡锦涛认为它包括这样几层意思:全心全意为人民服务是党的根本宗旨,党的一切奋斗和工作都是为了造福人民,要始终把实现好、维护好、发展好最广大人民的根本利益作为党和国家一切工作的出发点和落脚点;尊重人民主体地位,发挥人民首创精神,保障人民各项权益,走共同富裕的道路;促进人的全面发展,做到发展为了人民,发展依靠人民,发展成果由人民共享。

按照这样的理解和掌握去报道和宣传党的理论、方针、政策、战略、策略,就可以不互相替代,不纲目不分,度也可以把握得比较准确。这就叫按新闻宣传的规律办事。

胡锦涛指出,按新闻传播规律办事,就要用时代要求审视新闻宣传工作。时代变了,对象变了,新闻宣传就应该有相应的变化。当前,必须创新观念、创新内容、创新形式、创新方法、创新手段,努力使新闻宣传工作体现时代性、把握规律性、富于创造性,不断提高舆论引导的权威性、公信力、影响力。

他要求认真研究新闻传播的现状和趋势,深入研究各类受众群体的心理特点和接受习惯,加强舆情分析,主动设置议程,善于因势利导。他还要求从社会舆论多层次的实际出发,把握媒体分众化、对象化的新趋势,以党报党刊、电台电视台为主,整合都市类媒体、网络媒体等多种宣传资源,努力构建定位明确、特色鲜明、功能互补、覆盖广泛的舆论引导新格局。

胡锦涛坚持党管媒体的原则和传统。他强调,新闻宣传是一项政治性、政策性很强的工作,必须讲大局、讲原则、讲纪律。任何面向社会大众的媒体,都必须自觉地、积极地宣传党的主张,宣传先进的思想文化。新闻媒体的主管部门要认真负责,严格把关,坚决按规矩办,牢牢掌握舆论宣传的主动权。但是这种领导和管理,既要尊重传统,又要敢于创新;既要坚持党性,又要关注民生。他说,不继承就没有前进的基础,不创新就没有发展的动力。要坚持解放思想、实事求是、与时俱进,科学地认识和把握新形势下宣传思想工作的特点和规律,形成新思路,探索新办法,开辟新途径,取得新成效。要把体现党的主张和反映人民心声统一起来,把坚持正确导向和通达社情民意统一起来,多报道人民群众的工作生活,多反映人民群众的利益要求,多宣传人民群众中涌现出来的先进典型,激励全体人民信心百倍地创造美好生活。

4. 求真务实,争取舆论引导新成效

胡锦涛高度重视舆论引导工作。他说,舆论引导正确,利党利国利民;舆论引导错误,误党误国误民。要牢固树立政治意识、大局意识、责任意识、阵地意识,把坚持正确导向放在新闻宣传工作的首位。他多次强调,要把提高舆论引导能力放在突出位置,进行深入研究,拿出切实措施,取得新的成效。

求真务实,是胡锦涛一再强调的要求。他说,求真务实,要紧紧围绕落实党和国家的各项工作来进行,最重要的是见诸实践、见诸行动、取得成效。要在全党大力弘扬求真务实精神、大兴求真务实之风,关键是要引导全党同志不断求我国社会主义初级阶段基本国情之真,务坚持长期艰苦奋斗之实;求社会主义建设规律和人类社会发展规律之真,务抓好发展这个执政兴国的第一要务之实;求人民群众的历史地位和作用之真,务发展最广大人民根本利益之实;求共产党执政规律之真,务全面加强和改进党的建设之实。

胡锦涛要求舆论引导有新成就,关键之一就是引导社会舆论过程中要发扬求真务实的精神,也就是要坚持讲真话,报实情,实事求是地反映情况,坚决反对弄虚作假。要切实改进文风,写文章、搞报道都要言之有物、生动鲜活、言简意赅,切忌八股习气。同时,新闻工作者要密切关注国内外大事,善于捕捉信息,进一步增强宣传报道的敏锐性和时效性。

胡锦涛针对中国新闻传媒存在的弊端,主政中央工作以来,始终强调,要增强宣传舆论工作的时效性和针对性,提高吸引力和感召力。他视察解放军报社时要求,提高新闻宣传的吸引力、感召力、战斗力。视察人民日报社时要求,增强新闻报道的亲和力、吸引力、感染力。根据他在宣传工作会议上的多次讲话归纳,他这里所谓的针对性,主要是新闻报道和舆论宣传要向干部群众讲清楚深化改革、推进经济结构调整的重要性和必要性,讲清楚前进中面临的困难和问题只能通过深化改革和加快发展来解决的道理,讲清楚党和政府解决困难和问题的有关政策措施,帮助他们释疑解惑,引导他们正确对待改革中利益关系的调整,进一步增强信心,更加自觉地支持改革、投身建设。他这里所谓的实效性,主要是要注重把解决思想问题同解决实际问题结合起来,因为我们党从来就是靠实实在在为群众谋利益,而不是靠空洞的说教来赢得人民群众的拥护和爱戴的。所以胡锦涛说,从这个意义上看,为群众排忧解难,多办实事好事,就是最直接、最生动、最有说服力的思想政治工作,也是最有实效的新闻宣传和舆论引导。

如何真,如何实,如何才有针对性,如何才有实效性,舆论引导能力如何才能提高,这一系列难题的破解,需要深入的调查和深刻的理论研究。所以胡锦涛十分重视对新闻传播的调查和研究工作。他在人民日报社考察时提出,要把提高舆论引导能力放在突出位置,进行深入研究,拿出切实措施,取得新的成效。他在一次宣传思想工作会议上也提出,要坚持以改革发展稳定中的实际问题,以我们正在做的事情为中心,着眼于马克思主义理论的应用,着眼于对实际问题的理论思考,着眼于新的实践和新的发展,加强和改进理论研究。他确信,经过这样深入的调查和深刻的研究,对群众的思想实际和我们的工作现状就有了切实的把握,又有先进的理论作指导,还能用事实说话,用典型说话,用群众熟悉的语言和他们喜闻乐见的方式,就能改进我们的新闻宣传和舆论引导,真正收到新的实效。

5. 重视和改进突发事件的新闻报道

高度重视突发事件的公开报道,建立和健全突发事件新闻报道应急机制,是胡锦涛主政党中央工作的一项重大举措,是他的新闻思想的一项重要内容。

胡锦涛对突发事件的基本态度是:完善新闻发布制度,健全国内外重大突发事件快速反应和应急机制,及时传播信息,正确引导舆论。他的这一基本立场为全党接受,成为执政党的共识,写入了党的关于加强执政能力建设的决定。这个文献规定：建立社会舆情汇集和分析机制，畅通社情民意反映渠道。建立健全社会预警体系，形成统一指挥、功能齐全、反应灵敏、运转高效的应急机制，提高保障公共安全和处理突发事件的能力。

第十六届中央委员会先后通过了《突发公共事件应急条例》和《国家突发公共事件总体应急预案》两个文件，并使政府信息发布制度不断得到加强和改进。

公开报道突发事件及相关政策的出台，首先反映了他对人的生命的尊重和珍爱。他始终强调，坚持以人为本是坚持立党为公、执政为民的必然要求。我们党在全部执政活动中，都要把维护和实现最广大人民的根本利益作为一切工作的出发点和落脚点。坚持以人为本，要从人民群众最现实、最关心、最直接的问题抓起。像突发事件这样关系千万人的大事，执政党和新闻传媒自然要当作头等大事给予关注，给予最大程度的公开报道。

公开报道突发事件，是坚持贯彻"三贴近"方针的具体表现。对突发事件的相关人员、地区和部门来说，在这一时段和这一地区，突发事件及其处理结果就是群众最大的实际，涉及的人员也最多，新闻报道以此为议程和内容，就是贴近了实际、生活和群众。

公开报道突发事件，也是在最尖锐、最敏感的问题上坚持了党中央要求的"讲真话、报实情"和"求真务实"的要求。不隐瞒，不漏报，不夸大，不缩小，按事物的本来面貌报道新闻，是新闻改革的起码要求，也是媒体公信力的最好体现。

公开报道突发事件，是保障公民知情权的重要体现。公民有权及时知晓自己的生存环境及其变动。党和政府努力的目标之一就是要为公民知情权、参与权、表达权、监督权的建立与扩大构建法律保障体系，而规定突发事件公开报道的原则，正是这种积极努力的表现。

中央和相关政府部门对突发事件新闻报道与紧急处置预案作了十分严格、具体和可操作的规定，有力保障了中央关于上述突发事件新闻报道的基本立场在实际工作中得以贯彻。规定突发事件的信息发布必须及时、准确、客观和全面，要求事件发生的第一时间要向社会公布简要信息，随后发布初步核实情况、政府应对措施和公众防范措施，对信息发布的形式也作了相当仔细的规定。对迟报、谎报、瞒报、漏报和其他失职渎职情况的处分也有详尽说明。

6. 重视新媒体作用,努力形成网上正面舆论强势

胡锦涛对新媒体发展后的传播格局变化有充分的估计,对由此而带来的经济发展和人们思想的变化也有深刻的揭示。他指出,随着改革的不断深化、对外开放的不断扩大,随着社会经济成分、组织方式、就业方式、利益关系和分配方式的日益多样化,随着各种媒体特别是信息网络化的迅速发展,人们思想活动的独立性、选择性、多变性、差异性明显增强,影响干部群众的因素和渠道也越来越复杂多样,统一思想的工作比过去要艰巨得多。

面对这种新形势,胡锦涛认为,互联网已成为当代思想文化信息的集散地和社会舆论的放大器,我们要充分认识以互联网为代表的新兴媒体的社会影响力,高度重视互联网的建设、运用、管理,努力使互联网成为传播社会主义先进文化的前沿阵地、提供公共文化服务的有效平台、促使人们精神生活健康发展的广阔空间。

胡锦涛提出要构建舆论引导新格局。他说,必须加强主流媒体建设和新兴媒体建设,形成舆论引导新格局。要从社会舆论多层次的实际出发,把握媒体分众化、对象化的新趋势,以党报党刊、电台电视台为主,整合都市类媒体、网络媒体等多种宣传资源,努力构建定位明确、特色鲜明、功能互补、覆盖广泛的舆论引导新格局。他还指出,要把发展主流媒体作为战略重点,加大支持力度,扩大覆盖面和影响力。同时又要切实加强互联网的舆论宣传,进一步办好新闻网站,不断增强网上宣传的影响力和战斗力。

胡锦涛把抓互联网建设提到加强党的执政能力高度,强调要重视互联网等新型媒体对社会舆论的影响,加快建立法律规范、行政监管、行业自律、技术保障相结合的管理体制,加强互联网宣传队伍建设,形成网上正面舆论的强势。中央的相关文件要求,正确引导网上舆论开展防腐倡廉教育,加强对互联网站反腐倡廉教育的指导和管理。中央还要求开展好"文明办网、文明上网"活动,纠正不良网络行为,净化网络环境,倡导网络文明。中央要求把建设先进网络文化作为我国信息化发展战略的一个重点,加强社会主义先进文化的网上传播,使科学的理论、正确的舆论、高尚的精神、优秀的作品成为网上文化传播的主流。

7. 加强和改进新闻舆论监督

胡锦涛指出,发展社会主义民主政治,建设社会主义政治文明,是全面建设小康社会的重要目标。要让权力在阳光下运作,要加强对权

力的制约和监督。

胡锦涛强调要把宣传党的主张和反映人民心声结合起来,而新闻舆论监督正是人民心声表达的重要渠道。他强调要站在民主政治建设的高度,站在提高党的执政能力的高度,开展和改进舆论监督工作。

胡锦涛强调要建立完善人大、政协、司法机关、人民群众、舆论五个系统依法进行监督的机制。他领导制定的党内监督条例十分重视舆论监督,要求新闻传媒通过内部反映或公开报道,发挥舆论监督的作用。要求各级党组织和党员领导干部重视和支持舆论监督,听取意见,推动和改进工作。

胡锦涛强调,只有开展积极思想斗争,才能实施正确的监督,才能保持正确的思想舆论在我国社会政治生活中的主导地位。他说,积极的与消极的、正确的与错误的思想常常相互交织,真理总是在同谬误的斗争中确立、发展和深入人心的。如果对错误的思想言论听之任之、对腐朽没落的思想文化任其泛滥,发展下去就会搞乱党性民心,危害大局。因此,我们必须用马克思主义的立场、观点、方法,通过摆事实、讲道理,开展积极的思想斗争和批评,教育引导干部群众不断克服和抑制各种错误的东西,保持正确思想舆论在我国社会政治生活中的主导地位。

胡锦涛指出,要正确开展舆论监督,应该注意区分社会生活中的主流和支流,既大胆揭露和批评各种社会不良现象,又防止人为炒作带来的消极影响,使舆论监督真正起到扶正祛邪、激浊扬清的作用。

胡锦涛高度重视制度建设。他要求建立健全社会利益协调机制,引导群众以理性合法的形式表达利益要求,解决利益矛盾,自觉维护安定团结。他要求建立社会舆情汇集与分析机制,通达社情民意反映渠道。这些,对于健康有效地推进舆论监督,是十分重要的。

8. 改进对外新闻宣传工作,改变"西强我弱"的国际舆论格局

胡锦涛对我国所处的国际舆论地位有清醒的认识。他说,当前,世界范围内各种思想文化交流、交融、交锋更加频繁,"西强我弱"的国际舆论格局没有根本改变,新闻舆论领域的斗争更趋激烈、更趋复杂。在这样的情况下,新闻宣传工作任务更为艰巨,责任更加重大。为此,他提出,要坚持把加强和改进对外宣传作为宣传思想战线的一项战略性任务。要紧紧围绕党和国家的工作大局,认真贯彻中央的对外工作方针,全面客观地向世界介绍我国社会主义物质文明、政治文明和精神文

明不断发展的情况,及时准确地宣传我国对国际事务的主张,着力维护国家利益和形象,不断增进我国人民同各国人民的相互了解和友谊,逐步形成同我国国际地位相适应的对外宣传舆论力量,为全面建设小康社会营造良好的国际舆论环境。他还强调,对外宣传一定要打好主动仗,掌握主动权,增强对外宣传的针对性、有效性和亲和力、说服力。

在他的要求下,中央宣传主管部门提出建立和完善三种对外宣传工作机制:第一,对外宣传统筹协调机制。各对外宣传部门要相互支持配合,及时沟通,统一对外宣传步调,努力形成对外宣传合力。第二,对外宣传新闻发布机制。新闻发布要做到经常化、规范化。要做好对外新闻发布的统一协调和组织工作,提高新闻发布的质量和权威性。第三,应对突发事件高效新闻宣传报道机制。这一机制的建立可以保障突发事件的对外报道及时和主动。

胡锦涛指出,应对国际局势和处理国际事务的能力,是执政能力的重要组成部分。他要求我们全面认识和把握国际因素对我国的影响,不断提高同国际社会交往的本领。要加强和改进对外宣传工作,积极开展对外文化交流,进一步推动形成有利于我国发展的国际舆论环境。既要把中国的优秀文化作品推向世界,又要吸收各国有益文化为我所用。

在胡锦涛的领导下推出的加快我国信息化进程的文件规定,为加强互联网对外宣传和文化交流,要整合互联网对外宣传资源,完善互联网对外宣传体系建设,不断提高互联网对外宣传工作的整体水平,持续提升对外宣传效果,扩大中华民族优秀文化的国际影响力。

9. 加大改革力度,积极推进新闻传媒的科学管理

胡锦涛指出,新闻宣传工作必须坚持解放思想、实事求是、与时俱进,适应国内外形势的新变化,顺应人民群众的新期待,以改革创新精神做好工作。他还提出,要用时代的要求来审视宣传思想工作,用发展的眼光来研究宣传思想工作,用改革的精神来推动宣传思想工作,努力使宣传思想工作更好地体现时代性,把握规律性,富于创造性。

对于新闻传媒的管理与改革,胡锦涛始终以辩证法的思维与要求给予正确的定位。在传媒的性质与功能上,他一方面要求我们坚持新闻媒体是党和人民的喉舌,一定要遵循新闻工作的党性原则,坚持团结稳定鼓劲、正面宣传为主的方针,牢牢把握正确的舆论导向,努力营造昂扬向上、团结奋进、开拓创新的良好氛围;另一方面又要求我们坚持

解放思想、改革前进,尊重舆论宣传的规律,讲究舆论宣传的艺术,不断提高舆论引导的水平和效果。

胡锦涛始终强调,要把社会效益放在首位,做到经济效益与社会效益相统一。他要求深化文化体制改革,完善扶持公益性文化事业、发展文化产业、鼓励文化创新的政策,营造有利于出精品、出人才、出效益的文化环境。他要求在时代的高起点上推动文化内容形式、体制机制、传播手段的创新,解放和发展文化生产力。他强调,要革除制约文化发展的体制性障碍,坚持把文化发展的着力点放在满足人民群众精神文化需求和促进人的全面发展上。要以体制机制创新为重点,增强微观活力,健全文化市场体系,依法加强管理,促进文化事业全面繁荣和文化产业快速发展,增强我国文化的总体实力。完善文化产业政策,形成以公有制为主体、多种所有制共同发展的文化产业格局和以民族文化为主体、吸收外来有益文化的文化市场格局。加强文化市场管理,营造扶持健康文化、抑制腐朽文化的社会环境。

10. 切实抓好新闻宣传队伍建设

胡锦涛强调,必须切实抓好队伍建设,增强凝聚力和战斗力。他说,做好新闻宣传工作,关键在班子、在队伍、在人才。要大力加强新闻宣传战线领导班子建设,把思想政治坚定、组织能力突出、熟悉新闻宣传工作、富有改革创新精神的优秀干部选拔到领导岗位上来,确保新闻宣传工作的领导权牢牢掌握在忠于马克思主义、忠于党、忠于人民的人手里。要坚持马克思主义新闻观,深化"三个代表"重要思想、马克思主义新闻观、职业精神职业道德"三项学习教育"活动,引导广大新闻宣传工作者不断提高思想政治水平、增强业务本领,努力建设一支政治强、业务精、作风正、纪律严的新闻宣传队伍。要加强对中青年骨干的培养锻炼,采取多种措施培养造就更多人民群众喜爱的名记者、名编辑、名评论员、名主持人。广大新闻宣传工作者要加强自身思想准备修养,带头实践社会公德,恪守职业道德,做积极实践社会主义荣辱观的表率。

胡锦涛要求新闻宣传工作者和主管部门领导人不断地关心和研究新闻宣传面临的新情况、新问题,要在这种坚持不懈的学习和研究中扩大视野、增长才干。他在组织政治局集体学习研究"世界文化产业发展状况和我国文化产业发展战略"的活动中指出,当今世界,文化赖以发展的物质基础、社会环境、传播条件发生了深刻变化。我们要深入研究新形势下我国文化发展面临的新情况新问题,善于在更加开放的环境中建设中国特色社会主义。正是在这一次政治局集体学习推动下,新闻界开始关注文化体制改革,大力创建文化产业。

胡锦涛在2006年1月召开的全国科学技术大会上指出,发轫于20世纪中叶的新科技革命及其带来的科学技术的重大发明和广泛应用,推动世界范围内生产力、生产方式、生活方式和经济社会发展观发生了前所未有的深刻变革,也引起全球生产要素流动和产业转移加快,经济格局和安全格局发生了前所未有的重大变化。进入21世纪,世界新科技革命的势头更加迅猛,正孕育着新的重大突破。信息科技将进一步成为推动经济增长和知识传播应用进程的重要引擎。正是在胡锦涛这种时代意识和世界眼光的推动下,党中央和国务院不久出台了国家信息化发展战略。这一发展战略也极其有力地推动新闻传媒的改革和新闻宣传工作者的思想解放及知识更新。最近胡锦涛考察人民日报社时指出,互联网已成为思想文化信息的集散地和社会舆论的放大器,我们要努力使互联网成为传播社会主义先进文化的前沿阵地、提供公共文化服务的有效平台、促进人们精神生活健康发展的广阔空间。这一新的观点再一次扩大了新闻宣传工作者的视野,推动他们加倍努力工作,开拓创新。

胡锦涛要求新闻宣传工作者必须讲大局、讲原则、讲纪律。他强调,任何面向社会大众的媒体,都必须自觉地积极地宣传党的主张,宣传先进的思想文化,不允许同党的路线方针政策唱反调,不允许发表违反四项基本原则和中央精神的言论,不允许传播混淆视听的政治谣言。新闻媒体的主管部门要认真负责,严格把关,坚决按规矩办,牢牢掌握舆论宣传的主动权。要加强调研,加强管理,防微杜渐,堵塞漏洞,防止因工作疏忽和把关不严造成重大失误而影响社会稳定的现象发生。

胡锦涛强调,提高办报水平,关键在人,在队伍。他要求新闻宣传工作者进一步坚定理想信念,加强党性锻炼,提高能力素质,为国家和人民奉献更多优秀作品。

三、胡锦涛新闻思想评价

我们从胡锦涛大量充溢着智慧和哲理的新闻经典论著和他主持下

制定的关于新闻宣传和舆论传播文献中,看到他对马克思主义新闻学的发展以及他在推进马克思主义新闻学中国化中所取得的成就。

1. 在高起点上阐发新闻思想

胡锦涛从高起点上——时代意识和全球眼光考察新闻传播现象,阐发新闻思想。在新科技革命的新世纪,他高举现代化的旗帜,在中国拉开信息化征程的序幕。他从当代信息传播的广阔背景规划新闻宣传大局。在新世纪,经济全球化的迅猛推进已是不争的事实,让世界更广泛更深入地了解中国,让中国更客观更全面地了解世界的无穷动力,推动中国新闻传媒和舆论传播在更为广阔的空间展开。正是在这样的时代意识和全球眼光下,胡锦涛的新闻思想视野更加开阔,学理更为深透,许多代表性的新闻观点充满着现代气息和大国气派。

2. 着力于新闻宣传规律的探索和辩证法的运用

胡锦涛新闻思想着力于新闻传播、宣传舆论、受众心理、主流媒体与新兴媒体互动等基本规律的探索,所以他所揭示的学理深刻、全面,具有普遍的指导意义。胡锦涛的新闻观点、舆论主张、媒介政策显示着辩证法的睿智和力量,显示着马克思主义新闻学方法论的实效性。胡锦涛新闻思想透彻、全面,没有片面性,把握真理性,富有实用性。读着"把体现党的主张和反映人民心声结合起来,把坚持正确导向和通达社情民意统一起来"一类的论述,令我们为胡锦涛深厚的唯物辩证法功底所折服。

3. 用"以人为本"规范新闻传播与舆论宣传

胡锦涛新闻思想体现着以人为本的理念,闪耀着权为民所用、情为民所系、利为民所谋的执政党的崇高承诺。他的新闻思想的许多内容,包括新闻体制机制的设定、新闻内容和形式的改革、方法方式和手段的创新,都无不从人民的根本利益出发,又落脚到人民的根本利益。学习和理解胡锦涛的新闻思想,会深深地被他心里想着亿万民众的精神所感动,也会使新闻工作者情不自禁地严格律己,做人民忠实的代言人,为人民的知情权、参与权、表达权、监督权的实现不懈努力。

4. 为新兴媒体开辟施展功能的广阔空间

胡锦涛新闻思想中有一大部分是论述新兴媒体和信息化的。作为党的新一代领导人,他的远大目光和博大胸怀在这里表现得非常充分。

胡锦涛新闻思想中涉及互联网传播的论述,主要是肯定它的巨大的社会功能和作为新媒体的舆论强势。他那些"互联网已成为思想文化信息的集散地和社会舆论的放大器"一类的论述,最直接地表现出中国领导人对于当代科学技术新成就的开放态度。这种高姿态和开明政策对中国新闻界在坚持以主流媒体为战略重点的同时,大力推进新兴媒体的迅猛发展,无疑是一种极大的推动与鞭策。

5. 继续解放思想,加强新闻改革力度

胡锦涛新闻思想处处表现出求真务实的特色。在对外宣传和营造于我国现代化发展有利的国际舆论环境方面的研究与论述,尤为突出。

他首先坦率指出,在国际传播上,我国仍然未能改变"西强我弱"的被动局面和基本格局。他又非常务实地指出,改革突发公共事件新闻报道,制定和贯彻突发事件新闻报道应急处置办法,是改变这种落后状况的有效办法。也正是在胡锦涛主政的岁月里,中国的突发公共事件新闻报道,无论对内还是对外,破除坚冰,有了根本性改观。

把传统的新闻事业区分为公益性新闻事业和经营性文化产业,是贯彻落实胡锦涛新闻思想的又一个成果。

更高地举起解放思想的旗帜,进一步加大新闻改革的力度,是胡锦涛论述新闻宣传与舆论传播时始终强调的观点,它本身又是胡锦涛新闻思想的一个亮点。

[思考题]

1. 江泽民新闻思想的主要内容及其评价。
2. 胡锦涛新闻思想的主要内容。
3. 胡锦涛新闻思想评价。

[阅读书目]

1. 丁柏铨、丁和根、董秦著:《改革开放以来中国共产党新闻思想研究》,新华出版社 2006 年版。
2. 郑保卫主编:《中国共产党新闻思想史》第八章,福建人民出版社 2004 年版。
3. 陈力丹著:《马克思主义新闻观思想体系》第二十九、三十章,中国人民大学出版社 2006 年版。

[下 编]
新闻传播规范和阅读文献

第九章

以马克思主义新闻观为指导建构新闻传播规范

> 马克思、恩格斯、列宁、斯大林的理论,是"放之四海而皆准"的理论。不应当把他们的理论当作教条看待,而应当看作行动的指南。不应当只是学习马克思列宁主义的词句,而应当把它当成革命的科学来学习。不但应当了解马克思、恩格斯、列宁、斯大林他们研究广泛的真实生活和革命经验所得出的关于一般规律的结论,而且应当学习他们观察问题和解决问题的立场和方法。
>
> ——毛泽东

马克思主义新闻学是无产阶级及其政党新闻传播活动和经验的理论总结,是马克思主义经典作家关于新闻传播的观点与学说的理论体系。马克思主义新闻学中专门涉及新闻传播基本原理,如传媒的性质和特点,新闻的功能与价值等内容,称之为马克思主义新闻观,即新闻传播的基本观点。这些基本观点形成于实践,发展于实践,又必然要回到实践中去,指导无产阶级及其政党的新闻传播行为,指导无产阶级和社会主义新闻事业的运作与发展。它要为新闻工作者指出和阐述新闻传播的基本规律,指导他们从理论同实践的结合上建构新闻传播的行为规范。规范一经形成,令新闻工作者共同遵循,以确保新闻传媒历史使命的完成。新闻传播的行为规范,一般包括思想规范、政治规范、组织规范、业务规范、道德规范、经营规范等六个方面。

第一节　真实报道：新闻传播的思想规范

新闻传播的真实性，是指新闻报道同其所反映的客观事实的相符程度，即新闻报道反映新闻事实的准确度和可靠性。新闻报道是客观事实在新闻传播者头脑中的反映，是通过某种符号向受众发布的物化产品。马克思主义新闻观指出，辩证唯物论和实事求是思想路线，要求新闻工作者真实地反映客观存在。因此，坚持真实报道，是马克思主义新闻观对新闻传播实践提出的思想上的基本规范。

一、新闻传播的根本出发点

新闻传播，是在新闻传播的客观规律支配下传受双方的有机运动过程。无论是传方还是受方，都必须遵循必要的规则。这些规则，是由新闻传播的基本规律提出并受这些规律制约的。

新闻传播必须真实，说到底是传播致效的要求。传播必须有效，这是一切传播活动的终极目的。传受双方投入新闻传播，无非是知的一方即传播者欲把新闻事实变动的信息告诉未知而欲知的一方即受众。唯有真实的报道才能达到传通的目的，使有效的信息被对方接受，以便有利于或有助于受众获取相关的信息。如果双方传受的信息是假的或部分失实的，那就无助甚至有害于受众，还会由于传方公信力的丧失而最终导致新闻传播事业的失败。因此，实事求是，真实报道，是新闻传播的根本出发点。

具体说，根据马克思主义新闻学的基本原理，新闻传播必须真实，是由于这样三方面的原因。

第一，传受双方都要求新闻传播的全过程实事求是，不增添任何附加的成分。无论是传播的根据——事实，还是报道的过程，都必须一就是一，二就是二，不能无中生有，而且不能有一丝一毫的夸大或缩小。

第二，新闻传播基本规律指出，只有通过提供真实事实的新闻报道，才能实现新闻传播的使命。违背这一客观规律，必将受到惩罚，丧失新闻传播的意义。

第三，如实报道新闻，是实事求是认识路线在新闻传播中的运用，也是这一科学方法论对新闻工作者的要求。立志在新闻传播事业中贡献一生的人员，必须自觉地用科学认识论严格要求自己，老老实实，做到真实报道。

二、真实报道的具体要求

根据实事求是认识路线的要求，真实报道必须做到以下三点。

第一，事实真实，即新闻报道中每一个具体的事实，准确无误，持之有据。毛泽东对作战成果的统计和报道提出的要求是，缴获敌人的枪支，必须"一支是一支，两支是两支"。事实真实，其中又要求做到：新闻报道中相关新闻事件的主要新闻要素，如时间、地点、人物、事件、缘故，要引之有据，确凿可靠；不仅新闻要素准确可靠，而且对这些要素的细节描绘，也要有根有据，不允许有丝毫"合理想象"、"笔下生花"；新闻报道中引用的一切数据和资料，要有可靠的来源，必要时要作明确的交代。

第二，总体真实，即不仅新闻传播的每一个事实、新闻媒介上的每一篇报道是真实的，而且要求新闻报道的全部事实、新闻媒介上的全部报道，同实际生活中的同类事实，要完全一致。不允许一叶障目，不及其余。做到这一点是不容易的。列宁曾经指出，在社会现象方面，没有比胡乱抽出一些个别事实和玩弄实例更普遍更站不住脚的方法了。罗列一般例子是毫不费劲的，但这是没有任何意义的或者完全起相反的作用，因为在具体的历史情况下，一切事情都有它个别的情况。由此可见，总体真实要求对事实有宏观的认识，并从新闻报道的总量中进行科学的把握。为此，新闻工作者必须做更为深入的调查与分析，对所报道的同类事实有总体的了解与认识，并努力使公开传播的事实同现实生活中的同类事实相符合，使受传者通过受传行为，对生活中的这类事实有全面的了解，而不致受到误导。

第三，通过事实的真实报道揭示该事实发生发展的原因及其本质。江泽民指出，坚持真实报道，尤其要注意和善于从总体上、本质上以及发展趋势上去把握事物的真实性。这是对真实报道提出的更高层次的要求。如果说，检验一条新闻是否实事求是是较容易执行的话，那么，检验一条新闻是否正确地反映了事物的本质，执行起来则颇不容易，但是它还是有可比性和参照物的,这个参照物就是人们对社会、对时代、对事实总体和事实本质的普遍认识。这种认识,是人们公认的,是相对稳定的。周恩来要求新闻工作者做到：忠实于事实,忠实于真理。这是对这一要求的最好概括。

三、新闻真实性的全面把握

新闻报道要做到完全真实,还涉及新闻工作者对社会生活的总体认识、对新闻传播中正反两方面事实的准确把握、对新闻传播信息流量的科学调控、对新闻传播事实的道德考量、对新闻传播效果的辩证制衡等问题。

第一,对社会生活的总体认识。从新闻传播的功能看,新闻报道所涉及的事实,大致可分为真、善、美与假、恶、丑两个大类。每个社会,每一特定的历史阶段,这两大类事实各占社会生活总量的比例,分别报道多少才能恰当地反映现实,并实现以正祛邪、以善制恶的功能？新闻媒介在弘扬和提倡真、善、美方面应择取哪些人、事和现象？在贬斥和批评假、恶、丑方面又应择取哪些人、事和现象？新闻的为文者和领导新闻事业的为政者,对此必须有全面的了解、认识与把握。

第二,对新闻传播正反两方面事实的准确把握。全面认识社会生活,为的是更准确地把握表扬性即正面报道和批评性即负面报道的适当比例。在社会主义社会,应该坚持以正面报道为主的原则。只有这样,才符合社会真实,新闻报道才能做到总体真实。

第三,对新闻传播信息流量的科学调控。社会生活中,产业结构各大类的比例,各地区各部门的投入与产出,各种职业及各种人士的贡献与取酬,各机关各行业的成就与不足,都呈现一定的量与质的特定状态。新闻传播应以相应的量与质的报道,亦即通过新闻传播的信息流量的把握,反映与维持这种平衡。这样,才能有效地反映和指导现实生活和实际工作。

第四,对新闻传播事实的道德考量。对新闻传播质量的评判,必须从人类的道德规范加以全面考量。有些事实,如凶杀案件、交通意外,把血淋淋的镜头或照片公之于众,尽管是真实的,却会引起受众的不愉快心情,一般情况下,这种传播是不宜进行的。一些关系到地震、灾害、疫情的事实,发表之后可能会造成人心惶惶,也应有所节制和把握时机,但如统统压下不报,又会导致更大的伤害。个中考量与把握,十分不易,新闻工作者必须从善处置。

第五,对新闻传播效果的辩证制衡。新闻传播的效果有正负之分,有的时候,这种正负又会互相转化。如报道一个地方的公安部门管治社会,一个晚上抓了若干个卖淫嫖娼窝点。报道者以为抓得越多,越能说明这个公安部门管治有方,但他却忽略了妓女这么多,嫖客这么多,正好说明了平时管治不力,原本对公安部门的表扬,实际上却变成了批评。因此在报道中就应适当把握分寸。一个城市开展卫生突击活动,一日之中,清出垃圾若干车。如果想一下,这么多垃圾,为何平日不清扫?便知该城市往日卫生工作并不出色。有了这样全面的辩证的考虑,记者报道这些事时就会有适当的把握。

四、真实报道的必由之路

确保新闻真实,最重要的是在新闻工作中始终贯彻实事求是的思想路线,提倡新闻工作者树立调查研究的工作作风,使新闻工作建立在调查研究的基础之上。

调查研究,实事求是,一切从实际出发,这是马克思主义最基本的思想方法和工作方法。我们的新闻事业是党和人民的耳目喉舌。作为喉舌,就要向人民群众及时地报道党和政府的方针政策工作任务,报道改革开放中各条战线各个地区的新成就、新情况、新动向、新问题,传递全球各地政治、经济、文化的重要信息。要真实反映这些情况,新闻工作者就必须做好深入的调查研究。没有调查就不可能获得真实的情况,就没有报道的根据,也就不能发挥"喉舌"的作用。

为了充分发挥党和人民喉舌的作用,新闻工作者首先要当好"耳目"。当好"耳目"是当好"喉舌"的前提。新闻工作者要深入群众,了解党和政府的方针政策在执行中的经验教训,了解人民群众的心声,懂得他们赞成什么,反对什么,希望什么,使党和政府能够最广泛最及时地倾听到人民群众的呼声和意见。所以刘少奇说,新闻机构是专职的调查研究机构,新闻记者是专职的调查研究工作人员。

新闻工作者的采写活动,本质上是一种调查研究工作。他们必须深入到实际工作和人民群众中去,进行独立的艰苦的工作,考察党和政府的方针政策在群众中贯彻执行的情况,了解群众的情绪、反映和要求,从这种调查研究中获得新闻报道的素材。同时,他们也在同人民群众广泛的接触中,改造自己的立场、感情和观点。

新闻工作的调查研究,大致有这样三种方法。

第一,对城乡的基层单位进行系统周密的调查研究。这种"解剖麻雀"式的调查研究,可以使新闻工作者了解我国社会生活的基本状况,逐渐把握我国社会生活的基本规律,还可以受到调查研究基本功的训练,学到调查研究的基本方法,培养实事求是的工作作风。对广大新闻工作者来说,特别是对年轻的新闻工作者来说,是一种不可缺少的基本训练。

第二,对某一个专门问题和特定工作进行专题调查研究。专题调查研究是新闻工作者经常采用的方法。这种比较深入的考察,可以使新闻工作者获得关于这个问题或这项工作较为丰富的材料,进行较为深刻的分析,是提高新闻报道质量的有效途径。随着这类调查研究经验和资料的积累,新闻工作者的才干也不断增长。

第三,结合日常采访和编辑工作进行调查研究。记者从编辑部和领导部门获得线索和宣传意图之后,应该深入到人民群众和社会生活第一线去,努力搜集和掌握更多的第一手材料,对各种意见和材料进行全面分析和比较,从中选择最能体现报道意图的新闻素材,真实、生动地报道社会生活。有的时候,他们凭借自己掌握的大量第一手资料,还可以对原先的线索和意图进行验证。新闻工作者以高度的责任感,时刻关心社会生活和实际工作的种种问题,通过对这些问题的观察、分析和研究,才能永葆新闻敏感和思想活力。

第二节 党性原则:新闻传播的政治规范

政党是阶级斗争高度发展的产物,是近代资本主义生产关系形成以后才出现的。党性是阶级性的集中表现,是阶级斗争发展到高层次的产物。无产阶级的政治、经济地位,决定了它具有大公无私、目光远大、革命彻底、组织性和纪律性强等优点。以科学社会主义理论武装起来的无产阶级政党,集无产阶级优秀品质于一体,形成了自己鲜明的党性。无产阶级新闻事业不仅具有鲜明的党性,而且公开宣布自己的党性,声明在新闻传播中体现无产阶级政党的思想意志、政治要求和组织原则。这是无产阶级新闻事业区别于其他阶级的新闻事业的显著标志。马克思主义新闻观指出,无产阶级新闻传播的党性,要求无产阶级政党所主办或领导的新闻媒介,在新闻传播中必须贯彻和体现本阶级的意志和利益。

一、党性原则的基本要求

马克思主义新闻观指出,无产阶级和社会主义的新闻传媒和新闻传播活动的党性原则主要体现在思想、政治和组织三个方面:

第一,在思想上要积极宣传党的理论基础和思想体系,以党的指导思想作为新闻传播的准绳,以马克思主义作为新闻工作的根本指针。为此,要具体做好三项工作。首先,要密切结合实际,完整地、准确地、生动地宣传马列主义、毛泽东思想和邓小平理论的基本知识和基本观点,宣传好江泽民"三个代表"的重要思想。简言之,就是要下功夫搞好理论宣传。其次,要以马克思主义的立场、观点和方法,对各种新闻事实进行解释和报道,向群众进行生动的辩证唯物主义的教育和社会主义思想教育。再次,要有高度的政治坚定性和鲜明的战斗风格。坚持真理,敢于并且善于同各种错误的思想和行为进行不调和的斗争。

第二,在政治上要积极、准确、生动地宣传党的纲领路线和方针政策。党的方针政策,是根据马克思主义的基本原理和中国的实际情况,在总结人民群众实践经验的基础上制定的。政策是党的一切实际行动的出发点,并且表现于行动的过程和归属。马克思主义经典作家的办报活动和广大新闻工作者的实践经验表明,要在政治上坚持党性原则,必须做好以下五方面的工作:一是宣传党的方针政策时必须立场坚定旗帜鲜明。就是说宣传党的方针政策必须同中央的口径完全一致,宣传的内容应当正确地不折不扣地体现中央方针政策的精神;宣传各项具体政策应当和党的基本政策一致;应当严格遵守中央的部署。二是要明确和摆正党的总路线总政策和具体路线具体政策的关系。三是要善于把党的政策变为亿万群众的自觉行动。四是要全面地宣传党的政策思想,防止片面性和绝对化。五是要实事求是地反映群众的呼声、意见和要求,在实践中检验党的方针政策。

第三,在组织上要接受党的领导,遵守党的组织原则和新闻宣传工作纪律。坚持党对新闻事业的绝对领导,是无产阶级新闻工作的基本原则,是社会主义新闻事业的生命线。接受党的领导主要表现在:对党的路线、方针、政策以及重大政治性理论问题的宣传,必须无条件地同党中央保持一致,遵守党的新闻工作和宣传工作纪律。新闻传媒和新闻工作者对党的路线、方针、政策和党组织的决定如有不同意见,可以按照党的组织原则提出,但不得公开宣传,不允许运用新闻传媒宣传同党的基本主张相反的意见。

二、党性原则和人民利益的统一

社会主义新闻事业的党性原则和人民群众的根本利益是完全一致的。这种一致,是由无产阶级的历史地位和无产阶级政党的性质所决定的。在社会主义新闻事业的全部工作中,对党负责与对人民负责是完全统一的。因此,宣传党的声音和反映人民心声完全可以一致起来。

人民群众的信任和支持,是党得以生存和发展的基础和力量的源泉。当党和群众紧密联系的时候,党就无往而不胜。一旦脱离了人民群众,党就会遭到挫折和失败。党通过多种多样的手段和途径同群众保持经常的、密切的联系,而联系群众最广泛、最迅速、最有效的手段,正是新闻传媒。社会主义新闻事业又是人民群众自己的事业。它通过数以百万的新闻工作者和无数生活在群众之中的通讯员,把人们的呼声、愿望、建议、批评传达给党的领导机关。正是这种生动活泼的联系,使党每时每刻能够以新闻媒介为桥梁,同人民群众沟通和交谈。

新闻传播的实践说明,什么时候党同人民群众保持密切的联系,新闻事业就能正确地贯彻党的政治路线和思想路线,新闻事业就能有效地促进人民团结,引导人民前进,维护安定团结的大好局面。什么时候党在指导思想上发生失误,新闻事业就会把群众引向错误的方向,给党和人民的事业造成严重的损失。在这方面,我们经历了曲折的道路,有着深刻的正反两方面的经验教训。我们一定要以史为鉴,坚持党的正确领导,坚持马克思主义的政治路线和思想路线,同时又要坚持和发扬党内民主和社会主义民主,保持和加强党和人民群众的联系,真正从理论和实践的结合上,做到对党负责和对人民负责的统一。

加强党的领导必须改善党的领导。改善党对新闻事业领导的关键在于:在实行政治思想领导的同时,按照新闻传播的特点和规律,鼓励新闻机构和新闻工作者发扬独立负责的精神,与时俱进,充分发挥积极性、主动性和创造性。新闻传媒是党"这部社会主义大机器"上的"齿轮和螺丝钉",但它同时又是党领导下的、亿万民众积极参与的舆论工具,不同于一般行政机构。只有了解并尊重新闻传播的特点和规律,才能更好地实现党对新闻事业和新闻工作的领导。

对新闻传媒和广大新闻工作者来说,坚持党性原则,就要实行"政治家办报"的方针。所谓政治家办报,就要坚持讲政治,讲大局,有强烈的政治意识、全局意识和责任意识。要努力建设一支政治强、业务精、作风正、纪律严的新闻宣传队伍。

第三节 全党办报:新闻传播的组织规范

社会主义新闻事业是党和人民的事业。社会主义新闻事业的这种特定的性质,决定了它不能靠少数人关起门来办,而必须依靠全党的力量,依靠全体人民群众的力量来办。实行专业的新闻工作者和最广大的人民群众相结合,是社会主义新闻事业的基本方针。实行全党办报和群众办报,是马克思主义新闻观规定的新闻传播的组织规范,是马克思主义群众路线在新闻传播工作中的生动体现。

一、坚持全党办报的方针

新闻传播的群众性是指新闻媒介同广大人民群众密切联系的特征。其具体含义为:新闻报道和评论的主要内容是群众的活动和群众所关心的种种问题,广大群众是新闻传播的积极参与者,新闻媒介是群众监督党和政府工作的舆论工具,新闻传播的形式是群众喜闻乐见的。

实行全党办报、群众办报是无产阶级政党领导的新闻工作的一贯传统。它是指:各级党委都要重视党报和其他新闻传媒的工作,加强党对新闻工作的领导,以保证新闻工作与党的方针政策的统一,保证新闻传播的内容与群众需要的统一;要求全体党员和广大群众积极参与党的新闻工作,形成人人参与、个个关心新闻工作的风气。同时,新闻媒介要鼓励群众为新闻传播献计献策,接受群众的批评和监督,积极反映人民群众的生活活动和思想感受。

贯彻全党办报和群众办报方针的意义在于:切实加强党对新闻事业的领导,切实加强新闻事业同人民群众的联系,切实加强新闻事业同实际工作的联系。

二、了解和满足受众需求

满足受众需求,是新闻传播的出发点,也是新闻传播的落脚点。"办报人要了解读报人""办报人要想着读报人",已经成为新闻工作者的座右铭。

满足受众需求,是中外新闻事业的共同规律。但是,满足受众的什么需要?用什么去满足受众的需要?在这些问题上,不同的新闻事业有不同的回答。我们认为,群众的思想水平是不同的,群众提出的要求,有合理的,也有不合理的,群众的兴趣有健康的,也有不健康的。我们的新闻事业,不应当迎合某些人不健康的趣味和不合理的要求,但对于人民群众健康的趣味和合理的要求,党和人民的新闻传媒必须千方百计地给予满足。为此,我们应当广泛深入地了解群众的要求和愿望,克服一切困难,尽可能地出色地满足这些要求和愿望。

我们坚持的贴近实际、贴近生活、贴近群众"三贴近"方针,是新形势下了解受众、满足受众多方面需求的新要求。这个方针是对无产阶级党报传统的继承,也是新形势下新闻工作群众路线的新发展。我们应该把教育人、说服人同满足人、服务人结合起来,把新闻传播的全党办报路线这一组织规范推向深入和完善。

三、新时期的群众工作

做好群众工作,是社会主义新闻事业群众性的要求,也是新闻传媒的一项重要任务。新闻工作者的任务不仅是采访和编辑稿件,还包括反映情况和做好群众工作。新时期的群众工作主要有下面几个环节。

第一,处理受众来信。受众来信(来访、来电和互联网、手机上传来的群众信息)是社会舆论的反映,是经常性的、大量的、真实的民意测验。列宁称这种来自群众的信件是"政治气候晴雨表"。同时,受众来信也是人民群众行使民主权利的重要渠道,人民群众通过来信对各种问题发表自己的意见,开展积极的监督批评,对于改进党和政府的工作,具有积极的意义。

第二,建立和培养通讯员队伍。通讯员是办好社会主义新闻事业的一支重要力量。新闻传媒抓通讯员工作,主要做这样几件事:在主管单位配合下,挑选通讯员;组织通讯员网;进行业务培训,帮助通讯员提高政治思想水平和新闻业务能力。

第三,联系作者积极分子。各条战线的作者积极分子是具有丰富专业知识和实际工作经验,又有较高理论水平和写作能力的专家和学者。这是新闻传媒经常联系的一支写作队伍。新闻工作者在贯彻全党办报和群众办报方针的同时,做好联系作者积极分子的工作,对于提升新闻报道的质量,具有积极的意义。

第四,做好社会服务工作。新闻事业要全心全意为人民服务,不仅要为群众提供量多质高的新闻作品,而且要做许多力所能及的服务性工作。通过这些工作,密切同群众的联系,扩大新闻传媒的知名度,培养新闻工作者的社会责任感和为人民服务的思想感情。

第五,举办群众性的社会活动。新闻传媒独立或联合其他单位,面向全社会,组织丰富多彩的群众性活动,也是新闻事业群众工作的一个环节。

第四节　舆论导向:新闻传播的业务规范

新闻传媒和新闻工作者有多项新闻业务和经营业务,正确地引导社会舆论,将其引导到党和政府所期望的轨道上去,是其中一项重要的使命。

舆论是经济地位和社会地位相同或相近的人们对某一事件的一致态度。舆论反映了人心的向背,马克思把舆论看作是一种普遍的、隐蔽的和强制的力量。在复杂的社会控制系统中,舆论引导是不可缺少的一个环节。正确地引导社会舆论,是社会主义新闻传媒的重要功能,也是马克思主义新闻观指导下的重要业务规范。

一、正确舆论导向的意义

社会舆论具有强烈的倾向性和针对性,是社会群体对于特定人物和事件的集中评价。这些评价无论是赞成还是反对,表扬还是批评,都强烈地反映这一群体的立场与观点。社会舆论广泛而有力地影响人们的思想和行动,左右局势的发展和变动。正因为社会舆论具有如此强大的影响力,政党和政府总是千方百计地对舆论进行调控和利用。江泽民说舆论导向正确,是党和人民之福;舆论导向错误,是党和人民之祸。胡锦涛也指出,舆论引导正确,利党利国利民;舆论导向错误,误党误国误民。这表明,马克思主义经典作家对社会舆论和舆论传播工作是非常重视的。

新闻传媒调控和组织社会舆论一般有三种方法。

第一,自上而下地组织舆论,即公开发表党和政府的意见、方针、政策,用集中宣传的方法引起人们的注意,并通过大量的新闻报道和评论引导人们拥护和贯彻这些意见、方针、政策。

第二,自下而上地组织舆论,即积极反映群众的意见,展开广泛的讨论,造成一定的声势,使群众中分散的意见成为社会舆论的主潮。

第三,摆出错误荒谬的舆论,指出其缺点弊端的根源所在,引导人民群众逐渐从这些舆论中摆脱出来,也就是用正确的舆论,或政党及政府所赞赏的舆论,去取代那些错误的舆论,或政党及政府所反对的舆论。

二、舆论导向的内容

舆论导向的内容是十分丰富的,就其主体而言,大致包括三方面。

第一,政治导向。政治导向就是新闻传媒根据党和政府当前的总任务和总目标,遵循新闻传播自身的规律,通过大量的事实报道和新闻评论,引导人们认识、理解和接受党和政府的方针政策,并联系自己的本职工作,积极加以贯彻。

第二,经济导向。经济导向就是在新闻报道和新闻评论中,排除各种干扰,坚持以经济建设为中心,把经济活动引导到党和政府提出的经济目标和社会主义市场经济中去,调整上层建筑和经济基础的关系,促进生产的发展和社会的繁荣稳定。

第三,价值导向。价值导向就是用社会主义的道德和中华民族的传统美德教育广大人民群众,引导人们树立正确的世界观和人生观,培养积极健康、昂扬向上的核心价值观,培育人们良好的职业道德、社会公德和爱国主义情操,克服旧思想和旧习惯。

三、用典型宣传引导舆论

典型宣传是引导舆论的有效形式。所谓典型宣传,是指对具有普遍意义的突出事物的集中和强化报道。普遍意义,指所选择的事物代表的面要宽,影响要大,包含一定的思想意义、教育意义和借鉴意义,它是成为典型的基础。突出,指同类事物中最先进的事物,也包含一些转变型的事物,还包括少量最恶劣的事物。新闻传媒和新闻工作者引导舆论的一项重要任务,就是发现和推广具有深厚群众基础、富有时代特色的典型,介绍他们的先进思想和模范事迹,充分发挥典型的示范作用。典型宣传是弘扬主旋律,强化新闻宣传权威性和感召力,提升舆论导向说服力和影响力的有效手段。

运用典型宣传引导舆论,要做好以下几项工作。

第一,选好选准典型。新闻传媒宣传和推广的先进典型,要富有鲜明的时代特色,具有深厚的群众基础,有很强的可比性和推广价值。

第二,强化典型的个性。典型宣传要有针对性,防止典型宣传模式化。要根据不同的对象和特定的社会矛盾,选取不同的典型。要努力做到精心选择、精心策划、精心采访、精心写作,使典型宣传成为"精品工程"。

第三,注意区分层次。要让各行各业的人们都有贴近自己、适合自己学习的典型,使典型充分发挥示范、激励和引导的作用。

第四,典型和一般相结合。重大的先进典型的宣传,要与经常性的先进人物的模范事迹、高尚情操和社会正气的宣传结合起来。

四、用热点报道引导舆论

抓住社会人群普遍关注的事件和问题,集中时间和运用较多版面、节目对之进行报道和讨论,是新闻传媒普遍使用的引导舆论的一种方法,亦即"热点报道"。这里的热点,是公众热切关注的要点,是社会议论的焦点,是许多矛盾的集合点。新闻传媒关注的"热点",一般具有三个特点:一是具有较为广泛的社会性,能够牵动万众之心;二是能够充分调动公众关注和参与的热情;三是能体现出较大的集中性,即确实是在一段时间内家谈巷议的焦点话题。

做好热点报道工作,可以解疑释惑,增进理解,化解矛盾,平衡心理,针砭时弊,弘扬正气。它对于正确引导社会舆论具有重要作用。通过热点报道引导社会舆论,关键在于选好热点。为此要做好四方面工作:选择有新意的热点;选择群众关注的热点;选择通过工作可以解决的热点;选择不易引起负面效应的热点。在现实生活中,有积极意义的热点,也有消极性的热点。对有积极意义的热点,要大张旗鼓地报道和宣传,做到家喻户晓;对一些带有消极倾向的热点,也不能回避,要正确引导,使其向积极的方面转化。热点问题是不断变化的,从热到冷,从冷到热,我们要以很强的新闻敏感,及时抓住,积极引导。

运用热点报道引导社会舆论,要把握好这样几点。

第一,题材要选好。针对纷繁复杂的热点,应从有利于党和政府的工作,有利于群众解决实际问题和思想问题出发,有选择性地进行报道,不应该单纯追求轰动效应而去搞热点报道。

第二,引导要正确。热点报道,难在选题,重在引导。要循循善诱,沿着正确的政治方向,有针对性地进行报道。

第三,方式要多样。要根据不同的对象和问题,组织群众参与,运用现场采访、跟踪报道、现身说法、自我教育等方式,巧妙有效地做好引导工作。

第四,结论要明确。热点报道,要旗帜鲜明,立场正确,结论明确,赞成什么,反对什么,不能模棱两可。要通过引导,将人们的思想统一到中央的方针政策上来。

五、重视突发事件的舆论引导

高度重视突发公共事件的舆论引导,是进入新世纪以后一个新的舆论引导趋势。为此,要完善新闻发布制度,建立突发事件新闻报道应急机制,及时传播信息。突发事件的信息发布必须及时、准确、客观和全面,力争在事件发生的第一时间向社会公开发布,对迟报、谎报、瞒报、漏报者要给予批评或处分。这些举措,有利于正确引导舆论,化解矛盾。

六、形成网上的正面舆论强势

在当代,互联网已成为思想文化信息的集散地和社会舆论的放大器,以互联网为代表的新兴媒体具有极强的社会影响力。为此,在加强主流传媒建设的同时,要大力加强新兴媒体建设。要针对互联网普及条件下呈现的社会舆论多层次和媒体分众化、对象化的新趋势,加强互联网宣传队伍建设,形成网上正面舆论强势,使科学的理论、正确的舆论、高尚的精神、优秀的作品成为网上文化传播的主流。

第五节 新闻伦理:新闻传播的道德规范

新闻传播的道德规范是指,在特定的社会历史条件下,通过各种形式的教育和社会舆论的力量逐渐形成的,调整新闻工作者之间以及新闻工作者与社会之间关系的行为准则的总称。一般说来,新闻工作者的道德规范在以下三种关系中表现得比较突出:新闻工作者与事实的关系、与群众的关系、新闻工作者之间的关系。

马克思主义新闻观对构建新闻职业道德规范提出了明确的要求,广大新闻工作者在新闻传播实践中积累了大量职业道德修养的经验和感受,这二者相结合,便形成了有中国特色的新闻工作者的道德规范。

一、中国新闻工作者道德规范的基本内容

在现行的《中国新闻工作者职业道德准则》和其他有关规定中,规定了新闻工作者道德规范的内容,主要有——

第一,社会责任。新闻报道及评论应注重社会效益,有利于发展社会主义市场经济,有利于建设社会主义民主和法制,有利于建设社会主义精神文明,有利于各族人民的团结。

第二,真实全面。熟悉党和政府的政策法令,悉心研究实际情况,

深入实地采访,保证新闻报道真实准确,力戒片面性,不以任何借口夸大或歪曲事实。

第三,客观公正。以社会需要和新闻价值为标准取舍新闻,不屈从外界压力,不论关系亲疏,不抱任何偏见,采用合法和正当的手段采集新闻。

第四,遵纪守法。遵守宪法,保守国家和军事秘密。涉及外交、军事、科技、外贸及其他有关方面的报道,注意保护国家的利益和安全。

第五,坚持真理。勇于批评揭露工作中的官僚主义、违反宪法和法律等社会不良现象,发挥舆论监督作用。批评报道要尊重公民的民主权利和法人的权益,既要坚持真理,又要修正错误。

第六,廉洁奉公。不接受任何企图影响新闻报道的不正当报酬。编采人员不从事商业牟利活动,不搞有偿新闻。

第七,增进友好。国际新闻报道应有利于增进各国人民相互了解和友谊,维护世界和平,促进社会进步,反对种族歧视和种族仇恨。

第八,团结合作。新闻同行之间应建立平等、团结、友爱、互助的关系,提倡正常的业务竞争,反对从个人或小团体的名利出发,做损人利己的事。

二、新闻他律和新闻自律的统一

新闻工作者在履行自己的使命时,肩负着法律责任,即他的职业行为必须在法制轨道上实施。这种通过法律对新闻传播活动的调节,称为新闻他律。新闻他律,指政府、党派、社会集团和民众运用法律、法规、纪律、规定等对新闻工作者的职业行为进行强制性的管理。新闻自律是以新闻道德规范为基本内容的自我约束,它以新闻法制为核心,以道德规范为基础。新闻自律是新闻工作者的职业道德自律,新闻工作者在道德上所进行的自我约束,其目的是防止滥用新闻权利,对社会和民众尽责。在新闻传播活动中,新闻自律是新闻工作者的一种自我行为控制。

马克思主义经典作家多次指出,在民主社会里,他律和自律是统一的,缺一不可。新闻他律为的是保障新闻工作者充分履行社会责任,充分享受但又不滥用自己的角色权利。新闻自律也是为了充分运用职业权利,排除不良因素干扰,履行好新闻工作者的职业使命。在这里,外界强制性的法律监控是不可缺少的,是第一位的,但新闻工作者的自我约束、自我调控也是十分重要的。只有强化新闻自律,严格遵循道德规范,新闻工作者才能更加自觉地模范地履行自己的历史使命和社会责任。

三、做实践社会主义荣辱观的表率

进入新世纪之后,我们党提出了学习和实践社会主义荣辱观、大力加强思想道德建设的要求。荣辱观的学习与实践活动从全面建设小康社会、加快推进社会主义现代化建设的高度,把发展社会主义先进文化放到十分突出的位置,为提高人的素质、促进人的全面发展提出了明确的要求。这项活动要求新闻工作者必须加强自身思想道德修养,带头实践社会公德,恪守职业道德,做积极实践社会主义荣辱观的表率。

第六节 以人为本:新闻传播的经营规范

无论新闻传播事业还是新闻传播产业,都必须精心经营,科学管理。因为无论是对于传播致效目标的追求,还是对于投入产出比的考核,都有一个传播与经营效益的问题。马克思主义新闻观坚持视以人为本为新闻舆论工作的最高宗旨,以立党为公、执政为民为最高执政理念,把最广大人民群众的根本利益作为新闻宣传与舆论传播工作的出发点和落脚点,在经营管理中要精心用好管好人民的每一分钱,并为此规定了切实可行的规范。

一、把社会效益放在首位

在马克思主义新闻观中,没有"只算政治账,不算经济账"一类政治主张或任何新闻政策。马克思和恩格斯在主编无产阶级第一张大型日报时,经营与管理被放在重要位置予以重视,减少成本、增加效益成为他们经常商议的编务。列宁定期公布俄国各地工会等无产阶级组织给《真理报》的捐款。毛泽东几次询问几家报社的经营状况。从邓小平开始,历届党中央总书记都在不同场合讲到社会效益与经济效益的辩证关系。邓小平指出,新闻宣传等部门,要以社会效益为最高准则。这些部门所属的企业,也要以社会效益为最高准则。思想文化界要多出好的精神产品,要坚决制止坏产品的生产、进口和流传。对人民负责的思想政治工作者,要始终不渝地面向广大群众,在艺术上精益求精,力戒粗制滥造,认真严肃地考虑自己作品的社会效果,力求把最好的精神食粮贡献给人民。要反对"一切向钱看"、把精神产品商品化的倾向。江泽民要求,要坚决把社会效益放在首位,在这个基本前提下实现经济效益和社会效益的统一。要始终把社会效益作为最高准则。当经济效益同社会效益发生矛盾时,自觉服从社会效益。反对搞有偿新闻,反对"一切向钱看"的歪风,要发扬党的新闻工作优良作风。

二、解放和发展文化生产力

马克思一直把他创办的《新莱茵报》称为企业,列宁也认为现代报业就是现代产业。进入新世纪以来,胡锦涛对于新闻传媒的发展提出了许多新的思路,将传媒生产机构区分为事业与产业两块,即公益性文化事业和经营性文化产业。他指出,要完善扶持公益性文化事业,发展文化产业,鼓励文化创新,积极营造有利于出精品、出人才、出效益的文化环境。他要求在时代的高起点上推动文化内容形式、体制机制、传播手段的创新,解放和发展文化生产力,革除制约文化发展的体制性障碍,坚持把文化发展的着力点放在满足人民群众精神文化需求和促进人的全面发展上。要以体制机制创新为重点,增加微观活力,健全文化市场体系,依法加强管理,促进文化事业全面繁荣和文化产业加速发展,增强我国文化的总体实力。

长期以来,我们对公益性文化事业和经营性文化产业不加区分。文化主管部门习惯于用计划经济的一套理念和方法办文化、管媒体。作为文化部门的大众传媒,始终作为党的宣传思想工作部门,游离于社会主义市场经济体系,市场机制在传媒业资源配置中的基础性作用难以发挥。对于传媒业的布局、运行、赢利、竞争也不擅长,甚至不会使用市场经济手段加以引导与规范。中国的传媒业,还没有完全进入市场经济状态,同其他产业的市场化水平相比有着很大的差距。因此,加强传媒体制改革,使之同社会主义市场经济体系相适应,在当前显得十分重要和迫切。

三、进一步解放思想，推动新闻改革和创新

改革创新是马克思主义新闻观题中应有之义。马克思和恩格斯创办、编辑的报刊，较之资产阶级、空想社会主义者创办、编辑的报刊，有许多改革创新的精彩之笔。列宁领导创办与编辑党和苏维埃报刊时，曾专门就中央机关报的改革召开会议，作出决议。毛泽东亲自指导延安《解放日报》的改版。邓小平在新中国成立前后就报社的改革发表过专门的意见。而正是他——中国改革开放事业的总设计师和带头人，对于新闻传媒的改革提出过一系列英明而易操作的建议与要求。胡锦涛针对以互联网为核心的新兴媒体的普遍出现，就传统媒体与新兴媒体的共同发展和继续改革提出了一系列指导性意见和要求。

继续推进中国的新闻改革和创新，首先要进一步解放思想，以科学发展观为统领，牢牢把握先进文化的前进方向。在经济全球化和跨文化传播不断拓展的新条件下，我们要随着媒介生态和传播任务的发展变化，自觉以新的观念看待新的事物，以新的思维研究新的情况，以新的方法解决新的问题。要根据中央的统一部署，两手抓，两手都要硬，实现"两个轮子一起驱动，两个翅膀一起振飞"，一手抓公益性传媒事业，一手抓经营性传媒产业，努力实现社会效益与经济效益的统一。发展公益性传媒事业是国家向社会提供公共信息服务的重要手段，要坚持以政府为主导，鼓励社会参与，在改革中贯彻"增加投入，转换机制，增强活力，改善服务"的方针，最大限度地发挥公益性传媒事业的社会效益。发展经营性传媒产业是在社会主义市场经济条件下繁荣发展社会主义文化，满足人民群众精神文化需求的重要途径，要充分发挥市场配置资源的基础性作用，坚持以市场为导向，贯彻"创新体制，转换机制，面向市场，壮大实力"的方针，调动社会力量参与，在市场竞争中发展壮大。

* * *

通过以上九章内容，我们对马克思主义新闻学基本理论观点作了简明的阐发。相信这些内容，对学习和领会马克思主义经典作家的新闻论著，系统了解和掌握马克思主义新闻观，会有一定的帮助。

江泽民在视察人民日报社时要求新闻工作者打好五个根底。这五

个根底中,理论路线根底是最重要的。把这个根底打好了,解决了政治方向、政治立场的问题,坚持政治家办报的原则,政治法律纪律、群众路线、知识、新闻业务等四个根底,就有了坚实的基础。

学习马克思主义新闻理论是为了指导当前的新闻宣传实践。毛泽东说,马克思主义经典作家的理论,是"放之四海而皆准"的理论。不应当把他们的理论当作教条看待,而应当看作行动的指南。我们和广大读者将本着这一精神,在学习、领会和掌握马克思主义新闻学基本理论的基础上,把这些理论运用到新闻宣传实践中去,在实践中加深对这些理论观点的理解,做到学深学透。

学习马克思主义新闻学理论必须持久深入,要把这种学习同日常理论学习和不断深化的新闻改革实践结合起来,特别是要同"三个代表"重要思想和科学发展观的学习结合起来。要联系新闻宣传实际和新闻改革实践中涌现出来的新问题新情况,通过案例的解析来学习。要把马克思主义新闻学理论的学习教育同学位论文写作结合起来,把这种学习和平时的新闻职业培训考试结合起来。总之,我们要把江泽民提出的"学习学习再学习,深入深入再深入"的号召作为座右铭,并将它变为学习马克思主义新闻理论的生动实践。

[思考题]

1. 在马克思主义新闻观指导下建构的新闻传播规范的主要内容。
2. 真实报道的要求和新闻真实性的全面把握。
3. 党性原则的基本要求。
4. 全党办报方针的要求和新时期群众工作。
5. 舆论导向的要求和方法。
6. 新闻伦理的内容和新闻自律与新闻他律的统一。
7. 新闻传播社会效益与经济效益的一致。

[阅读书目]

1. 金炳华主编:《新闻工作者必读》法律法规、政策文件、新闻基础知识部分,文汇出版社2001年第2版。

2. 童兵主编:《中国高校哲学社会科学发展报告(1978—2008)·新闻学与传播学卷》,广西师范大学出版社2008年第1版。

马克思主义新闻经典论著
选　　读

评普鲁士最近的书报检查令（节录）＊

（写于1842年2月）
（马克思）

某些报纸的记者认为，书报检查令就是新的书报检查法令。他们错了，不过他们的这种错误是情有可原的。1819年10月18日的书报检查法令只应当暂时有效，即到1824年为止有效，如果不是现在的书报检查令告诉我们上述法令从来没有被实施过，那么直到今天它仍然是一项临时性的法律。

1819年的法令也是一项**过渡性**措施，不过，当时规定了一定的期限——5年，可以期望颁布永久性法律，而新的检查令却没有规定任何期限；其次，**当时**期望颁布的是**关于新闻出版自由的法律**，而**现在**期望颁布的则**关于书报检查的法律**。

另一些报纸的记者则认为，这个书报检查令是旧的书报检查法令的翻新。检查令本身将驳倒他们这种错误的看法。

我们认为，书报检查令是可能要颁布的书报检查法的**精神的预示**。在这一点上，我们是严格遵循1819年书报检查法令的精神的，根据这一法令，**邦的法律**和**命令**对新闻出版具有同样的作用（参看上述法令第16条第2款）。

现在我们再回过头来看看检查令。

"根据这一法律〈即根据第2条规定〉书报检查不得阻挠人们对真理作严肃和谦逊的探讨，不得使作者受到无理的约束，不得妨碍书籍在书市上自由流通。"

＊ 题记：这是马克思撰写的第一篇政论文章，从此他作为革命民主主义者开始了政治活动与新闻工作生涯。普鲁士政府于1841年12月24日颁布新书报检查令，以代替1819年10月18日起生效的旧书报检查令。新书报检查令使自由主义者产生了不切实际的幻想，以为新闻出版自由的新时代由于国王的恩准即将到来。马克思为此写了这篇文章，从政治上分析新闻出版自由的必要性和普鲁士书报检查立法的性质，从而揭露新书报检查令的虚伪性。

书报检查不得阻挠的对真理的探讨，在这里有了更具体的规定：这就是**严肃**和**谦逊**的探讨。这两个规定要求探讨注意的不是内容，而无宁说是内容以外的某种东西。这些规定一开始就使探讨脱离了真理，并硬要它把注意力转移到某个莫名其妙的第三者身上。可是，如果探讨老是去注意这个由法律赋予挑剔权的第三者，难道它不是会忽视真理吗？难道真理探讨者的首要义务不就是直奔真理，而不要东张西望吗？假如我必须记住用指定的形式来谈论事物，难道我不是会忘记谈论事物本身吗？

真理像光一样，它很难谦逊；而且要它对谁谦逊呢？对它本身吗？真理是检验它自身和谬误的试金石。那么是**对谬误吗**？

如果谦逊是探讨的特征，那么，这与其说是害怕谬误的标志，不如说是害怕真理的标志。谦逊是使我寸步难行的绊脚石。**它就是规定在探讨时要对得出结论感到恐惧**，它是一种对付真理的预防剂。

其次，真理是普遍的，它不属于我一个人，而为大家所有；真理占有我，而不是我占有真理。我只有构成我的精神个性的**形式**。"风格如其人。"可是实际情形怎样呢！法律允许我写作，但是不允许我用**自己的风格**去写，我只能用另一种风格去写！我有权利表露自己的精神面貌，但是首先必须使这种面貌具有一种**指定的表情**！哪一个正直的人不为这种无理的要求脸红，而宁愿把自己的脑袋藏到罗马式长袍里去呢？至少可以预料在那长袍下面有一个丘必特的脑袋。指定的表情只不过意味着"强颜欢笑"而已。

你们赞美大自然令人赏心悦目的千姿百态和无穷无尽的丰富宝藏，你们并不要求玫瑰花散发出和紫罗兰一样的芳香，但你们为什么却要求世界上最丰富的东西——精神只能有**一种**存在形式呢？我是一个幽默的人，可是法律却命令我用严肃的笔调。我是一个豪放不羁的人，可是法律却指定我用谦逊的风格。**一片灰色**就是这种自由所许可的唯一色彩。每一滴露水在太阳的照耀下都闪现着无穷无尽的色彩。但是精神的太阳，无论它照耀着多少个体，无论它照耀什么事物，却只准产生一种色彩，就是**官方的色彩**！精神的最主要形式是**欢乐**、**光明**，但你们却要使**阴暗**成为精神的唯一合适的表现；精神只准穿着黑色的衣服，可是花丛中却没有一枝黑色的花朵。精神的实质**始终**就是真理本身，而你们要把什么东西变成精神的实质呢？谦逊。歌德说过，只有怯懦者才是谦逊的，你们想把精神变成这样的怯懦者吗？也许，这种谦逊应该是席勒所说的那种天才的谦逊？如果是这样的话，那你们就先要把自己的全体公民、特别是你们所有的书报检查官都变成天才。况且，天才的谦逊当然不像文雅的语言那样，避免使用乡音和土语，相反，天才的谦逊恰恰在于用事物本身的乡音和表达事物本质的土语来说话。天才的谦逊是要忘掉谦逊和不谦逊，使事物本身凸现出来。精神的谦逊总的说来就是理性，就是按照**事物**的**本质特征**去对待**各种事物**的那种普遍的思想自由。

其次，根据特利斯屈兰·善第所下的定义：严肃是肉体为掩盖灵魂缺陷而做出的一种虚伪姿态。如果**严肃**不应当适合这个定义，如果严肃的意思应当是**注重实际**的严肃态度，那么这整个规定就会失去意义。因为我把可笑的事物看成是可笑的，这就是对它采取严肃的态度；对不谦逊仍然采取谦逊的态度，这也就是精神的最大的不谦逊。

严肃和谦逊！这是多么不固定的、相对的概念啊！严肃在哪里结束，诙谐又从哪里开始呢？谦逊在哪里结束，不谦逊又从哪里开始呢？我们的命运不得不由书报检查官的**脾气**来决定。给书报检查官指定一种脾气和给作者指定一种风格一样，都是错误的。要是你们想在自己的美学批评中表现得彻底，你们就得禁止**过分严肃**和**过分谦逊**地去探讨真理，因为过分的严肃就是最大的滑稽，过分的谦逊就是最辛辣的讽刺。

最后，这是以对**真理**本身的完全歪曲的和抽象的观点为出发点的。作者的一切活动对象都被归结为"**真理**"这个一般观念。可是，同一个对象在不同的个人身上会获得不同的反映，并使自己的各个不同方面变成同样多的不同的精神性质；如果我们撇开一切**主观的东西**即上述情况不谈，难道**对象的性质**不应当对探讨发生一些哪怕是最微小的影响吗？不仅探讨的结果应当是合乎真理的，而且得出结果的途径也应当是合乎真理的。对真理的探讨本身应当是真实的，真实的探讨就是扩展了的真理，这种真理的各个分散环节在结果中是相互结合的。难道探讨的方式不应当随着对象而改变吗？当对象欢笑的时候，探讨却应当摆出严肃的样子；当对象令人讨厌的时候，探讨却应当是谦逊的。这样一来，你们就既损害了主体的权利，也损害了客体的权利。你们抽象地理解真理，把精神变成了枯燥地**记录**真理的**裁判官**。

也许不必去为这些玄妙的玩意儿伤脑筋？对真理是否干脆就应该这样去理解，即**凡是政府的命令都是真理**，而**探讨**只不过是一种既多余又麻烦的、可是由于**礼节关系**又不能完全取消的第三者？看来情况差不多就是如此。因为探讨一开始就被认为是一种同真理**对立**的东西，因此，它就要在可疑的官方侍从——严肃和谦逊（当然俗人对牧师应该采取这种态度）的伴随下出现。政府的理智是国家的唯一理性；诚然，在一定的时势下，这种理智也必须向另一种理智及其空谈作某些让步，但是到那时，后一种理智就应当意识到：别人已向它让了步，而它本来是无权的，因此，它应当表现得谦逊而又恭顺，严肃而又乏味。伏尔泰说过：除了乏味的体裁之外，其余的一切体裁都是好的。但在这里，乏味的体裁却是独一无二的体裁，只要指出《莱茵省等级会议辩论情况》就足以证明这一点。既然如此，为什么不干脆恢复那美好的旧式的德国公文体裁呢？请随意写吧，可是写出来的每一个字都必须同时是对自由的书报检查机关的阿谀奉承之词，而书报检查机关也就会让你们那既严肃又谦逊的言论顺利通过。可千万不要失去虔敬的意识啊！

（本文选自《马克思恩格斯全集》第1卷，人民出版社1995年第2版，第109—113页。）

马克思和《新莱茵报》*
(1848—1849)

(写于 1884 年 2 月)
(恩格斯)

　　当二月革命爆发的时候,我们所称的德国"共产党"仅仅是一个人数不多的核心,即作为秘密宣传团体而组成的共产主义者同盟。同盟之所以是秘密的,只是因为当时在德国没有结社和集会的权利。同盟除了得以从中吸收盟员的国外各工人协会之外,在本国大约有 30 个支部或小组,此外,在许多地方还有单个的盟员。但是,这个不大的战斗队,却拥有一个大家都乐于服从的、第一流的领袖**马克思**,并且赖有他才拥有一个至今还完全适用的原则性的和策略的纲领——《**共产党宣言**》。

　　这里应该谈到的首先是纲领的策略部分。这一部分一般指出:
　　"共产党人不是同其他工人政党相对立的特殊政党。
　　他们没有任何同整个无产阶级的利益不同的利益。
　　他们不提出任何特殊的原则,用以塑造无产阶级的运动。
　　共产党人同其他无产阶级政党不同的地方只是:一方面,在无产者不同的民族的斗争中,共产党人强调和坚持整个无产阶级**共同的不分民族的利益**;另一方面,在无产阶级和资产阶级的斗争所经历的各个发展阶段上,共产党人始终代表**整个运动的利益**。

　　因此,**在实践方面**,共产党人是各国工人政党中最坚决的、始终起推动作用的部分;**在理论方面**,他们胜过其余无产阶级群众的地方在于

---

　　* 题记:这是恩格斯为纪念马克思逝世一周年为《社会民主党人报》撰写的文章。这篇文章回顾了他和马克思在 1848—1849 年革命时期出版的《新莱茵报》的编辑方针、报纸特色和他们作为新闻工作者的紧张的战斗生活。恩格斯在这篇文章中阐述了工人报刊的历史使命、编辑原则和战斗风格。

他们了解无产阶级运动的条件、进程和一般结果。"

而对于德国党,则特别指出:

在德国,只要资产阶级采取革命的行动,共产党就同它一起去反对专制君主制、封建土地所有制和小市民的反动性。

但是,共产党一分钟也不忽略教育工人尽可能明确地意识到资产阶级和无产阶级的敌对的对立,以便德国工人能够立刻利用资产阶级统治所必然带来的社会的和政治的条件作为反对资产阶级的武器,以便在推翻德国的反动阶级之后立即开始反对资产阶级本身的斗争。

共产党人把自己的主要注意力集中在德国,因为德国正处在资产阶级革命的前夜"等等(《宣言》第4章)。

从来没有一个策略纲领像这个策略纲领一样是得到了证实的。它在革命前夜被提出后,就经受住了这次革命的检验;并且从那时起,任何一个工人政党每当背离这个策略纲领的时候,都因此而受到了惩罚。而现在,差不多过了40年以后,它已经成为欧洲——从马德里到彼得堡所有坚决而有觉悟的工人政党的准则。

巴黎的二月事变促使即将来临的德国革命匆忙上阵,从而改变了这个革命的性质。德国资产阶级不是依靠自己的力量取得胜利,而是仰仗法国工人革命才取得了胜利。它还没有来得及把自己那些旧的敌人即专制君主制、封建土地所有制、官僚以及怯懦的小市民彻底打倒,就已经不得不转过来反对新的敌人即无产阶级了。但是这时,德国比法英两国落后得多的经济状况以及因此同样落后的阶级关系,立刻就发生作用了。

当时德国资产阶级还刚刚开始建立自己的大工业,它既没有力量,也没有勇气,更没有迫切要求去争得在国家中的绝对统治地位;无产阶级也是同样不发展的,是在完全的精神奴役中成长起来的,没有组织起来,甚至还没有能力独立地进行组织,它只是模糊地感觉到自己的利益同资产阶级的利益的深刻对立。因此,虽然它在实际上是资产阶级的危险敌人,但是另一方面它仍然是资产阶级的政治附庸。资产阶级不是被德国无产阶级当时的样子所吓倒,而是被它势将变成法国无产阶级已经变成的样子所吓倒,所以资产阶级认为唯一的生路就是去同君主制度和贵族进行任何的、甚至最懦弱的妥协;而无产阶级则由于还不知道它自己应该扮演的历史角色,所以它的绝大多数起初不得不充当资产阶级先进的极左翼的角色。当时德国工人应当首先争得那些为他们独立地组成阶级政党所必需的权利:新闻出版、结社和集会的自由——这些权利本来是资产阶级为了它自己的统治必须争得的,但是它现在由于害怕竟不赞成工人们享有这些权利。两三百个分散的同盟盟员消失在突然卷入运动的广大群众中间了。因此,德国无产阶级最初是作为最极端的民主派登上政治舞台的。

当我们在德国创办一种大型报纸的时候,我们就有了现成的旗帜。这个旗帜只能是民主派的旗帜,但这个民主派到处在各个具体场合,都强调了自己的特殊的无产阶级性质,这种性质是它还不能一下子就写在自己旗帜上的。如果我们当时不愿意这样做,不愿意站在已经存在的、最先进的、实际上是无产阶级的那一端去参加运动并推动运动前进,那我们就只好在某一偏僻地方的小报上宣传共产主义,只好创立一个小小的宗派而不是创立一个大型的行动党了。但是我们已经不适于做沙漠中的布道者:我们对空想主义者研究得太清楚了,而我们制定自己的纲领目的也不在这里。

当我们到达科隆的时候,那里已经由民主派人士,部分地也由共产主义者在筹备创办大型报纸。他们想把报纸办成纯地方性的,即科隆的报纸,而把我们赶到柏林去。可是,我们(主要是由于有马克思)在24小时内就把阵地夺了过来;报纸成了我们的;不过我们作了让步,把**亨利希·毕尔格尔斯**列入编辑部。此人只写过**一篇**文章(刊登在第2号上),以后就什么也没有写。

当时我们要去的地方正是科隆,而不是柏林。首先,科隆是莱茵省的中心,而莱茵省经历过法国革命,通过拿破仑法典而保持有**现代**法的观念,发展了规模极大的大工业,当时在各方面它都是德国最先进的部分。我们根据自己的观察,十分了解当时的柏林,知道它那里有刚刚诞生的资产阶级,有口头上勇敢、行动上怯懦的奴颜婢膝的小资产阶级,有还极不发展的工人,有大批的官僚以及贵族的和宫廷的奴仆,我们知道它仅仅作为一个"京城"所具有的一切特点。但是,关键是:在柏林实行的是可怜的普鲁士邦法,并且政治案件是由职业法官审理的;而在莱茵地区实行的则是拿破仑法典,由于已经存在书报检查制度,法典中根本没有提到报刊案件;人们受陪审法庭审判并不是由于政治上违法,而只是由于某种**犯罪行为**。在柏林,革命**以后**,年轻的施勒弗尔为了一点小事就被判处一年徒刑,而在莱茵地区,我们却享有绝对的新闻出版自由,我们也充分利用了这个自由。

我们于1848年6月1日开始出版报纸时,只拥有很少的股份资本,其中只有一小部分付了款;并且股东本身也极不可靠。第一号出版后就有一半股东退出了,而到月底竟一个也没有剩下。

编辑部的制度是由马克思一人独裁。一家必须定时出版的大型日报,如果采用别的制度,就不能保持一种贯彻始终的立场。况且在这方面马克思的独裁对我们来说是理所当然和勿容置疑的,我们大家都乐于接受它。首先是马克思的洞察力和坚定立场,才使得这家日报成了革命年代德国最著名的报纸。

《新莱茵报》的政治纲领有两个要点:

建立统一的、不可分割的、民主的德意志共和国和对俄国进行一场包括恢复波兰的战争。

小资产阶级民主派当时分为两个派别:希望有一个民主的普鲁士皇帝的北德意志派,和希望把德国变成瑞士式联邦共和国的南德意志派,后者当时几乎是清一色的巴登人。我们当时应该对这两派都进行斗争。不论是把德国普鲁士化,或者是把德国的小邦割据状况永远保存下去,都是无产阶级的利益所不能容许的。无产阶级的利益迫切要求德国彻底统一成一个**民族**,只有这样才能造成一个清除了过去遗留下来的一切琐碎障碍、让无产阶级同资产阶级可以较量的战场。但是,建立普鲁士的领导地位同样也是无产阶级的利益所不容许的;普鲁士国家及其全部制度、传统和王朝,正是德国革命应当打倒的唯一的国内劲敌;此外,普鲁士只有先把德国分裂,只有先把德意志奥地利从德国排除出去,才能统一德国。普鲁士国家的消灭,奥地利国家的崩溃,德国真正统一成为共和国,——我们在最近将来的革命纲领只能是这样的。要实现这个纲领,就要通过对俄战争,而且只有走这条路。关于这一点后面还要讲到。

一般说来,报纸的语调完全不是庄重、严肃或热烈的。我们的敌人全都很卑鄙,我们对他们一律采取极端鄙视的态度。进行密谋的君主国、权奸、贵族、《十字报》,引起庸人极大的道义愤慨的整个"反动派",——对待他们我们只用嘲笑和讽刺。但是,我们对那些由革命创造的新偶像,如3月的大臣们、法兰克福议会和柏林议会(无论对其右派或左派)的态度也没有两样。第一号报纸就开始刊载一篇文章来讽刺法兰克福议会形同虚设,讽刺它的冗长的演说无济于事,讽刺它的怯懦的决议毫无用处。这篇文章的代价就是使我们失去了一半股东。法兰克福议会甚至连辩论俱乐部都算不上；这里几乎根本不进行什么辩论，而大多都是宣读预先准备好的学院式论文，通过一些用来鼓舞德国庸人，但却无人理睬的决议。

柏林议会就具有较大的意义了，它是在同一种实际力量相对抗，它是在平地上，而不是在法兰克福的空中楼阁里进行辩论和通过决议。因此，对它就谈得较为详细。可是，我们对待那里的左派偶像，如舒尔采-德里奇、贝伦兹、埃尔斯纳、施泰因等的态度，也像对待法兰克福分子的态度一样尖锐；我们无情地揭露了他们的犹豫、畏缩和瞻前顾后，向他们指出，他们怎样用自己的妥协一步一步地出卖了革命。这一点自然引起了民主派小资产者的恐惧，他们正是为了供自己使用才制造出这些偶像的。但是，这种恐惧恰好证明我们击中了要害。

同样，我们也反对了小资产阶级热心散布的一种错觉，仿佛革命已经随着三月事变而告结束，现在只需收获它的果实了。在我们看来，2月和3月只有在下述情况下才能具有真正革命的意义，那就是：它们不是长期革命运动的终点，相反的是长期革命运动的起点，在这个革命运动中，像在法国伟大的变革时期一样，人民在自己的斗争过程中不断发展起来，各个政党越来越明显地自成一家，直到它们同各个大阶级即资产阶级、小资产阶级和无产阶级完全相吻合为止，而无产阶级则在一系列战斗中相继夺得各个阵地。所以，凡是民主派小资产阶级想用它惯用的词句——我们大家的愿望都是一样的，一切分歧只是出于误会——来抹煞它与无产阶级的阶级对立的场合，我们也反对了民主派小资产阶级。而我们越是不让小资产阶级对我们无产阶级民主派发生误解，它对我们就越顺从，越好说话。越是激烈和坚决地反对它，它就越容易屈服，就越是对工人政党作更多的让步。这一点我们已经体会到了。

最后，我们揭露了各种所谓国民议会的议会迷（用马克思的说法）。这些先生们放过了一切权力手段，把它们重新交还给——部分是自愿地交还给——政府。在柏林和法兰克福，在重新巩固起来的反动政府旁边存在着无权的议会，但这种议会却以为自己的无力的决议能扭转乾坤。这种痴迷不悟的自我欺骗，支配了直到极左派为止的所有的人。我们告诫他们：他们在议会中的胜利，同时也将是他们在实际上的失败。

在柏林和法兰克福结果正是这样。当"左派"获得多数时，政府便把整个议会解散了；政府之所以能够这样做，是因为议会已经失去人民的信任。

当我后来读到**布日尔论马拉**的一本书时，我便发觉，我们不只是在一个方面都不自觉地仅仅模仿了真正的（不是保皇党人捏造的）《人民之友》的伟大榜样；一切的怒吼，以及使人们在几乎一百年中只知道一个完全被歪曲了形象的马拉的全部历史捏造，只不过是由于马拉无情地扯下了当时那些偶像——拉斐德、巴伊等人的假面具，揭露了他们已经成了十足的革命叛徒的面目，还由于，他也像我们一样要求不宣布革命已经结束，而宣布革命是不断的革命。

我们曾经公开声明，我们所代表的派别，只有在德国现有的正式政党中最极端的政党掌握政权的时候，才能开始为达到我们党的真正目的而斗争：那时我们将成为反对派，同这个最极端的政党相对立。

但是，事变却要使人除了嘲笑德国的敌人以外，还要表现出一种昂扬的激情。1848 年 6 月巴黎工人起义的时候，我们正守卫在自己岗位上。从第一声枪响，我们便坚决站到起义者方面。他们失败以后，马克思写了一篇极其有力的论文向战败者致敬。

这时最后一些股东也离开了我们。但是，使我们感到满意的是，当各国资产阶级和小市民对战败者横加诽谤的时候，在德国，并且几乎是在全欧洲，我们的报纸是高举被击溃了的无产阶级的旗帜的唯一报纸。

我们的对外政策很简单：支持一切革命民族，号召革命的欧洲对欧洲反动派的强大支柱——俄国，进行一场普遍的战争。从 2 月 24 日起，我们已经清楚了解到，革命只有一个真正可怕的敌人——俄国，运动越是具有全欧洲的规模，这个敌人也就越是不得不开始斗争。维也纳事变、米兰事变、柏林事变不免延迟了俄国的进攻，然而革命越是逼近俄国，这一进攻的最终到来就越是肯定无疑。可是，如果能使德国对俄国作战，那么，哈布斯堡王朝和霍亨索伦王朝就会灭亡，而革命就会在全线获得胜利了。

这一政策贯穿着俄军真正入侵匈牙利以前的每一号报纸，而俄军的入侵完全证实了我们的预见并决定了革命的失败。

在 1849 年春季，决战临近的时候，报纸的语调就变得一号比一号更猛烈和热情。**威廉·沃尔弗**在《西里西亚的十亿》（共 8 篇论文）中提醒西里西亚的农民说，在他们解脱封建义务时，地主怎样在政府的帮助下骗取了他们的钱财和土地，他并且要求 10 亿塔勒的赔偿费。

与此同时，**马克思**关于雇佣劳动与资本的论文在4月间以一组社论的形式发表了，论文明确指出了我们政策的社会目的。每一号报纸，每一个号外，都指出一场伟大战斗正在准备中，指出了在法国、意大利、德国和匈牙利各种对立的尖锐化。特别是4月、5月两月间出版的号外，都是号召人民准备战斗的。

在整个德国，人们都因为我们在普鲁士的头等堡垒里敢于面对着8 000驻军和警察作出这一切事情而感到惊讶；但编辑室内的8枝步枪和250发子弹，以及排字工人头上戴着的红色雅各宾帽，使得我们的报馆在军官们眼中也成了一个不能用简单的奇袭来夺取的堡垒。

1849年5月18日，打击终于到来了。

德累斯顿和埃尔伯费尔德的起义被镇压下去了，伊瑟隆的起义被围困；莱茵省和威斯特伐利亚遍布军队，在彻底镇压普鲁士莱茵地区之后就要向普法尔茨和巴登进军。这时政府终于敢来进攻我们了。编辑部人员有一半受到法庭迫害；另一半作为非普鲁士人被依法驱逐。对此是无可奈何的，因为政府有整整一个军团作为后盾。我们不得不交出自己的堡垒，但我们退却时携带着自己的武器和行装，奏着军乐，高举着印成红色的最后一号报纸的飘扬旗帜，我们在这号报纸上警告科隆工人不要举行毫无希望的起义，并且对他们说：

"《新莱茵报》的编辑们在向你们告别的时候，对你们给予他们的同情表示感谢。无论何时何地，他们的最后一句话将始终是：**工人阶级的解放！**"

《新莱茵报》在它创办即将一周年时就这样停刊了。开始时它几乎没有任何资金，——我已经说过，人们答应给它的一笔不大的款子没有照付，——而在9月已经差不多发行到5 000份了。在科隆宣布戒严时，报纸曾经一度被封；在10月中报纸又不得不重新从头开始。但是，1849年5月，在它被禁止时，它又有了6 000订户，而当时《科隆日报》，据该报自己承认也不过只有9 000订户。没有一家德国报纸——无论在以前或以后——像《新莱茵报》这样有威力和有影响，这样善于鼓舞无产阶级群众。

而这一点首先归功于**马克思**。

遭到打击后，编辑部解散了。**马克思**去了巴黎，当时那里正准备着1849年6月13日到来的结局；**威廉·沃尔弗**这时已经在法兰克福议会里占有他的席位——当时这个议会必须在被从上面解散或是投向革命之间进行选择;而我则到了普法尔茨,作了维利希志愿部队中的副官。

(本文选自《马克思恩格斯选集》第 4 卷,人民出版社 1995 年第 2 版,第 180—189 页。)

给奥·倍倍尔、威·李卜克内西、威·白拉克等人的通告信(节录)*

(写于 1879 年 9 月)

(马克思、恩格斯)

三、苏黎世三人团的宣言

这时我们收到了赫希柏格的"年鉴",里面载有"德国社会主义运动的回顾"一文。这篇文章,如赫希柏格本人对我所说的,正是苏黎世委员会的三个委员写的。这是他们对过去的运动的真正批判,因而也就是新报纸的真正纲领,因为报纸的方针是由他们决定的。

文章一开头写道:

"拉萨尔认为有巨大政治意义的运动,即他不仅号召工人参加、而且号召一切诚实的民主派参加的、应当由独立的科学代表人物和**一切富有真正仁爱精神的人领导**的运动,在约翰·巴·施韦泽的领导下,已堕落为**产业工人争取自身利益的片面斗争**。"

我不去考察,这是否符合历史事实和在多大程度上符合历史事实。在这里,专对施韦泽提出的谴责是在于:施韦泽使这里被看做资产阶级民主博爱运动的拉萨尔主义**堕落**为产业工人争取自身利益的片面斗

---

* 题记:德国《反社会党人非常法》生效之后,德国社会民主党丧失了国内的新闻舆论阵地,为此决定在国外出版自己的新机关报。围绕新机关报的编辑方针、编辑人选和办报经费等问题,党内有不同的意见。马克思和恩格斯在这封信中提出了自己的主张,并要求党的领导人传阅和同意。这封信虽然是寄给倍倍尔的,马克思和恩格斯却要求在德国党的领袖中间内部传阅,因而这封信具有党的文件的性质,所以编辑全集时在信前冠以"通告信"之名称。

争,其实他是**加深了**运动的性质,即作为产业工人反对资产者的阶级斗争的性质。其次谴责他"抛开了资产阶级民主派"。但是资产阶级民主派在社会民主党中有什么事情可做呢?如果资产阶级民主派都是"诚实的人",那末他们就根本不可能有参加党的愿望,而如果他们竟然希望加入党,那末这完全是为了挑起争吵。

拉萨尔的党"宁愿作为一个**工人党**以**极片面的**方式进行活动"。讲这种话的先生们,自己就是作为工人党以极片面的方式进行活动的政党中的党员,他们现在正在这个党中占居显要的职位。这是一件绝对说不通的事。如果他们所想的正是他们所写的,那么他们就应当退出党,至少也应当辞去他们的职务。如果他们不这样做,那就是承认他们想利用自己的公务上的地位来反对党的无产阶级性质。所以,党如果还让他们占居显要的职位,那就是自己出卖自己。

这样,在这些先生看来,社会民主党应当**不是**片面的工人党,而是"一切富有真正仁爱精神的人"的全面的党。为了证明这点,它首先必须抛弃粗鲁的无产阶级热情,在有教养的博爱的资产者领导下,"养成良好的趣味"和"学会良好的风度"(第85页)。那时,一些领袖的"有失体统的态度"也会让位于很有教养的"资产阶级的态度"(好像这里所指的那些人外表上的有失体统的态度,在可以谴责他们的东西中并不是最无足轻重的!)。那时就会——

"在**有教养的**和**有财产的**阶级中出现**许许多多拥护者**。但是**这些人**必须首先争取过来……以促使宣传工作获得**显著的成绩**"。德国的社会主义"过于重视争取**群众**的工作,而忽略了在所谓社会上层中大力〈!〉进行宣传"。因为"党还缺少适于在帝国国会中代表它的人物"。但是,"最好甚至必须把全权委托书给予那些有足够的时间和可能来认真研究有关问题的人。普通的工人和小手工业者……只是在极少的例外情况下才有必要的空闲时间来做这件事情"。

因此,选举资产者吧!

总之,工人阶级是不能靠自己来解放自己的。要达到这个目的,它就应当服从"有教养的和有财产的"资产者的领导,因为只有他们才"有时间和可能"来研究有利于工人的一切东西。其次,千万不要反对资产阶级，而要通过大力宣传把它**争取过来**。

如果我们打算争取社会上层或者仅仅是他们中对我们怀有善意的分子，我们就千万不要吓唬他们。于是苏黎世三人团以为，他们作出了一个令人宽慰的发现——

"正是在现在，在反社会党人法的压迫下，党表明，它**不打算**走暴力的、流血的革命的道路，而决定……走合法的即**改良**的道路。"

这样，如果占选民总数十分之一到八分之一的五六十万分散在全国各地的社会民主党选民都非常有理智，不至于以卵击石，不至于以一对十地去进行"流血革命"，那末这就证明，他们永远**不容许**自己利用重大的外部事件、由这一事件所引起的突然的革命高潮以及人民在由此发生的冲突中所争得的**胜利**！如果柏林在某个时候又重新表现得非常没有教养，以致重演三月十八日事变，那末社会民主党人就不应当像"爱好街垒战的无赖"（第88页）那样参加斗争，而宁可"走合法的道路"，使暴动平息下来，拆除街垒，必要时就和光荣的军队一起向片面的、粗鲁的和没有教养的群众进军。如果这些先生们硬说他们不是这样想的，那末他们是怎样想的呢？

好戏还在后头。

"在批评现存制度和建议改变现存制度时，党愈是平静、客观和慎重，就愈不可能重复目前〈在实行反社会党人法的条件下〉有了成功的步子，而自觉的反动派就是利用这种步子吓倒了害怕赤色幽灵的资产阶级。"（第88页）

为了不让资产阶级怀有一丝一毫的恐惧，必须清楚明白地向它证明，赤色幽灵确实只是一个幽灵，它实际上是并不存在的。但是，赤色幽灵的秘密如果不是资产阶级对他们自己和无产阶级之间必然发生的生死斗争的恐惧，对近代阶级斗争的必然结局的恐惧，又是什么呢？如果消灭了阶级斗争，那末无论是资产阶级或是"一切独立人士""都不怕和无产者携手前进了"！但是要上当的正是无产者。

因此，就让党以温和驯顺的态度来证明，它永远放弃了给实行反社会党人法提供了借口的"不适当的和过火的行为"吧。如果它自愿地许下诺言，说它愿意在反社会党人法所允许的范围内活动，那末俾斯麦和资产者就会十分客气，取消这个已经成为多余的法律！

"请大家不要误解我们"，我们并不想"放弃我们的党和我们的纲领，但是我们认为，如果我们把自己的全部力量、全部精力用来达到某些最近的目标，达到在开始考虑实现较远的任务以前无论如何必须达到的目标，那末我们的工作就够做许多年了。"

这样，"现在被我们的太高的要求吓跑了的……"资产者、小资产者和工人，就会大批地来投靠我们。

纲领**不应当放弃**，只是实现要**延缓**——无定期地延缓。人们接受这个纲领，但是真正不是为了自己，不是为了在一生中奉行它，而只是为了遗留给儿孙们。而暂时"全部力量和全部精力"都用于各种琐琐碎碎的事情和对资本主义制度的可怜的补缀，为的是让人看起来毕竟还在做一点什么工作，而同时又不致吓倒资产阶级。在这里，我真要颂扬"共产主义者"米凯尔了，他为了证实他坚信几百年后资本主义社会必然要崩溃，就极力从事投机事业，尽力促进1873年的崩溃，从而**确实**为准备现存制度的垮台做一些工作。

另一种违背良好的风度的情形，就是对于"只是时代产物"的"滥设企业者的过分的攻击"；因此"最好是……不要再辱骂施特鲁斯堡及其同类人物"。遗憾的是所有的人都"只是时代的产物"，而如果这是一个可以原谅的充分的理由，那末对任何人的攻击都应当中止，一切论战、一切斗争我们都应当放弃；我们应当平心静气地忍受敌人的脚踢，因为我们是聪明人，知道这些敌人"只是时代的产物"，他们不能不这样行动。我们不应当加上利息偿还他们的脚踢，反而应当怜悯那些可怜虫。

同样，拥护巴黎公社的行动也有一个害处——

"使那些否则会对我们表示友好的人离开了我们，并且无论如何是加强了**资产阶级**对我们的**怨恨**"。其次，党"对于十月法律的施行并不是完全没有责任，因为它完全不必要地增加了**资产阶级的怨恨**"。

这就是苏黎世三个检查官的纲领。这个纲领没有任何可以使人发生误会的地方，至少对我们这些从1848年起早就很熟悉所有这些言辞的人来说是如此。这是些小资产阶级的代表，他们满怀恐惧地声明，无产阶级被自己的革命地位所推动，可能"走得太远"。不是采取坚决的政治上的反对立场，而是全面地和解；不是对政府和资产阶级作斗争，而是企图争取他们，说服他们；不是猛烈地反抗从上面来的迫害，而是逆来顺受，并且承认惩罚是罪有应得。一切历史地必然发生的冲突都被解释为误会，而一切争论都以大体上我们完全一致这样的断语来结束。1848年以资产阶级民主派面目出现的人，现在同样可以自命为社会民主党人。正如当时民主共和国对前者来说是遥远的将来的事情一样，资本主义制度的灭亡对后者来说也是遥远的将来的事情，对当前的政治实践是绝对没有意义的；因此可以尽情地和解、妥协和大谈其博爱。无产阶级和资产阶级之间的阶级斗争也是如此。在纸上是承认这种斗争的，因为要否认它简直已经是不可能的了，但是实际上是在抹杀、冲淡和削弱它。社会民主党**不应当**是工人党，它不应当招致资产阶级或其他任何人的怨恨；它应当首先在资产阶级中间大力进行宣传；党不应当把那些能吓跑资产者并且确实是我们这一代人所不能实现的远大目的放在主要地位，它最好是用全部力量和精力来实现这样一些小资产阶级的补补缀缀的改良，这些改良会巩固旧的社会制度，因而可以把最终的大崩溃变成一个逐步实现的和尽可能和平进行的瓦解过程。正是这些人在忙个不停的幌子下不仅自己什么都不干，而且还企图阻止任何事情发生，只有空谈除外；正是这些人在1848年和1849年由于自己害怕任何行动而每一步都阻碍了运动，终于使运动遭到失败；正是这些人从来看不到反动派，而十分惊奇地发现他们自己终于陷入既无法抵抗又无法逃走的绝境；正是这些人想把历史禁锢在他们的狭隘的庸人眼界之内，但是历史总是从他们身上跨过去而自己走自己的路程。

至于他们的社会主义信念，那末这些信念在"共产党宣言"中"德国的或'真正的'社会主义"那一节里已经受到了充分的批判。在阶级斗争被当做一种不快意的"粗野的"事情放到一边去的地方，当做社会主义的基础留下来的就只是"真正的博爱"和关于"正义"的空话。

一直是统治阶级的阶级中也有人归附于斗争着的无产阶级并且向它提供启蒙因素，这是发展的过程所决定的不可避免的现象。这一点我们在"共产党宣言"中已经清楚地说明了。但是这里应当指出两种情况——

第一，要对无产阶级运动有益处，这些人必须带来真正的启蒙因素。但是，这对参加运动的大多数德国资产者来说是谈不上的。无论"未来"杂志或"新社会"杂志，都没有带来任何能使运动前进一步的东西。这里绝对没有能够促进启蒙的真正的事实材料或理论材料。这里只有把领会得很肤浅的社会主义思想和这些先生们从大学或其他什么地方搬来的各种理论观点调和起来的企图；所有这些观点一个比一个更糊涂，这是因为德国哲学的残余现在正处于腐朽的过程。他们中的每一个人都不是首先自己钻研新的科学，而宁可按照自己从外部带来的观点把这一新的科学裁剪得适合于自己，匆促地给自己造出自己的私人科学并且狂妄地立即想把它教给别人。所以，在这些先生当中，几乎是有多少脑袋就有多少观点。他们什么也没有弄清楚，只是造成了极度的混乱——幸而几乎仅仅是在他们自己当中。这些启蒙者的基本原则就是拿自己没有学会的东西教给别人，党完全可以不要这种启蒙者。

第二，如果其他阶级中的这种人参加无产阶级运动，那末首先就要要求他们不要把资产阶级、小资产阶级等等的偏见的任何残余带进来，而要无条件地掌握无产阶级世界观。可是，正像已经证明的那样，这些先生满脑子都是资产阶级的和小资产阶级的观念。在德国这样的小资产阶级国家中，这种观念无疑是有存在的理由的，然而这只是在社会民主工党**以外**。如果这些先生组成社会民主小资产阶级党，那末他们是有充分的权利这样做的。那时我们可以同他们进行谈判，在一定的条件下结成联盟等等。但是在工人党中，他们是冒牌货。如果有理由暂时还容忍他们，那么我们就应当**仅限于**容忍他们，而不要让他们影响党的领导工作，并且要清楚地知道，和他们分裂只是一个时间问题。而且这个时间看来是已经到了。党怎么能够再容忍这篇文章的作者们留在自己队伍中，我们是完全不能理解的。但是，既然连党的领导也或多或少地落到了这些人的手中，那就是说党简直是受到了阉割，再没有无产阶级的锐气了。

至于我们，那末，根据我们的全部过去，摆在我们面前的只有一条路。将近四十年来，我们都非常重视阶级斗争，认为它是历史的直接动力，特别是重视资产阶级和无产阶级之间的阶级斗争，认为它是现代社会变革的巨大杠杆；所以我们决不能和那些想把这个阶级斗争从运动中勾销的人们一道走。在创立国际时,我们明确地规定了一个战斗口号:工人阶级的解放应当是工人阶级自己的事情。所以,我们不能和那些公开说什么工人太缺少教育,不能自己解放自己,因而应当由仁爱的大小资产者从上面来解放的人们一道走。如果新的党报将采取适合于这些先生们的观点的立场,如果它将是资产阶级的报纸,而不是无产阶级的报纸,那末很遗憾,我们只好公开对此表示反对,并结束我们一向在国外代表德国党的时候所表现出来的和你们的团结一致。但是事情也许不至于弄到**这种地步**。

这封信是为在德国的委员会的全体5名委员和白拉克写的……

我们不反对让苏黎世派也看看这封信。

(本文选自《马克思恩格斯全集》第19卷,人民出版社1963年第1版,第182—190页。)

《火星报》编辑部声明*

（写于1900年8月）

（列 宁）

编辑部的话

在政治报纸《火星报》出版的时候，我们认为有必要谈一谈我们的意图和我们对自己的任务的理解。

我们正处在俄国工人运动和俄国社会民主党历史上极端重要的时刻。近几年来社会民主主义思想在我国知识界传播之快，是异常惊人的，而与这一社会思潮相呼应的却是工业无产阶级的独立产生的运动。工业无产阶级开始联合起来同自己的压迫者斗争，他们开始如饥似渴地向往社会主义。到处都出现工人小组和知识分子社会民主党人小组，地方性的鼓动小报广为流传，社会民主主义的书报供不应求，政府变本加厉的迫害已阻挡不住这个运动了。监狱中拥挤不堪，流放地也有人满之患，几乎每个月都可以听到俄国各地有人被"抓获"、交通联络站被侦破、书报被没收、印刷所被封闭的消息，但是运动在继续发展，并且席卷了更加广大的地区，它日益深入工人阶级，愈来愈引起社会上的注意。俄国经济的整个发展进程、俄国社会思想和俄国革命运动的全部历史，将保证社会民主主义工人运动最终冲破重重障碍而向前发展。

可是，另一方面，最近时期我们的运动特别明显的主要特点，就是运动的分散状态，即运动的所谓手工业性质：地方小组的产生和活动，

---

* 题记：《火星报》是由列宁创办的全俄第一个马克思主义政治报。列宁在编辑部声明中提出，建立一个思想上统一的、和工人运动有紧密联系的革命政党，是当前运动的迫切要求。他在这个声明中就党报的性质、原则等问题作了透彻而深刻的阐述。

相互之间并没有联系，甚至（这一点尤其严重）与一直在同一中心活动的小组也没有联系；没有树立传统，没有继承性，地方书报也完全反映出分散状态，反映出同俄国社会民主党已经树立的东西缺乏联系。

这种分散状态是不符合波澜壮阔的运动的要求的，我们认为这种情况使当前成了运动发展的紧要关头。运动本身迫切要求巩固，要求具有一定的形态和组织，然而这种向运动的高级形式过渡的必要性，远非各地做实际工作的社会民主党人所能认识的。相反，在相当广的范围内，存在着思想动摇的情况，倾向于时髦的"对马克思主义的批评"和"伯恩施坦主义"，散布所谓"经济派"的观点，这样就必然力图阻碍运动，使它停留在低级阶段，把建立领导全体人民进行斗争的革命政党的任务推到次要地位。在俄国社会民主党人中间，可以看到这一类思想动摇；狭隘的实际主义不从理论上来阐明整个运动，有把运动引上歧途的危险，**这都是事实**。凡是直接了解我们大部分组织的实际情况的人，对这一点是不会怀疑的。而且有些著作也证明了这一点，只要指出《信条》、《〈工人思想报〉增刊》（1899年9月）或彼得堡"工人阶级自我解放社"的宣言就够了。《信条》已经引起了理所当然的抗议，《〈工人思想报〉增刊》非常露骨地表现了贯串**整个**《工人思想报》的倾向，彼得堡"工人阶级自我解放社"的宣言也是本着这种"经济主义"的精神拟就的。《工人事业》断言，《信条》只不过代表极个别人的意见，《工人思想报》的倾向不过是反映了该报编辑部的思想混乱和不通情理，并不是俄国工人运动进程本身的特殊思潮，这种说法是**完全错误**的。

与此同时，有一些著作家一直被读者不无根据地认为是"合法"马克思主义的著名代表，在他们的作品中，向资产阶级辩护论的观点转变的迹象愈来愈明显了。这一切所产生的结果就是涣散状态和无政府状态，因此，伯恩施坦这个原马克思主义者，或者更确切些说，这个原社会党人才能历数自己的成就，才能在书刊上扬言在俄国进行活动的社会民主党人大多是他的信徒而不受驳斥。

我们不想夸大情况的危险性，但是闭眼不看这种危险性，其害处更大；因此我们衷心拥护"劳动解放社"的决定——恢复出版书报的活动，并着手进行有系统的斗争来反对歪曲社会民主主义和把它庸俗化的企图。

由此得出一个具有实际意义的结论：我们俄国社会民主党人应该团结起来，全力以赴地建立一个巩固的党，这个党要在革命的社会民主主义的统一旗帜下进行斗争。这个任务早就由1898年的代表大会确定了,那次代表大会建立了俄国社会民主工党,发表了党的《宣言》。

我们既然是这个党的党员,就完全赞同《宣言》的基本思想,而且认为《宣言》的重要意义在于公开宣布了我们党的目的。因此,对我们党员来说,关于当前迫切任务的问题是:为了把党重新建立在尽可能稳固的基础上,我们应当采取怎样的行动计划?

通常对这个问题的回答是:必须重新选举中央机构并委托它恢复党的机关报。但是,在我们处于涣散状态的时期,这种简单的办法未必合适。

建立和巩固党,也就是建立和巩固全体俄国社会民主党人的统一,而由于上述原因,这种统一不是下一道命令就可以办到的,不是只根据某一次代表会议的决定就可以实现的,必须经过一番努力。首先,必须做到巩固的思想一致,排除意见分歧和思想混乱,——恕我们直言,这种情况目前在俄国社会民主党人当中还普遍存在;必须用党的纲领来巩固思想一致。其次,必须建立一个组织,专门负责各个运动中心的联络工作,完整地和及时地传递有关运动的消息,正常地向俄国各地供应定期报刊。只有建立起这样的组织,建立起俄国的社会主义邮递工作,党才能稳固地存在,党才能成为真正的事实,从而成为强大的政治力量。我们决心要为实现这个任务的前一半,即创办坚持原则的、能够从思想上统一革命的社会民主党的共同的刊物贡献自己的力量,我们认为,这是当前运动的迫切要求,是恢复党的活动的必要的准备步骤。

正如我们已经说过的那样,还必须经过一番努力才能达到俄国社会民主党人在思想上的统一,为此,我们认为必须公开地全面讨论当前"经济派"、伯恩施坦派和"批评派"提出的原则上和策略上的基本问题。在统一以前,并且为了统一,我们首先必须坚决而明确地划清界限。不然,我们的统一就只能是一种假象,它会把现存的涣散状态掩盖起来,妨碍彻底清除这种涣散状态。因此很清楚,我们不打算把我们的机关报变成一个形形色色的观点简单堆砌的场所。相反,我们将严格按照一定的方针办报。一言以蔽之,这个方针就是马克思主义;我们大概也没有必要再补充说,我们主张不断发展马克思和恩格斯的思想,坚决反对爱德·伯恩施坦、彼·司徒卢威和其他许多人首先提出而目前甚为流行的那些似是而非的、暧昧不明的和机会主义的修正。虽然在讨论一切问题时我们持有自己一定的观点,但是,我们决不反对同志之间在我们的机关刊物上进行论战。为了弄清目前各种意见分歧的深度，为了全面讨论争论的问题，为了同革命运动中不同观点的代表、甚至不同地区或不同"职业"的代表不可避免的走极端现象作斗争，在全体俄国社会民主党人和觉悟工人面前公开展开论战是必要的和适当的。正如上面已经指出的，我们甚至认为，对显然分歧的观点不作公开的论战，竭力把涉及重大问题的意见分歧掩盖起来，这正是当前运动中的一个缺陷。

我们不想一一列举已经列入我们机关报的工作规划的那些问题和题目，因为这个规划本身就是从目前形势下即将出版的政治报纸应该是怎样一种报纸这个总概念产生的。

我们将尽量使全体俄国同志把我们的出版物看做自己的机关刊物，在这里，每个小组都来报道一切有关运动的消息，都来介绍自己的经验，发表自己的看法，提出自己对文章的要求，作出自己对社会民主党的出版物的评价，总之，每个小组都来谈谈它对运动的贡献和在运动中的收获。只有在这个条件下，才可能建立真正是全俄社会民主党的机关报。只有这种机关报才能把运动引上政治斗争的康庄大道。帕·波·阿克雪里罗得说："要扩大我们宣传鼓动工作和组织工作的范围，充实它们的内容。"这句话应当成为决定俄国社会民主党人最近的将来活动的口号，因此我们就把这个口号列入我们机关报的工作规划。

我们不仅向社会党人和有觉悟的工人发出号召。我们的号召也是向一切备受现行政治制度压迫和蹂躏的人们发出的，我们为他们提供版面去揭露俄国专制制度的一切丑恶现象。

谁把社会民主党理解为一个只搞无产阶级自发斗争的组织，谁就会满足于只搞地方性的鼓动工作和"纯工人的"书报。我们不是这样理解社会民主党的。我们认为它是一个反对专制制度、同工人运动紧密联系的革命政党。只有组织成这样一个政党的无产阶级，即现代俄国最革命的阶级，才能够完成它所肩负的历史任务：把全国一切民主分子团结在自己的旗帜下，进行顽强的斗争，彻底战胜万恶的制度，完成历代先人的未竟之业。

*　　　　　　*　　　　　　*

每号报纸的篇幅约为1—2印张。

鉴于报纸在俄国处于秘密状态，出版日期不能预定。

我们有各方的支持，——外国的一些社会民主党的著名人士答应为我们撰稿,"劳动解放社"(格·瓦·普列汉诺夫、帕·波·阿克雪里罗得、维·伊·查苏利奇)直接参加我们的工作,俄国社会民主工党的若干组织以及一些俄国社会民主党人团体都答应支持我们。

(本文选自《列宁全集》第4卷,人民出版社1984年第2版,第311—318页。)

党的组织和党的出版物*

（写于1905年11月）

（列　宁）

　　十月革命以后在俄国造成的社会民主党工作的新条件，使党的出版物问题提到日程上来了。非法报刊和合法报刊的区别，这个农奴制专制俄国时代的可悲的遗迹，正在开始消失。它还没有灭绝。还远远没有灭绝。我们首席大臣的伪善的政府还在胡作非为，以致《工人代表苏维埃消息报》还在"非法地"出版，但是，政府愚蠢地企图"禁止"它所无法阻止的事情，除了给政府带来耻辱、带来道义上新的打击以外，是不会有什么结果的。

　　当存在着非法报刊和合法报刊的区别的时候，党的报刊和非党报刊的问题解决得非常简单而又非常虚假，很不正常。一切非法的报刊都是党的报刊，它们由各个组织出版，由那些同党的实际工作者团体有某种联系的团体主办。一切合法的报刊都是非党的报刊（因为党派属性是不准许有的），但又都"倾向"于这个或那个政党。畸形的联合、不正常的"同居"和虚假的掩饰是不可避免的；有些人没有成熟到具有党的观点，实际上还不是党的人，他们认识肤浅或者思想畏缩，另一些人想表达党的观点，出于无奈而吞吞吐吐，这两种情况混杂在一起了。

　　伊索式的笔调，写作上的屈从，奴隶的语言，思想上的农奴制——这个该诅咒的时代！无产阶级结束了这种使俄国一切有生气的和新鲜的事物都感到窒息的丑恶现象。但是无产阶级暂时为俄国只争得了一半的自由。

　　革命还没有完成。沙皇制度**已经没有**力量战胜革命，而革命**也还没有**力量战胜沙皇制度。我们生活在这样的时候，到处都看得到公开

---

　　* 题记：这篇文章是在俄国革命运动蓬勃发展的时期发表的。列宁在这篇文章中提出了出版物（包括报刊）和文学家（包括新闻工作者）的党性原则，明确提出了党的出版物和党的文学家的口号。列宁在文章中还对资产阶级标榜的"出版自由"进行了分析和批判。

的、诚实的、直率的、彻底的党性和秘密的、隐蔽的、"外交式的"、支吾搪塞的"合法性"之间的这种反常的结合。这种反常的结合也反映在我们的报纸上：不管古契柯夫先生如何嘲讽社会民主党的专横，说它禁止刊印自由派资产阶级的温和报纸，但事实终究是事实，俄国社会民主工党中央机关报《无产者报》，仍然被摈斥在警察横行的**专制**俄国的大门之外。

不管怎样，已经完成了一半的革命，迫使我们大家立即着手新的工作安排。出版物现在有十分之九可以成为，甚至可以"合法地"成为党的出版物。出版物应当成为党的出版物。与资产阶级的习气相反，与资产阶级企业主的即商人的报刊相反，与资产阶级写作上的名位主义和个人主义、"老爷式的无政府主义"和唯利是图相反，社会主义无产阶级应当提出**党的出版物**的原则，发展这个原则，并且尽可能以完备和完整的形式实现这个原则。

党的出版物的这个原则是什么呢？这不只是说，对于社会主义无产阶级，写作事业不能是个人或集团的赚钱工具，而且根本不能是与无产阶级总的事业无关的个人事业。无党性的写作者滚开！超人的写作者滚开！写作事业应当成为整个无产阶级事业的**一部分**，成为由整个工人阶级的整个觉悟的先锋队所开动的一部巨大的社会民主主义机器的"齿轮和螺丝钉"。写作事业应当成为社会民主党有组织的、有计划的、统一的党的工作的一个组成部分。

德国俗语说："任何比喻都是有缺陷的。"我把写作事业比作螺丝钉，把生气勃勃的运动比作机器也是有缺陷的。也许，甚至会有一些歇斯底里的知识分子对这种比喻大叫大嚷，说这样就把自由的思想斗争、批评的自由、创作的自由等等贬低了、僵化了、"官僚主义化了"。实质上，这种叫嚷只能是资产阶级知识分子个人主义的表现。无可争论，写作事业最不能作机械划一，强求一律，少数服从多数。无可争论，在这个事业中，绝对必须保证有个人创造性和个人爱好的广阔天地，有思想和幻想、形式和内容的广阔天地。这一切都是无可争论的，可是这一切只证明，无产阶级的党的事业中写作事业这一部分，不能同无产阶级的党的事业的其他部分刻板地等同起来。这一切决没有推翻那个在资产阶级和资产阶级民主派看来是格格不入的和奇怪的原理，即写作事业无论如何必须成为同其他部分紧密联系着的社会民主党工作的一部分。报纸应当成为各个党组织的机关报。写作者一定要参加到各个党组织中去。出版社和发行所、书店和阅览室、图书馆和各种书报营业所，都应当成为党的机构，向党报告工作情况。有组织的社会主义无产阶级，应当注视这一切工作，监督这一切工作，把生气勃勃的无产阶级事业的生气勃勃的精神，带到这一切工作中去，无一例外，从而使"作家管写，读者管读"这个俄国古老的、半奥勃洛摩夫式的、半商业性的原则完全没有立足之地。

自然，我们不是说，被亚洲式的书报检查制度和欧洲的资产阶级所玷污了的写作事业的这种改造，一下子就能完成。我们绝不是宣传某种划一的体制或者宣传用几个决定来解决任务。不，在这个领域里是最来不得公式主义的。问题在于使我们全党，使俄国整个觉悟的社会民主主义无产阶级，都认识到这个新任务，明确地提出这个新任务，到处着手解决这个新任务。摆脱了农奴制的书报检查制度的束缚以后，我们不愿意而且也不会去当写作上的资产阶级买卖关系的俘虏。我们要创办自由的报刊而且我们一定会创办起来，所谓自由的报刊是指它不仅摆脱了警察的压迫，而且摆脱了资本，摆脱了名位主义，甚至也摆脱了资产阶级无政府主义的个人主义。

最后这一句话似乎是奇谈怪论或是对读者的嘲弄。怎么！也许某个热烈拥护自由的知识分子会叫喊起来。怎么！你们想使创作这样精致的个人事业服从于集体！你们想使工人们用多数票来解决科学、哲学、美学的问题！你们否认绝对个人的思想创作的绝对自由！

安静些，先生们！第一，这里说的是党的出版物和它应受党的监督。每个人都有自由写他所愿意写的一切，说他所愿意说的一切，不受任何限制。但是每个自由的团体（包括党在内），同样也有自由赶走利用党的招牌来鼓吹反党观点的人。言论和出版应当有充分的自由。但是结社也应当有充分的自由。为了言论自由，我应该给你完全的权利让你随心所欲地叫喊、扯谎和写作。但是，为了结社的自由，你必须给我权利同那些说这说那的人结成联盟或者分手。党是自愿的联盟，假如它不清洗那些宣传反党观点的党员，它就不可避免地会瓦解，首先在思想上瓦解，然后在物质上瓦解。确定党的观点和反党观点的界限的，是党纲，是党的策略决议和党章，最后是国际社会民主党，各国的无产阶级自愿联盟的全部经验，无产阶级经常把某些不十分彻底的、不完全是纯粹马克思主义的、不十分正确的分子或流派吸收到自己党内来，但也经常地定期"清洗"自己的党。拥护资产阶级"批评自由"的先生们，在我们党内,也要这样做,因为现在我们的党立即会成为群众性的党,现在我们处在急剧向公开组织转变的时刻,现在必然有许多不彻底的人(从马克思主义观点看来),也许甚至有某些基督教徒,也许甚至有某些神秘主义者会参加我们的党。我们有结实的胃,我们是坚如磐石的马克思主义者。我们将消化这些不彻底的人。党内的思想自由和批评自由永远不会使我们忘记人们有结合成叫作党的自由团体的自由。

第二,资产阶级个人主义者先生们,我们应当告诉你们,你们那些关于绝对自由的言论不过是一种伪善而已。在以金钱势力为基础的社会中,在广大劳动者一贫如洗而一小撮富人过着寄生生活的社会中,不可能有实际的和真正的"自由"。作家先生,你能离开你的资产阶级出版家而自由吗?你能离开那些要求你作诲淫的小说和图画、用卖淫来"补充""神圣"舞台艺术的资产阶级公众而自由吗?要知道这种绝对自由是资产阶级的或者说是无政府主义的空话(因为无政府主义作为世界观是改头换面的资产阶级思想)。生活在社会中却要离开社会而自由,这是不可能的。资产阶级的作家、画家和女演员的自由,不过是他们依赖钱袋、依赖收买和依赖豢养的一种假面具(或一种伪装)罢了。

我们社会主义者揭露这种伪善行为,摘掉这种假招牌,不是为了要有非阶级的文学和艺术(这只有在社会主义的没有阶级的社会中才有可能),而是为了要用真正自由的、**公开**同无产阶级相联系的写作,去对抗伪装自由的、事实上同资产阶级相联系的写作。

这将是自由的写作,因为把一批又一批新生力量吸引到写作队伍中来的,不是私利贪欲,也不是名誉地位,而是社会主义思想和对劳动人民的同情。这将是自由的写作,因为它不是为饱食终日的贵妇人服务,不是为百无聊赖、胖得发愁的"一万个上层分子"服务,而是为千千万万劳动人民,为这些国家的精华、国家的力量、国家的未来服务。这将是自由的写作,它要用社会主义无产阶级的经验和生气勃勃的工作去丰富人类革命思想的最新成就,它要使过去的经验(从原始空想的社会主义发展而成的科学社会主义)和现在的经验(工人同志们当前的斗争)之间经常发生相互作用。

动手干吧,同志们!我们面前摆着一个困难的然而是伟大的和容易收到成效的新任务:组织同社会民主主义工人运动紧密而不可分割地联系着的、广大的、多方面的、多种多样的写作事业。全部社会民主主义出版物都应当成为党的出版物。一切报纸、杂志、出版社等等都应当立即着手改组工作,以便造成这样的局面,使它们都能以这种或那种方式完全参加到这些或那些党组织中去。只有这样,"社会民主主义的"出版物才会名副其实。只有这样,它才能尽到自己的职责。只有这样,它即使在资产阶级社会范围内也能摆脱资产阶级的奴役,同真正先进的彻底革命的阶级的运动汇合起来。

(本文选自《列宁全集》第 12 卷,人民出版社 1987 年第 2 版,第 92—97 页。)

论我们报纸的性质*

（写于1918年9月）

（列　宁）

现在，老一套的政治鼓动，即政治空谈，占的篇幅太多了，而新生活的建设，建设中的种种事实，占的篇幅太少了。

有些简单明了、众所周知、群众已经相当清楚的事情，如资产阶级走狗孟什维克卑鄙地背叛、英国和日本为了恢复资本的神圣权利而发动入侵、美国亿万富翁对德国咬牙切齿等等，为什么不用一二十行，而要用三四百行来报道呢？这些事情要报道，这方面的每一个新事实要指出，但不必长篇大论，不要老调重弹；而对那些众所周知的、已有定论的旧政治的新表现，用"电报体"写上几行抨击一下就可以了。

在"资产阶级的美好的旧时代"，资产阶级报刊决不涉及"最神圣的东西"——私人工厂和私人农场的内幕。这种惯例是符合资产阶级利益的，我们应当坚决抛弃，但我们还**没有**这样做。我们报纸的面貌还**没有**改变得符合从资本主义向社会主义过渡的社会的要求。

少谈些政治。政治已经完全"明朗化了"，它已归结为两个营垒的斗争，即起义的无产阶级和一小撮奴隶主资本家（及其狐群狗党直到孟什维克等等）的斗争。关于这种政治，我再说一遍，可以而且应当谈得十分简短。

多谈些经济。但经济不是指"泛泛的"议论、学究式的评述、书生的计划以及诸如此类的空话，——可惜所谓经济往往正是这样的空话。不是的，我们需要的经济是指搜集、**周密地审核**和研究新生活的实际建设中的各种事实。在新经济的建设中，大工厂、农业公社、贫苦农民委

---

* 题记：这篇文章是列宁在十月革命以后写的关于报刊工作的一篇重要文献。列宁在文章中明确提出，无产阶级取得政权以后，在从资本主义向社会主义过渡时期，报纸必须成为无产阶级专政的机关报，必须把注意力放在工农群众的实际活动中，用工农群众建设新生活的事实，特别是那些包含了共产主义幼芽的新事物的报道，来代替"政治喧嚷"和空洞的知识分子议论，必须对资本主义的传统和习惯进行认真的、无情的斗争。

员会和地方国民经济委员会是否**真**有成绩？有哪些成绩？证实了没有？其中有没有虚构、夸大和书生式的许诺（"事情正在就绪"、"计划业已拟就"、"力量已经投入"、"现在可以担保"、"肯定有所改善"，以及诸如此类"我们"特别擅长的油腔滑调）？成绩是怎样取得的？怎样扩大的？

有些工厂在国有化以后仍然是混乱、散漫、肮脏、捣乱、懒惰的典型，揭发这些落后工厂的黑榜有没有呢？没有。然而这样的工厂**是有的**。我们不同这些"资本主义传统的保持者"作**斗争**，就不能尽到自己的职责。只要我们默许这样的工厂存在，我们就不是共产主义者，而成了收破烂的人。我们不善于像资产阶级那样在报纸上进行阶级斗争。请回想一下，资产阶级是怎样出色地在报刊上**抨击自己**的阶级敌人，怎样讥笑他们，侮辱他们，置他们于死地的。而我们呢？从资本主义到社会主义的过渡时期的阶级斗争，难道不正是要反对那些顽固坚持资本主义传统（习惯）、仍然用老眼光看苏维埃国家（替"它"干活要少些差些，从"它"那里捞钱则多多益善）的极少数工人、工人集团、工人阶层，以捍卫工人**阶级**的利益吗？即使是在苏维埃印刷所的排字工人中间，在索尔莫夫斯克和普梯洛夫等工厂的工人中间，这样的坏蛋难道还少吗？这样的坏蛋我们抓住了多少？揭露了多少？搞臭了多少？

报刊对这一切默不作声。即使谈到，也只是官样文章，走走过场，不像一份**革命**报刊，不像一个阶级**实行专政**的机关报，尽管这个阶级正在用行动证明，资本家和维护资本主义习惯的寄生虫的反抗将被它的铁拳所粉碎。

在战争问题上也是这样。我们是否抨击过那些胆小如鼠的将领和敷衍塞责的家伙呢？我们是否在全俄国面前揭露过那些不中用的部队的丑态呢？有一些人毫不中用、玩忽职守、延误军机，本来应该大张旗鼓地把他们清除出军队，我们是否"抓住了"足够数量的这样的坏典型呢？我们没有同干坏事的**具体**人进行切实的、无情的、真正革命的**斗争**。我们很少用现实生活各个方面存在的生动具体的事例和典型来**教育群众**，而这正是报刊在从资本主义到共产主义的过渡时期的主要任务。我们很少注意工厂、农村和连队的**日常**生活，这里创造的新事物最多，这里最需要关心、报道和公众的批评，最需要抨击坏人坏事，号召学习好人好事。

少来一些政治空谈。少发一些书生的议论。多深入生活。多注意工农群众怎样在日常工作中**实际地**创造**新事物**。多**检查检查**,看这些新事物中有多少**共产主义成分**。

(本文选自《列宁全集》第 35 卷,人民出版社 1985 年第 2 版,第 91—93 页。)

对《晋绥日报》编辑人员的谈话*

（1948年4月）

（毛泽东）

我们的政策，不光要使领导者知道，干部知道，还要使广大的群众知道。有关政策的问题，一般地都应当在党的报纸上或者刊物上进行宣传。我们正在进行土地制度的改革。有关土地改革的各项政策，都应当在报上发表，在电台广播，使广大群众都能知道。群众知道了真理，有了共同的目的，就会齐心来做。这和打仗一样，要打好仗，不光要干部齐心、还要战士齐心。陕北的部队经过整训诉苦以后，战士们的觉悟提高了，明了了为什么打仗，怎样打法，个个摩拳擦掌，士气很高，一出马就打了胜仗。群众齐心了，一切事情就好办了。马克思列宁主义的基本原则，就是要使群众认识自己的利益，并且团结起来，为自己的利益而奋斗。报纸的作用和力量，就在它能使党的纲领路线，方针政策，工作任务和工作方法，最迅速最广泛地同群众见面。

在我们一些地方的领导机关中，有的人认为，党的政策只要领导人知道就行，不需要让群众知道。这是我们的有些工作不能做好的基本原因之一。我党二十几年来，天天做群众工作，近十几年来，天天讲群众路线。我们历来主张革命要依靠人民群众，大家动手，反对只依靠少数人发号施令。但是在有些同志的工作中间，群众路线仍然不能贯彻，他们还是只靠少数人冷冷清清地做工作。其原因之一，就是他们做一件事情，总不愿意向被领导的人讲清楚，不懂得发挥被领导者的积极性和创造力。他们主观上也要大家动手动脚去做，但是不让大家知道要

---

* 题记：陆定一1948年3月30日在山西临县高家村同《晋绥日报》编辑部谈话，指出该报曾经在土改宣传中犯有"左"倾错误，认为这种错误的性质是忘了马列主义，在思想方法上则是看待复杂问题单纯化、公式化。但《晋绥日报》是一个好报纸，有创造性。会上编辑部要求会见路经该地的毛泽东。毛泽东于4月2日在临县蔡家崖村会见了《晋绥日报》编辑部人员，并就党报的性质、作用、全党办报、新闻工作者作风和报纸风格等问题发表了重要讲话。这篇文献，标志着毛泽东新闻思想的形成。

做的是怎么一回事,应当怎样做法,这样,大家怎么能动起来,事情怎么能够办好?要解决这个问题,根本上当然要从思想上进行群众路线的教育,同时也要教给同志们许多具体办法。办法之一,就是要充分地利用报纸。办好报纸,把报纸办得引人入胜,在报纸上正确地宣传党的方针政策,通过报纸加强党和群众的联系,这是党的工作中的一项不可小看的、有重大原则意义的问题。

同志们是办报的。你们的工作,就是教育群众,让群众知道自己的利益,自己的任务,和党的方针政策。办报和办别的事一样,都要认真地办,才能办好,才能有生气。我们的报纸也要靠大家来办,靠全体人民群众来办,靠全党来办,而不能只靠少数人关起门来办。我们的报上天天讲群众路线,可是报社自己的工作却往往没有实行群众路线。例如,报上常有错字,就是因为没有把消灭错字认真地当做一件事情来办。如果采取群众路线的方法,报上有了错字,就把全报社的人员集合起来,不讲别的,专讲这件事,讲清楚错误的情况,发生错误的原因,消灭错误的办法,要大家认真注意。这样讲上三次五次,一定能使错误得到纠正。小事如此,大事也是如此。

善于把党的政策变为群众的行动,善于使我们的每一个运动,每一个斗争,不但领导干部懂得,而且广大的群众都能懂得,都能掌握,这是一项马克思列宁主义的领导艺术。我们的工作犯不犯错误,其界限也在这里。当着群众还不觉悟的时候,我们要进攻,那是冒险主义。群众不愿干的事,我们硬要领导他们去干,其结果必然失败。当着群众要求前进的时候,我们不前进,那是右倾机会主义。陈独秀机会主义的错误,就是落后于群众的觉悟程度,不能领导群众前进,而且反对群众前进。这些问题有许多同志还不懂得。我们的报纸要好好地宣传这些观点,使大家都能明白。

报纸工作人员为了教育群众,首先要向群众学习。同志们都是知识分子。知识分子往往不懂事,对于实际事物往往没有经历,或者经历很少。你们对于1933年制订的《怎样分析农村阶级》的小册子,就看不大懂;这一点,农民比你们强,只要给他们一说就都懂得了。崞县两个区的农民一百八十多人,开了五天会,解决了分配土地中的许多问题。假如你们的编辑部来讨论那些问题,恐怕两个星期也解决不了。原因很简单,那些问题你们不懂得。要使不懂得变成懂得,就要去做去看,这就是学习。报社的同志应当轮流出去参加一个时期的群众工作,参加一个时期的土地改革工作，这是很必要的。在没有出去参加群众工作的时候，也应当多听多看关于群众运动的材料，并且下功夫研究这些材料。我们练兵的口号是："官教兵，兵教官，兵教兵。"战士们有很多打仗的实际经验。当官的要向战士学习，把别人的经验变成自己的，他的本领就大了。报社的同志也要经常向下边反映上来的材料学习，慢慢地使自己的实际知识丰富起来，使自己成为有经验的人。这样，你们的工作才能够做好，你们才能担负起教育群众的任务。

晋绥日报在去年6月的地委书记会议以后，有很大进步。内容丰富，尖锐泼辣，有朝气，反映了伟大的群众斗争，为群众讲了话。我很愿意看它。但是从今年1月开始纠正"左"的偏向以后的这一时期，你们的报纸却有点泄气的样子，不够明确，不够泼辣，材料也少了，使人不大想看。你们现在正在检查工作，总结经验，这样很好。总结了反右反"左"的经验，使头脑清醒起来，你们的工作就会有改进。

晋绥日报在去年6月以后进行的反对右倾的斗争，是完全正确的。在反右倾的斗争中，你们作得很认真，充分地反映了群众运动的实际情况。对于你们认为错误的观点和材料，你们采用编者按语的形式加以批注。你们的批注后来也有缺点，但是那种认真的精神是好的。你们的缺点主要是把弓弦拉得太紧了。拉得太紧，弓弦就会断。古人说："文武之道，一张一弛。"现在"弛"一下，同志们会清醒起来。过去的工作有成绩，但也有缺点，主要是"左"的偏向。现在作一次全面的总结，纠正了"左"的偏向，就会做出更大的成绩来。

在我们纠正偏差的时候，有的人把过去的工作看得毫无成绩，认为完全错了。这是不对的。这些人没有看到，党领导了那么多的农民得到土地，打倒了封建主义，整顿了党的组织，改进了干部的作风，现在又纠正了"左"的偏向，教育了干部和群众。这不是很大的成绩么？对于我们的工作，对于群众的事业，应当采取分析的态度，不应当否定一切。过去发生"左"的偏向，是因为大家没有经验。没有经验，就难免要犯错误。从没有经验到有经验，要有一个过程。去年6月到现在的短短时期内，经过反右和反"左"的斗争，使大家都知道了反右、反"左"是怎么一回事。没有这样一个过程，大家是不会知道的。

经过检查工作、总结经验以后，我相信，你们的报纸会办得更好。应当保持你们报纸的过去的优点，要尖锐、泼辣、鲜明，要认真地办。我们必须坚持真理，而真理必须旗帜鲜明。我们共产党人从来认为隐瞒自己的观点是可耻的。我们党所办的报纸,我们党所进行的一切宣传工作,都应当是生动的、鲜明的、尖锐的,毫不吞吞吐吐。这是我们革命无产阶级应有的战斗风格。我们要教育人民认识真理,要动员人民起来为解放自己而斗争,就需要这种战斗的风格。用钝刀子割肉,是半天也割不出血来的。

(本文选自《毛泽东选集》第4卷,人民出版社1991年第2版,第1318—1322页。)

同新闻出版界代表的谈话(节录)*

(1957年3月)

(毛泽东)

在知识分子当中提倡学习马克思主义是很有必要的,要提倡大家学它十年八年,马克思主义学得多了,就会把旧思想推了出去。但是学习马克思主义也要形成风气,没有风气是不会学得好的。

你们的报纸搞得活泼,登些琴棋书画之类,我也爱看。青年不爱看可以不看,各有各的"条件反射"。一种东西,不一定所有的人都爱看。

群众来信可以登一些出来,试试看。政府和有关的业务部门有不同意见,报馆可以和他们研究商量一下,在报上加以解释,再看结果如何。一点不登恐怕不大好,那样业务部门会犯官僚主义,不去改进工作。

报纸是要有领导的,但是领导要适合客观情况,马克思主义是按情况办事的,情况就包括客观效果。群众爱看,证明领导得好;群众不爱看,领导就不那么高明吧?有正确的领导,有不正确的领导。正确的领导按情况办事,符合实际,群众欢迎;不正确的领导,不按情况办事,脱离实际,脱离群众。使编报的人感到不自由,编出来的报纸群众不爱看,这个领导一定是教条主义的领导。我们要反对教条主义。我们过去用整风方式搞了十多年,批判了教条主义,独立自主地按马克思主义的精神实质办事,才取得中国革命的胜利。

报纸有一些专业化也好。好像《大公报》那样,开放自由市场的时候,我就爱看它,因为它登这一类的东西多,又登得快。但是,太过于专业化有时很枯燥,人家看的兴趣就少。搞专业的人也要看专业之外的

---

* 题记:在中国共产党全国宣传工作会议期间,毛泽东于1957年3月10日召集新闻出版界部分代表座谈,听取代表们的意见,并就新闻工作的一些重要问题,诸如学习马列主义、党对报纸的领导、报刊文章的要求、新闻传媒的阶级性、报纸批评等问题,发表了重要看法。这些观点,标志着新中国成立后毛泽东新闻思想在新形势下的发展。

东西。

在报纸上开展批评的时候要为人家准备楼梯,否则群众包围起来,他就下不了楼。反对官僚主义也是这样。"三反"的时候,有许多部长就是中央给他们端了梯子接下来的。过去搞运动是必要的,不搞不行,但是一搞又伤人太多,我们应该接受教训。现在搞大民主不适合大多数人民的利益。有些人对别人总想用大民主,想整人,到了整自己,民主就越小越好。我看在文学、新闻等方面解决问题要用小小民主,小民主之上再加上一个"小"字,就是毛毛雨,下个不停。

对具体问题要作具体分析,新闻的快慢问题也是这样。有的消息,我们就不是快登慢登的问题,而是干脆不登。比如土改新闻就是这样,我们在报上不宣传,免得传播一些不成熟的、错误的经验。前年年底,北京几天就实现了全行业公私合营,宣布进入社会主义,本来对这样的消息就要好好考虑,后来一广播,各地不顾本身具体条件,一下子都干起来,就很被动。

对人民内部问题进行批评,锋芒也可以尖锐。我也想替报纸写些文章,但是要把主席这个职务辞了才成。我可以在报上辟一个专栏,当专栏作家。文章要尖锐,刀利才能裁纸,但是尖锐得要帮了人而不是伤了人。

关于百家争鸣问题,完全学术性的,在报上争来争去不会有影响。至于政策性的,恐怕就要分别一下情况。但是划范围也有困难,因为政策那么多。比如,你们说的节育和晚婚的宣传,报上文章一多了,有人就以为要修改婚姻法,赶快去结婚。这样,报纸也难办。在旧社会,报纸上的东西老百姓看了等于不看,现在报上一登可不同了。如果发现宣传上产生一些不良后果,可以写文章来解释说明,但是我们报上的文章往往不及时。至于范围怎样划法,各报可以自己回去研究。

(本文选自《毛泽东新闻工作文献》,新华出版社1983年第1版,第186—195页。本书节录其中的一部分。)

在西南区新闻工作会议上的报告＊

（1950 年 5 月）

（邓小平）

拿笔杆是实行领导的主要方法。领导同志要学会拿笔杆。开会是一种领导方法，是必需的，但到会的人总是少数，即使做个大报告，也只有几百人听。个别谈话也是一种领导方法，但只能是"个别"。实现领导最广泛的方法是用笔杆子。用笔写出来传播就广，而且经过写，思想就提炼了，比较周密。所以用笔领导是领导的主要方法，这是毛主席告诉我们的。凡不会写的要学会写，能写而不精的要慢慢地精。

拿笔有多种。党和政府写决议、指示、计划，发电报，这是很重要的，但指示、电报只能传达到一定范围的干部。任何政策如果只同干部见面，不同群众见面，是不能发生效果的。拿笔杆子中，作用最广泛的是写文章登在报纸上和出小册子，再就是写好稿子到广播电台去广播。出报纸、办广播、出刊物和小册子，而又能做到密切联系实际，紧密结合中心任务，这在贯彻实现领导意图上，就比其他方法更有效、更广泛，作用大得多。

"笔杆子太重"，不会写，怎么办？要同各地区领导同志谈通，说明拿笔杆的重要、新闻工作的重要，不懂得用笔杆子，这个领导本身就是很有缺陷的。写文章也不是很困难，主要是要意思好。领导同志具备这个条件：了解情况比较多，看问题比较全面、正确。技术方面的问题是次要的，自己努力，别人帮助，慢慢就会提高。领导同志不愿意写文章，新闻工作同志要主动去做工作。他不愿写，总有一个理由，"不会写，写不了"，或者"没有功夫"，那就主动找他，"你讲我写"，或者找接

＊ 题记：1950 年 5 月 16 日，邓小平以中共中央西南局第一书记的身份在西南区新闻工作会议上作重要报告，就报纸工作这一"笔杆子"工作的作用和意义、办好报纸的条件、如何办好地方报纸、报纸指导性、报纸批评、大家办报等问题发表了重要看法。这一文献是邓小平新闻思想的经典论著。

近领导而又能写的同志来写。但首先还是要领导同志亲自写,新闻工作同志主动帮助,有计划地组织稿件。这样就可以逐步解决领导机关、领导同志运用报纸、领导报纸的问题。办好报纸有三个条件:结合实际、联系群众、批评与自我批评。这三条离开了领导也搞不好,报纸就没有力量,容易变成"有闻必录"。所以办好报纸的前提在领导。

要办好地方报纸。《新华日报》最近有进步。我们的报纸要登中央发的一般消息,但作为地方报纸,新华社总社的广播稿不一定全用,要适当选择、改编、压缩、提炼,要考虑对象,能不能看那么多,看了懂不懂。有的小报就比大报办得更结合实际,更切合群众需要,更通俗活泼。当然,需要办大报的地方(大城市)必须办大报,但不是都要办大报。

报纸要结合实际,结合当时当地的中心任务。新华社总社发来的稿件应该重视,但比较好编。领导同志和办报同志的主要精力要放在当地新闻上,要大量刊登本区人民的工作和生活情况。报社要时时和领导取得联系,根据本地当前任务的变化,随时调整自己的报道方针。不久前《新华日报》写了一篇专论,讲的是剿匪中的情况,内容主要是批评。正确不正确?也正确。合不合时宜?不合时宜。正确与否要考虑到时间、地点、条件等因素来判断。在剿匪已经有了成绩,部队又很艰苦很努力的情况下,主要去批评就不合时宜了。放在一个月以前则刚合时宜。这说明我们的同志对剿匪的实际情况了解不够。现在报纸的影响比过去大了,有些不正确的东西在报上一表扬,就糟了。前几年很多干部不看报,现在不同了,报纸有威信,看到报纸讲什么就要照着去做。很多地方看到报纸批评了的做法,就秘密地改,这就是报纸的作用。社会上很多人看报,看共产党什么态度,人民政府政策如何,要从报上找自己需要的东西,解决自己的问题。正因为干部群众都重视报纸,我们就要很慎重。

西南区今天的中心任务是什么?从全区说,一是剿匪,二是完成征粮、税收、公债任务,三是领导生产(主要是农业生产),四是调整工商业、救济失业人员。为了实现这些任务,要召开人民代表会或农民代表会。下一步是今冬明春的减租,也是从全西南提出的。

这些任务完成得怎样?剿匪方面,四川剿匪有很多好经验,报纸要报道,但又不能让土匪完全了解我们的战术。报纸要宣传剿匪政策,宽大与镇压相结合。首恶必办,胁从不问,立功受奖。什么叫胁从不问?

"不问"是说不问罪,也就是不治罪。有的问都不问一下就放了,这就错了。总要教育教育,坦白一下,群众取保,才能释放啊。总的说,剿匪见效。贵州、云南的情况又各有不同。报纸必须抓住每个地方的特点,这就是指导性。

征收公粮,一般开始时都是轰轰烈烈,但后来很难收上来。万县解决这个问题的办法比较恰当,要好好介绍、表扬,这就是实现领导。报纸要用评论、社论加上一连串的报道来领导交公粮。

领导生产,整个情况不算坏。毛主席指示新区要保持原有的生产水平,不许降低,老区还要"长一寸",这就不容易。当前,农民的生产积极性有了提高。但是开荒不要鼓励,开荒要砍树,现在四川最大的问题是树林少。有的地方报告,他们从佃富农那里调剂了一部分土地给贫农,据说是自愿的。这样的事报纸不能写社论表扬,不能写消息传播。生产中主要一条方针是不要乱动。凡是无把握的事要慎重一些,先研究一番,或者写个东西,说这个好,但也存在哪些危险性,使群众从另一方面再考虑,这也就是领导。

调整工商业,主要是城市。我们的政策是调节劳资,两利兼顾,否则对整个国民经济不利。我们要扶助有益于国计民生的私营工商业,鼓励私人生产的积极性。资方要改善管理,降低成本。最近报上登了些私营纱厂解决困难的报道,应该登,用私营企业的榜样来实现对私营企业的领导。我们扶植进步的、有前途的私营企业,没有前途的要指导转产。调整工商业涉及三个方面的问题,一资、二劳、三公,一切都要引导到发展生产力。共产党就是为发展社会生产力的,否则就违背了马克思主义理论。上海一件纱卖五百万元,这里要九百万元,谁来买?不能把关税壁垒搬到三峡来,再来个封建割据。据说有的工商业家对我们的政策有抵触,但他又确实在改,那就好,改好了会感到我们的政策对他是有帮助的。我们正处在大改革之中,破坏是难免的。管理非常不合理的要垮,投机的也要垮。香烛纸钱等迷信品的生产是没有前途的。有些东西的生产现在要减少,但十年之后还会有发展,如化妆品。我们要引导工商业向健全的方向发展。物价稳定对工商业有好处,最近一些贷款也是在这个基础上才贷出的。对贷款要进行指导,指定用途。如贷给民生公司二十多亿,指定买煤、修船,这样也解决了煤矿业和机器业的一些问题。钱贷出去以后要检查,使之用到适当的地方,否则就造成无政府状态。有些东西生产超过市场需要太多,销不出去就有了问题,要指导转产。

失业主要在大城市。据说重庆有五万人(全市工人二十五万),贵阳一万人(全市工人三万),成都两万人。对失业人员,要妥善安排和救济。

解决以上这些问题,主要是开各界人民代表会,这是联系群众最好、最主要的办法。在干部中要进行整风,反对官僚主义和命令主义。哪怕是辛辛苦苦的官僚主义也好,哪怕是艰苦奋斗的命令主义也好,都在反对之列。

中央要公布土地法,要无例外地领导各阶层人民学习,因为都牵涉到。学得好,为明年土改作准备,也为今年减租作准备。报纸要组织学习、讨论,使党内党外都知道。"十目所视,十手所指",大家都学习了,了解了,就不容许干部乱干了,对整个领导有好处。

上面说的这些问题,都是报纸要实现领导的任务。在突出的方面要集中力量,有的时候用整版来登,用一个月时间,发表一连串的评论、社论来宣传和贯彻。这样人们就注意了。有没有力量,不仅是质,也有量的问题。质是要准确性,量也要加大,各方面围绕于此,才有力量。

开展批评与自我批评,《新华日报》最近做得好一些。过去报喜不报忧,现在也报忧了,这就可以医治自满和麻痹。报纸最有力量的是批评与自我批评。中央过去表扬了几个报,主要因为他们实现了批评与自我批评,是非弄得很清楚,应该做的和不应该做的弄得很明确。报纸搞批评,要抓住典型,有头有尾,向积极方面诱导,有时还要有意识地作好坏对比。这样的批评与自我批评才有力量,才说明是为了改进工作,而不是消极的。什么叫生动活泼?不在文字长短,而是要写出生动的过程,而且有结果。我们有的批评往往只是把问题摆出来了,没有下文。描写过程也不能冗长。批评与自我批评要大大发扬,我们还很不够。领导上,党委和政府,要全力支持通讯员写批评稿,现在敢说话的人太少,要鼓励说话。对有些与事实不符的批评,必要时也要提醒和说明。

从领导来看,办报是大家办报,从新闻工作者自己来看,也是大家办报。报纸真的同实际、同群众联系好了,报纸办好了,对领导是最大的帮助。常常有这样的情况:党和政府听不到的,报纸能听到,它能摸到社会的脉搏。目前最突出的问题是什么,把读者来信加以综合研究,常常就能看出来。

任何一个任务不是一家报纸所能完成的。各家报纸接触面不同,要各方面努力,才能把党和政府的声音普遍传播到各阶层群众中去。

(本文选自《邓小平文选》第 1 卷,人民出版社 1994 年第 2 版,第 145—150 页。)

关于党的新闻工作的几个问题*
——在新闻工作研讨班上的讲话提纲

（1989年11月）
（江泽民）

中宣部举办这个新闻工作研讨班，很及时，很必要。今后，我们各条战线，都可以定期举办这样的研讨班，理论联系实际，及时总结经验，研究一些问题，这对于改进我们的工作，是很有益处的。

小平同志在6月9日的讲话中，要求我们"很冷静地考虑一下过去，也考虑一下未来"。他说："要认真总结经验，对的要继续坚持，失误的要纠正，不足的要加点劲。总之，要总结现在，看到未来。"

在这次新闻工作研讨班上，大家结合近几年来特别是这次动乱和反革命暴乱中的经验教训，就如何改进新闻工作，讲了不少好的意见，提出了不少好的建议。瑞环同志在讲话中，对新闻如何搞好正面宣传，提出了许多重要观点，讲得很明确、很具体。今天，我想着重就几个问题和同志们一起商讨。这些问题，大家都谈到了，有的再强调一下，有的再补充讲点意见。

一、新闻工作的地位和作用问题

我们党历来非常重视新闻工作。始终认为，我们国家的报纸、广播、电视等是党、政府和人民的喉舌。这既说明了新闻工作的性质，又

---

* 题记：1989年11月28日，江泽民第一次以中共中央总书记身份，在中宣部举办的新闻工作研讨班上就党的新闻工作的地位和作用、新闻工作的基本方针、新闻工作的党性、新闻自由、党对新闻工作的领导等问题发表了重要看法。这是江泽民第一次系统发表马克思主义新闻学理论观点，是江泽民新闻思想的代表性论著。

说明了它在党和国家工作中的极其重要的地位和作用。

为什么我们的新闻工作会具有这样重要的地位和作用呢？这是因为，它作为现代化的传播手段，能够最迅速、最广泛地把党的路线、方针、政策贯彻到群众中去，并变为群众的实际行动；能够广泛地反映群众的意见、呼声、意志、愿望；能够及时地传播国内国际的各种信息，直接影响群众的思想、行为和政治方向，引导、激励、动员、组织群众为认识和实现自己的利益而斗争。

大家都知道，毛泽东同志早在1948年《对晋绥日报编辑人员的谈话》中就说过："报纸的作用和力量，就在它能使党的纲领路线，方针政策，工作任务和工作方法，最迅速最广泛地同群众见面。"他还说："善于把党的政策变为群众的行动，善于使我们的每一个运动，每一个斗争，不但领导干部懂得，而且广大的群众都能懂得，都能掌握，这是一项马克思列宁主义的领导艺术。""群众知道了真理，有了共同的目的，就会齐心来做。""群众齐心了，一切事情就好办了。"

十一届三中全会以来，我们的新闻事业同建设和改革的各项事业一样，发展很快。新闻界为拨乱反正、纠正"左"的错误，把党的工作重点转移到经济建设上来，坚持四项基本原则，坚持改革开放，推进社会主义现代化建设作出了很多贡献，在宣传贯彻十一届三中全会以来的路线和一系列重大方针政策方面发挥了重要作用。十年来我们取得的举世瞩目的成就中，包含着广大新闻工作者的劳动和心血。对此必须充分肯定。

但是，我们要清醒地看到，近几年来资产阶级自由化思潮泛滥，直到今年春夏之交发生动乱和反革命暴乱，暴露出新闻界存在不少问题，有的还相当严重。当然，有表现得很好的，如《解放军报》和《北京日报》以及许多省、市、自治区的报纸，但确有不少动动摇摇的，还有转向的。特别是中央一级的一些主要新闻单位和上海的《世界经济导报》，一段时间以来，散布了不少资产阶级自由化观点，在动乱期间更是愈走愈远。不但不宣传中央正确的声音，反而违背中央的正确方针和决策，公开唱反调；不但不去揭露和批判资产阶级自由化，制止动乱，反而为动乱、暴乱的策划者和支持者提供舆论阵地，对动乱的形成和发展起了煽风点火、推波助澜的作用，在群众中造成极大的思想混乱。影响很坏，教训深刻。这也从反面说明了新闻工作的极端重要性，说明新闻宣传一旦出了大问题，舆论工具不掌握在真正的马克思主义者手中，不按照党和人民的意志、利益进行舆论导向,会带来多么严重的危害和巨大的损失。

可以这样说,在这次严峻考验面前,多数新闻单位是好的,但有些新闻单位是考试不合格的,有的甚至可以说是溃不成军。当然,我这里说的"考试不合格",不是说这些新闻单位的新闻工作者都不合格,他们中的大多数同志也是好的,而是说这些新闻单位在舆论导向上发生了严重的错误。

出现这些错误,发生这些问题,主要责任在中央的主要领导同志。从这些新闻单位来说,那里的负责同志,也有自己的一份责任。

这场风波已经过去了。十三届四中全会以后,新闻战线的形势是好的。广大新闻工作者,积极宣传党和政府的方针、决策,为迅速稳定全国局势,推进各项工作,作出了自己的贡献。那些在舆论导向上曾经发生过错误的单位,也已经转过来了。但还不能估计过高,思想的转变不是一朝一夕之功。要真正解决思想问题,需要做大量深入细致的工作。

现在的问题是要继续冷静反思,认真总结经验,吸取教训。走了弯路,打了败仗之后,最重要的是能够吃一堑长一智。这个总结经验的工作还需要深入,千万注意不能走形式,不能浮皮潦草。这次教训太深刻了,对我们党和国家的事业危害太大了,今后决不允许再重演。

二、新闻工作的基本方针问题

社会主义的新闻事业同社会主义的文学、艺术、出版等事业一样,虽然各有自己的特点和具体发展规律,但是它们作为意识形态领域的组成部分,都要为社会主义服务,为人民服务。尽管服务的具体形式、内容、方法不尽相同,但都必须遵循这个基本方针。

我们党指导新闻工作,还有许多其他的方针、政策、原则。这些方针、政策、原则,都是体现和服从党的路线和这个基本方针的。

我们常讲,全心全意为人民服务,是党的根本宗旨。我们党领导广大人民群众,在新民主主义革命时期,推翻三座大山,实现人民的民族解放和社会解放;在新中国成立后,进行生产资料私有制的社会主义改造,消灭剥削制度;在社会主义制度建立以后,努力进行经济建设,特别是十一届三中全会以来,集中力量发展社会生产力,完善社会主义制度,不断改善人民的物质文化生活。这些都是在不同的历史阶段,为人民的最高最根本的利益服务。所以,现在为社会主义服务同为人民服务,是完全一致的。离开了社会主义道路,也就从根本上脱离了人民,违背了人民的最高利益。

在新的历史时期,新闻工作坚持为社会主义服务,为人民服务,就要坚定地全面准确地宣传党的基本路线,宣传建设有中国特色的社会主义的理论和决策,宣传全国各族人民在现代化建设和改革开放中的业绩和经验。当前,广大干部和群众都在贯彻四中全会、五中全会精神,各新闻单位要紧紧围绕维护和发展安定团结的政治局面,推进治理整顿和深化改革,实现国民经济持续、稳定、协调发展,加强社会主义精神文明建设,来部署和开展新闻宣传工作。

国际敌对势力对社会主义国家正在加紧推行"和平演变"的战略。东欧好几个国家急剧动荡。西方一些国家继续对我国实行"经济制裁",我们的国民经济面临不少困难,一些顽固坚持资产阶级自由化立场的人还在伺机活动,有的还没有停止活动。面对这样错综复杂的国际国内形势,小平同志一再提醒我们:最重要的是国家的稳定,稳定是压倒一切的。我们要保持清醒的头脑,稳住自己的阵脚,沉着对待各种问题。坚持社会主义道路,要非常明确,非常坚定。要像毛泽东同志讲的那样,在困难的时候,要看到成绩,看到光明,提高我们的信心和勇气。当前要特别注意在全社会进行爱国主义、社会主义、集体主义、独立自主、自力更生、艰苦奋斗、勤俭建国的教育,激励人民群众的民族自尊心、自信心,振奋精神,同心同德,战胜困难,把我国的建设和改革不断推向前进。在这方面,中央对广大新闻工作者寄予厚望,希望大家充分发挥积极性、创造性,贡献自己的聪明才智。

三、新闻工作的党性问题

我们的新闻工作是党的整个事业的一个重要组成部分。因此不言而喻,必须坚持党性原则。这本来是新闻战线的同志特别是老同志都熟知的。但是，近几年来，有的人在这样根本性的问题上竟然发生了疑问，有的甚至主张所谓人民性高于党性。

我们党是工人阶级的先锋队，代表工人阶级和最广大人民群众的根本利益，除了工人阶级和人民群众的根本利益以外，没有自己的任何私利。坚持党性原则，也就是坚持工人阶级和人民群众的根本利益的原则，两者是完全一致的。提出"人民性"高于党性，实质就是要否定和摆脱党对新闻事业的领导。如果说以前我们有些同志对这种观点的实质还看不太清楚的话，那么经过这次动乱和反革命暴乱就洞若观火、昭然若揭了。

在动乱中，极少数顽固坚持资产阶级自由化立场的人打着"人民性"的旗号，以人民的代表自居，以此抵制、反对党中央制止动乱和平息反革命暴乱的正确决策。事实上，被坚持搞资产阶级自由化的人所把持的新闻单位，根本不是代表人民利益、传播人民的声音的喉舌，而成了违背人民意志，制造反对党、反对社会主义制度的舆论的工具。

坚持党性原则，就要求新闻宣传在政治上必须同党中央保持一致。各级党报要这样，部门的和专业性的报纸也要这样。虽然有许多新闻本身不带政治性质，但是，从任何一个报纸、电台、电视台的总的新闻宣传来说，都不可能脱离政治。这几年新闻界出现了所谓"淡化"政治的提法。但是事实上极少数人并没有"淡化"他们的政治，而是在那里强化资产阶级政治观点，加紧进行否定四项基本原则的活动。新闻宣传在政治上同党中央保持一致，绝不是机械地简单地重复一些政治口号，而是站在党和人民的立场上，采取多种多样的方式，把党的政治观点、方针政策，准确地生动地体现和贯注到新闻、通讯、言论、图片、标题、编排等各个方面。

坚持党性原则，就要求新闻工作者必须同人民群众保持最广泛最深刻的联系，从群众的实践中汲取智慧和力量。这几年，许多优秀的新闻工作者，正是这样做的。他们写出了大量反映人民群众历史创造活动的好作品，受到了群众的赞扬。但是，也确有一些新闻工作者，不去努力反映在建设和改革中忘我工作、无私奉献的广大工人、农民、知识分子和解放军指战员的可歌可泣事迹，甚至连文风和语言也追求诡谲怪异，越来越脱离群众。

我想借此机会向全体新闻工作者提出一个殷切的希望：到生活中去，到群众中去。归根到底，物质财富的创造者是群众，精神财富的创造者也是群众。群众进行社会主义现代化建设和改革的伟大实践,是新闻作品写作的原料、灵感、思想和艺术技巧的无尽源泉。我们的新闻工作者要老老实实地向群众学习,学习他们的优秀品质、宝贵经验、丰富知识、生动语言,努力成为深受群众欢迎的新闻工作者。

坚持党性原则,就必须在新闻宣传中旗帜鲜明地坚持不懈地反对资产阶级自由化。这一点决不能含糊。前些年,这场斗争曾经几起几落,结果使自由化思潮愈演愈烈,最后酿成了这场动乱和反革命暴乱。殷鉴不远,我们的新闻工作者和全党同志务必牢牢记取这个血的教训,决不能再蹈覆辙。意识形态领域,社会主义思想不去占领,资本主义思想就必然去占领。这是一个真理,应该成为我们所有新闻工作者和宣传工作者的座右铭。我们的报刊、广播、电视,今后决不允许再为资产阶级自由化提供阵地。对于这些年来极少数人所散布的资产阶级自由化观点,比如所谓政治多元化、经济私有化、中产阶级论、全盘西化论、马列主义过时论等等,各新闻单位都要认真地积极地组织力量,根据自己的读者对象,写出一批有说服力的高质量的批判文章,以澄清那些反动的错误的观点在人们头脑中造成的思想混乱。马克思主义是在斗争中坚持和发展的。只有克服错误的东西,才有利于树立和发展正确的东西。只有进行这种严肃的科学的批判,才能统一认识,增强团结,稳定大局。

四、"新闻自由"问题

这些年来,"新闻自由"成了极少数顽固坚持资产阶级自由化立场的人同党和人民进行斗争的一个重要口号。他们深知,如果他们有了这种"自由",就可以不受限制地攻击党、攻击社会主义,放肆地宣传他们的政治主张,搞乱人们的思想,搞乱我们的国家,达到他们的政治目的。

任何自由从来都不是抽象的而是具体的,不是绝对的而是相对的。在任何一个国家中,都不存在绝对的毫无限制的"新闻自由"。在国际上还存在社会主义和资本主义的对立,在国内阶级斗争还在一定范围内存在的情况下,自由就不能不带有阶级性。

西方国家标榜的"新闻自由",实质就是资产阶级的新闻自由,是为维护资产阶级利益和资本主义制度服务的。西方国家的法律对新闻活动有许多限制,比如规定不得登载国家军事机密;不得煽动暴动或叛乱;不准危害社会秩序;不得诽谤他人等等。西方国家的新闻事业,不论是由政党、政府举办,还是由私人举办,都有财团或政治集团为背景。新闻从业人员的活动,如果违背了他们所从属的财团或政治集团的意志、利益,就会被解雇。对劳动群众来说,即使法律条文上有办新闻事业的自由的规定,事实上也是不可能实现的。在那里,说到底,是有钱就有自由,没有钱就没有自由,有多少钱就有多少自由。有时报刊上也登载一些资产阶级内部互相攻讦、互相争吵的东西,给人以新闻自由的假象。其实这种自由也不是无限度的,仍然是以不损害资产阶级的整体利益为前提的。对于试图改变资本主义制度的新闻活动,法律从来没有放弃过惩罚。

在社会主义制度下,新闻不再是私有者的事业,而是党的事业,人民的事业。我们的宪法规定,言论、出版自由是中华人民共和国公民的基本权利。广大人民群众享有依法运用新闻工具充分发表意见、表达自己意志的权利和自由,享有对国家和社会事务实行舆论监督的权利和自由。正是为了维护人民的根本利益,对于一切企图改变社会主义制度的违法新闻活动,不但不能给予自由,而且要依法制裁。

国际敌对势力和国内顽固坚持资产阶级自由化立场的人,把"新闻自由"作为实现"和平演变"的一个重要手段。在这个问题上,特别是我们的新闻工作者,必须有清醒的认识,必须保持高度警觉,毫不留情地揭穿他们的骗局。

在这里,我还想说一下曾经风行一时,提出所谓"透明度"的问题。对这个问题要作具体分析。有些应该透明而且必须透明,有些不能马上透明,要到时机成熟才能透明,有些就是不能透明。有些事情,只限于一部分人员知道和掌握,并不意味着他们有什么特权,而是工作的需要,事业的需要。在军事方面、外交方面、政治方面、经济方面、科技方面等等,都有一些东西属于国家机密,不能见诸报纸、广播、电视。这在任何国家都是如此的。要求任何事情都透明,以为这样才是民主、自由,不是幼稚无知,就是别有用心。什么可以透明,什么不能透明,什么可以增加一点透明,都要以党的利益、国家利益、民族利益、人民利益为标准,要看是否有利于社会的稳定、政局的稳定、经济的稳定、人心的稳定。

五、新闻的真实性问题

新闻的真实性，就是要在新闻工作中坚持党的一切从实际出发、实事求是的思想路线。我们坦率地指出新闻工作的阶级性和党性原则，因为我们新闻工作的阶级性和党性同新闻的真实性是一致的。

社会主义作为人类历史上新生的社会制度，它在前进的道路上难免会遇到困难，遭受挫折，但是它能够克服任何困难，战胜任何曲折，不断向前发展，显示出不可战胜的生命力。通过建设和改革，我们的社会主义物质文明和精神文明会越来越发展，我们的社会主义制度会越来越完善，越来越显示出优越性。我们党和国家事业是蒸蒸日上的。这就要求新闻宣传从各个方面努力揭示这样一个基本事实。正如瑞环同志在讲话中所强调的，要以正面宣传为主。要满怀热情地宣传人民群众在实践中的新成就、新创造、新经验，让群众看到自己的智慧和力量，提高他们的社会主义积极性。要经常地反映群众的意见和要求。要保持各种民主渠道的畅通，不能堵塞言路。

现实生活是复杂的，要找几个事例来证明某个观点并不难。一叶障目，不见泰山，抓住一点，不及其余，尽管这一叶、这一点确实存在，但从总体上来看却背离了真实性。所以我们的新闻工作者要做到真实地反映生活，就要深入进行调查研究，不仅要做到所报道的单个事情的真实、准确，尤其要注意和善于从总体上、本质上以及发展趋势上去把握事物的真实性。要防止搜奇猎异，防止捕风捉影。要在保证真实、准确的前提下，讲求时效。

社会生活中有光明面，也有阴暗面。阴暗面的情况、性质也各不相同。对于企图颠覆我们社会主义共和国、推翻共产党领导的带有阶级斗争性质的问题，必须旗帜鲜明地予以揭露，目的是打击敌对势力；对于人民内部的缺点错误，也应进行揭露和批评，但这种揭露和批评是"恨铁不成钢"，目的是以同志式的态度帮助克服缺点、纠正错误。对于党和政府工作中的缺点、错误的批评，只要是善意的、有益于改进工作的，我们都应该热忱欢迎。重要的批评报道，要同有关的主管单位联系,听取他们的意见。批评报道发表以后,还要报道处理的结果,这也有利于提高报纸的威信。

六、党对新闻工作的领导问题

加强党对新闻工作的领导,主要是要抓好新闻宣传的政治方向,抓好新闻改革,抓好新闻工作的经验总结,抓好新闻队伍的建设,特别是领导班子的建设。当前要认真搞好清查清理工作,特别是要把领导班子和要害部门的干部情况考察清楚。领导权一定要牢牢掌握在马克思主义者手中。要团结绝大多数同志。

各级党委要经常研究讨论新闻工作。比如每一段时期的宣传方针、指导思想、报道重点、宣传效果等等,都应该在党委会上讨论。党委主要负责同志要亲自过问新闻宣传。要及时向新闻单位通报情况,下达任务,提出要求,并亲自审阅重要的社论、评论、新闻稿。对新闻单位在工作中遇到的困难,要十分关心,帮助解决。要和新闻单位的同志一道,研究如何不断提高新闻宣传的水平和效果,把报纸、广播、电视办得有吸引力、感染力,使读者、听众、观众爱读、爱听、爱看。

几十年来,党领导新闻事业,积累了丰富的经验,有着自己的优良传统和优良作风。我们要根据今天实际生活的变化情形,把这些好经验、好传统、好作风历史地继承和发扬下去。我们的新闻改革还面临许多新任务。改革的目的,正是为了使新闻更好地成为党、政府和人民的喉舌,更好地在社会主义现代化建设中发挥积极作用。我希望同志们正确审视国际国内的新形势,在实践中不断加强马克思主义理论学习和新闻业务学习,使我们的社会主义新闻事业越办越好。

(本文选自《新闻工作文献选编》,新华出版社1990年第1版,第189—200页。)

在人民日报社考察工作时的讲话*

（2008年6月20日）
（胡锦涛）

同志们：

在人民日报创刊60周年之际，我们来到人民日报社，看望大家。首先，我代表党中央，向人民日报创刊60周年表示热烈的祝贺！向报社全体工作人员和离退休老同志致以诚挚的问候！向全国新闻宣传战线的同志们致以崇高的敬意！

人民日报是党中央机关报，党中央对人民日报始终非常重视和关心。60年来，人民日报坚持正确办报方向，积极宣传党的理论和路线方针政策，积极宣传中央的重大决策部署，及时传播国内外各领域的信息，讴歌真善美，鞭挞假恶丑，为我们党团结带领人民夺取革命、建设、改革的重大胜利作出了重要贡献。特别是改革开放以来，人民日报深入宣传中国特色社会主义理论体系，深入宣传改革开放和社会主义现代化建设的巨大成就，深入宣传广大干部群众团结奋进的先进事迹，高唱奋进凯歌，弘扬民族精神，为激励全党全国各族人民积极投身改革开放的伟大事业作出了积极贡献。今年以来，人民日报在宣传党的十七大精神，特别是在抗击低温雨雪冰冻灾害、维护西藏社会稳定、筹办北京奥运会、抗震救灾等重大报道中发挥了很好的舆论引导作用。中央对人民日报的工作是充分肯定的。

新闻舆论处在意识形态领域的前沿，对社会精神生活和人们思想意识有着重大影响。当今社会，随着经济社会快速发展和科技不断进步，信息传递和获取越来越快捷，新闻舆论的作用越来越突出。做好新闻宣传工作，关系党和国家工作全局，关系改革和经济社会发展大局，

---

* 题记：这是胡锦涛2008年6月20日在人民日报社考察工作时的讲话。这篇讲话提出，要把提高舆论引导能力放在突出位置，进行深入研究，拿出切实措施，取得新的成效。为达此目的，他提出了五个方面的要求。

关系国家长治久安。我们要充分认识新闻宣传工作的重大意义,更好地发挥新闻宣传工作在推动经济发展、引导人民思想、培育社会风尚、促进社会和谐等方面的重要作用。

当前,全党全国各族人民正在为实现党的十七大提出的各项任务而奋斗。在前进道路上,我们面临着难得的机遇,也面临着严峻的挑战。我们既要抓住机遇、乘势而上,不断推动经济社会又好又快发展,又要迎接挑战、居安思危,时刻准备应对各方面的困难和风险。特别值得注意的是,当前,世界范围内各种思想文化交流、交融、交锋更加频繁,"西强我弱"的国际舆论格局还没有根本改变,新闻舆论领域的斗争更趋激烈、更趋复杂。在这样的情况下,新闻宣传工作任务更为艰巨、责任更加重大。

全面贯彻党的十七大精神,高举中国特色社会主义伟大旗帜,以邓小平理论和"三个代表"重要思想为指导,深入贯彻落实科学发展观,继续解放思想,坚持改革开放,推动科学发展,促进社会和谐,夺取全面建设小康社会新胜利,开创中国特色社会主义事业新局面,需要新闻宣传工作在打牢全党全国各族人民团结奋斗的共同思想基础方面发挥积极作用,在传播社会主义核心价值体系方面发挥积极作用,在为推进党和国家事业发展凝聚强大精神力量方面发挥积极作用,在营造健康向上、丰富生动的主流舆论方面发挥积极作用,在促进社会和谐方面发挥积极作用。新闻战线的同志一定要充分认识肩负的重大责任,保持奋发有为的精神状态,发扬认认真真的工作作风,兢兢业业做好新闻宣传工作,进一步引导广大干部群众把思想统一到党的十七大精神上来,把力量凝聚到实现党的十七大提出的各项任务上来。当前,新闻宣传工作尤其要为做好抗震救灾和恢复重建、推动经济社会又好又快发展、筹办北京奥运会等工作作出积极贡献。

新形势下,新闻宣传工作要高举旗帜、围绕大局、服务人民、改革创新,坚持正确舆论导向,提高舆论引导能力,营造良好舆论环境,更好地发挥宣传党的主张、弘扬社会正气、通达社情民意、引导社会热点、疏导公众情绪、搞好舆论监督的重要作用。要把提高舆论引导能力放在突出位置,进行深入研究,拿出切实措施,取得新的成效。

第一,必须坚持党性原则,牢牢把握正确舆论导向。舆论引导正确,利党利国利民;舆论引导错误,误党误国误民。要牢固树立政治意识、大局意识、责任意识、阵地意识,把坚持正确导向放在新闻宣传工作的首位,坚持团结稳定鼓劲、正面宣传为主,唱响主旋律,打好主动仗,更加自觉主动地为人民服务、为社会主义服务、为党和国家工作大局服务。要增强政治敏锐性和政治鉴别力,严格宣传纪律,做到守土有责,在重大问题、敏感问题、热点问题上把好关、把好度。

第二,必须坚持以人为本,增强新闻报道的亲和力、吸引力、感染力。坚持以人为本,是做好新闻宣传工作的根本要求。要坚持把实现好、维护好、发展好最广大人民的根本利益作为新闻宣传工作的出发点和落脚点,坚持贴近实际、贴近生活、贴近群众,把体现党的主张和反映人民心声统一起来,把坚持正确导向和通达社情民意统一起来,尊重人民主体地位,发挥人民首创精神,保证人民的知情权、参与权、表达权、监督权。要面向基层、服务群众、深入实际,多报道人民群众的工作生活,多反映人民群众的利益要求,多宣传人民群众中涌现的先进典型,激励全体人民信心百倍地创造美好生活。同时,要注重在报道新闻事实中体现正确导向,在同群众交流互动中形成社会共识,在加强信息服务中开展思想教育,用事实说话、用典型说话、用数字说话,化解矛盾,理顺情绪,引导各方面群众共同前进。

第三,必须不断改革创新,增强舆论引导的针对性和实效性。新闻宣传工作必须坚持解放思想、实事求是、与时俱进,适应国内外形势的新变化,顺应人民群众的新期待,以改革创新精神做好工作。要坚持用时代要求审视新闻宣传工作,按照新闻传播规律办事,创新观念、创新内容、创新形式、创新方法、创新手段,努力使新闻宣传工作体现时代性、把握规律性、富于创造性,不断提高舆论引导的权威性、公信力、影响力。要认真研究新闻传播的现状和趋势,深入研究各类受众群体的心理特点和接受习惯,加强舆情分析,主动设置议题,善于因势利导。要完善新闻发布制度,健全突发公共事件新闻报道机制,第一时间发布权威信息,提高时效性,增加透明度,牢牢掌握新闻宣传工作的主动权。在这次抗震救灾工作中,我们及时公布震情灾情和抗震救灾情况,深入宣传抗震救灾中涌现出来的先进集体和模范人物,大力弘扬抗震救灾的伟大精神,为鼓舞广大干部群众坚定信心、团结一致做好抗震救灾各项工作发挥了重要作用,赢得了广大干部群众高度评价,也得到了国际社会好评。其中的成功经验值得认真总结,并要形成制度长期坚持。

第四,必须加强主流媒体建设和新兴媒体建设,形成舆论引导新格局。要从社会舆论多层次的实际出发,把握媒体分众化、对象化的新趋势,以党报党刊、电台电视台为主,整合都市类媒体、网络媒体等多种宣传资源,努力构建定位明确、特色鲜明、功能互补、覆盖广泛的舆论引导新格局。要把发展主流媒体作为战略重点,加大支持力度,扩大覆盖面和影响力。互联网已成为思想文化信息的集散地和社会舆论的放大器,我们要充分认识以互联网为代表的新兴媒体的社会影响力,高度重视互联网的建设、运用、管理,努力使互联网成为传播社会主义先进文化的前沿阵地、提供公共文化服务的有效平台、促进人们精神生活健康发展的广阔空间。

第五,必须切实抓好队伍建设,增强凝聚力和战斗力。做好新闻宣传工作,关键在班子、在队伍、在人才。要大力加强新闻宣传战线领导班子建设,把思想政治坚定、组织能力突出、熟悉新闻宣传工作、富有改革创新精神的优秀干部选拔到领导岗位上来,确保新闻宣传工作的领导权牢牢掌握在忠于马克思主义、忠于党、忠于人民的人手里。要坚持马克思主义新闻观,深化"三项学习教育"活动,引导广大新闻宣传工作者不断提高思想政治水平、增强业务本领,努力建设一支政治强、业务精、作风正、纪律严的新闻宣传队伍。要加强对中青年骨干的培养锻炼,采取多种措施培养造就更多人民群众喜爱的名记者、名编辑、名评论员、名主持人。广大新闻宣传工作者要加强自身思想道德修养,带头实践社会公德,恪守职业道德,做积极实践社会主义荣辱观的表率。

人民日报具有辉煌的历史、优良的传统,一代又一代人为党的新闻宣传事业付出了大量心血、作出了重要贡献,是一支党和人民信赖的队伍。希望人民日报的同志认真贯彻中央精神,加倍努力工作,求真务实,开拓创新,勤奋敬业,团结和谐,进一步把人民日报办好,让党放心,让人民满意。

(本文选自《新闻战线》2008年第7期,第1—3页。)

后　记

　　几乎和我已出版的其他著作一样，这本《马克思主义新闻经典教程》，也是在酷暑中完稿的。当最后几行字稿打完的时候，上海气象台报告说，上海今天最高温度38.8℃。

　　也是几乎和我已出版的其他著作一样，这本书也是在我夫人林涵教授的帮助下完成的。她不仅一字一句地用电脑打印出30余万字的书稿，而且还参与校对、修改、定稿。我们这对加起来近120岁的夫妇，看来还要在电脑前不断地并肩合作下去。因为这本书稿付梓之后，又一本著作的写作即将开始，出版社的"鞭子"已经在我们头上扬了起来。

　　这是我从中国人民大学新闻学院调入复旦大学新闻学院后编撰出版的第一本著作。在联系调动的2001年10月，复旦大学出版社出版了我们夫妇合作撰写的一本书：《21世纪中国新闻学与传播学·理论新闻学卷》。同年11月正式调入复旦，立刻着手39年前开始培育我的母校的教学与科研工作。我发现，师生都需要一本阐述马克思主义经典作家新闻思想的教科书。于是，主动请缨，并得到新闻学院领导和复旦大学出版社贺圣遂社长、高若海总编及责任编辑顾潜先生的支持。计划用半年时间，赶写这本教材。哪知动手之后，方感到在上海搞这类研究和撰写这类教材时，在吸纳科学情报和学术资料方面远比北京困难，好在我仍在继续主持中国人民大学新闻学院的几位博士生的论文答辩，以及参与国务院学位办考试中心命题，半年中多次往返上海与北京之间，顺便也就在北京买书与查找资料。现在，总算在新学期开学之前，可以把书稿奉送给出版社了。

　　经过半年多时间的磨合，我们夫妇从北京到上海的文化不适应已基本克服，话语系统的改换也已实现。回到上海之后，每天生活在亲情与友情之中，感到十分幸福。感谢我的母校在我岁近花甲之年接纳了我，并把我的夫人林涵教授安排在同一学校的环境科学与工程系。新闻学院和环境科学与工程系的领导和同事对我们热情关照，令我们的教学和科研起手就相当顺利和初有收益。当初看到网页上曾有人臆想童兵南下是"惧内"云云,不禁捧腹可笑。我们将更加勤勉地工作。暑期中,我们不辞高温前往内蒙古库布奇沙漠和恩格贝生态示范区进行课题调查便是其中的一分努力。再过三年将是复旦百年华诞,我们愿以自己的教学与科研新成果,向母校表达一点情意。

　　承蒙出版社的宽容,借用本书的一角,写下调入复旦后的一些情况和感慨,意在向关心我们的师友和学生们作个简单的报告。谢谢各位!

作　者
2002.8.23 于上海水电路复旦宿舍

第二版跋

  人生难得真情在。修订本完稿后，又仔细读了一遍初版时写于 2002 年 8 月 23 日的后记，觉得那些文字记录了我当时的心情，有点割舍不下，决定留着。这篇后记对我而言是一种真情刻记在册，对学校、师友和学生而言是一个交代与汇报。

  这就有必要在后记之后补充几句话，作为第二版跋。

  首先要感谢广大同学对这门课和这本书的喜爱。现在每学期有近千人、每学年有近两千人选修《马克思主义新闻思想》课。讲课教师团队也由我一个人扩大为我和张涛甫、陈建云、马凌、林溪声五人。为此，也要感谢我的这个团队年轻朋友们为讲好这门课所付出的心血与辛劳。

  其次要感谢新闻学院领导对这门课的支持。前任院长、我的老同学赵凯教授多次向各方面推介，并到中宣部的一个会上介绍这门课。院党委书记俞振伟支持本书作为"十一五"国家级教材规划项目立项，并在协议书上签字。我和我的团队对此诚致谢意。

  最后要感谢复旦大学出版社社长兼总编贺圣遂和新闻传播编辑顾潜、章永宏对本书的顺利修订出版所给予的种种方便。在校教务处处长陆靖教授的支持下，本书得以进入"十一五"国家级教材规划建设之列。本书作为新闻教育和出版园地上的一朵小花，在他们的关照下得以成长，我和我的团队朋友们实在有好多感谢的话要说。

童　兵

2009 年 2 月 21 日于文化佳园寓所

图书在版编目(CIP)数据

马克思主义新闻经典教程/童兵著.—2版.—上海：复旦大学出版社，2009.4(2023.8重印)
(复旦博学·新闻与传播学系列教材：新世纪版)
ISBN 978-7-309-06534-3

Ⅰ. 马…　Ⅱ. 童…　Ⅲ. 马克思主义-新闻学-教材　Ⅳ. G210

中国版本图书馆 CIP 数据核字(2009)第 034733 号

马克思主义新闻经典教程(第二版)
童　兵　著
责任编辑/章永宏

复旦大学出版社有限公司出版发行
上海市国权路 579 号　邮编：200433
网址：fupnet@fudanpress.com　　http://www.fudanpress.com
门市零售：86-21-65102580　　团体订购：86-21-65104505
出版部电话：86-21-65642845
常熟市华顺印刷有限公司

开本 787×960　1/16　印张 26.75　字数 423 千
2023 年 8 月第 2 版第 16 次印刷
印数 58 401—61 500

ISBN 978-7-309-06534-3/G·816
定价：48.00 元

如有印装质量问题，请向复旦大学出版社有限公司出版部调换。
版权所有　侵权必究